# Le guide du routard

# Sardaigne



*Directeur de collection et auteur*
Philippe GLOAGUEN

*Cofondateurs*
Philippe GLOAGUEN
et Michel DUVAL

*Rédacteur en chef*
Pierre JOSSE

*Rédacteurs en chef adjoints*
Amanda KERAVEL
et Benoît LUCCHINI

*Directrice de la coordination*
Florence CHARMETANT

*Directrice administrative*
Bénédicte GLOAGUEN

*Direction éditoriale*
Catherine JULHE

Olivier PAGE
Véronique de CHARDON
Isabelle AL SUBAIHI
Anne-Caroline DUMAS
Carole BORDES
André PONCELET
Marie BURIN des ROZIERS
Thierry BROUARD
Géraldine LEMAUF-BEAUVOIS
Anne POINSOT
Mathilde de BOISGROLLIER
Alain PALLIER
Gavin's CLEMENTE-RUÏZ
Fiona DEBRABANDER

## 2012/2013

hachette

## *Remarque importante aux hôteliers et restaurateurs*

Les enquêteurs du *Guide du routard* travaillent dans le plus strict anonymat. Aucune réduction, aucun avantage quelconque, aucune rétribution n'est jamais demandé en contrepartie. Face aux aigrefins, la loi autorise les hôteliers et restaurateurs à porter plainte.

## *Hors-d'œuvre*

Le *Guide du routard,* ce n'est pas comme le bon vin, il vieillit mal. On ne veut pas pousser à la consommation, mais évitez de partir avec une édition ancienne. Les modifications sont souvent importantes.

## *routard.com*

✓ Rejoignez la plus grande communauté francophone de voyageurs : plus de **2 millions** de visiteurs !

✓ Échangez avec les routarnautes : forums, photos, avis d'hôtels.

✓ Retrouvez aussi toutes les informations actualisées pour choisir et préparer vos voyages : plus de 200 fiches pays, une centaine de dossiers pratiques et un magazine en ligne pour découvrir tous les secrets de votre destination.

✓ Enfin, comparez les offres pour organiser et réserver votre voyage au meilleur prix.

✓ ***routard.com,*** le voyage à portée de clics !

## *Avis aux lecteurs*

Les réductions accordées à nos lecteurs ne sont jamais demandées par nos rédacteurs afin de préserver leur indépendance. Les hôteliers et restaurateurs sont sollicités par une société de mailing, totalement indépendante de la rédaction, qui reste donc libre de ses choix. De même pour les autocollants et plaques émaillées.



Mille excuses, on ne peut plus répondre individuellement aux centaines de CV reçus chaque année.



I.S.B.N. 978-2-01-245336-4

# TABLE DES MATIÈRES



## COMMENT Y ALLER ?



## SARDAIGNE UTILE



## HOMMES, CULTURE, ENVIRONNEMENT

## CAGLIARI ET SES ENVIRONS



## LE SUD-OUEST



## LA RÉGION D'ORISTANO-BOSA

## LE NORD-OUEST



### LA NURRA DU NORD



## LA GALLURA



## LA CÔTE NORD-EST

### LA COSTA SMERALDA

Recommandation à nos lecteurs qui souhaitent profiter des réductions et avantages proposés dans le *Guide du routard* par les hôteliers et les restaurateurs : à l'hôtel, prenez la précaution de les réclamer **à l'arrivée,** et au restaurant, **au moment** de la commande (pour les apéritifs) et surtout **avant** l'établissement de l'addition. Poser votre *Guide du routard* sur la table ne suffit pas : le personnel de salle n'est pas toujours au courant, et une fois le ticket de caisse imprimé, il est difficile pour votre hôte d'en modifier le contenu. En cas de doute, montrez la notice relative à l'établissement dans le guide, et ne manquez pas de nous faire part de toute difficulté rencontrée.

**NOUVEAU ET IMPORTANT : DERNIÈRE MINUTE**

Sauf exception, les *Guides du routard* bénéficient d'une parution annuelle à date fixe. Entre ces deux dates, des événements fortuits (formalités, taux de change, catastrophes naturelles, conditions d'accès aux sites, fermetures inopinées, etc.) peuvent modifier vos projets en voyage. Pour éviter les déconvenues, nous vous recommandons de consulter la rubrique « Guide » par pays de notre site • *routard.com* • et plus particulièrement les dernières *Actus voyageurs.*

**Nous tenons à remercier tout particulièrement Loup-Maëlle Besançon, Thierry Bessou, Gérard Bouchu, François Chauvin, Grégory Dalex, Stéphanie Déro, Solenne Deschamps, Fabrice Doumergue, Cédric Fischer, Carole Fouque, Michelle Georget, Claude Hervé-Bazin, Emmanuel Juste, Dimitri Lefèvre, Sacha Lenormand, Fabrice de Lestang, Romain Meynier, Éric Milet, Pierre Mitrano, Jean-Sébastien Petitdemange, Thomas Rivallain, Dominique Roland et Solange Vivier pour leur collaboration régulière.**

***Et pour cette nouvelle collection, nous remercions aussi :***

Maureen Abel
David Alon
Sarah Amoyel
Pauline Augé
Emmanuelle Bauquis
Solene de Bellefon
Gwladys Bonnassie
Jean-Jacques Bordier-Chêne
Michèle Boucher
Alain Chaplais
Stéphanie Condis
Élodie Coué
Agnès Debiage
Jérôme Denoix
Tovi et Ahmet Diler
Clélie Dudon
Sophie Duval
Clara Favini
Alain Fisch
David Giason
Adrien et Clément Gloaguen
Stéphane Gourmelen
Xavier Haudiquet
Bernard Hilaire
Sébastien Jauffret
François et Sylvie Jouffa
Laetitia Le Couédic
Solenne Leclerc
Jacques Lemoine
Valérie Loth
Jacques Muller
Caroline Ollion
Nicolas Pallier
Martine Partrat
Odile Paugam et Didier Jehanno
Delis Pusiol
Amélie Robin
Prakit Saiporn
Jean-Luc et Antigone Schilling
Laura Vanzo

**Direction :** Nathalie Pujo
**Contrôle de gestion :** Héloïse Morel d'Arleux et Virginie Laurent-Arnaud
**Secrétariat :** Catherine Maîtrepierre
**Direction éditoriale :** Catherine Julhe
**Édition :** Matthieu Devaux, Géraldine Péron, Olga Krokhina, Gia-Quy Tran, Julie Dupré, Juliette Genest, Christine de Geyer, Barbara Janssens, Anaïs Petit et Clémence Toublanc
**Préparation-lecture :** Élisabeth Bernard
**Cartographie :** Frédéric Clémençon et Aurélie Huot
**Fabrication :** Nathalie Lautout et Audrey Detournay
**Relations presse France :** COM'PROD, Fred Papet. ☎ 01-70-69-04-69.
• *info@comprod.fr* •
**Direction marketing :** Muriel Widmaier, Lydie Firmin et Claire Bourdillon
**Contacts partenariats :** André Magniez (EMD). • *andremagniez@gmail.com* •
**Édition des partenariats :** Élise Ernest
**Informatique éditoriale :** Lionel Barth
**Couverture :** Clément Gloaguen et Seenk
**Maquette intérieure :** le-bureau-des-affaires-graphiques.com, Thibault Reumaux et npeg.fr
**Relations presse :** Martine Levens (Belgique) et Maureen Browne (Suisse)
**Régie publicitaire :** Florence Brunel-Jars

## *Remerciements*

– Luigi Crisponi, assesseur du Tourisme, de l'Artisanat et du Commerce de la région autonome de la Sardaigne, ainsi que Ada Lai, directrice adjointe.

– Domenico Di Salvo, directeur de l'ENIT à Paris.

– Anne Lefèvre, chargée des relations presse à l'ENIT.

– Franco Sergio Pisano, chef de cabinet du président du tourisme sarde.

– Loredana Caddeo, guide émérite des *nuraghi* et autres beautés sardes.

– Oksana et Jean-Claude Garin, pour leur amour de la Sardaigne et leur riche contribution à l'écriture des introductions.

– Valeria Sanna, charmante fée sarde, pour sa passion, ses connaissances et sa gentillesse.

– Nicolas Chalumeau, vaillant coéquipier d'Olivier sur les routes de l'île.

– Jean-Alain Rault, pour ses bonnes idées.

– Et tous les offices de tourisme qui, au long d'un passionnant voyage, nous ont prodigué leurs bonnes infos...

# LES QUESTIONS QU'ON SE POSE LE PLUS SOUVENT

**Quelle est la meilleure saison pour aller en Sardaigne ?**
Les intersaisons (mai-juin et septembre-octobre), où la fréquentation est moins dense qu'en été. Le temps est agréable sans être (trop) caniculaire. Au cœur de l'été (surtout au mois d'août), les prix atteignent des sommets… comme les températures.

**Quel est le meilleur moyen pour s'y rendre ?**
L'avion est la solution la plus rapide. Les compagnies aériennes *low cost* pratiquent des prix très compétitifs.

**La vie est-elle chère ?**
C'est surtout l'hébergement qui grève le budget. Préférez les agritourismes et les *B & B*, qui ont, dans l'ensemble, un meilleur rapport qualité-prix.

**Peut-on facilement se déplacer en Sardaigne sans voiture ?**
Il est préférable de louer une voiture sur place, beaucoup plus pratique quand on veut sortir des sentiers battus.

**Doit-on redouter la chaleur ?**
Oui, en juillet-août. Il arrive fréquemment qu'il y ait des pénuries d'eau. Avec de très jeunes enfants, préférez les saisons intermédiaires.

**Que peut-on rapporter de Sardaigne ?**
Des bijoux en or et en corail d'Alghero, des terres cuites de Gallura, des tapisseries en laine de Mogoro ou encore des nappes en lin ou en coton, sans oublier les originales corbeilles en paille de blé de Campidano.

**Y a-t-il des problèmes de sécurité ?**
La Sardaigne n'est pas plus dangereuse que le reste de l'Italie. Il faut, comme partout, ne rien laisser d'apparent dans votre véhicule.

# LES COUPS DE CŒUR DU ROUTARD

Flâner dans les rues de **Cagliari** et monter jusqu'au **Castello,** qui cache un décor de film de cape et d'épée et quelques vieux palais magnifiques abritant des *B & B* de charme.

À **Carbonia,** s'enfoncer dans les anciennes galeries de la plus grande mine de charbon italienne, aujourd'hui musée, pour comprendre le dur labeur des mineurs de fond...

La fête de **la Semaine sainte à Iglesias** avec ses processions colorées de pénitents, dans le décor de théâtre de la vieille ville, et ses chants pleins de ferveur populaire.

**La baie de Portixeddu et le capo Pecora,** pour les amoureux de nature sauvage, des longues plages désertes et des *agriturismi* hors des sentiers battus.

Les merveilles et les surprises de **la costa Verde,** comme ce fantastique océan de dunes de **Piscinas,** couvert de myrtes et de genévriers, ondoyant à perte de vue...

Le site nuragique de **Su Nuraxi** : on reste bouche bée, perplexe, admiratif devant cette forteresse préhistorique vieille de plus de 3 500 ans, véritable chef-d'œuvre, éblouissante architecture, unique au monde !

L'adorable petite cité médiévale de **Santu Lussurgiu,** livrant aux romantiques son treillis de vénérables ruelles aux petits pavés usés et offrant aux gourmands les plus séduisantes adresses gastronomiques de Sardaigne.

La fascinante vieille ville d'**Alghero** : un charme fou, des remparts propices à de romantiques balades amoureuses... et à deux pas, là, en pleine ville, une longue et magnifique plage !

Une balade à vélo, à pied, en petit train ou à skateboard (pas le droit d'emporter sa voiture) dans **le parco nazionale de l'Asinara,** pour découvrir sa riche flore, des oiseaux rares, une grande variété de plantes et les derniers ânes albinos d'Europe.

Savourer un *espresso* à **Sassari,** sur la piazza Italia, l'une des plus élégantes et charmantes places d'Italie. À deux pas de sa vieille ville intacte, brute de forme, populaire...

Aux alentours de Sassari, le circuit de séduisantes églises romanes dont la merveilleuse **Santa Trinita di Saccargia,** seule et fière dans sa mer de chênes-lièges, perchée au milieu de douces collines.

**Castelsardo :** touristique en diable, mais sa vieille ville, accrochée à la montagne entre ciel et terre, protégée par ses remparts, n'a rien perdu de son âme et domine toujours superbement une baie d'anthologie.

Monter au sommet du **monte Ortobene,** au-dessus de Nuoro, à l'aube ou au crépuscule, en passant par la plus incroyable forêt de Sardaigne.

Passer quelques heures dans le village d'**Orgosolo,** dans la Barbagia, pour admirer les peintures murales qui couvrent la ville, exprimant dans un style satirique le caractère rebelle et fier des gens de la région centrale.

Visiter le site nuragique de **Tiscali,** le plus énigmatique de Sardaigne, en y arrivant à pied au départ de la vallée de Lanaitho (Supramonte).

Au départ de Cala Gonone, découvrir en bateau **les plages du golfo di Orosei,** au pied du massif du Gennargentu, et se baigner dans les eaux turquoise de l'une de ces merveilleuses criques sauvages.

Traverser le sud-est de la Sardaigne, de Cagliari à Arbatax via Mandas, à bord du ***Trenino Verde,*** petit train à l'ancienne évoluant lentement au cœur des plus beaux paysages montagnards de l'Ogliastra.

# COMMENT Y ALLER ?

## EN AVION

### Les lignes régulières

▲ **AIR FRANCE**

*Rens et résas : ☎ 36-54 (0,34 €/mn ; tlj 6h30-22h), sur • airfrance.fr •, dans les agences Air France (fermées dim) et dans ttes les agences de voyages.*

➢ En partage de code avec Alitalia, Air France dessert chaque semaine Olbia et Cagliari via les grandes villes du nord de l'Italie.

Air France propose à tous des tarifs attractifs toute l'année. Vous avez la possibilité de consulter les meilleurs tarifs du moment sur Internet, dans l'onglet « Achat et enregistrement en ligne », rubrique « Meilleures offres ».

Le programme de fidélisation Air France-KLM permet de cumuler des *miles* à son rythme et de profiter d'un large choix de primes. Avec votre carte *Flying Blue,* vous êtes immédiatement identifié comme client privilégié lorsque vous voyagez avec tous les partenaires.

Air France propose également des réductions jeunes avec la carte *Flying Blue Jeune,* réservée aux jeunes âgés de 2 à 24 ans résidant en France métropolitaine, dans les départements d'outre-mer, au Maroc ou en Tunisie. Avec plus de 800 destinations et plus de 100 partenaires, *Flying Blue Jeune* offre autant d'occasions de cumuler des *miles* partout dans le monde.

▲ **ALITALIA**

*Rens et résas : ☎ 0892-655-655 (0,12 €/mn ; lun-ven 8h-20h, w-e 9h-19h). • alitalia.fr •*

➢ Dessert Olbia et Cagliari via Milan, Rome, Turin ou Bologne, une dizaine de vols/j.

### Les compagnies *low-cost*

Ce sont des compagnies dites « à bas prix ». De nombreuses villes de province sont desservies, ainsi que les aéroports limitrophes des grandes villes. Ne pas trop espérer trouver facilement des billets à prix plancher lors des périodes les plus fréquentées (vacances scolaires, week-ends...). À bord, c'est service minimum. Afin de réduire les files d'attente dans les aéroports, certaines font même payer l'enregistrement aux comptoirs d'aéroport. Pour éviter cette nouvelle taxe qui ne dit pas son nom, les voyageurs ont intérêt à s'enregistrer directement sur Internet, où le service est gratuit. La réservation se fait souvent par Internet et parfois par téléphone (pas d'agence, juste un numéro de réservation et un billet à imprimer soi-même), et aucune garantie de remboursement n'existe en cas de difficultés financières de la compagnie. En outre, les pénalités en cas de changement d'horaires sont assez importantes et les taxes d'aéroport rarement incluses. Il faut aussi rappeler que plusieurs compagnies facturent maintenant les bagages en soute ou en limitent le poids. En cabine également le nombre de bagages est strictement limité. À bord, tous les services sont payants (boissons, journaux...). Ne pas oublier non plus d'ajouter le prix du bus pour se rendre à ces aéroports, souvent assez éloignés du centre-ville. Au final, même si les prix de base restent très

attractifs, il convient de prendre en compte tous ces frais annexes pour calculer le plus justement son budget.

▲ **MERIDIANA FLY**
*Centre d'appel : ☎ 0039-078-952-682. • meridiana.it •*
➢ Au départ de Paris-Charles-de-Gaulle, vols hebdomadaires pour Cagliari via Milan, Rome, Venise, Vérone, Florence, Bologne et Turin.

▲ **AIR ONE**
*Rens et résas : ☎ 892-444 (tlj 8h-22h). • flyairone.com •*
➢ Vols hebdomadaires pour Olbia et Alghero via Milan ou Pise.

# EN BATEAU

## Du continent à la Sardaigne

➢ ***À Olbia et à Cagliari :*** des ferries assurent une liaison régulière entre le continent et la Sardaigne (prix identique pour les 2 traversées, voiture comprise). Plusieurs départs par heure. Durée du trajet différente selon le type de bateau choisi (*aliscafo* ou ferry).
➢ ***De Rome (Civitavecchia) à Olbia et Cagliari :*** env 4h30.
➢ ***De Gênes à Olbia et Cagliari :*** env 9h30.
➢ ***De Livourne à Olbia et Cagliari :*** env 9h30.
➢ ***De Naples à Olbia et Cagliari :*** env 9h.

▲ **EURO-MER**
*– Central des réservations : ☎ 04-67-65-95-12 ou 14. • euromer.com • Envoi de devis et brochures gratuits.*

### *AU DÉPART DE LA FRANCE*

➢ ***De Marseille à Porto-Torres :*** plusieurs traversées par semaine mars-nov avec la *Méridionale* et la *SNCM*. Départ 18h, arrivée 11h30.

### *AU DÉPART DE L'ITALIE*

➢ ***Avec SNAV :*** de Gênes, Livourne, Civitavecchia (Rome) à Olbia. Également de Gênes à Olbia. Départs quotidiens le soir en été.
➢ ***Avec Moby :*** de Piombino (Toscane) et Gênes à Olbia. Également de Gênes à Porto Torres. Liaisons quotidiennes en haute saison.
➢ ***Avec Grandi Navi Veloci :*** de Livourne ou Civitavecchia à Golfe Aranci.

# LES ORGANISMES DE VOYAGES

– Ne pas croire que les vols à tarif réduit sont tous au même prix pour une même destination à une même époque : loin de là. On a déjà vu, dans un même avion partagé par deux organismes, des passagers qui avaient payé 40 % plus cher que les autres. De plus, une agence bon marché ne l'est pas forcément toute l'année (elle peut n'être compétitive qu'à certaines dates bien précises). Donc, contactez tous les organismes et jugez vous-même.
– Les organismes cités sont classés par ordre alphabétique, pour éviter les jalousies et les grincements de dents.

## EN FRANCE

▲ **AUTREMENT L'ITALIE ET LA SICILE**
*– Paris : 76, bd Saint-Michel, 75006. ☎ 01-44-41-69-95. • autrement-italie.net • RER B : Luxembourg. Lun-ven 9h30-19h ; sam 10h-13h, 14h-17h.*
Autrement permet de voyager en toute liberté en Italie et en Sardaigne en construisant son voyage sur mesure avec l'aide de spécialistes : locations d'appartements, de villas dans la région des lacs, la Toscane, la côte Amalfitaine et dans des grandes villes culturelles comme Rome, Venise, Florence ou Naples. Également des billets d'avion et des locations de voitures.
Possibilité aussi de s'initier à la cuisine italienne ou encore de réserver des billets pour des grandes manifestations culturelles (théâtres, opéras, concerts, expositions...) et pour les plus grands musées et sites touristiques en visite libre ou avec un guide privé. Catalogue et devis personnalisés sur simple demande.

▲ **BOURSE DES VOLS - BOURSE DES VOYAGES**
*Rens : ☎ 01-42-61-66-61 (lun-sam 8h-20h). • bdv.fr •*

Agence de voyages en ligne, BDV.fr propose une vaste sélection de vols secs, séjours et circuits à réserver en ligne ou par téléphone. Pour bénéficier des meilleurs tarifs aériens, même à la dernière minute, le service de Bourse des Vols référence en temps réel un large panel de vols réguliers, charters et dégriffés au départ de Paris et de nombreuses villes de province. Bourse des Voyages propose des promotions toute l'année sur une large sélection de destinations (séjours, circuits...).

### ▲ BRAVO VOYAGES

*– Paris : 5, rue de Hanovre, 75002. ☎ 01-45-35-43-00. • bravovoyages.com • Ⓜ Opéra ou 4-Septembre. Lun-ven 9h-19h ; sam 10h-17h.*

Agence spécialisée dans l'Italie du nord au sud, les villes d'art, la Campanie, et plus particulièrement dans la Sicile, les îles Éoliennes et la Sardaigne. Bravo propose des séjours en hôtels ou en clubs, des circuits, croisières, et des locations de villas et d'appartements sur l'Italie et ses îles. Vols réguliers hebdomadaires sur la Sicile et la Sardaigne. Brochures à consulter en ligne sur le site internet.

### ▲ COMPTOIR DE L'ITALIE ET DE LA CROATIE

*• comptoir.fr •*

*– Paris : 6, rue des Écoles, 75005. ☎ 0892-237-037 (0,34 €/mn). Ⓜ Cardinal-Lemoine. Lun-ven 9h30-18h30 ; sam 10h-18h30.*

*– Lyon : 10, quai Tilsitt, 69002. ☎ 0892-230-465. Ⓜ Bellecour. Lun-sam 9h30-18h30.*

*– Marseille : 12, rue Breteuil, 13001. ☎ 0892-236-636. Lun-sam 9h30-18h30. Ⓜ Estrangin.*

*– Toulouse : 43, rue Peyrolières, 31000. ☎ 0892-232-236 (0,34 €/mn). Ⓜ Esquirol. Lun-sam 10h-18h30.*

D'un bout à l'autre de ces deux pays aux ambiances souvent similaires, de multiples idées de voyages s'offrent à vous. En Italie comme en Croatie, le Comptoir vous propose un large choix d'autotours et de séjours dans des hôtels de charme, au meilleur prix. Quelles que soient vos envies, une équipe de spécialistes de l'Italie et de la Croatie seront à votre écoute pour créer votre voyage sur mesure.

21 Comptoirs, plus de 60 destinations, des idées de voyages à l'infini. Comptoir des Voyages s'impose depuis 20 ans comme une référence incontournable pour les voyages sur mesure, accessible à tous les budgets. Membre de l'association ATR (Agir pour un Tourisme Responsable), Comptoir des Voyages a obtenu en 2010, pour la deuxième année, la certification Tourisme responsable AFAQ/AFNOR.

### ▲ FRAM

*• fram.fr •*

*– Paris : 4, rue Perrault, 75001. ☎ 0826-46-61-38 (0,15 €/mn). Ⓜ Châtelet ou Louvre-Rivoli. Lun-ven 9h-19h ; sam 9h30-13h, 14h-18h30.*

*– Toulouse : 3, rue du Poids-de-l'Huile, 31008. ☎ 0826-46-37-27 (0,15 €/mn). Mar-ven 9h-19h ; lun et sam 9h-18h30.*

FRAM programme 60 destinations, 14 formules de vacances et 29 villes de départ. Au choix : des *autotours* en Sardaigne, des vols secs, des circuits, des week-ends et courts séjours, et des séjours en club *Framissima* en Sardaigne.

### ▲ FUAJ

*– Paris : antenne nationale, 27, rue Pajol, 75018. ☎ 01-44-89-87-27. Ⓜ La Chapelle, Marx-Dormoy ou Gare-du-Nord. Mar-ven 13h-17h30. Rens dans ttes les auberges de jeunesse, les points d'infos et de résas en France, et sur le site • fuaj.org •*

La FUAJ (Fédération unie des auberges de jeunesse) accueille ses adhérents dans 160 auberges de jeunesse en France. Seule association française membre de l'IYHF *(International Youth Hostel Federation)*, elle est le maillon d'un réseau de 4 000 auberges de jeunesse réparties dans 90 pays. La FUAJ organise, pour ses adhérents, des activités sportives, culturelles et éducatives ainsi que des rencontres internationales. Vous pouvez obtenir gratuitement les brochures *Printemps-Été*, *Hiver*, le dépliant des séjours pédagogiques, la carte pliable des AJ et le *Guide des AJ en France*.

### ▲ LINEA ITALIA

*– Paris : 15, rue du Surmelin, 75020. ☎ 01-43-61-10-00. Ⓜ Pelleport. Lun-*

ANNA&MAX
LES LOVERS
3 DÎNERS
AUX CHANDELLES
5 DISPUTES
1 DEMANDE
EN MARIAGE
À PARTIR DE
SARDAIGNE
ClubMarmara
Sardegna
569€* TTC
1 SEMAINE EN FORMULE "TOUT COMPRIS", VOLS INCLUS!
RÉSERVATION EN AGENCE
OU MARMARA.COM
*Prix TTC, à partir de, par personne, valable selon dates, villes de départ, disponibilités et soumis à conditions. Voir également conditions de ventes Marmara pour autres dispositions (réf. brochure printemps-été 2012). Immatriculation : IM075110251 RCS : Paris B 318043304 / Crédit photos : Gettyimages.
Marmara
VOUS AVEZ TOUT COMPRIS!

*ven 9h30-12h30, 13h30-18h30 (17h30 ven).*

Linea Italia offre une nouvelle ligne de programmes pour concevoir ses vacances selon son plaisir et à son rythme : soit détente et farniente, soit découverte des trésors culturels ou d'un événement. Linea Italia, c'est aussi des vols spéciaux ou réguliers à prix réduits, un choix d'hôtels du 2-étoiles aux palaces, hôtels-clubs, villages de vacances, location d'appartements et location de voitures, sélectionnés par une équipe italienne de spécialistes.

### ▲ LOOK VOYAGES

*Infos et résas : • look-voyages.fr • Les brochures sont disponibles dans ttes les agences de voyages.*

Ce tour-opérateur propose une grande variété de produits et de destinations pour tous les budgets : séjours tout inclus en club *Lookéa,* séjours classiques, circuits, vols charters exclusifs et vols réguliers à tarifs négociés.

### ▲ MARMARA

*Résas partout en France en agences de voyages. ☎ 0892-161-161 (0,34 €/min). • marmara.com • Et dans les 35 agences Marmara.*

Tour-opérateur n° 1 en France en nombre de clients, Marmara fait voyager plus d'un million de personnes par an. Pour cela, Marmara affrète en totalité une moyenne de 27 vols/j., toute l'année (dont 60 % au départ de la province) vers le Maroc, la Tunisie, la Grèce, Crète, Rhodes, l'Égypte, l'Espagne, la Turquie, la Sardaigne, mais aussi vers des destinations lointaines qu'il a pour ambition de démocratiser : la République dominicaine et l'île Maurice.

Et pour apporter une solution à toutes les envies de vacances, Marmara étoffe chaque année sa production. Ainsi, sa brochure propose également, en plus des formules club, une gamme complète de produits : séjours prestige en hôtels 5 étoiles luxe, circuits aventure, croisières, vacances en famille, en solo, escapades thalasso & spa ou voyages culturels... Un seul point commun : l'imbattable rapport qualité-prix pour lequel Marmara s'engage pour des vacances moins chères et réussies. Nouveauté : Marmara lance les *Cosy Clubs,* une déclinaison des *clubs Marmara* en cosy pour une ambiance plus zen.

### ▲ MÉRÎLIA

*– Paris : 14, bd de Sébastopol, 75004. ☎ 01-56-68-12-00. • lmerilia.com • Ⓜ Châtelet. Lun-ven 10h-19h ; sam sur rdv.*

Mérîlia est le spécialiste à la carte de l'Europe et ses îles : programme des séjours sélectionnés en hôtels 4 et 5-étoiles, combinés îles, croisières, auto-tours, circuits accompagnés, villas... Plus de renseignements sur le site internet.

### ▲ NOUVELLES FRONTIÈRES

*Rens et résas dans tte la France : ☎ 0825-000-825 (0,15 €/mn). • nouvelles-frontieres.fr • Les brochures Nouvelles Frontières sont disponibles gratuitement dans les 300 agences du réseau, par tél et sur Internet.*

Nombreuses formules : vols sur *Corsairfly* la compagnie de Nouvelles Frontières au départ de Paris et de province, et sur toutes les compagnies aériennes régulières ; circuits, aventure ou organisés ; séjours en hôtels, en hôtels-clubs et en résidences ; week-ends, formules à la carte...

### ▲ ODALYS VACANCES

*Résas : ☎ 0825-562-562 (0,15 €/mn). • odalys-vacances.com •*

Odalys est un acteur majeur sur le marché de l'hébergement en France avec 283 résidences, résidences-clubs, hôtels et parcs résidentiels de plein air (mobile homes) dans l'Hexagone, en Corse, en Espagne et en Italie. En Sardaigne, Odalys propose 5 résidences situées en bord de mer à Costa Paradiso (Nord), San Teodoro (Nord-Est), Villaputzu et Costa Rei (Sud-Est) et Santa Margherita di Pulaidence (Sud). Toutes les résidences proposent des appartements entièrement équipés avec kitchenette.

### ▲ PROMOVACANCES.COM

*Les offres Promovacances sont accessibles sur • promovacances.com • ou au ☎ 0899-654-850 (1,35 € l'appel puis 0,34 €/mn) et dans 10 agences situées à Paris et à Lyon.*

N° 1 français de la vente de séjours sur Internet, Promovacances a fait voyager plus de 2 millions de clients en 10 ans.

BRAVO VOYAGES
ITALIE CONSEIL
www.bravovoyages.com
SARDAIGNE
DU CIRCUIT ORGANISÉ À L'AUTOTOUR EN PASSANT PAR LE SÉJOUR EN HÔTEL OU EN CLUB OU EN LOCATIONS,
BRAVO VOYAGES PROPOSE UN VASTE CHOIX DE PRODUITS ORIGINAUX ADAPTÉS À TOUS LES BUDGETS.
Bravo Voyages Italie Conseil
5 rue de Hanovre, 75002 Paris
Tel : 01 45 35 43 00* - Fax : 01 45 35 65 33
Mail : info@bravovoyages.com
*N'hésitez pas à nous contacter. Envoi de brochure sur demande.
ITALIA
AGENCE NATIONALE ITALIENNE POUR LE TOURISME
www.enit-france.com
Lic 075 95 0279

Sardaigne
Sicile
Marseille
Gènes
Livourne
Piombino
Rome (Civitavecchia)
Olbia
Porto Torres
Iles Pontines
Golf de Naple
Naples
Iles Eoliennes
Milazzo
Palerme
Termini Imerese
Catane
Pozzallo
Malte
1631
Euro Mer & Ciel
VOYAGES
EURO-MER & CIEL CENTRALE DE RESERVATIONS FRANCE :
(ferries/hôtels): 04 67 65 95 14/12 - www.euromer.net
Spécialiste des traversées maritimes : Corse, Sardaigne, Sicile, Grèce, Maroc, Tunisie, Islande, Iles Baléares...

Le site propose plus de 10 000 voyages actualisés chaque jour sur 300 destinations : séjours, circuits, week-ends, thalasso, plongée, golf, voyages de noces, locations, vols secs... L'ambition du voyagiste : prouver chaque jour que le petit prix est compatible avec des vacances de qualité. Grâce aux avis clients publiés sur le site et aux visites virtuelles des hôtels, vous réservez vos vacances en toute tranquillité.

### ▲ PROMOVOLS

*Infos et résas : • promovols.com • ou ☎ 0899-01-01-01 (1,35 €/mn ; lun-ven 9h-19h, sam 10h-18h).*

Spécialiste de la vente de billets d'avion sur Internet, Promovols vous propose une vaste sélection de vols réguliers, charters et dégriffés au départ de Paris et de la plupart des villes de province. Grâce à son moteur de réservation très performant, cette agence de voyages en ligne vous garantit les meilleurs prix du marché quelle que soit votre destination.

Promovols propose également un très large choix d'hôtels, séjours et circuits à prix extrêmement compétitifs sur plus de 200 destinations.

### ▲ VOYAGES-SNCF.COM

Voyages-sncf.com, acteur majeur du tourisme français qui recense 9 millions de visiteurs par mois, propose d'acheter en ligne des billets de train, d'avion, des chambres d'hôtel, des locations de voitures, de vacances et des séjours clés en main ou Alacarte®, ainsi que des spectacles, des excursions et des visites de musées. Un large choix et des prix avantageux sont offerts toute l'année, pour tous types de voyages dans le monde entier : SNCF, 180 compagnies aériennes, 84 000 hôtels référencés et les principaux loueurs de voitures.

Le site • *voyages-sncf.com* • permet d'accéder tous les jours, 24h/24, à plusieurs services : envoi gratuit des billets à domicile, « Alerte Résa » pour être informé de l'ouverture des réservations et profiter du plus grand choix, calendrier des meilleurs prix (TTC), mais aussi des offres de dernière minute et des promotions...

Pratique : • *voyages-sncf.mobi* • le site mobile pour réserver, s'informer et profiter des bons plans n'importe où et à n'importe quel moment.

Et grâce à l'ÉcoComparateur, en exclusivité sur • *voyages-sncf.com* •, possibilité de comparer le prix, le temps de trajet et l'indice de pollution pour un même trajet en train, en avion ou en voiture.

### ▲ VOYAGEURS DU MONDE EN ITALIE

*• vdm.com •*

*– Paris : La Cité des Voyageurs, 55, rue Sainte-Anne, 75002. ☎ 01-42-86-17-20. Ⓜ Opéra ou Pyramides. Lun-sam 9h30-19h.*

*– Également des agences à Bordeaux, Caen, Grenoble, Lille, Lyon, Marseille, Montpellier, Nantes, Nice, Rennes, Rouen, Strasbourg et Toulouse.*

Parce que chaque voyageur est différent, que chacun a ses rêves et ses idées pour les réaliser, Voyageurs du Monde conçoit, depuis plus de 30 ans, des projets sur mesure. Les séjours proposés à travers 120 destinations sont des suggestions élaborées par leurs 180 conseillers voyageurs. Spécialistes de leur pays, ils vous aideront à personnaliser les voyages présentés à travers une trentaine de brochures d'un nouveau type et sur le site internet où vous pourrez également découvrir des hébergements exclusifs et consulter votre espace personnalisé.

Chacune des 15 Cités des Voyageurs est une invitation au voyage : librairies spécialisées, accessoires de voyage, expositions-ventes d'artisanat et conférences. Voyageurs du Monde est membre de l'association ATR (Agir pour un tourisme responsable) et a obtenu en 2008 sa certification Tourisme Responsable AFAQ/AFNOR.

## *Comment aller à Roissy et à Orly ?*

Bon à savoir :

– Le ***pass Navigo*** est valable pour Roissy-Rail (RER B, zones 1-5) et Orly-Rail (RER C, zones 1-4).

– Le ***billet Orly-Rail*** permet d'accéder sans supplément aux réseaux métro et RER.

## À Roissy-Charles-de-Gaulle 1, 2 et 3

Attention : si vous partez de Roissy, pensez à vérifier de quelle aérogare votre avion décolle car la durée du trajet peut considérablement varier en fonction de cette donnée.

### TRANSPORTS COLLECTIFS

**Les cars Air France :** ☎ *0892-350-820 (0,34 €/mn).* • *cars-airfrance.com* • *Paiement par CB possible à bord.*
Le site internet diffuse les informations essentielles sur le réseau (lignes, horaires, tarifs...) permettant d'avoir en temps réel des infos sur le trafic afin de mieux planifier son départ. Il propose également une boutique en ligne, qui permet d'acheter et d'imprimer les billets électroniques pour accéder aux bus.
➢ *Paris-Roissy :* départ pl. de l'Étoile (1, av. Carnot), avec un arrêt pl. de la Porte-Maillot (bd Gouvion-Saint-Cyr). Départs ttes les 20 mn, 6h-22h. Durée du trajet : 35-50 mn env. Tarifs : 15 € l'aller simple, 24 € l'A/R ; réduc enfants 2-11 ans.
Autre départ depuis la gare Montparnasse (arrêt rue du Commandant-Mouchotte, face à l'hôtel *Pullman*), ttes les 30 mn, 6h-21h30, avec un arrêt gare de Lyon (20 bis, bd Diderot). Tarifs : 16,50 € l'aller simple, 27 € l'A/R ; réduc enfants 2-11 ans.
➢ *Roissy-Paris :* les cars *Air France* desservent la pl. de la Porte-Maillot, avec un arrêt bd Gouvion-Saint-Cyr, et se rendent ensuite au terminus de l'av. Carnot. Départs ttes les 30 mn, 6h-23h des terminaux 2A et 2C (porte C2), 2E et 2F (niveau « Arrivées », porte 3 de la galerie), 2B et 2D (porte B1), et du terminal 1 (porte 34, niveau « Arrivées »). À destination de la gare de Lyon et de la gare Montparnasse, départs ttes les 30 mn, 6h-22h des mêmes terminaux. Durée du trajet : 45 mn env.

**Roissybus :** ☎ *32-46 (0,34 €/mn).* • *ratp.fr* • Départs de la pl. de l'Opéra (angle rues Scribe et Auber) ttes les 15 mn (20 mn à partir de 20h), 5h45-23h. Durée du trajet : 45-60 mn. De Roissy, départs 6h-23h des terminaux 1, 2A, 2B, 2C, 2D et 2F, et à la sortie du hall d'arrivée du terminal 3. Tarif : 10 €.

***Bus RATP n° 351 :*** de la pl. de la Nation, 5h30-21h20. Solution la moins chère mais la plus lente. Compter en effet 1h30 de trajet. Ou ***bus n° 350,*** de la gare de l'Est (1h15 de trajet). Arrivée Roissypôle-gare RER.

***RER ligne B + navette :*** départ ttes les 15 mn. Compter 30 mn de la gare du Nord à l'aéroport (navette comprise). Un 1er départ à 4h53 de la gare du Nord et à 5h26 de Châtelet. À Roissy-Charles-de-Gaulle, descendre à la station (il y en a 2) qui dessert le bon terminal. De là, prendre la navette adéquate. Tarif : 9,10 €.

Si vous venez du nord, de l'ouest ou du sud de la France en train, vous pouvez rejoindre les aéroports de Roissy sans passer par Paris, la gare SNCF Paris-Charles-de-Gaulle étant reliée aux réseaux TGV.

### TAXIS

Compter au moins 50 € du centre de Paris, en tarif de jour.

### EN VOITURE

Chaque terminal a son propre parking. Compter 35 € par tranche de 24h. Également des parkings longue durée (PR et PX), plus éloignés des terminaux, qui proposent des tarifs plus avantageux (forfait 24h 23 €, forfait 7 à 8 j. pour 130 €). Possibilité de réserver sa place de parking via le site • *aeroportsdeparis.fr* • Stationnement au parking Vacances (longue durée) dans le P3 Résa (terminaux 1 et 3) situé à 2 mn du terminal 3 à pied ou le PAB (terminal 2). Formules de stationnement 1-30 j. (120-190 €) pour le P3 Résa. De 2 à 5 j. dans le PAB 12,50 € par tranche de 12h et de 6 à 14 j. 25 € par tranche de 24h. Réservation sur Internet uniquement. Les P1, PAB et PEF accueillent les deux-roues : 15 € pour 24h.

### COMMENT SE DÉPLACER ENTRE ROISSY-CHARLES-DE-GAULLE 1, 2 ET 3 ?

Les rames du CDG-VAL font le lien entre les 3 terminaux en 8 mn. Fonctionne tlj, 24h/24. Gratuit. Accessible aux personnes à mobilité réduite. Départ ttes les 5 mn, et ttes les 20 mn, minuit-4h. Desserte gratuite vers certains hôtels, parkings, gares RER et gares TGV.

## À Orly-Sud et Orly-Ouest

### TRANSPORTS COLLECTIFS

**Les cars Air France :** ☎ *0892-350-820 (0,34 €/mn).* • *cars-airfrance.com* • *Tarifs : 11,50 € l'aller simple, 18,50 € l'A/R ; enfants 2-11 ans : 5,50 €. Paiement par CB possible dans le bus.*
➢ *Paris-Orly :* départs de l'Étoile, 1, av. Carnot, ttes les 30 mn 5h-22h40. Arrêts au terminal des Invalides, rue Esnault-Pelterie (Ⓜ Invalides), Gare Montparnasse (rue du Commandant-Mouchotte, face à l'hôtel *Pullman* ; Ⓜ Montparnasse-Bienvenüe, sortie Gare SNCF) et Porte d'Orléans (arrêt facultatif uniquement dans le sens Orly-Paris).
➢ *Orly-Paris :* départs ttes les 20 mn, 6h-23h40 d'Orly-Sud, porte L, et d'Orly-Ouest, portes B et C, niveau « Arrivées ».

**RER C + navette Orly-Rail :** ☎ *36-58 (0,23 €/mn).* • *transilien.com* • Prendre le RER C jusqu'à Pont-de-Rungis (un RER ttes les 15-30 mn). Compter 25 mn depuis la gare d'Austerlitz. Ensuite, navette Orly-Rail pdt 15 mn pour Orly-Sud et Orly-Ouest. Compter 6,45 €. Très recommandé les jours où l'on piétine sur l'autoroute du Sud (w-e et jours de grands départs) : on ne sera jamais en retard. Pour le retour, départs de la navette ttes les 15 mn depuis la porte G à Orly-Ouest (5h40-23h14) et la porte F à Orly-Sud (4h34-23h15).

**Bus RATP Orlybus :** ☎ *32-46 (0,34 €/mn).* • *ratp.fr* •
➢ *Paris-Orly :* départs ttes les 15-20 mn de la pl. Denfert-Rochereau. Compter 20-30 mn pour rejoindre Orly (Ouest ou Sud). La pl. Denfert-Rochereau est très accessible : RER B, 2 lignes de métro et 3 lignes de bus. Orlybus fonctionne tlj 5h35-23h, jusqu'à minuit ven, sam et veilles de fêtes dans le sens Paris-Orly ; et tlj 6h-23h20, jusqu'à 0h20 ven, sam et veilles de fêtes dans le sens Orly-Paris.
➢ *Orly-Paris :* départ d'Orly-Sud, porte H, quai 4, ou d'Orly-Ouest, porte J, niveau « Arrivées ». Compter 6,90 € l'aller simple.

**Orlyval :** ☎ *32-46 (0,34 €/mn).* • *ratp.fr* • Ce métro automatique est facilement accessible à partir de n'importe quel point de la capitale ou de la région parisienne (RER, stations de métro, gare SNCF). La jonction se fait à Antony (ligne B du RER) sans aucune attente. Permet d'aller d'Orly à Châtelet et vice versa en 40 mn env, sans se soucier de la densité de la circulation automobile. Compter 10,75 € l'aller simple entre Orly et Paris. Billet Orlyval seul : 8,30 €.
➢ *Paris-Orly :* départs pour Orly-Sud et Ouest ttes les 6-8 mn, 6h-22h15.
➢ *Orly-Paris :* départ d'Orly-Sud, porte J, à proximité de la livraison des bagages, ou d'Orly-Ouest, porte W du hall 2, niveau « Départs ».

### TAXIS

Compter au moins 35 € en tarif de jour du centre de Paris, selon circulation et importance des bagages.

### EN VOITURE

À proximité d'Orly-Ouest, parkings P0 et P2. À proximité d'Orly-Sud, P1 et P3 (à 50 m du terminal, accessible par tapis roulant). Compter 27,50 € pour 24h de stationnement. Ces 4 parkings à proximité immédiate des terminaux proposent des forfaits intéressants : « week-end » valable du ven 0h01 au lun 23h59 (43 €) et « grand week-end » du jeu 15h au lun 23h59 (59 €). Forfaits disponibles aussi pour les P4, P5 et P7 : 15,50 € pour 24h et 1 € par jour supplémentaire au-delà de 8 j. (45 j. de stationnement max). Il existe pour le P7 des forfaits Vacances 1 à 30 j. (15-130 €). Les P4, P7 (en extérieur) et P5 (couvert) sont des parkings longue durée, plus excentrés, reliés par navettes gratuites aux terminaux. *Rens :* ☎ *01-49-75-56-50.* Comme à Roissy, possibilité de réserver en ligne sa place de parking (P0 et P7) sur • *aeroportsdeparis.fr* • Les frais de résa (en sus du parking) sont de 8 € pour 1 j., de 12 € pour 2-3 j. et de 20 € pour 4-10 j. de stationnement pour le P0. Les parkings P0-P2 à Orly-Ouest, et P1-P3 à Orly-Sud accueillent les deux-roues : 6,20 € pour 24h.

### Liaisons entre Orly et Roissy-Charles-de-Gaulle

***Les cars Air France :*** *☎ 0892-350-820 (0,34 €/mn). • cars-airfrance.com •* Départs de Roissy-Charles-de-Gaulle depuis les terminaux 1 (porte 34, niveau « Arrivées »), 2A et 2C (porte B1), 2B et 2D (porte C2), 2E et 2F (niveau « Arrivées », porte 3 de la galerie) vers Orly 5h55-22h30. Départs d'Orly-Sud (porte K) et d'Orly-Ouest (porte B-C, niveau « Arrivées ») vers Roissy-Charles-de-Gaulle 6h30 (7h le w-e)-22h30. Ttes les 30 mn (dans les deux sens). Durée du trajet : 50 mn env. Tarif : 19 €. Enfants 2-11 ans : 9,50 €.

***RER B + Orlyval :*** *☎ 32-46 (0,34 €/mn).* Depuis Roissy, navette puis RER B jusqu'à Antony et enfin Orlyval entre Antony et Orly, 6h-22h15. Tarif : 17,60 €.

– ***En taxi :*** compter 50-55 € en journée.

## EN BELGIQUE

### ▲ AIRSTOP

*Pour ttes les adresses Airstop, un seul numéro de tél : ☎ 070-233-188. • airstop.be • Lun-ven 9h-18h30 ; sam 10h-17h.*
*– Bruxelles : bd E.-Jacquemain, 76, 1000.*
*– Anvers : Jezusstraat, 16, 2000.*
*– Bruges : Dweersstraat, 2, 8000.*
*– Gand : Maria Hendrikaplein, 65, 9000.*
*– Louvain : Tiensestraat, 5, 3000.*
Airstop offre une large gamme de prestations, du vol sec au séjour tout compris à travers le monde.

### ▲ CONNECTIONS

*Rens et résas : ☎ 070-233-313 (lun-ven 9h-19h ; sam 10h-17h). • connections.be •*
Fort d'une expérience de plus de 20 ans dans le domaine du voyage, Connections dispose d'un réseau de 30 *travel shops* dont un à Brussels Airport. Connections propose des vols dans le monde entier à des tarifs avantageux et des voyages destinés à tous ceux qui désirent découvrir la planète de façon autonome et de vivre des expériences uniques. Connections propose une gamme complète de produits : vols, hébergements, locations de voitures, autotours, vacances sportives, excursions, assurances « protections »...

### ▲ NOUVELLES FRONTIÈRES

*• nouvelles-frontieres.be •*
*– Nombreuses agences dans le pays dont Bruxelles, Charleroi, Liège, Mons, Namur, Waterloo, Wavre et au Luxembourg.*
Voir texte dans la partie « En France ».

### ▲ SERVICE VOYAGES ULB

*• servicevoyages.be •*
*– Bruxelles : campus ULB, av. Paul-Héger, 22, CP 166, 1000. ☎ 02-650-40-20.*
*– Bruxelles : rue Abbé-de-l'Épée, 1, Woluwe, 1200. ☎ 02-742-28-80.*
*– Bruxelles : hôpital universitaire Érasme, route de Lennik, 808, 1070. ☎ 02-555-38-63.*
*– Bruxelles : chaussée d'Alsemberg, 815, 1180. ☎ 02-332-29-60.*
*– Ciney : rue du Centre, 46, 5590. ☎ 083-216-711.*
*– Marche (Luxembourg) : 11, av. de France, 6900. ☎ 084-31-40-33.*
*– Wepion : chaussée de Dinant, 1137, 5100. ☎ 081-46-14-37.*
Service Voyages ULB, c'est le voyage à l'université. Billets d'avion sur vols charters et sur compagnies régulières à des prix compétitifs.

### ▲ TAXISTOP

*Pour ttes les adresses Taxistop : ☎ 070-222-292. • taxistop.be •*
*– Bruxelles : rue Théresienne, 7 A, 1000.*
*– Gent : Maria Hendrikaplein, 65, 9000.*
*– Ottignies : bd Martin, 27, 1340.*
Taxistop propose un système de covoiturage, ainsi que d'autres services comme l'échange de maisons ou le gardiennage.

### ▲ VOYAGEURS DU MONDE

*– Bruxelles : chaussée de Charleroi, 23, 1060. ☎ 0 900-44-500 (0,45 €/mn). • vdm.com •*
Le spécialiste du voyage en individuel sur mesure.
Voir texte dans la partie « En France ».

## EN SUISSE

### ▲ STA TRAVEL

*Rens : ☎ 058-450-49-49. • statravel.ch •*

*– Fribourg : rue de Lausanne, 24, 1701. ☎ 058-450-49-80.*
*– Genève : rue de Rive, 10, 1204. ☎ 058-450-48-00.*
*– Genève : rue Vignier, 3, 1205. ☎ 058-450-48-30.*
*– Lausanne : bd de Grancy, 20, 1006. ☎ 058-450-48-50.*
*– Lausanne : à l'université, Anthropole, 1015. ☎ 058-450-49-20.*

Agences spécialisées notamment dans les voyages pour jeunes et étudiants. 150 bureaux STA et plus de 700 agents du même groupe répartis dans le monde entier sont là pour donner un coup de main *(Travel Help).*

STA propose des voyages avantageux : vols secs *(Blue Ticket),* hôtels, écoles de langues, *work & travel,* circuits d'aventure, voitures de location, etc. Délivre la carte internationale d'étudiant et la carte *Jeune*.

STA est membre du fonds de garantie de la branche suisse du voyage ; les montants versés par les clients pour les voyages forfaitaires sont assurés.

### ▲ TUI – NOUVELLES FRONTIÈRES

*– Genève : rue Chantepoulet, 25, 1201. ☎ 022-716-15-70.*
*– Lausanne : bd de Grancy, 19, 1006. ☎ 021-616-88-91.*

Voir texte dans la partie « En France ».

### ▲ VOYAGES APN

*– Carouge : rue Saint-Victor, 3, 1227. ☎ 022-301-01-50. • apnvoyages.ch •*

Voyages APN propose des destinations hors des sentiers battus, particulièrement en Europe (Grèce, Italie et pays du Nord), avec un contact direct avec les prestataires, notamment dans le cadre des agritourismes. Certains programmes sont particulièrement adaptés aux familles. L'accent est mis sur le tourisme responsable et durable. Dans ce cadre, une sélection de destinations telles que la Bolivie ou le Bénin est proposée.

## AU QUÉBEC

### ▲ EXOTIK TOURS

*Rens sur • exotiktours.com • ou auprès de votre agence de voyages.*

La Méditerranée, l'Europe, l'Asie et les grands voyages : Exotik Tours offre une importante programmation en été comme en hiver. Ses circuits estivaux se partagent notamment entre la France, l'Autriche, la Grèce, la Turquie, l'Italie, la Croatie, le Maroc, la Tunisie, la République tchèque, la Russie, la Thaïlande, le Vietnam, la Chine... Dans la rubrique « grands voyages », le voyagiste suggère des périples en petits groupes ou en individuel. Au choix : l'Amérique du Sud (Brésil, Pérou, Argentine, Chili, Équateur, îles Galápagos), le Pacifique Sud (Australie et Nouvelle-Zélande), l'Afrique (Afrique du Sud, Kenya, Tanzanie), l'Inde et le Népal. L'hiver, des séjours sont proposés dans le Bassin méditerranéen et en Asie (Thaïlande et Bali). Durant cette saison, on peut également opter pour des combinés plage + circuit. Le voyagiste a par ailleurs créé une nouvelle division : « Carte Postale.Tours » (circuits en autocar au Canada et aux États-Unis). Exotik Tours est membre du groupe Intair.

### ▲ RÊVATOURS

*• revatours.com •*

Ce voyagiste, membre du groupe Transat A.T. Inc., propose quelque 25 destinations à la carte ou en circuits organisés. De l'Inde à la Thaïlande en passant par le Vietnam, la Chine, Bali, l'Europe centrale, la Russie, des croisières sur les plus beaux fleuves d'Europe, la Grèce, la Turquie, l'Italie, la Croatie, le Maroc, l'Espagne, le Portugal, la Tunisie ou l'Égypte et l'Amérique du Sud, le client peut soumettre son itinéraire à Rêvatours, qui se charge de lui concocter son voyage. Parmi ses points forts : la Grèce avec un bon choix d'hôtels, de croisières et d'excursions, les *Fugues musicales* en Europe, la Tunisie et l'Asie. Également des programmes en Scandinavie, l'Italie en circuit, Israël pouvant être combiné avec l'Égypte et la Grèce, et aussi la Dalmatie.

### ▲ VACANCES AIR CANADA

*• vacancesaircanada.com •*

Vacances Air Canada propose des forfaits loisirs (golf, croisières, voyages d'aventure, ski et excursions diverses) flexibles vers les destinations les plus populaires des Antilles, de l'Amérique centrale et du Sud, de l'Asie, de l'Europe et des États-Unis. Vaste sélection de forfaits incluant vol aller-retour et hébergement. Également des forfaits vol + hôtel et vol + voiture.

**▲ VOYAGES CAMPUS – TRAVEL CUTS**

• *voyagescampus.com* •
Voyages Campus – Travel Cuts est un réseau national d'agences de voyages spécialisées pour les étudiants et les voyageurs qui disposent de petits budgets. Le réseau existe depuis 40 ans et compte plus de 50 agences dont 6 au Québec. Voyages Campus propose des produits exclusifs comme l'assurance « Bon voyage », le programme de Vacances-Travail (SWAP), la carte d'étudiant internationale (ISIC) et plus. Ils peuvent vous aider à planifier votre séjour autant à l'étranger qu'au Canada et même au Québec.

## UNITAID

UNITAID a été créé pour lutter contre le VIH/sida, le paludisme et la tuberculose, principales maladies meurtrières dans les pays en développement. UNITAID intervient dans 94 pays en facilitant l'accès aux médicaments et aux diagnostics, en en baissant les prix, dans les pays en développement. Le financement d'UNITAID provient principalement d'une contribution de solidarité sur les billets d'avion mise en place par six pays membres, dont la France, où la taxe est de 1 € sur les vols intérieurs et de 4 € sur les vols internationaux (ce qui représente le traitement d'un enfant séropositif pour un an). En cinq ans, UNITAID a réuni plus d'un milliard de dollars. Les financements ont permis à près d'un million de personnes atteintes du VIH/sida de bénéficier d'un traitement et de délivrer plus de 19 millions de traitements contre le paludisme. Moins de 5 % des fonds sont utilisés pour le fonctionnement du programme, 95 % sont utilisés directement pour les médicaments et les tests. Pour en savoir plus :
• *unitaid.eu* •

# SARDAIGNE UTILE

## ABC DE LA SARDAIGNE

- *Superficie :* 24 090 km².
- *Population :* 1 672 000 hab.
- *Densité :* 69 hab./km².
- *Statut dans la République italienne :* région autonome de la République italienne depuis 1948, parlement régional.
- *Capitale régionale :* Cagliari.
- *Divisions administratives :* 8 provinces (Cagliari, Nuoro, Sassari, Oristano, Olbia-Tempo, Ogliastra, Carbonia-Iglesias, Medio Campidano).
- *Langue :* l'italien est la langue officielle, mais le dialecte sarde est parlé par plus de 80 % de la population.

## AVANT LE DÉPART

### Adresses utiles

### En France

***Office national italien de tourisme (ENIT) :*** *23, rue de la Paix, 75002 Paris. Infos : ☎ 01-42-66-66-68 (standard). • infoitalie.paris@enit.it • enit.it • (site très complet et remis à jour régulièrement, à consulter absolument avt de partir). Ⓜ Opéra et RER A : Auber. Lun-ven 11h-16h45.* L'ENIT *(Ente nazionale italiano per il turismo)* est l'organisme national chargé de la promotion touristique de l'Italie à l'étranger (France, Belgique, Suisse, Canada...). L'ENIT est en relation constante avec les administrations touristiques des différentes régions et est susceptible de vous donner les meilleures informations « à chaud » (fêtes, festivals...) et de vous envoyer de nombreuses informations par mail. En arrivant dans une ville, demandez la documentation disponible, souvent bien faite et parfois rédigée en français. Demandez un plan et une liste des hôtels. Dans les grandes villes, l'office de tourisme publie chaque mois un calendrier des manifestations.

***Consulats d'Italie en France :***

*– Paris : 5, bd Émile-Augier, 75116. ☎ 01-44-30-47-00 (standard automatique qui oriente en fonction de l'appel lun-ven 9h-18h). • segretaria.parigi@esteri.it • consparigi.esteri.it • Ⓜ La Muette. Lun-ven 9h-12h, plus mer 14h30-16h30.*

*– Vice-consulats d'Italie à Lille, Lyon, Marseille, Metz, Mulhouse, Nice et Toulouse.*

■ ***Institut culturel italien :*** *hôtel de Gallifet, 73, rue de Grenelle, 75007 Paris. ☎ 01-44-39-49-39. • iicparigi.esteri.it • Ⓜ Varenne, Rue-du-Bac ou Sèvres-Babylone. Lun-ven 10h-13h, 15h-18h. Bibliothèque de consultation : ☎ 01-44-39-49-25 (mêmes horaires sf lun mat).*

■ ***Ambassade d'Italie :*** *51, rue de Varenne, 75007 Paris. ☎ 01-49-54-03-00. • ambparigi.esteri.it • Ⓜ Rue-du-Bac ou Varenne.* Superbe hôtel particulier... malheureusement fermé au public.

***LOISIRS***

■ ***Centre culturel italien :*** *4, rue des Prêtres-Saint-Séverin, 75005 Paris. ☎ 01-46-34-27-00. • info@centreculturelitalien.com • centreculturelitalien.com • Ⓜ ou RER B ou C : Saint-Michel ou Cluny-La Sorbonne. Lun-ven 10h-13h30, 14h-19h ; sam 10h30-13h30.* Propose des séjours linguistiques, des cours d'italien, mais également des expos, des conférences, des ateliers de conversation, et même des cours de cuisine italienne et de chant ! On peut demander le programme des activités culturelles par téléphone ou par mail.

– ***Radici :*** *☎ 05-62-17-50-37. • redaction@radici-press.net • radici-press.net •* Revue bimestrielle centrée autour de l'actualité, la culture et la civilisation italiennes. Articles en français et en italien.

■ ***Théâtre de la Comédie italienne :*** *17, rue de la Gaîté, 75014 Paris. ☎ 01-43-21-22-22. • comedie-italienne.fr • Ⓜ Gaîté.* Programmation de pièces italiennes classiques ou contemporaines. Ce théâtre perpétue la tradition de la Commedia dell'arte en proposant également des activités et ateliers pour tous les âges.

– ***Radio Aligre :*** *☎ 01-40-24-28-28. • aligrefm.org •* Le dimanche de 7h30 à 10h30, c'est *Cappucino,* une émission présentée par 4 animateurs et en grande partie en langue italienne. Accès aux émissions via le site internet.

■ ***Cours de cuisine italienne :*** *17, cité Leclaire, 75020 Paris. ☎ 01-44-64-86-00. • info@casadarno.com • casadarno.com • Ⓜ Porte-de-Bagnolet. Ven 11h-14h dans un loft/maison. À partir de 70 €/pers l'atelier d'env 3h par groupe de 8 pers.* Cours orchestrés par Elisabetta Arno, de l'agence *Casa d'Arno.* Un thème culinaire est abordé chaque semaine avec, comme fil conducteur, une région italienne. À la fin de l'atelier, on déguste ce qu'on a préparé, arrosé (ça va de soi) d'un bon cru local.

## En Belgique

ℹ ***Office de tourisme :*** *pl. de la Liberté, 12, Bruxelles 1000. ☎ 02-647-11-54. • brussels@enit.it • enit.it • Lun-ven 11h-16h.*

■ ***Ambassade d'Italie :*** *rue Émile-Claus, 28, Bruxelles 1050. ☎ 02-643-38-50. • ambbruxelles.esteri.it • Lun-ven 9h-13h, 14h30-16h30.*

■ ***Consulat d'Italie :*** *rue de Livourne, 38, Bruxelles 1000. ☎ 02-543-15-50. • consbruxelles.esteri.it • segreteria.bruxelles@esteri.it • Lun-ven 9h-17h.*

## En Suisse

ℹ ***Office de tourisme :*** *Uraniastrasse, 32, 8001 Zurich. ☎ 04-346-640-40. • zurich@enit.it • Lun-ven 9h-17h.*

■ ***Ambassade d'Italie :*** *Elfenstrasse, 14, 3006 Berne. ☎ 031-350-07-77. • ambberna.esteri.it • ambberna.esteri.it •*

■ ***Consulat général d'Italie :*** *rue du Petit-Chêne, 29, 1003 Lausanne. ☎ 021-341-12-91. • conslosanna.esteri.it • segreteria.losanna@esteri.it • Ⓜ Lausanne-CFF. Mar-mer-ven-sam 8h30-12h ; jeu 14h30-17h.*

## Au Canada

ℹ ***Office national italien du tourisme :*** *110, Yonge St, Suite 503, Toronto (Ontario) M5C 1T4. ☎ 1-(416) 925-48-82. • toronto@enit.it •*

■ ***Ambassade d'Italie :*** *275, Slater St, 21st floor, Ottawa (Ontario) K1P 5H9. ☎ 1-(613) 232-44-01. • ambottawa.esteri.it • ambasciata.ottawa@esteri.it • Lun-ven 9h-12h, plus mer 14h-16h.*

## Formalités d'entrée

Pas de contrôles aux frontières, puisque l'Italie fait partie de l'espace Schengen. Néanmoins, quelques précautions d'usage.

– ***Pour un séjour de moins de 3 mois :*** pour les ressortissants de l'Union européenne et les Suisses, carte d'identité en cours de validité ou passeport. Pour les ressortissants canadiens, passeport en cours de validité.
– ***Pour les mineurs accompagnés :*** quel que soit l'âge, ils doivent impérativement avoir une carte nationale d'identité à leur nom.
– ***Pour les mineurs non accompagnés de leurs parents :*** une autorisation de sortie du territoire est indispensable.
– ***Pour une voiture :*** permis de conduire à trois volets, carte grise et carte verte d'assurance internationale.
– ***Pensez à scanner*** passeport, visa, carte de paiement, billet d'avion et vouchers d'hôtel. Ensuite, adressez-les-vous par mail, en pièces jointes. En cas de perte ou de vol, rien de plus facile pour les récupérer dans un cybercafé. Les démarches administratives seront bien plus rapides !

### Avoir un passeport européen, ça peut être utile !

L'Union européenne a organisé une assistance consulaire mutuelle pour les ressortissants de l'UE en cas de problème en voyage.
Vous pouvez y faire appel lorsque la France (c'est rare) ou la Belgique (c'est plus fréquent) ne disposent pas d'une représentation dans le pays où vous vous trouvez. Concrètement, elle vous permet de demander assistance à l'ambassade ou au consulat (pas à un consulat honoraire) de n'importe quel état membre de l'UE. Leurs services vous indiqueront s'ils peuvent directement vous aider ou vous préciseront ce qu'il faut faire.
***Leur assistance est, bien entendu, limitée aux situations d'urgence :*** décès, accidents ayant entraîné des blessures ou des lésions, maladie grave, rapatriement pour raison médicale, arrestation ou détention. ***En cas de perte ou de vol de votre passeport,*** ils pourront également vous procurer un document provisoire de voyage.
Cette entraide consulaire entre les 27 états membres de l'UE ne peut, bien entendu, vous garantir un accueil dans votre langue. En général, une langue européenne courante sera pratiquée.

## Assurances voyage

■ ***Routard Assurance :*** *c/o AVI International, 106, rue de La Boétie, 75008 Paris.* ☎ *01-44-63-51-00.* • *avi-international.france@wanadoo.fr* • *avi-international.com* • Ⓜ *Saint-Philippe-du-Roule, Franklin-D.-Roosevelt.* Depuis 1995, *Routard Assurance,* en collaboration avec *AVI International,* spécialiste de l'assurance voyage, propose aux routards un tarif à la semaine qui inclut une assurance bagages de 2 000 € et appareils photo de 300 €. Pour les séjours longs (2 mois à 1 an), il existe le *Plan Marco Polo.* Également un nouveau contrat pour les seniors, en courts et longs séjours. *Routard Assurance* est aussi disponible en version « light » (durée adaptée aux week-ends et courts séjours en Europe). Vous trouverez un bulletin de souscription dans les dernières pages de chaque guide.
■ ***AVA :*** *25, rue de Maubeuge, 75009 Paris.* ☎ *01-53-20-44-20.* • *ava.fr* • Ⓜ *Cadet.* Un autre courtier fiable pour ceux qui souhaitent s'assurer en cas de décès-invalidité-accident lors d'un voyage à l'étranger, mais surtout pour bénéficier d'une assistance rapatriement, perte de bagages et annulation. Attention, franchises pour leurs contrats d'assurance voyage.
■ ***Pixel Assur :*** *18, rue des Plantes, 78600 Maisons-Laffitte.* ☎ *01-39-62-28-63.* • *pixel-assur.com* • *RER A : Maisons-Laffitte.* Assurance de matériel photo et vidéo tous risques dans le monde entier. Devis fondé sur le prix d'achat de votre matériel. Garantie à l'année.

## Carte internationale d'étudiant (carte ISIC)

La carte ISIC prouve le statut d'étudiant dans le monde entier et permet de

bénéficier de tous les avantages, services, réductions étudiants du monde, dans le domaine du transport, de l'hébergement, de la culture, des loisirs, du shopping... C'est la clé de la mobilité étudiante !
Elle permet aussi d'accéder à des avantages exclusifs sur le voyage (billets d'avion tarif étudiants, hôtels et auberges de jeunesse, assurances, cartes SIM internationales, location de voitures...).
Pour plus d'informations sur la carte ISIC et pour la commander en ligne, rendez-vous sur • *isic.fr* • *statravel.fr* •
Renseignements supplémentaires : ☎ *01-40-49-01-01.*

## Pour l'obtenir en France

– Commande en ligne.
– Ou boutique ISIC *(2, rue de Cicé, 75016 Paris)* muni du certificat de scolarité, d'une photo d'identité et de 13 € (12 € + 1 € de frais de traitement).
Émission immédiate sur place ou envoi à domicile le jour même de la commande en ligne.

## En Belgique

La carte coûte 12 € (+ 1 € frais d'envoi) et s'obtient sur présentation de la carte d'identité, de la carte d'étudiant et d'une photo auprès de :

■ ***Connections :*** *rens au ☎ 070-23-33-13 ou 479-807-129.* • *isic.be* •

## En Suisse

Dans toutes les agences *STA Travel* *(☎ 058-450-40-00)*, sur présentation de la carte d'étudiant, d'une photo et de 20 Fs. Commande de la carte en ligne : • *isic.ch* • *ou* • *statravel.ch* •

## Au Canada

La carte coûte 20 $Ca (+ 1,50 $Ca de frais d'envoi) ; elle est disponible dans les agences *TravelCuts/Voyages Campus,* mais aussi dans les bureaux d'associations étudiants. Pour plus d'infos : • *voyagescampus.com* •

# Carte FUAJ internationale des auberges de jeunesse

Cette carte, valable dans plus de 90 pays, vous ouvre les portes des 4 000 auberges de jeunesse du réseau *Hostelling International* réparties dans le monde entier. Les périodes d'ouverture varient selon les pays et les AJ. À noter, la carte est souvent obligatoire pour séjourner en auberge de jeunesse, donc nous vous conseillons de vous la procurer avant votre départ. En outre, adhérer en France vous reviendra moins cher qu'à l'étranger.

## Vous pouvez adhérer

– En ligne, avec un paiement sécurisé, sur le site • *fuaj.org* •
– Dans toutes les auberges de jeunesse, points d'informations et de réservations en France.
– Auprès de l'antenne nationale : *27, rue Pajol, 75018 Paris.* ☎ *01-44-89-87-27.* • *fuaj.org* • Ⓜ *Marx-Dormoy ou La Chapelle.* Horaires d'ouverture du point accueil sur le site internet, rubrique « Nous contacter ».
– Par correspondance en envoyant une photocopie d'une pièce d'identité et un chèque à l'ordre de la FUAJ du montant correspondant à l'adhésion. Ajoutez 2 € de plus pour les frais d'envoi. Vous recevrez votre carte sous quinzaine.

***LES TARIFS DE L'ADHÉSION 2012***

– Carte internationale FUAJ moins de 26 ans : 11 €.
Pour les mineurs, une autorisation parentale et la carte d'identité du parent tuteur est nécessaire pour l'inscription.
– Carte internationale FUAJ plus de 26 ans : 16 €.
– Carte internationale FUAJ Famille : 23 €.
Seules les familles ayant un ou plusieurs enfants de moins de 16 ans peuvent bénéficier de la carte « Famille » sur présentation du livret de famille. Les enfants de plus de 16 ans devront acquérir une carte individuelle.
– La carte donne également droit à des réductions sur les transports, les

musées et les attractions touristiques dans plus de 90 pays, mais ces avantages varient d'un pays à l'autre, ce qui n'empêche pas de la présenter à chaque occasion. Liste de ces réductions disponible sur • *hihostels.com* • et pour les réductions en France sur • *fuaj.org* •

## En Belgique

La carte d'adhésion est obligatoire. Son prix varie selon l'âge : entre 3 et 15 ans, 3 € ; entre 16 et 25 ans, 9 € ; après 25 ans, 15 €.

■ ***LAJ :*** *rue de la Sablonnière, 28, Bruxelles1000. ☎ 02-219-56-76. • info@laj.be • laj.be •*
■ ***Vlaamse Jeugdherbergcentrale (VJH) :*** *Van Stralenstraat 40, B 2060 Antwerpen. ☎ 03-232-72-18. • info@vjh.be • vjh.be •*
– Votre carte de membre vous permet d'obtenir de 3 à 20 € de réduction sur votre première nuit dans les réseaux LAJ, VJH et CAJL (Luxembourg), ainsi que des réductions auprès de nombreux partenaires en Belgique.

## En Suisse (SJH)

Le prix de la carte dépend de l'âge : 22 Fs pour les moins de 18 ans, 33 Fs pour les adultes et 44 Fs pour une famille avec des enfants de moins de 18 ans.

■ ***Schweizer Jugendherbergen*** *(SJH ; service des membres des auberges de jeunesse suisses)* ***:*** *Schaffhauserstr., 14, 8042 Zurich. ☎ 01-44-360-14-14. • booking@youthhostel.ch • contact@youthhostel.ch • youthhostel.ch •*

## Au Canada

La carte coûte 35 $Ca pour une durée de 16 à 28 mois et 175 $Ca pour une carte valable à vie. Gratuit pour les enfants de moins de 18 ans qui accompagnent leurs parents.

■ ***Auberges de jeunesse du Saint-Laurent / St Laurent Youth Hostels :*** *3514, av. Lacombe, Montréal (Québec) H3T 1M1. ☎ (514) 731-10-15. Sans frais (au Canada) : ☎ 1-800-663-5777.*
■ ***Canadian Hostelling Association :*** *205 Catherine Street, bureau 400, Ottawa (Ontario) K2P 1C3. ☎ (613) 237-78-84. • info@hihostels.ca • hihostels.ca •*

– Il n'y a pas de limite d'âge pour séjourner en AJ. Il faut simplement être adhérent.
– La FUAJ offre à ses adhérents la possibilité de réserver en ligne grâce à son système de réservation international • *hihostels.com* • jusqu'à 12 mois à l'avance, dans plus de 1 600 auberges de jeunesse dans le monde. Et si vous prévoyez un séjour itinérant, vous pouvez réserver plusieurs auberges en une seule fois.
Ce système permet d'obtenir toutes informations utiles sur les auberges reliées au système, de vérifier les disponibilités, de réserver et de payer en ligne.

# ARGENT, BANQUES, CARTES DE PAIEMENT

## Banques

Horaires variables avec les saisons, mais les banques sont généralement ouvertes du lundi au vendredi de 8h30 à 13h30 et de 15h à 16h. Les banques sont fermées les week-ends et jours fériés, mais la plupart disposent d'un distributeur de billets à l'extérieur. Certains bureaux sont ouverts le samedi matin, mais c'est plutôt rare. Il faut souvent s'armer de patience, car le service peut être très long. Nos amis francophones, en particulier les Suisses et les Québécois, peuvent convertir leurs propres devises en euros dans les bureaux de change : ouverts tous les jours, même les jours fériés.

## Cartes de paiement

La majorité des restaurants, hôtels, *B & B* et dans une moindre mesure les stations-service les accepte. Vous verrez, en principe, sur les vitrines l'autocollant « *Carta Si* ». Dans le cas contraire, nous l'indiquons dans le commentaire.
De nombreux distributeurs automatiques *(Bancomat)* acceptant, entre autres, les cartes *MasterCard* et *Visa internationale,* sont disséminés un peu partout, prêts à satisfaire le moindre de

vos besoins. Vérifiez avant votre départ et auprès de votre banque le plafond autorisé pour vos retraits. Ces distributeurs disposent d'une traduction en français.

### *PETITE MESURE DE PRÉCAUTION*

Si vous retirez de l'argent dans un distributeur, utilisez de préférence les distributeurs attenants à une agence bancaire. En cas de problème avec votre carte (carte avalée, erreurs de code secret...), vous aurez un interlocuteur dans l'agence, pendant les heures ouvrables du moins.

### *URGENCE, DÉPANNAGE*

Quelle que soit votre carte, chaque banque gère elle-même le processus d'opposition et le numéro de téléphone correspondant ! Avant de partir, notez donc bien le numéro d'opposition propre à votre banque en France (il figure souvent au dos des tickets de retrait, sur votre contrat ou à côté des distributeurs de billets), ainsi que le numéro à 16 chiffres de votre carte. Bien entendu, conservez ces informations en lieu sûr, et séparément de votre carte. Par ailleurs, l'assistance médicale se limite aux 90 premiers jours du voyage et l'assistance véhicule aux cartes haut de gamme (renseignez vous auprès de votre banque). Également un numéro d'appel valable ***pour faire opposition quelle que soit votre carte de paiement :*** *☎ 0892-705-705 (serveur vocal à 0,34 €/mn). Ne fonctionne ni en PCV, ni depuis l'étranger.*

– ***Carte Bleue Visa :*** *assistance médicale ; numéro d'urgence (Europe Assistance) : ☎ (00-33) 1-41-85-85-85. • visa-europe.fr • Pour faire opposition, contactez le numéro communiqué par votre banque.*

– ***Carte MasterCard :*** *assistance médicale incluse ; numéro d'urgence : ☎ (00-33) 1-45-16-65-65. • mastercardfrance.com • En cas de perte ou de vol, composez le numéro communiqué par votre banque pour faire opposition.*

– ***Carte American Express :*** *téléphonez en cas de pépin au ☎ (00-33) 1-47-77-72-00. Numéro accessible tlj 24h/24 • americanexpress.fr •*

– *Pour ttes les cartes émises par* ***La Banque postale,*** *composez le ☎ 0825-809-803 (0,15 €/mn) ; depuis les DOM ou l'étranger, le ☎ (00-33) 5-55-42-51-96.*

## Besoin d'argent liquide

En cas de besoin urgent d'argent liquide (perte ou vol de billets, chèques de voyage, carte de paiement), vous pouvez être dépanné en quelques minutes grâce au système *Western Union Money Transfer.* Pour cela, demandez à quelqu'un de vous déposer de l'argent en euros dans l'un des bureaux *Western Union* ; les correspondants en France de *Western Union* sont *La Banque postale (fermée sam ap-m, n'oubliez pas ! ☎ 0825-00-98-98 ; 0,15 €/mn)* et *Travelex* en collaboration avec la *Société financière de paiements (SFDP ; ☎ 0825-825-842 ; 0,15 €/mn).* L'argent vous est transféré en moins de 15 mn. La commission, assez élevée, est payée par l'expéditeur. Possibilité d'effectuer un transfert en ligne 24h/24 par carte de paiement (*Visa* ou *MasterCard* émise en France). *• westernunion.com •* En Italie, se présenter à une agence *Western Union (☎ 800-788-935 ; n° Vert ; tlj 8h-20h)* muni d'une pièce d'identité.

# BUDGET

## Hébergement

Pour établir un budget, il faudra tenir compte de la saison. Pour les hôtels, la Sardaigne, avec quelques autres pays méditerranéens (comme la Grèce), est une île très prisée des Italiens et connaît le plus de changements de prix entre juin, août et septembre-octobre. De 10 à 20 % entre juin et juillet, mais de 50 à 100 % entre juillet et août. Quant au mois d'août, les prix sont presque multipliés par deux ! Telle chambre à 60-70 € en juillet peut passer facilement à 120 € à partir du 1$^{er}$ ou du 8 août. En maints endroits très touristiques (Alghero, Carloforte, Nora, Stintino, la costa Esmeralda), durant cette période, beaucoup d'hôtels se révèlent ainsi hors de prix et inaccessibles aux petits budgets. Trois pics très forts suivant les hôtels : tout le mois d'août. Après, les prix connaissent bien sûr une lente décrue. Même chose pour les campings. Il n'est pas rare, s'il est en position hégémonique sur une région, qu'un camping moyen affiche le forfait deux personnes à 30 € minimum. Une des solutions reste donc les chambres d'hôtes *(B & B),* les *agriturismi* et les locations d'appartements, où l'inflation entre basse et haute saison est moindre. Une des raisons à cet état de choses est, pour le moment, la faiblesse de l'offre hôtelière. Dans les endroits touristiques, étant assurés d'être automatiquement pleins, les hôteliers sont à l'aise dans la jungle des prix. À noter que les variations pour les restos sont bien moindres (contrairement aux hôtels, clientèle plus locale et permanente).

Quelques remarques :

– Les prix des chambres ne sont pas toujours affichés.

– Les personnes voyageant seules sont désavantagées : le prix des chambres simples est peu inférieur à celui des doubles.

– Le plus souvent, un hôtel affichant 3 étoiles n'offre pas plus de prestations qu'un 2-étoiles de chez nous.

– Les prix très élevés en août peuvent un poil diminuer en fonction du taux de remplissage.

– Possibilité d'obtenir des réductions par Internet ou de saisir des promotions.

– La location d'appartements, proposée par beaucoup d'agrotourismes *(agriturismi),* peut constituer une alternative avantageuse (voir également notre rubrique « Hébergement »). Économies non seulement sur les nuits, mais aussi, sur les repas (très intéressants pour les familles).

– Pour les routards aux budgets serrés, reste les AJ, dont la plupart proposent des chambres doubles, les chambres d'hôtes qui proposent des triples ou quadruples si vous voyagez à plusieurs, et les campings, dont certains mettent à disposition des bungalows ou des caravanes à un prix bien inférieur à celui d'une chambre d'hôtel.

**PROMOTIONS SUR INTERNET**

De plus en plus d'hôtels modulent les tarifs de leurs chambres sur Internet en fonction du taux d'occupation. Il y a donc les prix de base (ceux que nous indiquons) et les promos proposées sur le net. À certaines périodes, le prix des chambres évolue en permanence, ce qui permet d'optimiser le chiffre d'affaires (comme le font les compagnies aériennes).

Ces promotions fluctuent d'une semaine à l'autre, voire d'un jour à l'autre. Elles sont particulièrement intéressantes pour les hôtels de gamme supérieure (à partir de 3 étoiles).

Lorsque vous avez choisi votre hôtel dans votre guide préféré, allez donc faire un tour sur son site pour voir ce qu'il propose. De vraies bonnes affaires en perspective !

### *HÔTELS*

Pour une chambre double, voici les fourchettes de prix selon les catégories :

– ***Bon marché :*** de 50 à 70 €. En général, établissements excentrés, hors de sentiers battus et sanitaires communs.

– ***Prix moyens :*** de 70 à 120 €. Bon confort, avec souvent la clim.

– ***Plus chic :*** de 120 à 180 €. Excellent confort, souvent allié au charme.

– ***Très chic :*** à partir de 180 €. Toujours des établissements exceptionnels. Nous ne les citons qu'en fonction de leur renommée, de leur charme et du décor.

### *CHAMBRES D'HÔTES, B & B ET AGRITURISMO*

– ***Bon marché :*** de 50 à 60 €.

– ***Prix moyens :*** de 60 à 90 €.

– ***Plus chic :*** 90 € et plus.

***CAMPINGS***

Forfait deux personnes (enfants en sus).
- ***Bon marché :*** de 25 à 30 €.
- ***Prix moyens :*** de 30 à 35 €.
- ***Plus chic :*** de 35 à 49 €.

## Restaurants

– Nombre de restaurants proposent des menus touristiques, que l'on ne vous recommande pas forcément (c'est souvent au détriment de la qualité et de la quantité). Mieux vaut se contenter d'un *antipasto* et d'un *primo,* qui suffisent souvent. Pour un repas complet, il faut compter en moyenne de 20 à 25 € (entrée, plat, dessert), sachant que le prix du couvert *(pane e coperto)* est systématiquement en supplément, de 1 à 3 € en fonction des restaurants (au-delà de 3 €, c'est du vol). Pour un repas à 35 € : la classe ou... l'arnaque dans certains endroits touristiques.
– Contrairement aux hôtels, les restaurants ont des cartes très complètes où tous les prix sont indiqués. Faire cependant attention, d'une part aux *antipasti* au buffet, car ils ne sont pas à volonté, et d'autre part aux poissons, facturés au poids, en fonction du prix du jour (45 €/kg environ). L'addition peut monter très vite.
– Il n'est pas dans les pratiques culturelles de demander de l'eau du robinet. Il arrive de plus en plus souvent, en plus du couvert et de l'eau minérale (environ 2 €), qu'on vous compte le service. Là encore, l'addition peut grimper très vite ! Sans vouloir vous stresser, pensez à recompter vos additions et surtout vérifiez vos facturations si vous réglez par carte de paiement. C'est fou les erreurs qui peuvent parfois s'y glisser...
– Enfin, pour les routards au budget un peu serré, un plan sympa consiste à aller dans un *negozio di alimentari* (magasin d'alimentation) pour se faire préparer un *panino* ; en choisissant une ou deux *rosette* (au singulier, *una rosetta* : petit pain individuel) ou bien un morceau de *pizza bianca* ou *focaccia* (pizza blanche) à garnir selon son envie. On indique aussi dans la rubrique « Très bon marché » quelques adresses pour manger une part de pizza *al taglio,* un sandwich (à l'italienne, bien sûr !), une salade ou un plat chaud *(tavola calda).* On y mange le plus souvent debout, à prix modique, et on économise en plus sur le service et le couvert. Sinon, on peut aussi faire son marché...
Voici ci-dessous notre fourchette ; les prix s'entendent par personne, boisson non comprise :
- ***Très bon marché :*** moins de 10 €.
- ***De bon marché à prix moyens :*** de 10 à 25 €.
- ***Prix moyens :*** de 25 à 35 €.
- ***Plus chic :*** de 35 à 50 €.

## Réductions

– ATTENTION : si vous voulez bénéficier des nombreux avantages, remises et gratuités (apéro, café, digestif) que nous avons obtenus pour vous, lecteur, n'oubliez pas de les réclamer AVANT que le restaurateur ou l'hôtelier n'établisse l'addition et, mieux encore, avant de commander. La loi italienne l'oblige à vous remettre *una ricevuta fiscale* (un reçu fiscal) ou *uno scontrino* qu'il ne peut en aucun cas modifier après coup. Ce serait dommage qu'il vous les refuse pour cette raison. Mettre le guide en évidence suffit rarement : il vous faudra demander.

**BANCO !**

*Au Moyen Âge, les prêteurs sur gage travaillaient sur un comptoir* (il banco). *C'est l'origine de ces établissements financiers. Quand ils faisaient faillite, ils étaient obligés de casser, de rompre ce comptoir :* banco rotto. *D'où le mot « banqueroute »...*

– Par ailleurs, nous rappelons que ***ces remises ne sont valables que pour les guides de l'année en cours.*** En bref, pour ceux qui en auraient oublié que les guides sont remis à jour chaque année et qui continuent de voyager avec des guides datés (!), l'hôtelier n'est pas tenu de vous accorder en 2012 une remise indiquée dans le guide 2008.

## Visites des églises et musées

Bien sûr, les églises sont gratuites (sauf les accès aux « trésors »). En ce qui concerne les grands sites ou musées, leurs tarifs varient en moyenne de 6 à 10 € d'un site à l'autre et selon que s'y déroule une exposition temporaire (et elles sont fréquentes !) ou pas, et si on a effectué une réservation avant de venir. Bref, pas simple à comprendre ni à calculer. Les musées moins connus présentent généralement des tarifs comparables, entre 3 et 7 € (mais ça augmente légèrement chaque année) ; notez que les professeurs et les étudiants de moins de 24 ans, les personnes de moins de 18 ans et celles de plus de 65 ans ressortissant de l'Union européenne ont souvent droit à la gratuité ou à une réduction conséquente. Les grandes villes proposent des ***passes*** ou des ***cartes*** pour faciliter l'entrée des musées. Elles offrent généralement des réductions non négligeables. Renseignez-vous à l'office de tourisme dès votre arrivée.

# CLIMAT

Le climat est doux, très sec même dans le sud de l'île et la pluie rare (contrairement à la Corse). Dans le centre montagneux, l'hiver peut être rigoureux et la neige présente sur les sommets. Certains mois sont venteux, avril en particulier. Le mistral, le *ponente,* le sirocco, influent chacun à leur manière sur la température.
La végétation est omniprésente. À l'intérieur de l'île, des forêts de chênes-lièges, châtaigniers, noyers, hêtres, sont souvent le fruit d'une politique visant à pallier des années de déforestation. Plus près de la mer, une sorte de maquis composé de myrtes, genévriers, arbousiers, cistes et lauriers-roses répand ses fragrances dès le printemps. Des amandiers, figuiers de Barbarie, cerisiers, merisiers, orangers, cognassiers complètent des paysages typiquement méditerranéens.
– ***Moyenne annuelle des précipitations :*** 10 cm en février, 3 cm en septembre, 2 cm en mai, quelques millimètres en juin, et presque zéro en juillet-août.
– ***Moyenne mensuelle des températures :*** en mai-juin, de 15 à 25 °C, en juillet-août de 25 à 35 °C et en septembre-octobre de 20 à 25 °C.

# DANGERS ET ENQUIQUINEMENTS

– Cela peut paraître étonnant, mais la Sardaigne se révèle l'une des régions les plus sûres d'Italie. Très peu de violences et d'agressions. Et en ce cas, elles sont liées généralement à des gens en manque de drogue, dans les grandes villes type Cagliari ou Sassari. Même les célèbres enlèvements de la région d'Orgosolo dans les années 1970-1980 sont de l'histoire ancienne (et d'ailleurs, ça ne concernait pas les touristes, mais les patrons ou des règlements de compte locaux). Cela dit, ça n'empêche pas les quelques conseils classiques (valables pour tous pays) : pas d'ostentation dans la richesse, grosse montre, bijoux voyants... Papiers dans pochettes plates de chemise ou de pantalon. Sur les marchés, mettre quelques billets d'avance de côté pour ne pas avoir à exhiber son portefeuille... À la terrasse des cafés, pas de sac sous la chaise ou généralement sans surveillance. Finalement, le seul vrai conseil : rien d'apparent dans le véhicule pour ne pas attirer l'attention des voleurs à la roulotte.

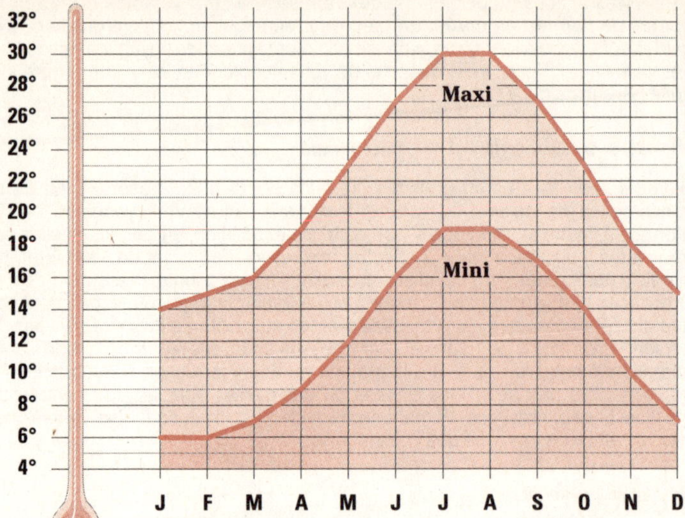


**Moyenne des températures atmosphériques**

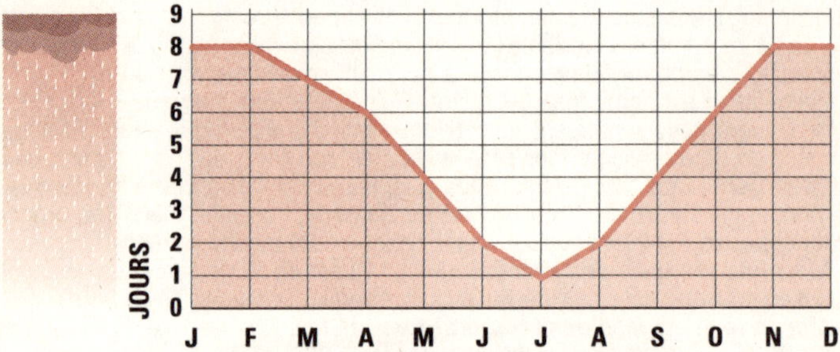


**Nombre de jours de pluie**

**SARDAIGNE (Cagliari)**

– En cas de perte ou de vol, faites-vous établir un constat en français, pour votre compagnie d'assurances, en vous adressant au poste de *carabinieri* (gendarmerie) le plus proche. Une déclaration en italien devra au retour être traduite et validée par l'administration. Pour éviter de perdre du temps, rédigez-la ou faites-la rédiger en français, cela ne pose normalement aucun problème. Adressez-vous à l'antenne du consulat français seulement en cas de vol ou de perte de vos papiers d'identité.

– Question sécurité routière, les conducteurs sardes ne sont pas particulièrement vindicatifs ou, comme en d'autres pays méditerranéens, d'insupportables machistes du volant (à l'image de ce qu'ils sont dans la vie, plutôt aimables et polis). En revanche, beaucoup adorent la vitesse et encore plus nombreux sont ceux qui considèrent les stops et autres lignes blanches continues comme de simples éléments de décoration routière. Donc prudence, bien intégrer cela avant de se lancer sur la route.

# ÉLECTRICITÉ

Le courant électrique fonctionne en 220 volts, comme dans toute l'Italie. Attention, pour les grosses fiches, il est nécessaire de mettre un adaptateur car les prises de courant italiennes ont deux ou trois broches. Apporter son adaptateur, sinon en demander un à l'hôtel ou en acheter un au supermarché local.

# FÊTES ET JOURS FÉRIÉS

## Fêtes et manifestations

On a dénombré au moins 1 150 fêtes dans toute l'île. Impossible de toutes les citer bien sûr. Se renseigner, il y en aura toujours une près de chez vous !

***JANVIER***

– 17 : *San Antonio Abbate* à Dorgali et à Fluminaggiore. On allume des bûchers et on déguste vins et gâteaux.
– 25 : *San Paolo* à Aglientu. On déguste des plats sardes.

***FÉVRIER ET MARS***

– Suivant le calendrier : le *carnaval* bat son plein. À Oristano, la *Sartiglia,* courses de chevaux d'origine espagnole, draine les foules. À Mamoiada, les masques ou *Mamuthones* passent la nuit de Mardi gras dans les rues.

***SEMAINE SAINTE ET PÂQUES***

– Suivant le calendrier, *processions* dans toute l'île... à Cagliari où la Madone retrouve son fils ressuscité, à Castelsardo avec les *Lunissanti,* à Sassari avec les mystères aux milliers de cierges.

***AVRIL***

– *Fiera internazionale* de Cagliari.

***MAI***

– Du 1er au 4 mai : *San Efisio* à Cagliari et à Pula, avec une procession de 80 km entre les deux villes durant 4 jours. Char tiré par des bœufs, cavaliers, musiciens et fidèles en costume.
– Avant-dernière semaine de mai : *Sagra del Tonno* à Portoscuso, dégustations de vins et de poissons, et le *Palio remiero,* à Porto Torres, rassemblent les Sardes de toute l'île.
– Avant-dernier dimanche du mois : la *Cavalcata sarde* de Sassari avec plus de 3 000 personnes en costume !

***JUIN***

– *Sagra della Ciliega (cerise)* dans de nombreuses localités.
– 2 : anniversaire de la mort de Garibaldi à Caprera et un cérémonial digne de ce grand héros pour les Sardes.

***JUILLET***

– 2e dimanche : *Sagra del Tonore (nougat)* à Tonara. *Fête de Notre-Dame-des-Naufragés* à Villasimius.
– 27 : *festa patronale di Santo Pantaleo* à Macomer.

***AOÛT***

– 1^er^ dimanche : à Bosa, *transport de la Vierge en barque.*
– 15 : *fête de la Vierge* à Orgosolo, village des « *murales* ».
– 29 : *procession du Rédempteur* à Nuoro, chants, danses et bien sûr gastronomie...

***SEPTEMBRE***

– Du 12 au 14 : *fête de la Sainte Croix* à Oristano.

***OCTOBRE***

– Dernier dimanche : *Sagra della Castagno (châtaigne)* à Aritzo.

***DÉCEMBRE***

– 1er dimanche : *Sagra della salsiccia* à Siligo.
– 13 : *festa della Stella Maris* à Tortoli avec feux d'artifice !
Et tant d'autres à découvrir sur place...

## Jours fériés

Ne pas confondre *giorno feriale,* qui en italien signifie « jour ouvrable », avec *giorno festivo,* qui se traduit par « jour férié »...
Les jours fériés et chômés sont à peu près identiques aux nôtres. Ils sont cependant moins nombreux. Mai est plus laborieux en Italie qu'en France.
– 1er janvier : *Capodanno* (le Jour de l'an).
– 6 janvier : *Epifania* ; mais pour tous les Italiens, c'est aussi le jour de la *Befana,* une gentille sorcière qui circule à califourchon sur son balai de paille. Aux enfants méchants, elle dépose du charbon dans la chaussette suspendue à la cheminée, aux gentils, des confiseries et des cadeaux.
– Lundi de Pâques : *Pasquetta.*
– 25 avril : *Liberazione del 1945.*
– 1er mai : *festa del Lavoro.*
– 2 juin : *festa della Proclamazione della repubblica.*
– 15 août : *festa dell'Assunta, Ferragosto.*
– 1er novembre : *Ognissanti.*
– 8 décembre : *Immacolata Concezione.*
– 25 et 26 décembre : *Natale* et *Santo Stefano.*
Sont aussi considérés comme des jours semi-fériés les 14 août, 24 et 31 décembre. Certaines fêtes comme celle du 15 août peuvent durer plusieurs jours et paralyser une grande partie de la vie économique. Attention aux fermetures des banques, notamment. Renseignez-vous auprès des offices de tourisme au cours de votre séjour.

## La *Settimana della cultura*

Huit jours au printemps (généralement en mai), dans toute l'Italie. Un peu l'équivalent des Journées du patrimoine en France : musées, sites et monuments sont gratuits, et certains sites habituellement fermés ouvrent exceptionnellement leurs portes. Grosse affluence, bien sûr. Programme : • *beniculturali.it* •
Tenez-vous au courant, auprès de l'ENIT, des manifestations prévues dans les villes et villages que vous visiterez.

# HÉBERGEMENT

Beaucoup d'hôtels en Sardaigne n'ouvrent leurs portes qu'à la belle saison, soit entre la mi-mai et la fin de septembre. Dans les villes (Cagliari, Olbia, Sassari...) le choix reste limité, ce qui n'est pas du tout le cas de la côte et des stations balnéaires où la liste des campings et des hôtels-clubs est impressionnante. On trouve de plus en plus de bonnes adresses de *Bed & Breakfast (B & B),* des chambres avec petit déjeuner chez l'habitant, en ville ou à la campagne. Une autre option consiste à dormir dans une des nombreuses et authentiques fermes-auberges qui ponctuent la carte de l'île, par monts et par vaux, sous le nom d'*agriturismo.*

## Campings

De loin, c'est la solution la plus économique, la plus routarde. L'écrasante majorité des campings de Sardaigne occupe des emplacements privilégiés en bord de mer, comme ces beaux campings ombragés sous les pinèdes sauvages, dans le maquis du littoral, du côté de Santa Teresa di Gallura. Les infrastructures et les équipements sont habituellement aux normes européennes, mais ce n'est pas le cas partout. Gros avantage, beaucoup de campings louent aussi des bungalows (bien équipés, et prix sages) et accueillent les camping-cars avec sourire. Pour résumer, camper dans un bon camping sarde peut être un moment paradisiaque, mais camper dans un mauvais endroit peut être une expérience affreuse (bruit, équipements sommaires, promiscuité...). Choisissez donc bien votre adresse avant de vous décider. Préférez toujours les campings ombragés, même un peu éloignés de la plage, plutôt que ceux avec les pieds dans l'eau mais exposés à la chaleur très forte en été.

■ ***Fédération française de camping et caravaning :*** *78, rue de Rivoli, 75004 Paris.* ☎ *01-42-72-84-08.* • *info@ffcc.fr* • *ffcc.fr* • Ⓜ *Hôtel-de-Ville. Lun-ven 9h-12h30, 13h30-17h30 (17h ven).* Possibilité d'acheter la *Camping Card international,* qui permet de bénéficier de réductions.

## Auberges de jeunesse

L'île en compte à peine une dizaine. Les *alberghi per la gioventu* acceptent en priorité les jeunes membres de la FUAJ (Fédération des auberges de jeunesse), mais ne refusent pas les routards non membres, quel que soit leur âge. Compter entre 15 et 40 € (pour une *single*) la nuit par personne, en dortoir (avec ou sans AC) sur des lits superposés. Certaines auberges proposent aussi des chambres pour une ou deux personnes, plus intimes, mais plus chères.
Vous pouvez vous procurer la ***carte*** en France auprès de *Hostelling International,* représenté à Paris par la *Fédération unie des auberges de jeunesse* (*FUAJ* ; coordonnées plus haut dans la rubrique « Avant le départ »). On peut acheter la carte sur place, bien sûr, mais c'est plus cher. En cas d'oubli, on peut également se la procurer sur Internet.
En haute saison, il est conseillé de ***réserver*** à l'avance. Plusieurs possibilités :
– ***par téléphone :*** en contactant directement l'AJ ;
– ***par courrier :*** en écrivant directement à l'AJ, mais ça prend du temps ;
– vous pouvez aussi vous adresser directement au central de réservation des auberges de jeunesse italiennes :

■ ***Associazione italiana alberghi per la gioventù :*** *via Cavour, 44, 00184 Roma.* ☎ *06-487-1152.* • *aig.sedenazionale@aighostels.com* • *aighostels.com* •

## *Agriturismo* (chambre d'hôtes et gîte rural)

Une bonne manière de découvrir l'autre Sardaigne, authentique et rustique. Les hébergements dans les fermes sont de plus en plus nombreux en Sardaigne, tant sur le littoral qu'à l'intérieur de l'île. *Agriturismo* : voilà le nom italien de cette formule qui correspond en France à chambres et tables d'hôtes à la campagne. Il s'agit souvent de fermes en activité, en pleine nature, tenues par des familles de cultivateurs ou d'éleveurs (vaches, moutons...). Les hôtes séjournent dans des maisons traditionnelles de caractère, et peuvent à la demande prendre la demi-pension ou la pension complète. Les repas servis par les propriétaires offrent la plupart du temps une cuisine rustique, savoureuse et copieuse, à base de produits naturels et bio, provenant de l'exploitation agricole. Prix sages pour la qualité proposée. Certaines fermes sont installées dans des paysages magnifiques, loin du bruit et de l'agitation, au cœur du maquis sarde, dans des sous-bois d'oliviers, parmi des buissons parfumés de genévriers, de myrtes et de lentisques. Les plus isolées ne sont pas toujours faciles à trouver en raison des mauvaises indications routières. C'est ce que l'on appelle le tourisme vert. Pour une chambre, compter entre 25 et 80 € par personne selon l'emplacement, le confort et la saison, petit déj inclus. Attention quand même aux fausses enseignes d'agritourisme qui cachent des maisons ordinaires et non d'authentiques fermes. Pour en savoir plus : • *agriturismo.it* • On peut se procurer aussi la *Guida Agriturist, Agriturismo e Vacanze verdi,* auprès d'***Agriturist*** : *corso Vittorio Emanuele II, 101, 00186 Roma. ☎ 06-68-52-337.* • *agriturist.it* •

## Bed & Breakfast

Là aussi, une formule intéressante et conviviale à condition que le propriétaire soit accueillant, la maison de charme ou de caractère et les prix raisonnables, ce qui n'est pas le cas partout. Sur la côte, à partir de 60 ou 70 € la chambre double, petit déj inclus. Moins cher dans les régions de l'intérieur de l'île. On en trouve aussi dans les villes, parfois de très beaux et chargés d'histoire, comme dans le quartier du Castello à Cagliari. Certains acceptent les cartes de paiement, mais pas tous. Prévoir de l'argent liquide. • *bed-and-breakfast-italie.com* •

■ ***Central de réservations à Rome :*** *corso Vittorio Emanuele II, 282, 00186 Roma. ☎ 01-78-60-74-75. Possibilité de réserver en ligne :* • *info@bbitalia.it* • *bbitalia.it* •

## Hôtels et hôtels-clubs

Peu de choix dans les villes mais une variété impressionnante sur la côte. Pour un séjour au bord de la mer (où va la majorité des touristes en été), l'hôtel reste la formule la plus facile, la plus simple, la plus confortable même si elle n'est pas toujours la plus abordable en terme de prix. D'une manière générale, l'hôtellerie sarde est plus chère que dans le reste de la Méditerranée, mais elle offre une diversité remarquable. Le classement en étoiles est légèrement décalé par rapport au classement européen. Néanmoins, que cela soit un petit hôtel économique, une simple *pensione,* une modeste *albergo* ou un hôtel de luxe, l'effort dans la décoration est bien supérieur aux pratiques françaises. Le Sarde et l'Italien aiment les belles choses, en conséquence ils soignent plus qu'ailleurs l'aspect esthétique des chambres. À noter aussi que beaucoup d'hôtels situés au bord des plages proposent la formule tout inclus (logement, repas, activités nautiques, balnéaires et sportives). Bien choisir son hôtel avant de débarquer car tous n'offrent pas la même qualité.
Bon à savoir : la costa Smeralda, triangle d'or du tourisme de luxe, est le secteur (au nord-est) qui affiche les tarifs hôteliers les plus élevés, et souvent exorbitants, de toute l'île. Si on sort de cette enclave dorée, les prix se maintiennent encore à un niveau décent. Bref, par agence ou par Internet en direct, l'hôtellerie sarde restera encore l'option la plus demandée par les vacanciers. Oui c'est une très bonne manière de passer ses vacances et de se reposer, en couple amoureux ou en famille, en profitant du ciel bleu, de la mer turquoise et du soleil de la Méditerranée, mais pas toujours l'idéal pour explorer l'île et découvrir l'âme cachée de la Sardaigne.

## Location d'appartements et de maisons depuis la France

Nombre de particuliers ont rénové la vieille maison de famille qui n'était plus guère habitée, afin de la louer (souvent à la semaine) aux visiteurs. La location est l'une des solutions pratiques et économiques de l'hébergement en Sicile, à condition de rester plusieurs jours. Les agences suivantes sont classées par ordre alphabétique pour éviter tout grincement de dents !

■ ***Casa d'Arno :*** *36, rue de la Roquette, 75011 Paris.* ☎ *01-44-64-86-00.* • *info@casadarno.com* • Ⓜ *Bastille.* Location d'appartements et de maisons, du studio au *palazzo,* simples ou luxueux, en bord de mer, à la campagne, dans des gîtes ruraux avec piscine ou dans le centre-ville, à Palerme notamment. Conseils d'une Italienne accueillante et très sympathique qui connaît bien son pays, il est préférable de téléphoner pour prendre rendez-vous. Possibilité de réserver une location de voiture, un transfert à l'aéroport (attention, pas de billet d'avion), des cours de cuisine ou des visites guidées sur mesure en Italie. Pour toutes destinations, brochures sur simple demande.

■ ***Far Voyages :*** *8, rue Saint-Marc, 75002 Paris.* ☎ *01-40-13-97-87.* • *info@locatissimo.com* • *locatissimo.com* • Ⓜ *Bourse ou Grands-Boulevards. Catalogue gratuit sur simple demande ainsi que sur le site.* Propose un service de location à la campagne dans les *agriturismi,* fermes restaurées dans le respect des structures originelles, simples ou luxueuses. Également des appartements et résidences dans toutes les régions d'Italie. Accueil professionnel.

■ ***Loc'Appart :*** *75, rue de la Fontaine-aux-Rois, 75011 Paris.* ☎ *01-45-27-56-41.* • *contact@locappart.com* • *locappart.com* • Ⓜ *Goncourt. Lun-ven 10h30-13h, 14h-19h. Réception sur rdv de préférence. Loc'Appart* propose des appartements à Palerme et des maisons dans toute la Sicile pour un minimum de 3 nuits à partir du jour d'arrivée de votre choix. Accueil assuré par des spécialistes sur place et des chargés de destinations à Paris qui interviennent en cas de problème. Petite agence que nous recommandons chaudement. Service proposé également à Venise, Rome, Florence, en Toscane, à Naples et sur la côte Amalfitaine.

## HORAIRES

Les horaires officiels, que nous vous donnons à titre purement indicatif, ne sont pas toujours respectés et sont rarement affichés. Mais ça fait partie des aléas d'un voyage en Sardaigne... Inutile, donc, de nous écrire pour nous gronder : la mise à jour est faite avec soin, mais entre le moment où nous soumettons le guide à l'imprimeur et le moment où il sort en librairie, il y a déjà des modifications... On vous conseille donc de vous adresser aux offices de tourisme, qui distribuent gratuitement une liste des horaires des sites à visiter, régulièrement mise à jour.

– ***Restaurants :*** généralement de 12h ou 12h30 à 14h30-15h et de 19h à 23h (plus tard dans les endroits touristiques). Pour le dîner, c'est rarement avant 21h. Cela dit, réserver ou arriver tôt permet parfois d'éviter d'attendre dans les endroits très appréciés des locaux. La possibilité d'être servi jusqu'à 23h et au-delà n'a rien d'exceptionnel. C'est pratique dans les restaurants où bien souvent les touristes étrangers fournissent le gros du premier service, les Italiens venant prendre le relais en seconde partie de soirée...

– ***Banques :*** du lundi au vendredi de 8h30 à 13h30 et de 15h à 16h ; parfois le samedi matin.

– ***Églises :*** généralement ouvertes tôt le matin pour la messe (souvent dès 6h30). On arrive parfois à les visiter le samedi et le dimanche, en raison des nombreuses cérémonies religieuses. Les églises-musées ont des horaires plus étendus, mais il faut aussi savoir que certains édifices religieux n'ouvrent jamais leurs portes.

– ***Postes :*** du lundi au vendredi (samedi aussi dans les grandes villes) de 8h30 à 18h30 ; le samedi de 8h à 13h et le dernier jour du mois l'horaire est légèrement raccourci. Les bureaux secondaires sont souvent ouverts de 8h à 13h30.

– ***Bureaux et administrations :*** ouverts le matin seulement.

– ***Magasins :*** en règle générale, ils sont ouverts de 9h à 13h et de 16h à 19h30, et toujours fermés le dimanche et une demi-journée par semaine (souvent le lundi matin).
– ***Cafés Internet :*** ouverts tous les jours de 8h à 20h (ou 21h, 22h dans les grandes villes).

# ITINÉRAIRES CONSEILLÉS

## Itinéraire en Sardaigne du Nord (1 semaine)

### *1er jour : Olbia*

Porte d'entrée principale de la Sardaigne, on y arrive par la voie des airs le plus souvent, parfois par voie maritime. Sans grand intérêt si vue de l'extérieur, sauf le centre ancien, à taille humaine, joli assemblage de places, placettes et ruelles. C'est un délice de flâner le soir et de s'asseoir à la terrasse d'un café pour boire un verre. Pour ceux qui aiment le bling-bling doré style Berlusconi, direction la costa Smeralda, qui n'est pas du tout routarde.

### *2e jour : les îles de La Maddalena (archipel)*

Archipel granitique d'îles sauvages et d'îlots enchanteurs, baignés par des eaux turquoise. Au nord-est, accessible par bateau seulement. Y venir pour découvrir la vie et l'œuvre de Garibaldi, héros de l'indépendance italienne. Il passa le dernier quart de son existence dans un site exceptionnel sur l'île de Caprera. Sa maison (musée) et son tombeau (en granit) sont devenus des hauts lieux de la mémoire de la nation italienne. Avec Garibaldi, commence l'Italie ! Avec Berlusconi, l'Italie est achevée !

### *3e jour : Tempio Pausania (la Gallura)*

Petite capitale de la Gallura, Tempio Pausania est une bonne étape pour découvrir les trésors de cet arrière-pays qui n'a pas été abîmé par le progrès. Le village d'Aggius dans une campagne vallonnée et semée de blocs granitiques, le monte Limbara observatoire unique, la vallée de la Luna (style lunaire !), le tout magnifié par des paysages de maquis, de pins et d'oliviers centenaires.

### *4e jour : Castelsardo*

Face à la « grande bleue », adossé à la montagne, le charme incontestable de ce vieux village vient du lacis de ses ruelles tortueuses, dans un cœur historique entièrement piétonnier. Très construits, les environs valent tout de même une petite excursion, rien que pour les plages bien sûr, mais aussi pour les villages de l'arrière-pays comme Tergu, Sedini, Bulzi...

### *5e jour : Sassari*

Savourer un café à Sassari, sur la piazza Italia, l'une des plus élégantes et charmantes places d'Italie. Voilà un bon moyen de rentrer dans la grande ville du Nord-Ouest, berceau de héros et de grands hommes politiques. Promenade à pied dans la vieille ville médiévale (cathédrale, musée...). Les environs cachent quelques superbes églises romanes de style pisan : Santa Trinita di Saccargia, Santa Maria del Regno à Ardara, Sant'Antioco di Bisarcio.

### *6e jour : Alghero*

Sur la côte ouest, plus catalane que sarde, si attractive et latine, Alghero offre le plus beau centre médiéval de l'île. À découvrir à pied sur la promenade des remparts, au coucher du soleil. Voir aussi la cathédrale Santa Maria, le musée d'Art sacré, la kyrielle de palais et d'églises. Dans les environs : la baie de Porto Conte, une des plus ravissantes de Sardaigne. Magnifique route côtière d'Alghero à Bosa.

### 7e jour : Bosa

Petit port, mais grande histoire inscrite aussi bien dans les murs des palais que dans les anciennes maisons de tanneurs des quartiers de Sa Costa et de Sas Conzas. Non loin de Bosa, ne pas manquer l'adorable petite cité médiévale de Santu Lussurgiu, au creux d'un cratère éteint, avec de vénérables ruelles aux petits pavés usés, et d'aristocratiques demeures où se trouvent les plus séduisantes adresses gastronomiques de tout l'Ouest !

## Itinéraire en Sardaigne du Sud (1 semaine)

### 1er jour : Cagliari

La capitale de la Sardaigne, à l'extrémité sud de l'île. On dirait un peu l'île de Malte en plus latine, moins nue, moins austère, avec ses maisons couleur terre de Sienne brûlée, ou jaune pastel. Voici la grande ville sudiste et lumineuse, à la circulation intense, où les rues partent du port et montent à la citadelle, sur un roc haut perché. Dans celle-ci, rien que du beau et de l'authentique sarde : un décor de cinéma qui n'a pas été commercialisé ni envahi par le tourisme de masse, avec la belle cathédrale, de vieux palais patinés par les siècles, des tours crénelées et de robustes fortifications médiévales.

### 2e jour : Cagliari

Prendre une autre journée pour visiter quelques belles églises de la ville et le grand Musée archéologique qui renferme la mémoire oubliée de l'île, comme les vestiges de la mystérieuse civilisation nuragique, plus ancienne branche de la généalogie sarde. Le soir, flâner dans le délicieux quartier autour du port qui cache plusieurs bonnes adresses de trattorias. Pour déguster la cuisine de l'île, on a le choix : plats de la terre, ou de la mer !

### 3e jour : le site nuragique de Su Nuraxi (Barumini)

Voici l'une des merveilles de la Sardaigne, inscrite au Patrimoine mondial de l'humanité de l'Unesco ! Près du village de Barumini, il s'agit de la plus grande forteresse nuragique de l'île, découverte à la fin des années 1940 par Giovanni Lilliu, célèbre archéologue sarde. Élevée vers 1500 av. J.-C., elle répondait à une fonction militaire et stratégique.

### 4e jour : Montevecchio, Piscinas et Portixeddu

Principale ville minière de la Sardaigne, aujourd'hui désaffectée mais ouverte au tourisme industriel, Montevecchio rend hommage au travail des mineurs à travers des hameaux fantômes, des maisons, un musée et des galeries sur 16 niveaux à 500 m de profondeur. Entre le noir charbon de la vie minière et le bleu de la vie balnéaire, il n'y a qu'une faible distance, c'est assez pour vous changer les idées sur la longue plage de sable fin de Portixxedu, havre de paix sur le littoral ouest. Après les vagues de la mer, direction les immenses dunes de sable de Piscinas, dignes du Sahara. Encore une merveille naturelle.

### 5e jour : Iglesias et Carbonia

Au cœur de l'Iglesiente, région de plages désertes et sauvages, de mines abandonnées, la ville d'Iglesias est à voir pour son centre historique et son pittoresque cimetière communal. Dans la même région, Carbonia, ex-centre minier, où fut naguère testée l'architecture mussolinienne. Voir aussi le temple d'Antas, dédié à Babaï, le père des premiers Sardes. On y arrive en traversant de jolis paysages de douces collines et de moyennes montagnes.

### *6e jour : l'île de Sant'Antioco*

Rattachée comme un curieux appendice au corps principal de la grande Sardaigne, voici une petite île sarde (pas si petite en fait), méconnue, brute de forme, pas du tout urbanisée. Deux villes intéressantes, entourées de paysages lumineux, de paisibles plages et des criques aux eaux limpides.

### *7e jour : la route de la costa del Sud*

Superbe route en surplomb de la côte, en allant de Sant'Antioco vers Cagliari. Ce tronçon panoramique d'une vingtaine de kilomètres livre parmi les plus belles vues maritimes de Sardaigne. Pour se baigner, la magnifique plage de Tuerredda. Pour remonter dans le temps, le site de Nora à Pula où furent découverts les plus anciens restes de l'écriture phénicienne de l'île.

## Itinéraire dans le centre de l'île (1 semaine)

### *1er jour : Nuoro et la Barbagia*

Un nid d'aigle, sur un promontoire rocheux, rude et beau, au cœur de la Sardaigne. Ville fière, brute, sans maquillage, qui inspira des artistes et des écrivains comme Grazia Deledda, prix Nobel de littérature en 1926. À Nuoro, découvrir le musée des Traditions sardes, unique en son genre. De là, partir vers les nombreux villages solitaires dans leurs montagnes, comme Bitti, bourgade retranchée qui résonne des plus belles voix polyphoniques de l'île.

### *2e jour : Orgosolo, Oliena et Su Gologone (Supramonte)*

Voici enfin l'autre visage de la Sardaigne, celle des villages de bergers au caractère insoumis. La Sardaigne de l'intérieur, si proche du monde balnéaire et pourtant si lointaine par son esprit et son mode de vie. À Orgosolo, les murs des maisons sont couverts de fresques éclatantes de poésie satirique et politique. À Oliena, les artisans maintiennent les secrets des plus vieilles traditions sardes. À Su Gologone, les sources les plus profondes de l'île jaillissent du massif calcaire du Supramonte, paysage de monts accidentés comme dans un Vercors italien.

### *3e jour : le site nuragique de Tiscali, vallée de Lanaitho*

Expérience de plein air à faire une fois au cours de votre voyage ! Emprunter les sentiers de bergers de la vallée de Lanaitho pour accéder au site de Tiscali, isolé dans un gouffre rocheux du maquis sarde. Un mystérieux enchantement ! Ne serait-il pas le plus beau site préhistorique de Sardaigne ? Et certains prétendent de Méditerranée ! Il date du IIe millénaire avant l'ère chrétienne.

### *4e jour : Dorgali et Cala Gonone (golfo di Orosei)*

Dorgali, en haut, une ville sarde posée au flanc des monts du Supramonte. Cala Gonone, en bas, à la fois port et station balnéaire à taille humaine, au pied d'une grandiose muraille de calcaire blanc érodée par les siècles. C'est ici le plus beau morceau de la côte est, découpé de criques, avec un chapelet de plages aux eaux émeraude, accessibles seulement par la mer. Une beauté naturelle, intacte et époustouflante, dans un environnement protégé par les lois d'un parc naturel.

### *5e jour : la route Orientale Sarda (Gennargentu maritime)*

L'Orientale Sarda (SS 125), entre Dorgali et Tortoli (Arbatax), est une des plus belles routes de Sardaigne. Elle traverse des paysages de montagnes sauvages, arides et austères. Passer par le col de Genna Silana pour voir le canyon de Goroppu, puis les villages d'Urzulei et de Baunei (vue superbe entre terre et mer), et descendre vers la mer, pour finir la journée en dormant dans la petite ville de Santa Maria Navarrese, les pieds dans l'eau, la tête dans les oliviers...

### 6e jour : l'Ogliastra

Arrière-pays rugueux, perché dans les montagnes, comme un balcon au-dessus de la mer. La route sinueuse passe par Jerzu et Ulassai, gros villages de bergers et de vignerons, agrippés aux falaises, dans un paysage de chênes verts, de gorges et de grottes (celle de Su Marmuri se visite). Les randonneurs et les adeptes de l'escalade adorent l'Ogliastra. La route monte et tourne, pénétrant au fil des virages dans le monde retranché du Mandrolisai, que l'on atteint avec le sentiment d'arriver au centre de la terre. C'est le noyau dur du fruit Sardaigne.

### 7e jour : le Mandrolisai (Tonara, Sorgono, Ovodda)

Loin de l'agitation estivale des côtes, loin des plages, loin de tout. On est surpris par les bonnes ondes que dégage le cœur de l'île, solitaire dans sa géographie fracassée, mais solidaire dans l'attachement de ses habitants aux traditions pastorales. L'âme sarde habite par ici. À Tonara, on fabrique les meilleurs nougats aux amandes de l'île. À Ovodda, on vit plus vieux qu'ailleurs dans le monde. Secrets sardes ! Suivez une cure de dépaysement dans les nuages, grâce à la pureté de l'air de ce Mandrolisai qui passe ses étés au frais et ses hivers sous la neige.

## Itinéraire plus long en Sardaigne (2 ou 3 semaines)

Il suffit de mettre bout à bout les trois itinéraires précédents, pour obtenir un itinéraire de 2 ou 3 semaines. À condition de bouger, de se déplacer et de ne pas rester enfermé dans un hôtel-club au bord de la piscine ou sur le sable chaud... *Adagio ma non troppo !*

# LANGUE

La langue italienne est certainement la plus mélodieuse qui soit. Comme vous le découvrirez vite, l'italien est une langue facile pour les francophones. En peu de temps, vous pourrez apprendre quelques rudiments suffisants pour vous débrouiller d'autant plus qu'il ne faut pas trop compter sur l'anglais. Pour vous aider à communiquer, n'oubliez pas notre ***Guide de conversation du routard* en italien.** Les Sardes, entre eux, parlent un dialecte.
Le sarde est parlé par 80 % de la population. Cette langue romane proche du latin se divise en logodourien et campidanien, lesquels se divisent eux-mêmes en différents dialectes. À cela il faut ajouter les langues du nord de l'île proches du corse et celles de la région d'Alghero proches du catalan. Un véritable « melting-pot » linguistique où le castillan, le catalan, le toscan, le provençal, le sicilien et le corse forment ce que Dante avait déjà nommé le « latin barbare ».
Toutefois, ne vous découragez pas : il vous restera toujours la possibilité de joindre le geste à la parole.
Alors qu'après un « merci » la langue française ne concède un « de rien » que pour mieux signifier que ce rien lui a coûté quelque chose, le petit *prego* à l'italienne s'adapte à toutes les circonstances, tel un caméléon idiomatique. Il est le « de rien » bien sûr, qui ponctue le *grazie,* mais aussi le souriant « s'il vous plaît » à la belge que l'on vous tend avec l'addition, le galant « après vous » qui vous ouvre la porte, le vague « installez-vous » du restaurateur à la salle désespérément vide, le « oui ? » interrogatif du préposé au bureau d'accueil, le pressant « allez-y » du résorbeur de files d'attentes... Bref, il est intraduisible.

## Quelques éléments de base

**POLITESSE**

| | |
|---|---|
| Bonjour | *Buongiorno* |
| Bonsoir | *Buonasera* |

| | |
|---|---|
| Bonne nuit | *Buonanotte* |
| Au revoir | *Arrivederci* |
| Excusez-moi | *Scusi* |
| S'il vous plaît | *Per favore* |
| Merci | *Grazie* |

### *EXPRESSIONS COURANTES*

| | |
|---|---|
| Je ne comprends pas | *Non capisco* |
| Parlez lentement | *Parla lentamente* |
| Pouvez-vous me dire ? | *Può dirmi ?* |
| Combien ça coûte ? | *Quanto costa ?* |
| C'est trop cher | *È troppo caro* |
| L'addition, s'il vous plaît | *Il conto, per favore* |

### *LE TEMPS*

| | |
|---|---|
| Lundi | *Lunedì* |
| Mardi | *Martedì* |
| Mercredi | *Mercoledì* |
| Jeudi | *Giovedì* |
| Vendredi | *Venerdì* |
| Samedi | *Sabato* |
| Dimanche | *Domenica* |
| Aujourd'hui | *Oggi* |
| Hier | *Ieri* |
| Demain | *Domani* |

### *LES NOMBRES*

| | |
|---|---|
| Un | *Uno* |
| Deux | *Due* |
| Trois | *Tre* |
| Quatre | *Quattro* |
| Cinq | *Cinque* |
| Six | *Sei* |
| Sept | *Sette* |
| Huit | *Otto* |
| Neuf | *Nove* |
| Dix | *Dieci* |
| Cent | *Cento* |
| Quinze | *Quindici* |
| Cinquante | *Cinquanta* |

### *TRANSPORTS*

| | |
|---|---|
| Un billet pour... | *Un biglietto per...* |
| À quelle heure part... ? | *A che ora parte... ?* |
| À quelle heure arrive... ? | *A che ora arriva... ?* |
| Gare | *Stazione* |
| Horaire | *Orario* |

### *À L'HÔTEL*

| | |
|---|---|
| Hôtel | *Albergo* |
| Pension de famille | *Pensione familiare* |
| Je désire une chambre | *Desidero una camera* |
| À un lit | *A un letto* |
| À deux lits | *A due letti* |
| Chambre double | *Doppia, matrimonale* |

# LIVRES DE ROUTE

– ***Histoire de l'Italie,*** de Catherine Brice (Perrin, 2003). L'histoire de l'Italie ou « des Italies » est retracée depuis la fin de l'âge du bronze à aujourd'hui. Ce livre sera votre « botte » secrète pour comprendre tous les aspects du caractère contrasté et bouillonnant des Italiens. Et tout ça en moins de 500 pages, abordable donc (même pour les plus pressés) !
– ***Le Pays sous le vent,*** de Grazia Deledda (Autrement, 2008). La grande dame de la littérature. Incontournable. On a dit d'elle que « l'arôme de la Sardaigne, sa vraie patrie, son terroir, embaume les pages de son œuvre immense ». Avec *La Madre,* elle a obtenu le prix Nobel de littérature en 1921.
– ***Cahiers des prisons,*** d'Antonio Gramsci (Gallimard, 1983). Les *Lettres de Prison* sont également disponibles en version numérique (Université du Québec, à Chicoutimi, Saguenay, 2008). Journaliste puis directeur des journaux *L'Ordine nuovo* et *L'Unita,* il fut l'un des grands fondateurs du Parti communiste italien. Emprisonné par les fascistes, il a écrit ces magnifiques récits de prison avant de mourir quelques jours après sa libération.
– ***Ceux d'Arasolé,*** de Francesco Masala (Pocket, 2000). Professeur et docteur ès lettres, hanté par la guerre, il écrivit, à la mémoire de ceux qui ont péri, ce livre poignant avec le personnage de *Daniele le Carillonneur,* seul survivant et porte-parole des disparus.
– ***Padre Padrone,*** de Gavino Ledda (Gallimard, 1977). L'auteur débute dans la vie comme berger. Analphabète, il devient... professeur de linguistique à l'université de Sassari ! Les frères Taviani ont réalisé un film mémorable à partir de son livre.
– ***Les Vice-rois,*** de Gérard de Cortanze (Actes Sud Poche, 2000). Né à Saint-Ouen dans une famille d'aristocrates italiens exilée en France après s'être battue avec Garibaldi pour l'unité italienne au XIX^e s. Traité de rital et de macaroni dans son enfance prolétarienne, Gérard de Cortanze a renoué les fils défaits de sa généalogie occultée en écrivant la chronique de sa famille à travers la destinée de son illustre ancêtre paternel, Roero Di Cortanze, qui fut vice-roi de Piémont-Sardaigne. Dans les premiers chapitres, il évoque notamment l'histoire de la Sardaigne, décrit des lieux et des fêtes, et part à la rencontre des fantômes de son passé qui l'aident à recoller au présent les morceaux éparpillés de sa personnalité.
– ***Le Facteur de Pirakerfa,*** de Salvatore Niffoi (Zulma, 2004). Il a créé un personnage étonnant de vieux garçon misanthrope tourmenté par des diables lubriques.
– ***Sheol*** (Points, Poche, 2000), ***Le Sang du ciel*** (Points, « Points policier », 2001), ***Plutôt mourir*** (Le Seuil, « Points policier », 2004) et ***Mémoires du vide*** (Le Seuil, 2008), de Marcello Fois. Il est l'auteur d'une histoire magistrale de sa ville natale, Nuoro, une fresque se déclinant en plusieurs titres.
– ***La Fable du juge bandit,*** de Sergio Azieri (La Fosse aux Ours, 2001). Il se définissait lui-même comme « sarde, italien et européen ». Il écrit en 1986 ce roman historique où un vice-roi espagnol décide en 1492 d'intenter un procès aux sauterelles qui ont envahi la Sardaigne sans son autorisation. Satire cruelle de la société contemporaine.
– ***L'État des âmes,*** de Giorgio Todde (Gallimard, « Folio », 2005). Médecin ophtalmologue vivant à Cagliari et auteur de cet étonnant roman policier couronné par le prix Berto (prix littéraire sarde), fait exceptionnel pour une première œuvre.
– ***Mal de pierre,*** de Milena Agus (LGF, Le Livre de Poche, 2009). Qui mieux qu'elle, née à Gênes mais descendante de Sardes depuis « l'ère paléolithique supérieur », selon son expression, peut nous décrire la Sardaigne et ses paysages, âpres et rugueux, ses habitants tous un peu décalés ou hors normes ? Le « mal de pierre », expression plus agréable à l'oreille que sa signification de calculs aux reins, est le mal dont souffre son héroïne. En réalité, elle souffre d'une soif d'amour, amour qu'elle trouvera auprès d'un être meurtri par la guerre et non auprès de son vieux mari, que sa famille lui a imposé.

– ***Battement d'ailes,*** de Milena Agus (LGF, Le Livre de Poche, 2010). Pour elle, les femmes sont envahies de l'idée d'amour, pénétrées de rêves impossibles, parfois traitées de folles. Elle reprend ces thèmes autour de l'amour, la fantaisie, les brins de folie qui épicent le cours de la vie, la rêverie... mais dénonce aussi les tentatives de spéculation immobilière ou les manquements aux règles de respect des anciens. Car la Sardaigne c'est cela aussi, plus encore qu'en Corse, une partie de la côte investie de milliardaires et le reste encore sauvage, un pays de traditions familiales que Milena Agus souhaite voir se perpétuer.
– ***Mon voisin,*** de Milena Agus (Liana Levi, 2009). Elle y met en scène une femme hantée par une idée de suicide et qui change le jour où elle rencontre son voisin.
– ***Quand le requin dort,*** de Milena Agus (Liana Levi, 2010). Le récit d'une adolescente nous plonge au cœur d'une famille sarde dont chaque membre est en quête de quelque chose : un père baroudeur, une mère incapable de vivre aux prises avec la réalité, un frère pianiste dévoué à son art, une tante cherchant l'amour, et une héroïne engagée dans une relation adultère et destructrice, douée pour écrire des histoires et inventer un monde dans lequel se réfugier lorsqu'elle trouve moche celui qui l'entoure. Milena Agus, l'auteur de ces quatre derniers romans, vit actuellement à Cagliari, où elle enseigne, et malgré son succès dans nombre de pays, elle ne se voit pas vivre ailleurs ni changer de vie. Car elle aime profondément son pays et a œuvré à le faire connaître.

## PERSONNES HANDICAPÉES

De nombreux hébergements sont équipés d'au moins une chambre pour personnes handicapées (mais pas les pensions, souvent situées au 2e ou 3e étage sans ascenseur). N'hésitez pas à appeler pour vous renseigner même si le symbole ♿ ne figure pas dans l'adresse que nous indiquons, car de plus en plus d'hôtes aménagent leur structure en conséquence. Cela dit, certains déclarent aussi des aménagements qui se révèlent inexistants...

## PHOTOS

Les amateurs de paysages et de monuments seront comblés. Il n'y a pas vraiment de recette pour faire une bonne image. L'important, c'est la lumière ; préférez celle de début ou de fin de journée, qui modèle beaucoup mieux les paysages et donne plus de contraste et de relief. Évitez les prises de vue à l'heure du plein cagnard, le résultat est souvent décevant et médiocre ; d'ailleurs, à ces heures-là, on est mieux à l'ombre en sirotant une boisson fraîche.
– Évitez l'utilisation du flash et préférez les prises de vue en ambiance, en adoptant des iso plus élevés ; les résultats sont sans commune mesure. Le flash a un effet « tarte à la crème » quand il s'agit de portrait, le résultat n'est pas mieux pour les paysages.
– On peut photographier librement partout, sauf dans certains musées (de plus en plus nombreux à refuser les appareils photo). Encore une fois, bannissez les flashs, car ils altèrent et endommagent les fresques et les peintures (d'ailleurs ils sont souvent interdits). Sinon, vous verrez arriver en courant les personnes chargées de la surveillance des lieux, qui sont intraitables et peuvent éventuellement vous flanquer à la porte.

## POSTE

– Les bureaux de poste sont ouverts en général du lundi au vendredi de 8h à 18h30 (du lundi au samedi dans les grandes villes), le samedi de 8h à 13h. Fermé les dimanche et jours fériés. Les queues sont souvent longues : armez-vous de patience !

# PLANS ET CARTES EN COULEURS

LA SARDAIGNE

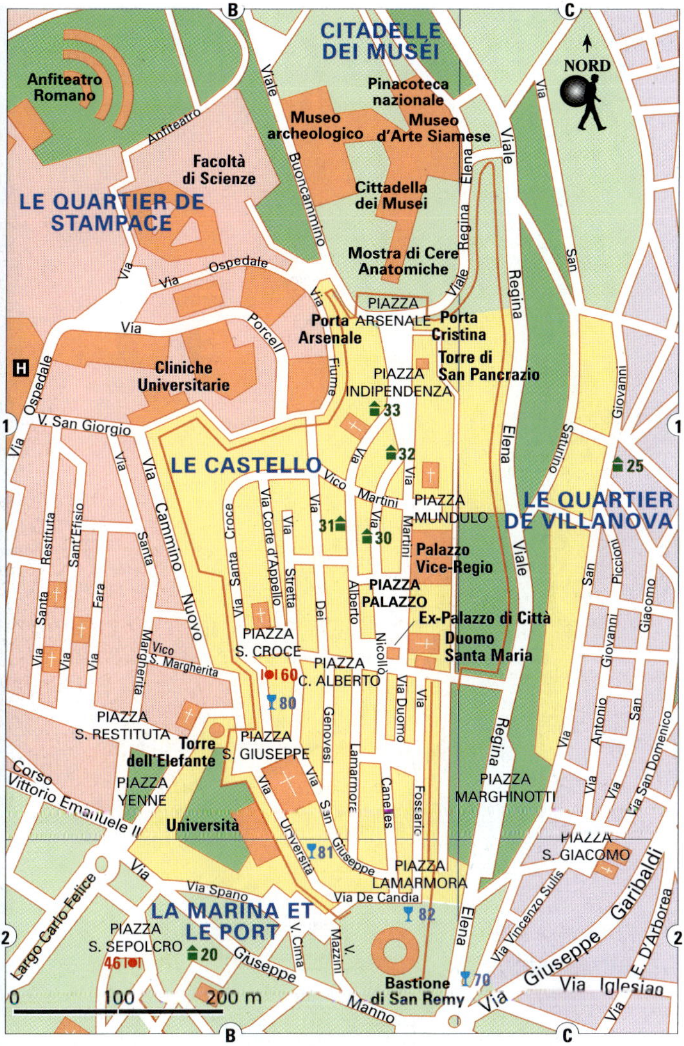


## CAGLIARI – ZOOM

**Où dormir ?**

- **20** Hostel Marina
- **25** Inas B & B
- **30** Residenza B & B Kastrum
- **31** B & B Roserosse
- **32** B & B Crisaripa
- **33** B & B El Buen Retiro

**Où manger ?**

- **46** Ristorante-bar Mana'mana'
- **60** Ristorante 51

**Où boire un verre ? Où sortir ?**

- **70** Antico Caffè
- **80** Caffè Libarium Nostrum
- **81** Ritual Caffè
- **82** Caffè degli Spiriti

Orto Botanico
NORD
QUARTIER STAMPACE
LE CASTELL
LA MARINA ET LE PORT
V. San Giorgio
Via Ospedale
Sant' Ignazio da Laconi
V. Pala Banda
Corso Vittorio Emanuele II
Via Cammino Nuovo
Via Sassari
Via Roma
Viale Trieste
Via Maddalena
Via Malta
V. Malta
Via G. M. Angioy
Largo Carlo Felice
Via Crispi
Vico C. Felice
Via Mercato Vecchio
Via del Vecchio
Via Porto Scalas
Via D. Azuni
Via Università
Via G. Manno
Via Spano
V. Savoia
V. Sicilia
Via Barcellona
Via S. Eulalia
Vico d. Collegio
V. del Collegio
V. Princ. Amedeo
Via Sardegna
Vico d. Mille
V. dei Mille
V. Concezione
Via Cavour
Via Napoli
Via S. Agostino
Calata S. Agostino
Calata Azuni
Calata Via Roma
Calata Darsena
PIAZZA S. CROCE
PIAZZA S. RESTITUTA
PIAZZA S. GIUSEPPE
PIAZZA YENNE
Università
PIAZZA S. SEPOLCRO
PIAZZA DEL CARMINE
PIAZZA MATTEOTTI
Palazzo Civico
PIAZZA DETTORI
PIAZZA S. EULALIA
Palazzo Consiglio Regionale
Stazione FF. SS
Stazione ARST
Stazione Marittima
Porto Vecchio
Capitaneria di Porto
Molo Capitaneria di Porto
G. AMEND
0 100 200 m

■ **Adresses utiles**

- 1 Assessotato del Turismo
- 2 Ufficio Informazioni turistiche
- 6 Farmacia Spano
- 7 Liberia Ubik
- @ 8 Lamari Internet Café

**Où dormir ?**

- 21 B & B Sardinia Domus
- 22 B & B La Terrazza sul Porto
- 23 B & B Old Caralis
- 24 Hotel Quatro Mori

**Où manger ?**

- 40 La Cantina
- 41 Ammentos Ristorante
- 42 Su Cumbidu
- 43 Ci Pensa Cannas
- 44 Trattoria Gennargentu
- 45 Il Buongustario
- 47 Trattoria Da Lillicu
- 48 Sa Domu Sarda
- 49 Crackers
- 50 Antica Hostaria
- 51 Luigi Pomata
- 52 Ristorante Flora

**Où boire un verre ? Où sortir ?**

- 71 Eno Ristorante Vineria
- 72 Caffè Svizzero

**Où manger une glace ?**

- 90 Il Gelato Aresu

**Où acheter de bons produits ?**

- 9 Sapori di Sardegna

**CAGLIARI – CENTRE**

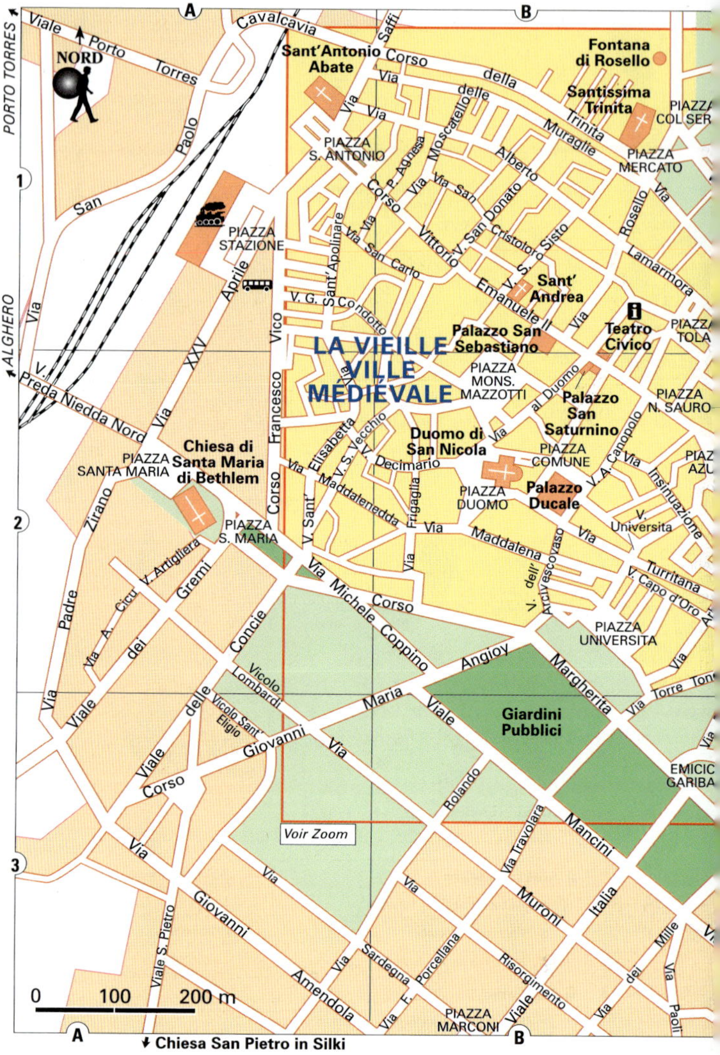


| | |
|---|---|
| **Où dormir ?** | 23 Trattoria Da Gesuino |
| 13 Hotel Leonardo da Vinci | **Où boire un verre ?** |
| **Où manger ?** | 31 Da Michele |
| 21 Ristorante Marini | |

# SASSARI – PLAN D'ENSEMBLE

32 Caffè Italiano

**Où déguster une bonne glace ?**

**33** La Golositas

**Où acheter de bons produits ?**

**40** Antica Dolceria

**41** Alberti

## SASSARI – VIEILLE VILLE (ZOOM)

■ **Adresse utile**
- Ufficio del turismo

**Où dormir ?**
- 10 B & B La Serra sui Tetti
- 11 B & B Capo di Sopra
- 12 B & B Casachiara
- 14 Hotel Vittorio Emanuele

**Où manger ?**
- 20 Faine' Sassu
- 22 Da Antonio
- 24 La Vela Latina
- 25 Liberty

**Où boire un verre ? Où déguster une bonne glace ?**
- 30 Accademia
- 34 Café Giordano
- 35 Slurp

– La poste italienne a mis en circulation un timbre « *Posta prioritaria* » à 0,65 € sur le territoire national, mais aussi vers les pays européens, qui permet d'envoyer une lettre en un temps record (1 jour pour l'Italie et 2 ou 3 jours pour l'étranger) : un peu plus cher que le tarif normal, mais, en principe, ça marche ! Ce timbre peut aussi être acheté dans une *tabaccheria*.
– Pour se faire adresser du courrier en poste restante, tenir compte des délais d'acheminement et demander à l'expéditeur de rédiger l'enveloppe avec la mention : *Fermo Posta, Posta centrale di...* et le nom de la ville en italien, précédé, si possible, du code postal comme en France. Pour tout autre renseignement, n'hésitez pas à appeler le *call center* : ☎ 803-160 ou par Internet • poste.it • Des opérateurs parlant aussi bien l'italien que l'anglais ou le français répondront à vos questions de 8h à 20h.

## POURBOIRE ET TAXE

La tradition de la *mancia* (la manche, en quelque sorte...) voulait que l'on donne un pourboire aux sacristains qui montraient les peintures des églises. Mais elle se perd peu à peu. Aujourd'hui, les sacristains ont été remplacés par des tirelires électriques qui permettent d'admirer les chefs-d'œuvre sans forcer la main (1 à 2 €).
En revanche, la grande majorité des restos comptent le couvert et le service à part. Personne ne vous obligera à donner un pourboire, à moins que la tête du serveur vous plaise, ou que, plus simplement, vous ayez bien mangé. Mais les Français ont une telle réputation de radinerie (si, si !) qu'un petit geste fera peut-être changer cette image qu'ils trimbalent depuis des lustres !

### L'addition

Ne vous étonnez pas de voir votre addition majorée du traditionnel *pane e coperto* (lequel a théoriquement été supprimé, mais il continue d'être appliqué dans la majorité des restos). Telle est la pratique en Italie. Il varie entre 2 et 3 € ; au-delà de 4 €, cela devient du vol. Il doit être signalé sur la carte, quand il y en a une ! Ajoutez à cela une bouteille d'eau minérale (autour de 2 €), et vous comprendrez rapidement pourquoi l'addition grimpe si vite.
En tout cas, n'oubliez pas de bien vérifier l'addition avant de payer, quitte à passer pour un touriste étranger enquiquinant.
Si on ne vous propose pas de carte en arrivant dans un resto, demandez-la. Sachez que si vous décidez de faire confiance au patron pour le choix des plats, vous mangerez sûrement délicieusement, mais l'addition peut faire mal (et peut parfois être établie à la louche si vous n'avez pas vu les prix avant). Nombre de nos lecteurs ont eu ainsi l'impression de se faire avoir.

## SANTÉ

Aucun vaccin n'est obligatoire, mais il est préférable d'avoir son rappel antitétanique à jour, surtout si l'on fait du camping. Nous vous recommandons chaudement un répulsif antimoustiques (ces charmantes petites bêtes étant très virulentes en période estivale).

■ **Catalogue Santé Voyages (Astrium) :** ☎ 01-45-86-41-91 (lun-ven 14h-19h). Les produits et matériels utiles aux voyageurs, assez difficiles à trouver, peuvent être achetés par correspondance sur le site • sante-voyages.com • Infos complètes toutes destinations, boutique web. Paiement sécurisé, expéditions *Colissimo Expert* ou *Chronopost*.

### Carte européenne d'assurance maladie

Pour un séjour temporaire en Sardaigne, pensez à vous procurer la carte européenne d'assurance maladie. Il vous suffit d'appeler votre centre de Sécurité sociale (ou de vous connecter au site internet de votre centre, encore plus rapide !) qui vous l'enverra sous une quinzaine de jours. Cette carte fonctionne dans tous les pays membres de l'Union européenne (y compris les 12 petits derniers) ainsi qu'en Islande, au Liechtenstein, en Norvège et en Suisse. C'est une carte plastifiée bleue du même format que la carte Vitale. Elle est valable 1 an, gratuite et personnelle (chaque membre de la famille doit avoir la sienne, y compris les enfants). Conservez bien toutes les factures pour obtenir les remboursements au retour.

### Assurances

Ne partez pas sans vous être assuré que vous l'êtes bien !
– En France, vous pouvez bien sûr vous assurer auprès de ***Routard Assurance*** (voir « Assurances voyage » dans la rubrique « Avant le départ » plus haut).
– En Belgique, vous pouvez faire appel à ***Eurocross.*** Si vous êtes malade, un coup de téléphone en PCV au ☎ *32-22-70-09-00* (numéro en Belgique) suffit pour qu'ils vous portent assistance.

## SITES INTERNET

### Sur la Sardaigne

• *routard.com* • Rejoignez la plus grande communauté francophone de voyageurs ! Échangez avec les routarnautes : forums, photos, avis d'hôtels. Retrouvez aussi toutes les informations actualisées pour choisir et préparer vos voyages : plus de 200 fiches pays, une centaine de dossiers pratiques et un magazine en ligne pour découvrir tous les secrets de votre destination. Enfin, comparez les offres pour organiser et réserver votre voyage au meilleur prix. Routard.com, le voyage à portée de clics !
• *enit.it* • En français. Site de l'office de tourisme italien, très riche en informations. Nombreuses rubriques pratiques qui vous aideront à préparer votre séjour. Permet également de faire un tour d'horizon complet de la culture italienne.
• *regione.sardegna.it* • Site officiel et généraliste de la région Sardaigne, en italien.
• *sardegnaturismo.it* • Site officiel de la région Sardaigne consacré seulement au tourisme. En italien, en allemand et en anglais. Très complet, varié, bien illustré. On peut même voir des clips vidéo (webcam) et écouter de la musique sarde comme les traditionnels chants polyphoniques.
• *sardiniapoint.it* • Site en italien et en anglais. Informations touristiques sur les sites, les itinéraires, les lieux à visiter, les différents types d'hébergement et les activités culturelles, balnéaires et sportives.
• *sardaigne.it* • Site avec une version française. Choix d'hôtels, de résidences, de villas à louer. Pour chaque établissement, il y a une fiche pratique et des photos.
• *directionsardinia.com* • Un site avec version française d'une jeune Sarde francophone de Bosa adepte du tourisme vert, écologique et alternatif. Pour découvrir l'autre Sardaigne, celle de l'intérieur, loin du tourisme de masse. Excursions avec guides sardes, à pied, à dos d'âne, à cheval, en véhicule tout terrain, avec hébergement chez l'habitant, nuits dans les bergeries ou les fermes-auberges...

### Sur la cuisine et le vin italiens

• *italianpasta.com* • Vous découvrirez l'univers des pâtes : le goût, la consistance, la couleur. Près de 600 recettes, des conseils pour les aficionados et l'accompagnement des vins. Un avant-goût de l'Italie...

• *lavinium.com* • En italien. Ce site offre un catalogue des vins de toutes les régions d'Italie et informe sur les établissements proposant des dégustations.

# TABAC

**En Italie, la cigarette est interdite dans TOUS les lieux publics** (restaurants, cafés, bars, discothèques et trains). Si les partisans du *vietato fumare* se réjouissent de pouvoir désormais dîner sans craindre l'asphyxie, les accros au tabac ont, quant à eux, la vie dure. Et cette loi est scrupuleusement respectée par la population. Alors, à bon entendeur... D'autant plus qu'en cas d'infraction, une grosse amende vous attend : 27 € à la moindre cigarette allumée (275 € s'il y a des enfants ou des femmes enceintes à proximité). Quant aux restaurateurs, ils encourent une peine de 2 200 € s'ils ne font pas respecter cette loi dans leur établissement.
Le soir, lorsqu'ils ferment, les *tabacchi* laissent place à un distributeur automatique. Attention, ces derniers ne rendent pas toujours la monnaie ; ils délivrent alors un ticket qu'il faut présenter au comptoir aux heures d'ouverture pour se faire rembourser. Mieux vaut donc prévoir l'appoint.

# TÉLÉPHONE, TÉLÉCOMMUNICATIONS

## TÉLÉPHONE

AVERTISSEMENT : il ne faut pas vous étonner que le nombre de chiffres des numéros de téléphone varie (généralement de 8 à 10), c'est normal !

### Téléphones portables

Le routard qui ne veut pas perdre contact avec sa tribu peut utiliser son propre téléphone portable en Italie avec l'option « Europe » ou « monde ». Mais attention à la note salée en rentrant chez vous ! On conseille donc d'acheter en arrivant une carte SIM locale prépayée chez les principaux opérateurs *(Vodaphone, Tim, Wind)*, qui disposent tous de boutiques officielles dans les principales villes du pays. Après avoir montré votre carte d'identité et donné l'adresse de votre hébergement du moment, on vous attribue alors un numéro de téléphone local et un petit crédit de communication, généralement pour environ 10 €. Avant de signer le contrat et de payer, essayez donc la carte SIM du vendeur dans votre téléphone – préalablement débloqué – afin de vérifier si celui-ci est compatible. Ensuite, les cartes permettant de recharger votre crédit de communication s'achètent dans les boutiques des opérateurs, les stations-service, tabacs-journaux, etc. pour 10, 15, 20, 25 €... C'est toujours plus pratique pour trouver son chemin vers l'*agriturismo,* pour les réservations de restos ou de visites guidées, et bien moins cher que si vous appeliez avec votre carte SIM personnelle. Malin, non ?

***URGENCE : EN CAS DE PERTE OU DE VOL DE VOTRE TÉLÉPHONE PORTABLE***

Suspendre aussitôt sa ligne permet d'éviter de douloureuses surprises au retour des vacances ! Voici les numéros des trois opérateurs français, accessibles depuis la France et l'étranger.
– ***SFR :*** *depuis la France,* ☎ *1023 ; depuis l'étranger,* 📱 *+ 33-6-1000-1900.*
– ***Bouygues Télécom :*** *depuis la France comme depuis l'étranger,* ☎ *0800-29-1000 (remplacer le 0 initial par « + 33 » depuis l'étranger).*
– ***Orange :*** *depuis la France comme depuis l'étranger,* 📱 *+ 33-6-07-62-64-64.*

***LES CARTES PRÉPAYÉES***

Elles s'avèrent très utiles pour les réservations de restos ou de visites guidées, ou tout simplement pour un rendez-vous galant. Vous l'insérez dans votre portable et en 2 mn vous avez une ligne italienne. Coût de la communication bien moins élevé qu'avec son portable national.

## Les cabines téléphoniques

Mêmes si celles-ci tendent à disparaître, on les trouve encore dans les centres-villes. Elles fonctionnent avec des cartes magnétiques qui s'achètent dans les bureaux de poste, les tabacs (signalés par un T blanc sur fond noir) et quelques bars-restaurants ; il existe aussi des distributeurs automatiques de cartes. Ne pas oublier de détacher le coin en plastique de la carte pour téléphoner (gage que la carte n'a jamais été utilisée) et d'appuyer sur la touche « OK » après avoir composé le numéro de votre correspondant. On peut également téléphoner dans les centres *Telecom Italia* ou à la poste centrale.

## Appels nationaux et internationaux

– *Rens : ☎ 12 (gratuit).*
– *Pour un appel d'**urgence,** composer le ☎ 113.*
– ***Italie → Italie :*** pour les numéros de téléphone fixe, il faut impérativement composer le numéro de votre correspondant précédé du 0 et de l'indicatif de la ville.
– ***Italie → France :*** 00 + 33 + numéro à neuf chiffres de votre correspondant (c'est-à-dire le numéro à 10 chiffres sans le 0).
Code des autres pays francophones : *Belgique,* 32 ; *Luxembourg,* 352 ; *Suisse,* 41 ; *Canada,* 1.
– ***France → Italie :*** 00 + 39 + 0 + indicatif de la ville (91 pour Palerme par exemple) + numéro de votre correspondant (six ou sept chiffres). Pour les portables, 00 + 39 + numéro à 10 chiffres. Tarification selon votre opérateur.

## Tarification

Les prix des télécommunications varient beaucoup selon le type de forfait souscrit. Pour s'y retrouver, ce n'est pas toujours évident. Tous les opérateurs Internet avec téléphonie illimitée proposent les communications gratuites vers la plupart des pays européens (dont l'Italie). Renseignez-vous ! Toujours pratique quand on veut réserver les musées ou hôtels.
– Un conseil : sur place, évitez d'appeler de votre hôtel, vous auriez la mauvaise surprise de voir votre communication fortement majorée !

## Internet

Quand bien même la plupart des hôtels et *B & B* proposent une connexion wifi, on trouve des centres Internet dans la plupart des villes, mais ils sont souvent peu nombreux. Ils sont généralement ouverts tous les jours (sauf, dans de rares cas, le dimanche). Munissez-vous d'une pièce d'identité, elle vous sera demandée en arrivant (on doit toujours présenter sa pièce d'identité avant d'utiliser un poste dans un cybercafé). Les connexions sont de bonne qualité.

# TRANSPORTS INTÉRIEURS

## Avion

La plupart des visiteurs étrangers arrivent en Sardaigne en avion, profitant par beau temps de la vue sur les côtes et les plages aux eaux turquoise. Les Italiens viennent

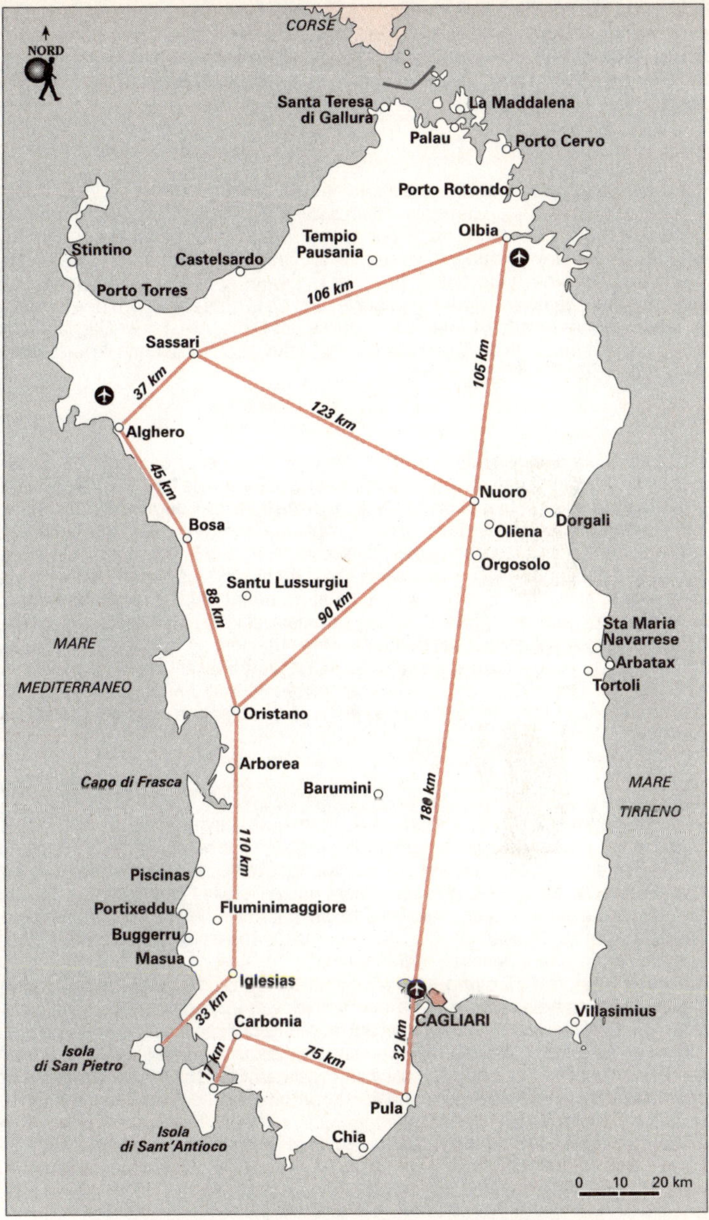


DISTANCES KILOMÉTRIQUES EN SARDAIGNE

plutôt en bateau. Les avions atterrissent à Cagliari, mais l'essentiel du trafic aérien se concentre à Olbia, dans le Nord-Est, porte d'entrée de la costa Smeralda. Il existe des lignes intérieures, pratiques pour ceux qui n'ont pas beaucoup de temps, par exemple Olbia-Cagliari (durée 40 mn) avec la compagnie *Meridiana* : • *meridiana.it* •

## Bateau

Plusieurs compagnies maritimes assurent des liaisons régulières entre le continent et la Sardaigne. Il existe aussi des liaisons avec Bonifacio (Corse) au départ de Santa Teresa di Gallura (nord-est). Pour se rendre aux îles de La Maddalena (nord-est), des ferries des compagnies *Enermar* et *Saremar* partent du port de Palau. Pour l'île de San Pietro (sud-ouest), navettes régulières de bateaux également. Une autre option maritime consiste à voyager le long de la côte est à bord des bateaux de la compagnie *Tirrenia (• tirrenia.it •)* qui relient Olbia, Arbatax et Cagliari (plus souvent en été qu'en hiver). Une belle occasion de découvrir la beauté des paysages du littoral de l'île depuis la mer.

## Bus

Découvrir la Sardaigne en bus est un bon moyen de voyager à petits prix et à vitesse lente en se plongeant dans la vie locale des Sardes. Ce sera la formule préférée des routards sac à dos. S'il faut choisir entre le bus et le train, tout dépend de l'itinéraire. Pour suivre les côtes, le train est une bonne option. Pour s'enfoncer dans l'intérieur de l'île et les régions montagneuses, mieux vaut prendre le bus. La plus grande compagnie publique *(ARST, • arst.sardegna.it • )* dessert les villes et les stations balnéaires importantes. Les bus sont sûrs et de bonne qualité, et ils respectent assez bien les horaires même s'ils sont rarement affichés aux arrêts. Attention, moins de bus le dimanche et les périodes d'été changent en fonction des régions. Le trajet Cagliari-Olbia dure entre 4h15 et 5h, Cagliari-Sassari, 3h, Cagliari-Villasimius, 1h15. Il existe d'autres compagnies privées comme *FDS, FMS* et *Turmo.* Elles assurent des liaisons spéciales en été entre les grandes villes et les stations balnéaires.

## Train

Un mode de transport plus lent, mais économique et sympathique, qui permet d'admirer les paysages de l'île d'une autre manière. Le réseau de la compagnie *FDS (Ferrovie della Sardegna)* est suffisamment développé et permet de relier les principales villes de la côte, plus facilement que celles de l'intérieur en raison du relief accidenté et des montagnes. De Cagliari, par exemple, il y a des trains réguliers pour Iglesias, Sassari (3h30), Olbia (moins de 4h), Porto Torres (4h15). Pour rejoindre Nuoro, il faut transiter par Macomer.
– ***Le petit train vert (Trenino verde) :*** ce petit train touristique, composé d'un wagon unique en bois et tiré par une locomotive à vapeur, est un moyen original et charmant de découvrir la Sardaigne du Sud et de l'Est. On peut ainsi aller de Cagliari (sud) jusqu'à Arbatax (côte est). Compter une bonne journée. Un autre *Trenino verde* relie Palau (nord-est) à Tempio Pausania, traversant les paysages sauvages et magnifiques de la Gallura. Pour connaître les infos et les horaires de ce train géré par la compagnie *Ferrovie della Sardegna (FDS),* voir leur site • *treninoverde.com* •
Se reporter aussi aux chapitres Cagliari, Palau et Tempio Pausania.

## Voiture

Nombreux sont les touristes qui louent des voitures à l'arrivée à Cagliari ou Olbia, pour partir à la découverte de l'île selon leur objectif ou leur fantaisie. C'est un moyen onéreux, mais il donne une grande liberté de mouvement aux voyageurs.

| Sassari | Sant'Antioco | Pula | Oristano | Olbia | Nuoro | Iglesias | Carloforte | Carbonia | Cagliari | Bosa | Alghero | Distances en kilomètres |
|---|---|---|---|---|---|---|---|---|---|---|---|---|
| 94 | 220 | 189 | 88 | 143 | 86 | 192 | 192 | 184 | 180 | | 45 | Bosa |
| 217 | 84 | 32 | 94 | 265 | 180 | 58 | 89 | 67 | | 180 | 247 | Cagliari |
| 240 | 17 | 75 | 121 | 290 | 206 | 25 | 27 | | 67 | 184 | 255 | Carbonia |
| 249 | 18 | 93 | 129 | 298 | 214 | 33 | | 27 | 89 | 192 | 263 | Carloforte |
| 220 | 38 | 72 | 110 | 285 | 193 | | 33 | 25 | 58 | 192 | 255 | Iglesias |
| 123 | 219 | 211 | 90 | 105 | | 193 | 214 | 206 | 180 | 86 | 155 | Nuoro |
| 106 | 315 | 295 | 173 | | 105 | 285 | 298 | 290 | 265 | 143 | 138 | Olbia |
| 126 | 132 | 125 | | 173 | 90 | 110 | 129 | 121 | 94 | 88 | 155 | Oristano |
| 245 | 76 | | 125 | 295 | 211 | 72 | 93 | 75 | 32 | 189 | 260 | Pula |
| 256 | | 76 | 132 | 315 | 219 | 38 | 18 | 17 | 84 | 220 | 288 | Sant'antioco |
| | 256 | 245 | 126 | 106 | 123 | 220 | 249 | 240 | 217 | 94 | 37 | Sassari |
| 68 | 256 | 280 | 157 | 46 | 146 | 260 | 292 | 283 | 256 | 128 | 110 | Tempio Pausani |

**DISTANCES ENTRE LES PRINCIPALES VILLES**

Les grandes compagnies *(Avis, Europcar, Maggiore...)* sont bien représentées dans les villes importantes. Compter 70 à 80 €/j. selon la saison, pour une voiture de catégorie moyenne. Les réservations peuvent se faire sur Internet, mais les agences de voyages et les réceptions des grands hôtels de la côte peuvent aussi s'en occuper. Contrairement aux préjugés, les ***routes de Sardaigne*** sont en bon état, que ce soient les voies express (quatre-voies) ou les routes nationales, toutes asphaltées. Dès que l'on sort de ce réseau routier de base, on circule sur des routes plus étroites, elles aussi en excellent état, même dans les secteurs les plus reculés de Sardaigne. En été, la circulation est très dense sur le littoral, avec des embouteillages fréquents pour accéder ou sortir des stations balnéaires et des plages les plus fréquentées.

L'inconvénient principal du réseau routier sarde est sa signalisation approximative et incomplète. Elle existe mais elle n'est pas assez précise, surtout aux intersections et aux carrefours. Il arrive souvent que les visiteurs étrangers se trompent de direction. Les panneaux de changement de direction sont annoncés assez en avance, mais plus aucun panneau une fois que l'on arrive dans le rond-point ou bien un minuscule panneau difficile à remarquer. Munissez-vous d'une bonne carte routière, et même d'un GPS, pour ceux qui désirent partir à la découverte des petites routes de montagne.

**Attention, il est désormais obligatoire de rouler feux de croisement allumés sur les autoroutes et le réseau national (hors des villes), jour et nuit, sous peine d'amende.**

### *RÉSEAU ROUTIER ET STATIONS-SERVICE*

– Les stations-service en ville ou sur les nationales sont généralement fermées le dimanche et entre 12h30 et 15h30. Si elles sont fermées, on peut toujours régler en espèces ou avec une carte de paiement.

– Les distributeurs automatiques prennent généralement les billets (20 €), mais il se peut que la carte *Visa* ne soit pas reconnue par la machine. Après avoir introduit vos billets ou votre carte de paiement (avec le montant que vous souhaitez) dans le distributeur, vous choisissez le numéro de la pompe. Elle se déclenche et voilà, le tour est joué ! Mais, pour peu qu'on ne connaisse pas le système ou ne comprenne pas l'italien, s'en servir est loin d'être évident. Soyez donc prévoyant et faites votre plein avec des pompistes pendant les heures d'ouverture.

Les limitations de vitesse sont les mêmes qu'ailleurs en Italie : soit 90 km/h sur route pour les voitures.

### *LOCATION DE VOITURES*

– Il est beaucoup plus avantageux de réserver votre voiture depuis la France dans le cadre d'un forfait « avion + voiture ». Les prix pratiqués sur place sont beaucoup plus élevés et les garanties offertes souvent moindres.

– Ne pas hésiter à lire entièrement le contrat, à passer la voiture en revue, surtout lorsqu'il s'agit de petits loueurs locaux, et à réclamer un disque horodateur. Ne signez jamais en blanc le document répertoriant les éventuelles rayures et éraflures.

– La compagnie exige toujours une empreinte de carte de paiement pour servir de caution (même si votre voyagiste a tout réglé d'avance). Les cas d'arnaque avec les compagnies locales, débitant la carte après coup sous prétexte d'un rétro faussement cassé ou d'une rayure inexistante, sont légion. Faites le tour de la voiture avec le loueur au moment de la rendre. Si tout est en ordre, demandez-lui de « détruire » l'empreinte de la carte en votre présence.

– Pensez à faire le plein avant de rendre la voiture, sinon le loueur risque de vous facturer des taxes exorbitantes.

■ ***Auto Escape :*** *☎ 0820-150-300 (n° gratuit). • autoescape.com • Vous trouverez également les services d'Auto Escape sur • routard.com • Résa recommandée bien à l'avance.* L'agence *Auto Escape* réserve auprès des loueurs de gros volumes d'affaires, ce qui garantit des tarifs très compétitifs. *Auto Escape* offre 5 % de remise sur la location de voiture aux lecteurs du *Guide du routard* pour toute résa par Internet avec le code de réduction : « GDR5AE ».

■ ***BSP Auto :*** ☎ *01-43-46-20-74 (tlj).* • *bsp-auto.com* • Les prix proposés sont attractifs et comprennent le kilométrage illimité et les assurances. Propose exclusivement les grandes compagnies de location sur place, assurant un très bon niveau de services. Les plus : vous ne payez votre location que 5 j. avant le départ et réduction spéciale aux lecteurs de ce guide avec le code « Routard ».

■ Et aussi en France : ***Hertz,*** ☎ *0825-030-040 (0,15 €/mn),* • *hertz.com* • ; ***Europcar,*** ☎ *0825-358-358 (0,15 €/mn),* • *europcar.fr* •; ***Avis,*** ☎ *0820-05-05-05 (0,12 €/mn) ou 0821-230-760,* • *avis.fr* •

Petite précision : de plus en plus de loueurs font payer le plein en amont, à vous de rendre le véhicule le plus vide possible... Facile à dire ! À contrario, assurez-vous que la station-service la plus proche du lieu de la restitution (aéroport, gare...) soit manuelle. Les stations automatiques ne délivrent le carburant qu'en fonction du montant initial que vous mettez (soit par carte, soit par billets de 10 ou 20 €).

### Taxis

Utiles et pratiques pour des petits trajets citadins, aller d'un aéroport jusqu'à un centre-ville, et vice versa, rentrer à son hôtel quand on a raté le bus. Cela évite de prendre sa propre voiture et de tourner en rond pendant des heures afin de trouver une place de stationnement... Utile le taxi, oui, parfois, mais pas du tout conseillé pour faire de longs trajets. Les taxis sardes circulent surtout dans les grandes villes (Cagliari, Olbia, Sassari...). équipés de compteurs et respectueux des normes, avec des chauffeurs conduisant comme il faut et sans excès (ce qui n'est pas le cas en Sicile), les taxis de Sardaigne existent mais sont difficiles à trouver dans les rues. En journée, ça va encore, mais la nuit, ils disparaissent de la circulation. La solution consiste alors à appeler les centraux téléphoniques des compagnies. En fait, il n'y a pas assez de taxis dans les rues de Cagliari, où la demande est supérieure à l'offre. Nous l'avons vérifié sur le terrain : il est plus facile de monter dans un taxi la nuit à Hochiminh-Ville, à Panamá City ou à Calcutta qu'à Cagliari ! Souhaitons que cela change !

## URGENCES

Voici les principaux numéros à apprendre par cœur dès votre arrivée en Sardaigne :

- ***Numéro d'urgence européen :*** ☎ *112.* Numéro d'urgence commun à la France et à tous les pays de l'UE, à composer en cas d'accident, agression ou détresse. Il permet de se faire localiser et aider en français, tout en améliorant les délais d'intervention des services de secours.
- ***Police :*** ☎ *113.* On vous communiquera l'adresse du commissariat *(questura)* le plus proche de l'endroit où vous êtes.
- ***Croce rossa italiana (Croix-Rouge ; CRI) :*** ☎ *118.*
- ***Pompiers (vigili del fuoco) :*** ☎ *115.*
- ***Pompiers pour les incendies de forêt :*** ☎ *1515.*
- ***Dépannage routier (ACI) :*** ☎ *803-116.*

# HOMMES, CULTURE, ENVIRONNEMENT

**Assis sous un bosquet d'oliviers centenaires, parmi des buissons de lentisques, de myrtes et d'arbousiers, un berger sarde veille sur son troupeau de moutons. Tout autour, ce ne sont que d'âpres montagnes et des vallées sauvages, des monts couverts de forêts de chênes-lièges, parsemés de blocs granitiques. C'est la Sardaigne de l'intérieur, intemporelle et éternelle. Au loin, de hautes falaises blanches descendent vers la mer. L'astre roi chauffe les plages de sable fin, aux eaux turquoise, dessinant au fond des criques rocheuses une part du rêve italien dans l'Europe unie des vacanciers. Des ribambelles d'estivants s'offrent aux divinités du soleil et de l'eau. C'est la Sardaigne balnéaire du littoral, l'île des vacances et du grand ciel bleu estival. Deux mondes différents, opposés, presque contraires, et pourtant ces images de paix, ces paysages magnifiques appartiennent à une seule et même île : la Sardaigne, l'une des plus grandes îles de la Méditerranée !**

**Celle que l'on qualifiait naguère de « patrie du bétail et de petite Argentine vallonnée », celle qui au XVIIIe s fut surnommée *India de por aca,* « Inde du monde occidental », n'est plus une île oubliée, perdue et abandonnée au cœur de la Méditerranée. C'est toujours une île à l'identité très marquée, et c'est là sa force, car elle a gardé sa beauté sauvage et sa personnalité indépendante, fière et insoumise.**

**Même si certaines parties du littoral ont parfois été abîmées par un urbanisme ambitieux, les côtes sardes gardent leur splendeur naturelle, un trésor qui a traversé des siècles de solitude malgré les avanies de l'histoire. La Sardaigne est facilement accessible par la mer ou les airs. D'Alghero à Bosa, de Sassari à Olbia, de Cagliari à Nuoro, de la Barbagia aux îles de La Maddalena, les routes sardes mènent toutes à un village perché, à une superbe église romane, à une plage aux eaux limpides, à un golfe entouré d'oliveraies, à une baie enfouie dans le maquis ou une crique secrète. Elles mènent surtout vers les habitants, qui sont à l'image de leur île : des bergers dans l'âme, fidèles aux traditions, et particulièrement aux plus sacrées que sont la gentillesse de l'accueil, une hospitalité naturelle, sincère... Pour le reste, c'est à la carte, chacun, chacune y trouvera son compte !**

## ARTISANAT SARDE

Il suffit de regarder les statuettes en bronze « à la Giacometti » de l'époque nuragique pour comprendre le raffinement de l'artisanat sarde. Les bijoux où l'or filigrané se marie au corail (Alghero), les terres cuites et vernies aux dessins et couleurs évoquant la mer et les terres sardes (Gallura), les tapisseries rustiques en laine (Mogoro), les nappes en lin ou coton, les châles brodés, les coffrets en liège, les sculptures sur bois, les sacs en forme de besace de berger, ou encore les originales corbeilles en paille de blé (Campidano), tout est harmonieux et équilibré. Les artisans sardes savent magnifier les simples matières travaillées pour créer de modestes mais réels objets d'art.

# BOISSONS

L'Italie a mis tardivement de l'ordre dans ses vignobles en créant, en 1963, puis en 1992 avec la loi Goria, trois niveaux de classification correspondant à nos appellations contrôlées. Les *IGT (indicazione geografica tipica)* sont des vins de table portant une indication géographique. Les *DOC (denominazione di origine controllata)* sont des appellations d'origine contrôlée qui doivent être conformes à certaines règles. Des règles qui freinent parfois l'imagination des producteurs, aussi n'est-il pas rare de voir certains d'entre eux commercialiser des vins d'une très grande qualité (l'*ornellaia*, le *sassicaia* et le *tignanello*) sous le nom surprenant de vins de table. Les *DOCG (denominazione di origine controllata e garantita)* subissent une réglementation encore plus contraignante. Cette dernière appellation est accordée par le président de la République lui-même, sur avis du ministère de l'Agriculture et des Forêts.
La régionalisation étant assez poussée, on trouve surtout les grands vins près de leur lieu d'origine.

## Vins sardes et spiritueux *(filu e' ferru)*

Et si « l'empreinte du pied divin » était celle de Dionysos ou de son alter ego romain Bacchus ? Les vins sardes sont en effet devenus des vins avec lesquels il faut compter ! Sur environ 43 000 ha de vignobles, plus de 7 000 sont classés DOC (notre AOC). Certains cépages de par leur nom même prétendent dater de la civilisation nuragique (soit vers 1800 av. J.-C.), comme le *nuragus* ou le *nuraghe majori* : vinifiés en blanc, ils sont plaisants en toutes circonstances. Ils sont surpassés d'une part par le *vernaccia d'Oristano* à la robe dorée, révélant à la dégustation un équilibre parfait : sec et rond ! Et d'autre part par le *vermentino de Gallura,* également dénommé Sardinia.
– Le *malvasia de Bosa,* héritage de Byzance, enchantera les amateurs de vins moelleux et secs, le *moscato,* qu'il soit tranquille ou pétillant, reste doux ; celui de Templo Pausania est particulièrement recherché.
– Pour le bonheur de nos papilles, rendons grâce aux jésuites responsables de l'introduction du *cannonau* très typé grenache, et surtout dégustons le *carignano de Sulcis* : ce cépage carignan d'origine espagnole, introduit par les Phéniciens et résistant au sel de la mer, prospère sur le sol sablonneux de Sant'Antioco. De ce fait, il échappe au phylloxéra et ne nécessite pas de porte-greffe. L'appellation compte environ 250 ha et les vendanges se font toujours à la main. Légèrement tannique, à la somptueuse robe rubis, au nez il suggère la prune, les fruits secs et même le chocolat. Il accompagne avec bonheur viandes, champignons et fromages.
– Pour les inconditionnels du vin rosé, les jours de grande chaleur : le *torbato* et le *cannonau torbato.* Mais il faut bien spécifier « rosé », car ces deux cépages sont également vinifiés en blanc pour le *torbato* et en rouge pour le *cannonau.*
– Deux curiosités : l'*anghelu ruju* si vous appréciez le genre porto et le *giro* de Cagliari, vin rouge plutôt doux et qui fait penser au commandaria chypriote.
– L'eau-de-vie « nationale » se nomme le *filu e' ferru*. Bien sûr, il y a de la grappa partout, mais le *filu e' ferru* a son histoire. Comme dans tout pays viticole, faire son eau-de-vie est un sport clandestin ! Pourquoi payer tant de taxes ? On cache donc l'objet du délit soigneusement, mais gare aux trous de mémoire... Alors, pour retrouver son trésor, sans coup férir on laisse dépasser une petite boucle de fil de fer : *filu e' ferru* ! C'est devenu une appellation en bonne et due forme.
– Vous n'avez pas suivi les conseils habituels de modération ? N'hésitez pas : un verre de *mirto* (infusion de myrte) vous remettra d'aplomb.

## Café

Tout le monde connaît l'incontournable *espresso,* mais rares sont les Italiens qui le demandent. En effet, certains le souhaitent *ristretto* (serré), d'autres *lungo* (allongé) ou encore *macchiato* (« taché » d'une goutte de lait). Si vous demandez un *americano,* vous obtiendrez, selon les endroits, un expresso double ou un café en poudre infâme. Le café au lait se dit *caffè con latte.* À ne pas confondre avec le fameux *cappuccino,* coiffé de mousse de lait et saupoudré, si on le demande, d'une pincée de cacao. Sublime quand il est bien préparé ! À moins que vous ne préfériez le *caffè corretto,* c'est-à-dire « corrigé » d'une petite liqueur. Mieux vaut le boire debout au comptoir, à l'italienne (pour moins de 1 € le plus souvent)... Assis, il peut coûter jusqu'à cinq fois plus cher ! Enfin, si c'est votre première incursion en Italie, sachez quand même que l'*espresso,* souvent moins amer que celui qu'on sert dans les cafés en France, peut réveiller un mort !

## Chocolat

La *cioccolata calda* est, pour certains, meilleure que le cappuccino. Elle est tellement onctueuse qu'on dirait de la crème... Un vrai régal à déguster à la petite cuillère, qui peut tenir debout toute seule dedans ! En revanche, pas sûr que les enfants habitués aux boissons chocolatées apprécient sa richesse...

## Eau

L'eau du robinet est potable. Néanmoins, elle n'est jamais servie dans les restaurants, où l'on vous propose toujours de l'eau minérale et où l'on vous regarde d'un drôle d'œil si vous insistez pour avoir une carafe – si vous y tenez vraiment, demandez *acqua del rubinetto* au risque d'être catalogué illico *turisto.* Précisez *naturale* si vous souhaitez de l'eau plate, sinon on vous servira, d'office, de l'eau gazeuse (*frizzante, gasata* ou *con gas*).

# CUISINE

La carte des restaurants se divise en cinq grands thèmes : *antipasti, primi, secondi, contorni* et *dolci* (hors-d'œuvre, entrées, plats principaux, garnitures et desserts). Il faut faire un choix en sachant que les Italiens eux-mêmes, en dehors de certains repas de fête, se contentent d'*antipasti* et d'un plat de pâtes, voire d'un plat de viande. Sinon, bonjour l'addition et au revoir la ligne !
La cuisine est aussi très marquée régionalement, plus encore qu'en France, du fait de l'unification tardive de l'Italie. Chaque région a ses recettes, ses spécialités et, finalement, la cuisine est restée cloisonnée bien après 1870. Aujourd'hui, avec le développement du tourisme, on assiste comme partout à l'émergence d'une cuisine plus internationale, moins typique, ce qui n'empêche pas les Italiens de rester très fidèles à leur patrimoine culinaire. Pour les amateurs de cuisine italienne, n'hésitez pas à vous procurer le livre de John Dickie, *Delizia, une histoire culinaire de l'Italie,* qui raconte avec précision l'histoire passionnante de cette gastronomie tant convoitée !

## Comment manger à l'italienne ?

### *ANTIPASTI*

Présentés sur une table, souvent à l'entrée du restaurant, ou derrière une vitrine, ces hors-d'œuvre sont toujours très tentants. Charcuterie – saucisson *(il salame),* jambon *(il prosciutto),* viande de bœuf séchée *(la bresaola)* –, aubergines, courgettes et poivrons grillés, tomates confites, crudités, fromages, fruits de mer et anchois marinés. Avant de vous servir comme un goinfre, vérifiez bien si ces *antipasti* sont à discrétion (le plus souvent, vous vous servez dans une petite assiette, n'imaginez tout de même pas vous empiffrer), façon buffet, ou facturés selon la quantité. Vous éviterez ainsi une surprise désagréable au moment de l'addition.

### PRIMI

La place d'honneur revient à la *pasta* qui constitue l'essentiel des *primi* dans la plupart des cartes. C'est pourquoi nous lui avons consacré une rubrique spéciale (voir plus loin).
Le riz *(risotto)* et les soupes *(minestre)* sont plutôt des plats servis en Italie du Nord.

### POURQUOI TOMATE SE TRADUIT PAR *POMODORO*

*Les grands navigateurs découvrirent la tomate chez les Aztèques, au Mexique. Elle avait la forme d'une pomme (d'où son nom) et valait le prix de l'or parce qu'elle était particulièrement difficile à conserver. Elle s'avéra cependant assez fade, et il fallut plus d'un demi-siècle pour savoir l'utiliser en cuisine, en imaginant la vinaigrette !*

### SECONDI

Étant donné l'importance du *primo,* le plat de viande ou de poisson ne joue pas le même rôle que dans nos menus. Le poisson est un mets de luxe, y compris sur les côtes. Il est souvent vendu au poids, mais peut être servi aussi à l'assiette. Dans un restaurant appartenant à la catégorie « Prix moyens », on le trouve de 40 à 50 € le kilo en moyenne.

### CONTORNI

Les *secondi* sont toujours servis sans garniture. Il faut donc commander celle-ci à part et la payer en supplément. On vous proposera, selon la saison, des pommes de terre, des légumes ou des salades. Les salades cuites (*verdura cotta* ou *saltata in padella*) sont servies froides ou sautées à la poêle. Il faut savoir que ce n'est pratiquement jamais écrit dans les menus, mais cela se fait à la demande.

### DOLCI

Les pâtisseries et confiseries sont innombrables et succulentes. La pâte d'amandes *(pasta di mandorla)* y occupe une place de choix, de même que les agrumes confits. Comment parler des *dolci* sans évoquer les glaces *(gelati)* si réputées ? Même si la Sicile revendique l'invention de la glace, plus exactement du sorbet, la Sardaigne a plus que son mot à dire sur le sujet ! D'autres prétendent que ce serait une importation arabe, le mot « sorbet » venant de l'arabe *sharbó.*

## Les spécialités culinaires sardes

Sardaigne, île des gourmets et des gourmands !
Ami voyageur, soyez prévoyant : il vaut mieux se munir de vêtements à ceinture élastique, car en Sardaigne, tout est bon ! Le pain, les pâtes, les viandes, les fromages, les herbes odorantes... Quant aux légumes, on y retrouve soudain, de façon fulgurante, le goût des fruits du jardin de son grand-père.
– ***Le pain :*** commençons par le pain quotidien ou plutôt les pains quotidiens. Le *pane carasau* ou *carta da musica,* une fine feuille croquante, nommée *pane guttiau* quand on le sert légèrement salé et agrémenté d'huile d'olive (appelé aussi « pain du berger »). Le *civraxiu,* sorte de grosse miche paysanne cuite au feu de bois. Le *spianada,* plus mou et orné de motifs appliqués au tampon pour les jours de fêtes. Le *sa pillonca,* enrichi au saindoux ou aux raisins, une sorte de fougasse.
– ***Les soupes :*** rustiques et roboratives (pas de régime diététique !). La *suppa cuata,* à base de bouillon, pain et *pecorino,* fromage typiquement sarde à ne pas confondre avec le *pecorino romano* ou le *pecorino siciliano.* La *su farru,* où à la farine de blé et aux légumes secs trempés dans du bouillon, on rajoute du *pecorino* et de la menthe. La *sa favata* est une simple soupe à base de fèves, mais on en redemande ! La *cavolata,* qui magnifie le brave chou de base grâce à l'apport de viande

d'un porc qui a couru dans le maquis. Plus raffinée, la soupe de fenouil sauvage est agrémentée de tomates séchées et de fromage frais.

– ***Les légumes :*** les saveurs intenses des légumes réjouissent le palais. Une place toute particulière est réservée à l'artichaut, plante endémique avant d'être cultivée. On le consomme cru ou cuit, mais le gâteau d'artichaut de Nuoro reste sans réel équivalent dans la cuisine italienne. On prépare les feuilles les plus tendres (on a un cœur d'artichaut !) entrelacées d'une légère pâte de pain brisée ; elles seront cuites avec un mélange d'œufs, de fromage râpé et d'huile... Mets royal ! Artichauts, bettes, fèves, fenouil, tomates, ail, olives, champignons et châtaignes se retrouvent dans de nombreux assaisonnements ou garnitures.

– ***Les pâtes (pasta e basta) :*** on en fait tout un repas, et quel repas ! Les *malloredus* à base de pâte type coquillette servis avec force saucisse et sauce tomate, les *culurgjonis,* raviolis de fromages et de bettes (un légume oublié en France et que l'on devrait réhabiliter) les *maccarones* à base de semoule de blé dur, la *fregula* semblable au couscous en plus fin. Les *pillus* ou tagliatelles sardes. Dans le passé, chaque « royaume » inventa des formes spécifiques pour différencier ses pâtes des régions voisines et le secret de fabrication est jalousement gardé même si l'on peut voir encore, sur le pas d'une ferme, une vieille femme tricoter (au sens matériel) allègrement ses *maccarones.*

– ***Les viandes :*** si les bergers sardes se contentent aujourd'hui encore de pain et de fromage, les viandes ne sont plus comme jadis réservées aux jours de fêtes. La Sardaigne, terre de chasse et d'élevage, est généreuse et certaines recettes à base de viande prétendent à une ancienneté nuragique... Comme sa *zurette* ou boudin de brebis délicieux (rien à voir avec le haggis !), le *porceddu allo spiedo,* cochon de lait rôti à la broche à la fois moelleux et croustillant, les *arrosti,* viandes de veaux, agneaux, chevreaux et porcelets cuites à la broche ou dans la cendre à l'occasion de fêtes religieuses ou de retrouvailles familiales. Ne pas manquer de déguster du *bue rosso,* cette race de bœuf du côté de Seneghe, un moment en danger et à la viande tendre et goûteuse. Le cheval se retrouve sur de nombreux menus et est très populaire, ainsi que le steak d'âne. Enfin, le sanglier, le cochon sauvage, la perdrix (généralement accommodée aux lentilles), chassés dans les forêts sardes, flatteront nos papilles trop habituées au gibier d'élevage. Et que dire de la *taccula* ? Cette curieuse préparation consiste à faire bouillir huit grives (pas une de plus ou de moins), plumées mais non vidées, à les attacher par le bec et les placer toutes fumantes dans un sac rempli de feuilles de myrte dont elles absorbent le parfum en refroidissant.

– ***Les fruits de mer :*** les Sardes retranchés à l'intérieur des terres ont longtemps méconnu les produits de la mer. Mais ils rattrapent maintenant le temps perdu. La *cassola e pisci* peut se présenter à la fois comme une simple soupe de poisson, mais aussi sous forme de bouillabaisse ou de bourride. Les *bucconis* sont des coquillages à la chair tendre. L'*anguida arrustia,* ou anguille rôtie, la *bottarga* (œufs de mulet salés et compressés), le *mosciane* ou filet de thon séché, toutes ces préparations au degré de fraîcheur incomparable combleront les palais les plus délicats.

– ***Les fromages :*** le fromage sarde est essentiellement de brebis, accessoirement de chèvre, exceptionnellement de vache. À tout seigneur, tout honneur : le *pecorino* sarde ou *fiore Sardo* règne en maître : il y a pléthore de brebis pour fournir le lait nécessaire ! On le mange frais ou mi-vieux, et vieux on le râpe. Le *pecorino romano* est également omniprésent sur l'île ; mais si les Sardes le fabriquent, ils n'aiment pas trop admettre qu'il fut l'ancêtre de leur *pecorino.* En effet, c'est du Latium d'où, datant de l'Antiquité, il fut transplanté en Sardaigne mais seulement au XIX$^{e}$ s !

– ***Les desserts :*** que de tentations pour les « becs sucrés » ! Quelques noms de délices sardes : *suspiros* et *candelaus* à base d'amandes, de citron et de fleur d'oranger, *arranciata* ou orange confite, *is piricchitus, is pardulas, casadinas, torta de ricotta,* tous à base de fromage. Ou encore les simples *pistoccos* pour accom-

pagner le café, sans oublier le miel, le nougat de *Desulo,* les figues, la confiture d'arbouse, tout est si délicieux que le choix est cornélien.
Vraiment, Dieu et son empreinte en terre de Sardaigne dissimulent un petit diable de la gourmandise auquel il est impossible de résister.

## Pizza

Tout le monde la connaît. Elle naquit, il y a longtemps, dans les quartiers pauvres de Naples comme nourriture des dockers. La pâte, agrémentée d'un petit quelque chose suivant la richesse du moment (huile, tomate, fromage...), que l'on roulait sur elle-même, constituait leur casse-croûte de midi. Elle a fait du chemin depuis : il y aurait, d'après les spécialistes, 182 variantes dans sa préparation. Mais, pour les puristes, la seule acceptable sur le plan historique est la *margherita.*

### PIZZA ROYALE !

*C'est en l'honneur de la reine Marguerite de Savoie, femme d'Umbert Ier (fin XIXe s), lors d'une réception, que l'on prépara une pizza spéciale. Sans ail évidemment, rapport à l'haleine ! On décida alors de rendre hommage à la nation nouvellement unifiée en évoquant le drapeau italien : tomate pour le rouge, mozzarella pour le blanc et basilic pour le vert. La* margherita *était née.*

À partir de la recette de base, toutes les variantes sont possibles, de la plus simple à la plus sophistiquée. Certaines pizzerias déclinent une vingtaine de versions différentes avec les noms des produits qui entrent dans leur composition, ce qui facilite le choix. Les bonnes pizzas sont cuites au feu de bois et préparées par un pizzaiolo. D'une manière générale, la pâte des pizzas sardes est moins levée que celle de Naples. Sachez aussi qu'il existe d'autres modèles que les *pizze* rondes à la tomate. Il y a, par exemple, la *pizza bianca* (pizza blanche), sans sauce tomate et tout aussi succulente, ou la *pizza al taglio* ou *pizza al metro* (pizza à la coupe ou au mètre). Ce sont de grands rectangles de pizza, découpés à la taille souhaitée, avec garniture au choix (miam !). Dans certaines boulangeries, on peut acheter des parts de pizza à emporter.
Dans le sud de l'Italie et dans les îles, la pizza n'est traditionnellement proposée que le soir. Certains restos s'y sont toutefois mis le midi pour les touristes.

## *Pasta* (les pâtes)

Base de l'alimentation italienne : chaque Italien en mange environ 28 kg par an contre 7,5 seulement pour les Français. On dit aussi que leur origine, beaucoup plus ancienne, remonterait aux Chinois et que Marco Polo, un des premiers routards, les aurait rapportées d'un de ses voyages.
On ne va pas vous énumérer toutes les sortes de pâtes (il y en a, paraît-il, 245), ni toutes les recettes, surtout que leur forme et la façon de les préparer varient selon les régions. Cuite *al dente,* la *pasta* est servie dans une assiette creuse avec un pot de parmesan *(parmigiano)* râpé ou de *pecorino* (fromage de brebis). Dans certains restaurants, il est possible d'obtenir un assortiment des différentes préparations de la maison. Dans ce cas, demandez un *misto per assaggiare* (hors-d'œuvre variés pour patienter). Comme vous le voyez, le lyrisme italien s'épanouit jusque dans votre assiette. La liste ci-dessous pourra vous aider dans votre choix.

***PÂTES SANS ŒUFS***

– *Bucatini :* spaghettis géants avec un tout petit trou.
– *Conchiglie :* en forme de coquillage.
– *Farfalle :* papillons.

– *Fusilli :* en forme de spirale.
– *Maccheroni :* macaronis.
– *Margherite :* petites marguerites.
– *Occhi di pernice :* fourrées, en œil de perdrix.
– *Penne :* sorte de tuyaux biseautés.
– *Puntine :* petits points.
– *Rigatoni :* courts et un peu torsadés, en forme de polochon.
– *Spaghetti :* longs et ronds.
– *Ziti :* spaghettis géants avec un grand trou.

***PÂTES AUX ŒUFS***

– *Cannelloni :* en forme de polochon, fourrés.
– *Capellini :* petits cheveux.
– *Fettuccine :* longues et plates.
– *Linguine :* sorte de *fettuccine* moins larges et plus épaisses.
– *Lasagne :* larges, longues et plates et en pile, blanches ou vertes.
– *Ravioli :* en forme de coussin, carrés ou triangulaires, fourrés.
– *Tagliatelle :* comme les *fettuccine.*
– *Tonnarelli :* spaghettis carrés, blancs ou verts.
– *Tortellini :* en forme d'anneau, fourrés.
– *Tortelloni :* la taille au-dessus, fourrés.

## Le succès du *slow food*

De plus en plus de restaurants italiens affichent désormais l'autocollant *slow food,* et c'est tant mieux – on reconnaît le label au petit escargot à la coquille jaune. Ce mouvement culinaire, né dans le Piémont à Bra en 1989, a décidé de défendre les vraies valeurs de la cuisine traditionnelle, particulièrement celles des petites *trattorie* du terroir.
Le retour du bien-manger et la volonté de préserver la diversité sont les leitmotivs de la politique *slow food*. Le *slow food* n'est pas contre la modernisation, à condition qu'elle soit au service du goût.
L'idée, c'est aussi de respecter la nature et d'attendre le bon moment pour apprécier un légume ou un fruit. À quoi cela sert de manger une fraise (insipide) en décembre ?
La carte est souvent remplacée par l'ardoise, et surtout, on prend le temps de manger... et d'apprécier. Les restaurants *slow food* (on en sélectionne certains) ne sont pas forcément bon marché, car ils privilégient justement la cuisine dite de marché. Attention cependant, un resto *slow food* n'est pas une assurance de qualité, on peut avoir de bons produits et ne pas savoir les cuisiner ; mais n'ayez pas trop d'inquiétude, la plupart du temps, vous vous régalerez.
Pour plus de renseignements : • *slowfood.com* •

## Petit lexique culinaire

| | |
|---|---|
| *Acciughe* | Anchois |
| *Aglio* | Ail |
| *Anatra* | Canard |
| *Anguria* | Pastèque (*melone d'acqua* dans le Sud) |
| *Aragosta* | Langouste |
| *Baccalà* | Morue |
| *Brodetto* | Soupe de poisson |
| *Brodo* | Bouillon |
| *Calamari* | Calamars |
| *Casalinga ou casareccia* | Comme à la maison, « ménagère » |
| *Cassata* | Bombe glacée fourrée à la ricotta |

| | |
|---|---|
| *Castrato* | Mouton |
| *Cozze* | Moules |
| *Fegatini di pollo* | Foies de volaille |
| *Fegato* | Foie |
| *Fritto misto* | Friture de poissons, de fruits de mer ou de légumes ou *antipasti* salés comme l'*arancino* |
| *Frutti di mare* | Fruits de mer |
| *Gamberi* | Crevettes |
| *Gamberoni* | Langoustines |
| *Granchio* | Crabe |
| *Granita* | Glace pilée parfumée |
| *Noce* | Noix |
| *Panna* | Crème épaisse |
| *Pasticceria* | Pâtisserie |
| *Polpette* | Boulettes de viande |
| *Porcini* | Bolets, cèpes |
| *Saltimbocca* | Escalope de veau roulée avec une tranche de *prosciutto,* une feuille de sauge et servie avec une sauce au vin blanc |
| *Semifreddo* | Glace avec divers coulis |
| *Spumone* | Glace légère aux blancs d'œufs |
| *Tartufi* | Truffes |
| *Tiramisù* | Gâteau à base de mascarpone (crème épaisse) et de biscuits imbibés de café, le tout saupoudré de cacao |
| *Torta* | Gâteau |
| *Tramezzino* | Sandwich de pain de mie coupé en triangle |
| *Vongole* | Palourdes ou clovisses |

## DROITS DE L'HOMME

Empêtré dans un certain nombre d'affaires de mœurs et de détournements de fonds, Silvio Berlusconi n'a pu échapper à la justice, et l'ex-président du Conseil – dont l'immunité a été levée partiellement en janvier 2011 par la Cour constitutionnelle – a dû comparaître pour la première fois depuis 2003 devant une Cour de justice. Mais ses députés veillent sur lui, et un amendement sur mesure a été adopté en urgence, qui veille à raccourcir les délais de prescription, ce qui lui permettra d'éviter ce genre de déconvenues à l'avenir. Confronté à des mouvements d'opinion qui ont de plus en plus d'échos, comme l'association « Liberté et Justice », soutenue par des personnalités intellectuelles de haut niveau (Umberto Eco, Roberto Saviano...), et au plus bas dans les sondages, *Il Cavaliere* aura sûrement vu dans les conséquences des révolutions arabes l'occasion de rebondir dans l'opinion. Sur fond de crise européenne, Berlusconi s'en est allé, donnant sa démission en novembre 2011, sous les acclamations d'une grande majorité de la population romaine.
Loin de ressembler aux « vagues » migratoires décrites par les médias, les arrivées importantes de migrants provenant essentiellement de Tunisie après la « révolution de Jasmin » ont pourtant provoqué une crise sans précédent en Europe, et plus particulièrement entre la France et l'Italie. À la décharge des autorités italiennes, la situation dans les centres de rétention de la Botte, et tout particulièrement sur l'île de Lampedusa, est assez dramatique, et l'Europe n'a pas brillé par sa solidarité dans ce dossier. Pressée sur sa droite par un allié encombrant, la Ligue du Nord,

l'Italie avait pourtant fortement accentué les lois anti-migratoires (et anti-Roms), au risque de se heurter même avec le patronat, qui voyait d'un mauvais œil cette perte de main-d'œuvre bon marché. Tests ADN, nouveau délit d'immigration clandestine, expulsions de Roms : ces mesures sont toujours dénoncées par les principales organisations de défense des Droits de l'homme. Mais dans la population, baignée dans un discours quotidien volontairement populiste et xénophobe (distillé par les médias ou les hommes politiques), elles ne choquent pas, bien au contraire. De graves incidents ont d'ailleurs eu lieu en Calabre début 2010, où une « chasse à l'homme » de deux jours organisée à l'encontre de travailleurs migrants a fait plusieurs blessés graves.

■ ***Fédération internationale des Droits de l'homme (FIDH) :*** *17, passage de la Main-d'Or, 75011 Paris.* ☎ *01-43-55-25-18.* ● *fidh.org* ● Ⓜ *Ledru-Rollin.*

■ ***Amnesty International*** *(section française)* ***:*** *76, bd de la Villette, 75940 Paris Cedex 19.* ☎ *01-53-38-65-65.* ● *amnesty.fr* ● Ⓜ *Belleville ou Colonel-Fabien.*

N'oublions pas que, en France aussi, les organisations de défense des Droits de l'homme continuent de se battre contre les discriminations, le racisme et en faveur de l'intégration des plus démunis.

## ÉCONOMIE

L'***élevage,*** très important depuis des siècles, a été supplanté par l'industrie puis le tourisme. Le lait de brebis assure la pérennité du *pecorino* sarde et la viande d'agneau récompense le berger : l'agnelet soustrait aux yeux du patron et cuit dans un trou sous la cendre rétablit ainsi une certaine justice ! Mais les traditions se perdent et peu de bergers pratiquent encore la véritable transhumance. Cependant, cette image idyllique du berger heureux et revendiquant une identité encore solide risque de disparaître sous les coups de boutoir de la mondialisation. La crise du lait de brebis, qui montait depuis des années, vient d'atteindre son paroxysme avec la baisse continue des prix accordés aux éleveurs. Beaucoup sont aujourd'hui proches de la misère. Ils accusent les industriels fromagers d'acheter désormais leur lait moins cher à d'autres pays (Roumanie, Espagne) pour fabriquer leurs fromages... tout en continuant à l'appeler « fromage sarde ». À court terme, ce sont donc des milliers d'éleveurs qui vont être obligés de mettre la clé sous leur bergerie (des économistes parlent de 70 000 élevages). Un patrimoine économique, social et culturel en très grave danger !
L'***élevage caprin*** est de son côté devenu plus performant et les associations d'éleveurs de Nuoro et de Cagliari en particulier se battent pour continuer à améliorer la « chèvre sarde ».
L'***agriculture*** très diversifiée répond aux besoins de la population (1 655 000 habitants) en céréales, légumes, fruits, olives et vignes.
L'***industrie*** a grandement régressé. Dès les temps préhistoriques les mines furent exploitées, puis réactivées par les Romains. Leur exploitation est aujourd'hui très réduite, et ce n'est pas l'ouverture d'une mine d'or il y a une dizaine d'années qui permettra la relance de la production d'aluminium, de plomb ou de charbon (arrêtée dans les années 1960-1970). Néanmoins, la création du parc éolien de Sedini en 2006 augmente la ***production d'énergie*** et laisse présager un bel avenir pour cette source écologique.
Le ***tourisme*** est le grand défi du pays étant donné le taux important de chômage. La Sardaigne reçoit en moyenne chaque année 2,5 millions de touristes, ce qui représente 8 % du tourisme insulaire en Méditerranée. Après avoir ouvert sa côte nord-est (costa Smeralda) aux installations luxueuses, la Sardaigne mise sur un tourisme écologique et culturel. La richesse de son patrimoine historique, la créa-

tion de nombreux parcs protégés et l'accueil chaleureux de ses habitants sont des atouts certains. Le *Trenino Verde,* qui traverse une partie de l'île dans un parcours inoubliable, loin de toute circulation automobile, mérite à lui seul le voyage (se reporter aux chapitres Cagliari, Arbatax et Tempio Pausania). Seul le potentiel hôtelier reste réduit, alors que les *agriturismi* et les chambres d'hôtes connaissent un développement important.

## GARIBALDI

Né à Nice en 1807, Guiseppe Garibaldi a navigué dès l'adolescence de la mer Noire à la Méditerranée (son père était dans la marine marchande). Ses rencontres capitales avec Émile Barrault, adepte des idées de Saint-Simon, puis Guiseppe Mazzini le font adhérer aux idées de la « Jeune Italie » dans le but de faire de l'Italie une République démocratique unitaire. Les soulèvements programmés échouent ! Garibaldi est considéré comme un ennemi de la patrie et de l'état et condamné à mort par contumace. Il lui faut fuir.
Il s'embarque pour Rio de Janeiro en 1835. En 3 ans, il devient commandant en chef des forces navales de la république du Rio Grande do Sul... Très actif dans la communauté italienne, il dirige la cellule « Jeune Italie » du continent sud-américain. « Premier franc-maçon d'Italie », il participe aux nombreuses batailles qui agitent en 1841-1842 l'Uruguay. Et c'est lors de la défense de Montevideo qu'il fit endosser à la Légion italienne ces célèbres chemises rouges, tirées d'un lot destiné aux bouchers argentins et achetées à bas prix ! Ses entreprises militaires connurent des fortunes diverses et pour subsister il se fit courtier, fabricant de chandelles, professeur de mathématiques.
Ses exploits vite connus en Italie lui confèrent une aura légendaire. Que ne revient-il pas se battre pour l'Italie unifiée ?
1848 : au service du roi de Sardaigne. Il devient alors un des grands héros des guerres du Risorgimento, mais il est de nouveau proscrit.
1848-1854 : exilé sur l'île de Caprera (dans l'archipel de La Maddalena, au nord-est de la Sardaigne), puis en fuite en Tunisie, à New York, au Pérou, en Chine, à Manille, en Australie... Il est parfois découragé : « Je pensais que la distance apaiserait l'amertume de mon âme, mais malheureusement il n'en est rien. » Et, finalement, il ne résiste plus à l'appel de l'Italie et rentre en 1854.
1854-1860 : il achète alors un petit domaine dans l'île de Caprera. Exilé en ce lieu en 1849, il avait découvert un endroit enchanteur et ne l'avait pas oublié. Il y mène une existence rude et simple et s'occupe de ses vignes, ses oliviers, ses moutons et ses abeilles. Cavour le charge alors de former des troupes pour participer à la guerre d'Indépendance. Il s'en va à la tête des Mille libérer la Sicile, attaquer Naples. Malgré les craintes de Cavour, il reconnaît le Royaume d'Italie. Mais il a une idée fixe : chasser le pape de Rome ; il est férocement anticlérical et a baptisé son âne de Caprera Pio Nono !
1861-1862 : et l'Amérique ? On le sollicite pour participer à la guerre de Sécession du côté de l'Union, mais il ne peut quitter l'Italie car les guerres d'Indépendance continuent. En raison de ses campagnes pour la liberté en Amérique et en Europe, Garibaldi était surnommé le « héros de deux mondes ».
1870-1871 : il se bat en France avec ses deux fils pendant la guerre franco-prussienne. Il refuse les nombreux mandats de député français et se retire sur l'île de Caprera. Il s'engage de toutes ses forces pour le droit de vote et meurt épuisé le 2 juin 1882.
Si l'image que l'histoire nous offre de Garibaldi est aussi brillante malgré le temps passé, cela est dû à son charisme, sa « baraka »... Souvent blessé, toujours guéri. On retiendra son courage à toute épreuve, sa générosité, son intelligence tactique et surtout, dans un monde gangrené par l'ambition et l'avidité, une intégrité absolue, une honnêteté scrupuleuse et un désintéressement total. Ce sont de généreux

donateurs qui agrandirent son petit domaine de Caprera et l'État italien se décidera à lui verser une pension en 1876 !
Son testament symbolique le résume tout entier : « Je lègue mon amour pour la liberté et la vérité, ma haine du mensonge et de la tyrannie. »

## GÉOGRAPHIE

Deuxième île de la Méditerranée après la Sicile, la Sardaigne, avec ses 24 090 km$^2$, est trois fois plus grande que la Corse. Elle se situe au beau milieu de la Méditerranée occidentale entre mare Tirreno (mer Tyrhhénienne) à l'est et mare di Sardegna (mer de Sardaigne) à l'ouest. C'est la plus vieille terre d'Italie ! La Sardaigne aurait la forme d'un pied humain. Le grand voyageur grec Pausanias (IIe s apr. J.-C.), dit le Périégète, est le premier chroniqueur à le mentionner : « Mais je sais que les premiers Grecs qui allèrent y trafiquer la nommèrent Ichnusse, à cause de sa figure assez semblable à celle du pied d'un homme. » D'humain le pied sarde serait donc devenu divin... et c'est lui qui, selon une légende, aurait séparé la Corse de la Sardaigne, unies en des temps très reculés.
La chaîne montagneuse qui traverse l'île du nord-ouest au sud-est est la continuité moins élevée des montagnes corses. Du nord au sud, le *mont Limbara* (1 362 m), le *Goceano* (1 259 m) mènent au *mont Gennargentu,* qui culmine à 1 834 m d'altitude. Enfin, vers le sud-est, les *Sette Fratelli* (1 023 m) terminent cette colonne vertébrale biaise composée de granit, trachyte et schiste, interrompue par endroits par des petits plateaux ou des failles volcaniques.
Plus au sud-ouest, une seconde chaîne datant de l'ère primaire élève ses massifs granitiques : le *mont Linas* atteint 1 236 m. Entre les deux, une vaste plaine d'origine fluviale, le *Campidano,* relie Cagliari à Oristano. Deux fleuves principaux, le *Flumendosa* (127 km) à l'est et le *Tirso* (135 km) à l'ouest, servent à l'irrigation grâce aux barrages et aux lacs artificiels.
Les collines, les *altipiani* ou hauts plateaux, les petits massifs composent des paysages variés, reposants et agrestes. Le géologue amateur y trouve son bonheur : roches plissées d'époque précambrienne, mais aussi roches sédimentaires, carbonifères et volcaniques.
Avec 1 869 km de côtes et de nombreuses îles, la Sardaigne enchantera les marins : baies, criques, grottes étonnantes comme la grotte de Neptune près d'Alghero. Mais pas trop de plages dans ces côtes à falaises et rochers déchiquetés, si ce n'est dans le Sud le long de la costa Rei.

## HISTOIRE

### Origine du nom Sardaigne

Il y a bien longtemps, la Corse et la Sardaigne étaient unies... Hélas, la mer cruelle les sépara et Dieu posa son pied divin sur la plus grande des îles ainsi modelées. C'est de cette façon qu'une vieille légende sarde explique la forme de l'île et ses noms grecs anciens : *Ichnussa* et *Sandaliota,* « l'empreinte du pied de Dieu ».
Mais voilà qu'au IIe s de notre ère un certain Grec nommé Pausanias – auteur de la *Périègèse de la Grèce,* sorte de guide à l'usage des visiteurs et digne ancêtre du *Guide du routard,* où il décrit en 10 livres la Grèce des Cités continentales – ce Pausanias donc nous affirme que Sardus aurait mené une colonie de Libyens s'installer à *Ichnussa.* Ainsi l'île changea de nom. Il y avait, à Delphes, dit Pausanias une statue de bronze dédiée au dieu Apollon par Sardus Pater.
Le même Pausanias et l'historien Timée prétendent qu'il existait sur cette île une seule plante vénéneuse : la « renoncule scélérate » ou *sardonie.* Ceux qui en mangent meurent dans des convulsions du visage qui suggèrent le rire... Homère le

mentionna également en nommant cette sorte de rire « qui n'est causé par aucune joie ni rien d'agréable », on s'en doute bien, le *sardonikos gelos* ou rire sardonique. Ajoutons que les Grecs, encore eux, nommèrent *sardinê,* c'est-à-dire poisson de Sardaigne, la plus petite espèce du genre *clupe,* et le latin en fit *sardina...* la sardine !

## Les temps anciens

Les découvertes archéologiques de ces dernières années font apparaître des traces de présence humaine dès le paléolithique, soit 500 000 ans av. J.-C. ! Mais c'est au néolithique, âge de la pierre polie, que l'île connut une population importante et industrieuse. La célèbre grotte de San Michele (au nord d'Ozieri) livra de nombreux vestiges : poteries, armes tranchantes taillées dans l'obsidienne, etc. On nomme cette période, vers 3500 av. J.-C., la culture d'Ozieri, même si par la suite de nombreuses grottes situées un peu partout dans l'île révélèrent des objets semblables. On peut les admirer au musée national G.-A.-Sanna à Sassari ou encore au Musée archéologique de Cagliari. Vers 2700 av. J.-C., l'utilisation du cuivre modifia les objets et les techniques ; la culture de Filigosa en témoigne ; mais c'est véritablement à l'âge du bronze, à partir de 1800 av. J.-C., que la Sardaigne va se couvrir de constructions étonnantes : les nuraghes (ou *nuraghi* au pluriel pour certains philologues pointilleux...). Ce sont des sortes de forteresses monumentales qui semblent sorties de l'imagination d'un dessinateur de mangas, uniques en leur genre. Le nuraghe est une spécificité typiquement sarde car on ne trouve aucune construction semblable hors de l'île. Correspondant probablement à une organisation tribale très fragmentée, on en dénombre près de 7 000 édifiés en majeure partie loin de la mer.
Les plus importants ont été explorés et dégagés de leur gangue de terre, mais on sait aussi que d'innocentes collines renferment encore en leur sein plusieurs de ces énormes édifices.

## Des Phéniciens aux Romains

Intrépides marins, conquérants et commerçants, les Phéniciens vont très rapidement établir le long des côtes de nombreux comptoirs, puis chercher à s'établir plus à l'intérieur des terres. Ils apportent dans leurs bagages la culture méditerranéenne et profitent du manque de cohésion de la population locale divisée en clans multiples.
À leur suite, Grecs, Étrusques et Carthaginois cherchent également à s'installer dans cette île qui leur semble riche et fertile. Les Carthaginois vont l'emporter et faire de la majeure partie de la Sardaigne une colonie punique. À Sant'Antioco, un *tophet* rappelle le culte probablement sanglant qu'ils rendaient à Baal et Tanit, leurs divinités principales. Seules des régions plus reculées et peu propices aux cultures servirent de refuge aux irréductibles.
Dès la première guerre punique, les Romains victorieux s'installent à leur tour. Ils considèrent les autochtones comme des barbares « seulement vêtus de peaux de bêtes » et les traitent avec mépris.
Nos irréductibles, réfugiés dans les restes des *nuraghi,* survivant grâce à l'élevage et à leur connaissance du terrain, ne verront pas aboutir leurs révoltes successives mais transmettront à leurs descendants un idéal de liberté et d'indépendance profondément ancré dans la mentalité sarde.

## Les envahisseurs du Ve au XIe s

La division de l'Empire romain en deux, la suprématie de Constantinople et la pression des peuples du Nord et de l'Est furent plus que néfastes pour la Sardaigne. Ses malheureux habitants virent fondre sur eux les Vandales de Genséric, les Goths de Totila, les Germains d'Odoacre... Chaque nouvelle vague d'envahisseurs, parfois temporaires, repoussait plus profondément encore les Sardes vers l'intérieur des terres. Ceci explique qu'ils ne seront jamais de grands marins ni des pêcheurs assidus... malgré les sardines ! Les Byzantins furent mieux acceptés puisqu'ils encourageaient la religion chrétienne bien implantée dans l'île depuis le règne de Constantin.

Dès le VIII$^{e}$ s, l'arrivée massive des Sarrasins, et pas seulement des pirates occasionnels, eut un effet désastreux sur la population : villes détruites, habitants réduits en esclavage, fuyards terrorisés... Les appels à l'aide furent enfin entendus en 1015...

## Pise et Gênes convoitent la Sardaigne

C'est un pape énergique et combatif, Benoît VIII, inquiet de cette présence musulmane si proche de l'Italie, qui sollicita l'aide de Gênes et Pise, les deux puissances maritimes de la mer Ligure. Elles vont unir leurs efforts pour chasser les Maures et rendre l'île au christianisme.

Simplement, aucune des deux Républiques ne voulut quitter l'île ensuite... L'empreinte du pied de Dieu n'a pas suffi pour protéger les Sardes de leurs libérateurs !

La Sardaigne était alors divisée en quatre *judicats* ou royaumes : Cagliari, Torres, Gallura et Arborea. À leur tête, un *giudice* ou juge, sorte de gouverneur-roi chargé de l'administration et de la justice. Inutile de préciser que l'entente ne régnait pas toujours entre eux. Gênes voulut en être suzeraine, Pise protesta. Les conflits, escarmouches ou batailles rangées, les trahisons, les intrigues, les assassinats... une incroyable épopée, romanesque mais sanglante.

Même l'empereur du Saint Empire romain germanique Frédéric Barberousse voulut jouer au roi Salomon, mais ce fut en pure perte ! Pendant plus de deux siècles, ce jeu de bascule ne favorisa que les roués mangeant à tous les râteliers.

Paradoxalement, malgré cette instabilité politique, la Sardaigne connut à cette époque un grand épanouissement économique et culturel. Les deux Républiques maritimes rivales développent le commerce, les moines de différents ordres religieux défrichent, plantent des vignobles (il faut bien du vin de messe !), bâtissent des églises en grand nombre, simples chapelles ou abbatiales grandioses.

## Les nouveaux maîtres : de l'Aragon à l'Espagne

C'est alors qu'en 1297 le pape Boniface VIII décide de régler une fois pour toutes la querelle pisano-gênoise en attribuant la Sardaigne à un troisième larron : le roi d'Aragon ! Celui-ci dut néanmoins livrer bataille pour réussir enfin à chasser les Pisans, soutenus par une partie de la population en 1323.

Les quatre siècles de domination espagnole ne furent pas heureux. Les colons aragonais ou catalans portaient sur les Sardes le même regard méprisant que les Romains en leur temps. L'espagnol devint la langue officielle, la Sardaigne, gouvernée par un vice-roi arrogant qui multiplia les taxes et les impôts, vit les autochtones cantonnés dans des tâches subalternes et abandonnés des instances dirigeantes. Il y eut la peste, la famine, la malaria, l'Inquisition, les pirates dits barbaresques qui, malgré la construction de nombreuses tours de guet, multiplièrent les razzias. En subissant tout cela, le repli se fit sur ses coutumes et traditions, ce qui conduisit à un certain isolement. C'est ainsi que fut modelé, sculpté, renforcé le caractère insulaire des Sardes épris de liberté, retranchés dans les régions montagneuses et souvent inhospitalières, prompts à se défendre et bien entendu qualifiés de bandits !

Dieu dut néanmoins se souvenir de l'empreinte de son pied divin ! La guerre de Succession d'Espagne, qui vit un petit-fils de Louis XIV monter sur le trône castillan sous le nom de Philippe V, eut pour conséquence la cession du royaume de Sardaigne au duc de Savoie afin de le dédommager de la perte de la Sicile. C'est en 1720 que le duc Victor-Amédée II devient le premier roi de Piémont-Sardaigne.

## 1720-1861 : le royaume de Piémont-Sardaigne

Il semble que les Sardes ne se mobilisèrent pas aussi violemment contre les Piémontais que lors de la mainmise espagnole. Il leur faudra attendre pour voir la situation évoluer progressivement, et le XIX$^{e}$ s verra une amélioration relative de la vie quotidienne grâce à des réformes de la justice, la création du droit de propriété, inexistant auparavant et source donc de continuels conflits, et une certaine modernisation.

Dès 1852, Cavour, « anglo-saxon d'idées et gaulois de langage », Premier ministre du royaume de Piémont-Sardaigne, s'efforce d'en faire un état modèle tant par sa politique du libre-échange que par sa législation sur l'Église ; sa devise, *Une église libre dans un État libre,* frappe les esprits.

Il est coéditeur du journal *Il Risorgimento,* qui donne son nom au mouvement qui aspire à la réunification de l'Italie. C'est toutefois Garibaldi (exilé dans l'île de Caprera en 1849), dont la vie romanesque séduit les Sardes, qui contribuera à les entraîner dans la lutte pour l'unité italienne.

Le 17 mars 1861, la Sardaigne fait officiellement partie des provinces italiennes.

## 1861-1949 : de la province italienne à la région autonome

Avec un léger décalage, la Sardaigne participe à l'évolution industrielle. Le *Trenino verde* remis en état évoque les débuts du chemin de fer ; que ce soit les routes, les usines, l'exploitation des mines, la mise en valeur de l'île semble démarrer correctement. La Première Guerre mondiale est un coup de frein brutal mais d'une certaine façon salutaire : en allant sur le « continent », les combattants sardes découvrent avec étonnement leur retard sur leurs frères romains ou florentins... À la suite de nombreuses revendications, le gouvernement fasciste de l'entre-deux-guerres poursuivit une politique de progression économique.

## Aujourd'hui

En janvier 1949, l'autonomie régionale est enfin promulguée. Elle permet aux Sardes de prendre en main le destin de leur île.

Depuis, « la plus vieille terre d'Italie » a su parfaitement allier tradition et modernité. La costa Smeralda, devenue le paradis des grandes fortunes entraînées par le prince Karim Agha Khan dans les années 1960, ne reflète aucunement la véritable Sardaigne.

La mise en valeur des sites archéologiques, le florilège d'églises romanes, la pérennité de l'élevage (5 millions de moutons pour 1,7 million d'habitants !), les vins de grande qualité, la beauté des chants polyphoniques ressuscités, l'originalité des « *murales* », tout cela contribue à attirer les amateurs de tourisme intelligent (c'est à dire le tourisme vert, écologique et alternatif) : il n'y a pas plus accueillant que le « bandit » sarde pour qui tout visiteur étranger est sacré.

## Quelques dates

– ***500000 av. J.-C. :*** Paléolithique, traces des premiers autochtones (grotte de Corbebbu, près d'Oliena).

– ***5000 av. J.-C. :*** Néolithique ancien, les pierres d'obsidienne taillée, les *domus de janas* et les premières poteries témoignent d'une civilisation avancée.

– ***3500 av. J.-C. :*** Néolithique récent, culture d'Ozieri et véritables villes souterraines. La pyramide à gradins du mont d'Accodi évoque les ziggourats de Mésopotamie !

– ***2700 à 2000 av. J.-C. :*** Chalcolithique, cultures de Filigosa, Monte Claro et du Vase Campaniforme. Des envahisseurs venus du continent élèvent des dolmens et des menhirs.

– ***1800 à 1300 av. J.-C. :*** âge du bronze, débuts de la civilisation nuragique.
– ***900 av. J.-C. :*** âge du fer, épanouissement de la civilisation nuragique avec une multiplication de statuettes en bronze évoquant la vie quotidienne.
– ***800 av. J.-C. :*** installation progressive des Phéniciens, qui établissent des comptoirs sur la côte et exploitent des mines.
– ***565 av. J.-C. :*** les Phéniciens repoussent des attaques grecques et étrusques.
– ***500 à 300 av. J.-C. :*** époque carthaginoise avec des révoltes épisodiques sardes.
– ***264 à 146 av. J.-C. :*** guerres puniques suivies d'une mainmise romaine sur la Sardaigne.
– ***313 :*** l'empereur Constantin autorise le culte chrétien.
– ***456-534 :*** les Vandales s'installent dans l'île avant d'être chassés par les Byzantins.
– ***534-IXe s :*** pendant l'époque byzantine, l'évangélisation de l'île s'intensifie.
– ***VIIIe s :*** « intermède » sarrasin avec de nombreux saccages de villes et razzias.
– ***IXe au XIIIe s :*** les *giudicati – Logudoro, Gallura, Arborea* et *Calgliari* – font face aux incursions répétées des Maures sur le littoral. Les Sardes seront aidés par Pise et Gênes, qui se disputent ensuite la suprématie !
– ***28 février 1323 :*** défaite des forces pisanes face aux Aragonais qui s'installent sur l'île, bientôt rejoints par les Catalans.
– ***1479-1718 :*** domination espagnole méprisante envers le peuple sarde ; le castillan devient la langue officielle.
– ***1718 :*** traité de Londres qui attribue la Sardaigne au duché de Savoie.
– ***1720 :*** le duc Victor Amédée II de Savoie devient roi de Sardaigne.
– ***1794 :*** tentative d'indépendance sarde.
– ***1796 :*** traité de paix entre le Piémont et la France (qui rend la Sardaigne au Piémont).
– ***17 mars 1861 :*** la Sardaigne devient une province de l'État italien.
– ***Janvier 1949 :*** l'île obtient le statut de région autonome italienne.
– ***1950 :*** la malaria disparaît enfin des côtes sardes, grâce à un programme antimoustiques *(anophèles maculipennis)* financé par la fondation Rockfeller.
– ***1953 :*** premier enlèvement à Orgosolo (petit village de la Barbagia). Cette pratique se répand et devient un fléau pour la Sardaigne, jusque dans les années 1980. Aujourd'hui, il n'y a plus de kidnappings. Les bandits se sont assagis.
– ***1956 :*** la Sardaigne commence à recevoir les émissions de la télévision italienne RAI.
– ***1962 :*** création du consortium de la costa Smeralda dirigé par le prince Karim Aga Khan, qui déclenche la plus grande opération immobilière jamais réalisée en Sardaigne. L'expansion touristique de l'île commence dans le Nord-Est avec la création des complexes de Porto Cervo et de Porto Rotondo.
– ***1983 :*** première participation de l'Italie à la Coupe de l'America avec le voilier *Azzura,* sponsorisé par le yacht-club de la costa Smeralda. Le voilier est aujourd'hui exposé sur un parterre devant l'aéroport d'Olbia.
– ***1990 :*** la Sardaigne est victime d'une terrible sécheresse.
– ***2004 :*** Renato Soru, fondateur de la société *Tiscali* (fournisseur de services internet), est élu président de la région autonome de Sardaigne. Opposé sur tous les plans à Berlusconi qui le considère comme sa « bête noire ».
– ***2006 :*** la magnifique actrice Caterina Murino (née à Cagliari en 1977) joue le rôle d'une *James Bond girl* dans *Casino Royale,* après avoir été remarquée dans *Les Bronzés 3* et *L'Enquête corse*. Création d'une taxe sur les résidences secondaires, les yachts et les avions privés pour les non-résidents.
– ***2009 :*** Ugo Cappellaci (droite) est élu nouveau président de région.
– ***2010 :*** en octobre, violentes manifestations des éleveurs de brebis désespérés par la chute continue du prix du lait et, surtout, par la remise en cause brutale de leur profession.

# MÉDIAS

## Votre TV en français : TV5MONDE

TV5MONDE est reçue dans le pays par câble, satellite et sur IPTV. Voyage assuré au pays de la francophonie avec films, fictions, divertissements, sport, informations internationales et documentaires.
En voyage ou au retour, restez connecté ! Le site internet • *tv5monde.com* • et son application Iphone, sa déclinaison mobile • *m.tv5monde.com* • offrent de nombreux services pratiques et permettent de prolonger ses vacances à travers des blogs et des visites multimédia.
Demandez dans votre hôtel sur quel canal vous pouvez recevoir TV5MONDE, et n'hésitez pas à faire vos remarques sur le site • *tv5monde.com/contact* •

## Presse

Deux grands quotidiens nationaux se partagent le gâteau : *Il Corriere della Sera* et *La Repubblica.* Mais il existe une myriade de journaux locaux, couvrant parfois toute une région ou juste une ville. La presse spécialisée talonne de près ces journaux généralistes, puisque *La Gazzetta dello Sport* arrive en troisième position des ventes (sur près de 90 titres pour un lectorat qui oscille entre 5 et 6 millions) avec plus de 450 000 exemplaires vendus par jour. De même, le quotidien économique *Il Sole 24 Ore* est diffusé à près de 400 000 exemplaires. Dans certains kiosques, vous trouverez une sélection de quotidiens et hebdomadaires français.

## Télévision

Difficile de parler de la télévision italienne sans évoquer le groupe *Fininvest* de « Monsieur Télévision », Silvio Berlusconi. Fondée en 1975, la holding est aujourd'hui détenue à 96 % par la famille Berlusconi. Le monopole de l'État ayant été levé en 1976, les chaînes privées ont envahi le petit écran.
Très rapidement, le groupe acquiert le monopole de la télévision nationale italienne et devient le principal concurrent de la RAI (détenue par l'État italien).

> **DU MONDE AU BALCON...**
>
> *Les* veline *sont ces potiches pulpeuses qui ont envahi les plateaux de la télévision italienne, grâce à Berlusconi. Avec le décolleté échancré et la jupe courte, elles n'ont généralement pas droit à la parole. Ce sont les reines des jeux débiles. L'une d'entre elles est quand même devenue ministre (de l'Égalité des chances !).*

En 1978, Silvio Berlusconi prend le contrôle Telemilano, qui, deux ans plus tard, deviendra Canale 5, et au début des années 1980, d'Italia 1 et de Rete 4, regroupés sous Mediaset, actuellement possédé à 35 % par le groupe Fininvest. Afin de contourner l'interdiction de chaînes privées d'émettre au niveau national, les chaînes de Berlusconi, elles, envoyaient des vidéocassettes aux différentes chaînes locales afin de retransmettre les programmes en différé. Lorsqu'en 1984 une action judiciaire fut menée contre Fininvest, la Cour constitutionnelle en modifia son texte afin de légaliser la situation du groupe.
La télévision italienne regorge d'émissions complètement décalées de la réalité, kitchissimes à souhait où se dandinent les *veline* (ces jeunes créatures toujours déshabillées qui figurent sur une grande partie des plateaux TV), censées représenter le stéréotype de la beauté *all'italiana*.
À travers son empire médiatique, Berlusconi exerce une influence majeure sur son public composé en grande partie des personnes âgées et des ménagères du sud de l'Italie.

Ce succès aura toutefois valu à Berlusconi son surnom de *Sua Emittenza*. Un mélange de *Sua Eminenza* (qualificatif des cardinaux catholiques, Son Éminence) et de « emittente » autrement dit « émetteur ». Quel meilleur nom pour qualifier sa puissance et son influence dans le monde des médias ?

## Radio

Il existe plus de 1 300 stations de radio, pour la plupart locales, réparties sur tout le territoire italien. La radio d'État, la RAI (Radio Audizione Italia), est toute puissante, mais on compte aussi des dizaines de radios libres, dont Radio Kiss Kiss, spécialisée dans la variété, et Radio Deejay, la préférée de la jeune génération. Sur les grandes ondes, selon l'endroit où l'on se trouve, on peut parfois capter certaines stations françaises telles que Radio Monte-Carlo, Europe 1 ou France Inter. Radio Vaticana diffuse également des informations en français, plusieurs fois par jour.

## Liberté de la presse

En Italie, les menaces contre la liberté de la presse proviennent essentiellement des mafias qui œuvrent dans le sud du pays. La période des assassinats politiques des années 1990 semble révolue, mais la mafia a compris le parti qu'elle pouvait tirer du contrôle de l'information. Les menaces se font de plus en plus pressantes sur les journalistes. Près de 10 d'entre eux travaillent sous protection policière. La Calabre et la Sicile sont les deux régions les plus dangereuses pour ceux qui enquêtent ou critiquent les chefs mafieux. Les cas de menaces, les lettres anonymes, les pneus crevés, les voitures rayées s'y comptent par centaines. Tous les journalistes qui écrivent sur les activités de la mafia ont, à un moment ou un autre, reçu un message, un signal, les avertissant qu'ils étaient sous surveillance. Face à une telle situation, de nombreux journalistes font le « choix contraint » de l'autocensure. Les rapports entre la presse et l'ex-président du Conseil, Silvio Berlusconi, ont été tendus et s'étaient encore considérablement dégradés au cours de l'année 2010. Silvio Berlusconi jouit toujours d'une très grande influence, dans les médias privés comme publics. Il a décidé de supprimer toutes les émissions politiques sur les trois chaînes de la RAI. Une mainmise qui n'a cependant pas empêché la presse d'aborder les problèmes de corruption liés à l'organisation des réceptions de l'ancien chef du gouvernement, ou les aspects les plus controversés de la vie intime de l'ex-président du Conseil. Elle s'est ainsi exposée, là encore, à la vindicte de ce dernier qui a réclamé un million d'euros de dommages et intérêts au quotidien *La Repubblica* et trois millions d'euros à *L'Unita*. Silvio Berlusconi a par ailleurs menacé de poursuivre également une partie de la presse européenne qui enquête sur les mêmes sujets. Sous couvert de la défense des droits et propriétés intellectuels, le gouvernement s'est, par décret, arrogé un contrôle direct sur les télévisions indépendantes diffusées sur Internet. Ces dernières seront bientôt soumises à l'obtention d'une licence de diffusion accordée par le ministère. Seraient concernés les sites tels que YouTube, Dailymotion, les blogs, médias en ligne... La situation italienne ne semble cependant pas trop inquiéter une bonne partie du Parlement européen qui a refusé d'en débattre, et à plus forte raison de prendre une résolution.
Ce texte a été réalisé en collaboration avec Reporters sans frontières. Pour plus d'informations sur les atteintes aux libertés de la presse, n'hésitez pas à les contacter.

■ ***Reporters sans frontières :*** *47, rue Vivienne, 75002 Paris. ☎ 01-44-83-84-84. • rsf.org • Ⓜ Grands-Boulevards ou Bourse.*

# PATRIMOINE CULTUREL ET NATUREL

## Joyaux romans

Pour qui, après Dieu, met pour la première fois le pied en Sardaigne, la surprise est de taille : que d'églises romanes ! Il y en a plus d'une centaine. L'époque gothique offre certes quelques beaux édifices, mais rien de comparable avec le florilège d'églises d'influence pisane, provençale, bourguignonne et même rhénane. Cela est dû principalement à l'établissement aux XIe et XIIe s de moines venus de Pise, Marseille ou Cîteaux, mais également au peu de moyens financiers pour construire de nouvelles églises aux siècles suivants.

***À NE PAS MANQUER***

– ***Ardara :*** *Santa Maria del Regno,* à l'architecture lombarde assez austère, recèle un véritable trésor ; des colonnes peintes et un retable monumental de 1515.
– ***Bonacardo :*** *Sainte-Marie* est un sanctuaire de dévotion mariale et, comme tel, entouré de *cumbessias* ou logements prévus pour les pèlerins. Il a été fondé par des moines camaldules venus de Pise au XIIe s. Les ateliers ibériques nourris de culture arabe y ont multiplié les lésènes (motifs sculptés) en accordéon, les arceaux trilobés et les modillons en pyramide renversée.
– ***Borutta :*** à l'entrée du village, *Saint-Pierre-de-Sorres* joue la polychromie avec des alternances de calcaire doré et de trachyte noir.
– ***Bosa :*** *Saint-Pierre* s'orne de sculptures byzantines.
– ***Cagliari :*** il faut absolument voir la « chaire de Guillaume » dans la cathédrale. Exécutée pour la cathédrale de Pise entre 1158 et 1162, elle fut solennellement offerte à Cagliari en 1312. Les Pisans ayant commandé une nouvelle chaire se débarrassaient ainsi de l'ancienne tout en resserrant les liens avec les Sardes ! Les magnifiques panneaux sculptés évoquant des scènes du Nouveau Testament sont dissociés des lions stylophores incorporés au XVIIe s au sanctuaire surélevé.
– ***Milis :*** le plan de l'*église Saint-Paul* suit la forme du tau de Saint-Antoine. Le contraste offert par le mélange de trachyte, basalte et grès clair charme le regard.
– ***Porto Torres :*** *San Gavino* est la plus grande et la plus ancienne des églises romanes sardes. L'influence carolingienne se manifeste par les deux absides opposées reléguant la porte d'entrée au centre de la nef.
– ***Saccargia :*** dans un site splendide à quelques kilomètres de Sassari, cet ancien monastère date de 1112 ! À visiter impérativement pour le portique décoré de scènes de chasse et même de vaches (*sa acca argia* signifiait, dit-on, « vaches vigoureuses »), le campanile et les fresques de l'abside.
– ***Tratalias :*** près de Carbonia, *Sainte-Marie* reprend le modèle de l'église d'Uta. La feuille d'acanthe devait être le motif de prédilection de ses bâtisseurs, tant on en voit de variations dans l'ensemble de l'édifice. À noter, le curieux escalier en saillie sur la façade pour accéder au toit.
– ***Uta :*** près de Cagliari, dans un site champêtre, *Sainte-Marie,* petite merveille bénédictine de style pisan, parfaitement équilibrée et bien entretenue ; dans les modillons, une tête de taureau et des mouflons très réalistes.

## Monuments préhistoriques

Les Sardes furent dès les temps anciens préoccupés de leur lieu de sépulture. Dès 1800 av. J.-C., on trouve des ***« tombeaux des Géants »,*** stèles et exèdres funéraires couvertes parfois de larges dalles, le tout de dimensions monumentales comme à *Coddu Vecchiu, Li Muri* ou encore *s'ena'e Thomes.*
Les ***domus de Janas,*** que l'on peut traduire au choix par « maison des sorcières » ou « maison des fées », sont des tombes également préhistoriques mais creusées dans la roche comme à *Anghelu Ruju* près d'Alghero.

Les temples à puits vénéraient les divinités de l'eau, donc nourricières, comme à *Santa Vittoria de Serri* ou *Su Tempiensu d'Orune*.
L'autel mégalithique de *Monte d'Accoddi* près de Sassari semble poser encore une énigme aux archéologues tant sa ressemblance avec une ziggourat mésopotamienne est frappante.
Unique au monde, le ***nuraghe*** est une spécificité sarde. Construites dès le II^e^ millénaire av. J.-C., ces formidables forteresses édifiées à l'aide de gros blocs de pierres taillées et assemblées sans mortier atteignent parfois 20 à 25 m de haut. La technique en est simple : sur un plan central circulaire ou ovoïde, la construction de forme conique est rétrécie vers le haut et entourée de corridors ménagés dans des murs de 4 à 8 m d'épaisseur. Ce noyau central est lui-même entouré de nombreuses constructions de plan circulaire constituant un village. On dénombre près de 7 000 nuraghes. Les plus spectaculaires étant *Su Nuraxi, Santu Antine, Losa* et *Santa Barbara*. Le nom viendrait d'un héros mythique nommé *Norax*. Une autre explication viendrait du mot *nurra* signifiant « entassement ». Les spécialistes furent longtemps divisés : mausolées ou habitations ? Il est aujourd'hui établi que ces nuraghes servaient d'habitation au chef de clan et que ses « vassaux » étaient installés dans des nuraghes voisins formant des satellites autour de la demeure du chef. En cas de danger, la population y trouvait refuge. La vie quotidienne au pied du nuraghe regroupait agriculteurs, éleveurs et artisans. L'organisation sociale en « castes » se retrouve dans l'architecture complexe des ensembles nuraghe-village. Cependant, il semble que les cérémonies cultuelles avaient lieu dans d'autres lieux prédéterminés ou bien à l'extérieur du noyau central. Les années à venir seront certainement sources de nouvelles découvertes et d'interprétation des données actuelles.

## Musées, églises et monuments

– ***Horaires de visite :*** question horaires, c'est un peu l'anarchie. *Chiuso* est un petit mot italien signifiant « fermé » et qui décore le plus souvent la porte d'un musée qui devrait être ouvert... La fantaisie, qui fait partie des charmes de l'Italie, n'est pas exclue, loin s'en faut, de ce domaine. Les musées ouvrent en règle générale entre 8h et 9h30 pour fermer entre 12h et 14h. Ils rouvrent l'après-midi entre 14h et 15h30 jusqu'à 17h, 18h, voire 19h ou même 20h pour les plus importants. En hiver, les horaires sont réduits. Certains ne font pas de pause déjeuner ; d'autres, assez nombreux, ferment le lundi. Bref, essayez de vérifier avant de tenter l'aventure ! Souvent, les sites archéologiques à ciel ouvert sont accessibles de 9h à 1h avant le coucher du soleil. Les églises, elles, sont le plus souvent ouvertes le matin (dès 6h30 quelquefois et jusqu'à 13h) et certaines à nouveau en soirée ; beaucoup n'ouvrent jamais...
– ***Tarifs :*** pour la plupart, les tarifs demeurent élevés. Cependant, certains sont tout à fait abordables. Les étudiants en histoire de l'art ou en architecture peuvent entrer gratuitement (ou bénéficier d'une importante réduction) dans certains musées, de même que les professeurs disposant d'une carte d'accréditation.
Les jeunes de moins de 18 ans ainsi que les personnes âgées de plus de 65 ans ressortissants de l'Union européenne bénéficient de réduction ou de gratuité dans bon nombre de musées et sites nationaux. Munissez-vous donc de votre carte d'identité ou de votre passeport. Les réductions étudiants sont peu fréquentes, mais le demi-tarif est souvent appliqué pour les 18-24 ans. Rares aussi sont les explications et commentaires traduits en langues étrangères. Dommage...

## Parcs naturels

Hormis le parcours obligatoire du *Trenino Verde,* qui nous plonge dans des paysages somptueux, il y a en Sardaigne neuf parcs naturels aptes à satisfaire les amateurs de randonnées.

– ***Parco nazionale del golfo di Orosei e del Gennargentu :*** dans la province de Nuoro. Créé en 1998, il offre un parcours entre gouffres, cratères, cavités karstiques, gorges et vallées, peuplés de sangliers, mouflons, martres, aigles et faucons.
– ***Parco nazionale dell'arcipelago di La Maddalena :*** on y accède par le ferry de Palau ou Santa Teresa de Gallura, au nord-est de la Sardaigne. Des dizaines d'îles et îlots rocheux en granit, sculptés par le vent et la pluie, éparpillés dans les eaux turquoise au large des côtes sardes. Routes ou chemins de terre, garrigues et maquis, à voir au printemps pour les orchidées sauvages.
– ***Parco nazionale dell'Asinara :*** on y arrive à bord d'embarcations en partance de Stintino. Pour admirer le bleuet épineux en se berçant des cris des cormorans, goélands et crécerelles, en compagnie des bourricots blancs.
– ***Parco naturale regionale del Molentargius :*** tout près de Cagliari, une grande lagune en bord de mer, connue pour ses oiseaux : l'ibis, le héron, le flamant rose, le butor, quelques vulgaires canards et, en prime, le crapaud émeraude, la couleuvre d'eau et la rainette sarde !
– ***Parco naturale regionale de Porto Conte :*** sur la commune d'Alghero. Pour les botanistes confirmés : hélycrise, erica, euphorbe, et la rarissime « centaurea horrida ». Et, en prime pour les randonneurs discrets, le déboulé d'un lévrier sarde ou d'une belette.
– ***Parco naturale regionale del monte Limbara (Sassari) :*** près de Tempio Pausania, pour les chênes-lièges qui servent aux bouchons des nouveaux vins chinois !
– ***Parco naturale regionale de la giara de Gesturi :*** domaine naturel des petits mais puissants chevaux sardes dont une grande partie vit encore en liberté.
– ***Parco del Sinis-Montiferru :*** riche patrimoine forestier protégeant renards et buses et, dans sa partie étang, avocettes, échasses blanches, foulques et gambettes.
– ***Parco naturale regionale Linas-Marganai :*** pour un condensé de tous les précédents agrémenté de cascades.
– Pour mémoire, les parcs suivants : ***parco dei Sette Fratelli*** où le cerf prédomine, ***parco del Sulcis*** et la richesse de sa flore, l'***oasis de Seu*** pour le pin d'Alep et les perdrix, et l'***oasis de Carloforte*** pour ses faucons reine.

## PERSONNAGES

– ***Enrico Berlinguer*** *(1922-1984)* **:** né à Sassari. Secrétaire général du Parti communiste italien, il est très critique envers l'Union soviétique lors de l'invasion de la Hongrie et de la Tchécoslovaquie. Surnommé le « janséniste sarde », il prône en vain l'eurocommunisme.
– ***Maria Carta*** *(1934-1994)* **:** née à Siligo. Chanteuse spécialisée dans le folklore, elle redonne ses lettres de noblesse au *cantu a chiterra.* Elle mène parallèlement une carrière d'actrice, entre autres dans la *Cecilia* de J.-L. Comolli, *Le Parrain II* de Francis Ford Coppola et *Jésus de Nazareth* de Zeffirelli.
– ***Francesco Cossiga*** *(1928-2010)* **:** né à Sassari. Professeur de droit et proche d'Antonio Segni, membre de la Démocratie chrétienne, il fait partie des « jeunes Turcs ». Élu député, plusieurs fois ministre, il fut président de la République italienne de 1985 à 1992, date à laquelle il démissionne, n'ayant pas réussi à sauver la vie de l'ancien président du Conseil Aldo Moro. Il était surnommé le « *picconatore* » pour ses déclarations souvent virulentes.
– ***Antonio Cossu*** *(né à Santu Lussurgiu en 1952)* **:** dessinateur de B.D. et scénariste, il contribue dès 1976 aux premières pages de *Spirou, Pilote,* puis *Métal Hurlant, Tintin,* etc. Professeur de B.D. à l'Académie des beaux-arts de Tournai.
– ***Ugolino Cossu*** *(né en 1941)* **:** dessinateur de B.D. Après avoir créé plusieurs personnages pour *Comic Arts,* le plus connu étant Dan Morrison, il rejoint l'équipe de Dylan Dog aux éditions Sergio Bonelli.

– ***Grazia Deledda*** *(1871-1936)* **:** originaire de Nuoro, lectrice avide de Gabriele d'Annunzio, auteur précoce de nouvelles et de romans, c'est à Rome qu'elle rédige ses œuvres majeures. Comparant la vie des hommes « aux roseaux qui se plient sans se briser », elle décrit avec minutie les us et coutumes des habitants de sa province natale. En 1926, elle est la deuxième femme couronnée par le prix Nobel de littérature (la première fut Selma Lagerlöf en 1906). Malgré cela, on ne l'a, dit-on, jamais vu sourire... même pas ce jour-là !

– ***Paolo Fresu*** *(né en 1961)* **:** impressionné par Miles Davis, « Paul la Fraise », trompettiste brillant, dirige aujourd'hui son propre quartet. Mais cet excellent musicien est également poète et chante « la joie de l'errance ».

– ***Antonio Gramsci*** *(1891-1937)* **:** né à Ales. Homme politique et l'un des chefs historiques du Parti communiste italien, qu'il a contribué à fonder. Sa théorie de la philosophie s'appuyant sur la culture et l'éducation en faisait un critique farouche du matérialisme. Sa définition de la « crise » est devenue célèbre : « La crise, c'est quand le vieux se meurt et que le jeune hésite à naître. »

– ***Gavino Ledda*** *(né à Siligo, province de Sassari, en 1938)* **:** obligé par son père à travailler comme berger dès l'âge de 6 ans, c'est quasiment analphabète qu'il entre dans l'armée. Avec une volonté acharnée, il y apprend à lire et à écrire, passe des examens et devient sergent. Après l'armée, il continue à étudier et parvient jusqu'à l'université. Il écrit alors l'histoire de sa vie et son affrontement avec un père tyrannique dans un roman *Padre Padrone* (« Père Patron ») qui connaît un succès considérable. Les frères Taviani en tirèrent un film remarquable. Aujourd'hui, G. Ledda est professeur de linguistique à l'université de Sassari.

– ***Caterina Murino*** *(née à Cagliari en 1977)* **:** • caterinamurino.it • Mannequin, actrice, dauphine de Miss Italie en 1996, cette magnifique Sarde au caractère flamboyant a joué en 2006 le rôle d'une envoûtante *James Bond girl* dans *Casino Royale*. Francophone, elle a séduit des cinéastes français comme Alain Berbérian *(L'Enquête corse),* Patrice Leconte *(Les Bronzés 3)* et Alexandre Arcady *(Comme les 5 doigts de la main),* ainsi que le 3e ligne du Stade français, le rugbyman Pierre Rabadan, son heureux compagnon.

– ***Amedeo Nazzari*** *(1907-1979)* **:** ingénieur de formation, il se découvre une vocation théâtrale et triomphe aussi bien sur les planches qu'au cinéma dans *Le Clan des Siciliens* en 1969 puis *Cosa Nostra* en 1972, devenant une des figures les plus populaires du cinéma italien.

– ***Antonello Salis*** *(né en 1950)* **:** accordéoniste autodidacte, pianiste de jazz, lauréat du Django d'or en 2005, on le retrouve dans de nombreux festivals en Europe et aux USA.

– ***Antonio Segni*** *(1891-1972)* **:** né à Sassari, avocat, juriste et universitaire, un des premiers fondateurs de la Démocratie chrétienne, élu député dès 1946, plusieurs fois ministre, signataire italien du traité de Rome (création de la Communauté économique européenne le 25 mai 1957), il fut président de la République italienne de 1962 à 1964.

– ***Renato Soru*** *(né en 1957)* **:** nuragique, informatique, politique, la carrière de Renato emprunte des sentiers insolites ! Originaire de San Luri, près de Cagliari, il fonde en 1998 la société informatique Tiscali à laquelle il donne le nom du fameux site préhistorique sarde. Devenu un des premiers fournisseurs d'accès Internet en Europe, Tiscali est implanté dans 15 pays et constitue un des plus sérieux concurrents européens des multinationales américaines. De 2004 à 2009, Renato Soru a dirigé la région Sardaigne, après avoir été élu à la tête d'une liste de centre gauche. Il est la « bête noire » de Berlusconi.

– ***Pietro Paolo Virdis*** *(né à Sassari en 1957)* **:** footballeur, attaquant de l'AC Milan et meilleur buteur du Championnat d'Italie en 1987.

– ***Gianfranco Zola*** *(né à Oliena en 1966)* **:** footballeur, attaquant dans les clubs SSC Napoli et Chelsea. Sacré par la presse anglaise meilleur joueur du Championnat d'Angleterre en 1997.

# POPULATION

Si, dès les temps anciens, l'autochtone sarde semble avoir des caractères bien définis, il a dû faire face à de nombreux envahisseurs. Un dicton local prétend que « celui qui vient de la mer vient pour t'attaquer ». Ces « visiteurs » ne tardaient pas à s'installer mais ne s'aventuraient jamais véritablement loin des côtes. En conséquence, les Sardes retirés dans l'intérieur des terres ont développé une faculté étonnante à apparaître là où l'on se croit seul, sortant de cachettes naturelles tout aussi simplement que du bistrot du coin. Leurs ancêtres ont mêlé leur sang aux Mycéniens, Phéniciens, Carthaginois, Grecs, Romains, Vandales, Sarrasins, Pisans, Génois, Catalans, Aragonais, Espagnols et Piémontais. Ce mélange parfois explosif leur a toutefois donné, et de façon paradoxale, un grand sens de l'hospitalité.

# RELIGIONS ET CROYANCES

La religion occupe une place importante dans la vie des Sardes. Non seulement parce que, à l'exception des temples antiques, tout ou presque de ce qui est à voir dans l'île s'appelle *duomo* ou *chiesa,* mais aussi parce que la religion imprègne encore fortement la vie quotidienne. La plupart des grandes festivités sont des fêtes patronales, qui sont autant d'occasions de vénérer le saint ou la sainte qui, dans le passé, a marqué l'histoire de la ville. Ces manifestations sont donc de grands moments pour montrer sa dévotion : il suffit d'avoir suivi l'une des commémorations des fêtes de Pâques à Iglesias, Sassari ou Castelsardo pour comprendre la ferveur des Sardes et leur sens du rituel.

# RESTAURANTS

## Où manger ?

Le routard risque d'être désorienté les premiers jours par la variété des enseignes : snack-bar, *caffè, rosticceria, tavola calda,* pizzeria, *enoteca,* trattoria, *osteria, ristorante...* Les voici classées de la plus populaire à la plus chic. Dans les trois dernières catégories, vous payerez systématiquement le couvert (et dans certaines pizzerias aussi). Dans ces types d'établissements, vous trouverez souvent des menus le midi (en semaine) ou vous pourrez vous contenter d'un *antipasto* et d'un plat, ou bien d'un *primo* et d'un dessert.

– ***Le snack-bar*** (tout le monde comprend) et le ***caffè*** vendent des gâteaux et des sandwichs appelés *panini* (avec du pain de type baguette) et *tramezzini* (pain de mie en triangles, à l'anglaise). Parfait pour un encas rapide avant une visite culturelle. Attention toutefois aux cafés avec terrasse stratégique... là, gare au portefeuille ! Autre option : les étals des marchés pour un *pane ca' meusa* (sandwich aux tripes palermitaines) ou tout autre type de *focacce.*

– ***La rosticceria*** (qui correspond au traiteur français) propose des plats à emporter. On peut toutefois se restaurer sur place (quelques tables).

– ***La tavola calda*** (une sorte de cantine ou self) est un endroit où l'on sert une restauration rapide, offrant un nombre assez limité de plats déjà cuisinés (parfois depuis plusieurs jours, surtout dans les grandes villes). Prix très abordables.

– Dans une ***pizzeria,*** vous mangerez... des pizzas, voyons ! Les vraies *pizzerie* ne possèdent... qu'un four à pizzas et il n'est guère possible de consommer autre chose, hormis quelques petites fritures en entrée. Toutefois, beaucoup de restaurants font office de pizzeria, pour diversifier l'offre, mais leur four n'est généralement allumé que le soir. On peut acheter des parts de pizza dans certaines boulangeries *(panetterie)*.

– ***La trattoria*** est un restaurant pas trop cher à gestion (théoriquement) familiale. Comparable au bistrot français, la trattoria propose une cuisine maison (*casareccia* ou *casalinga*). Tendance depuis quelques années : la trattoria chic avec une déco recherchée (souvent rustique) et tables avec nappes à carreaux. Attention : la carte n'offre pas un grand choix de plats (une poignée d'entrées, quatre plats de pâtes, trois ou quatre viandes), mais ceux-ci peuvent se révéler très goûteux.

– ***L'osteria*** était à l'origine un endroit modeste où l'on allait pour boire et qui proposait un ou deux plats pour accompagner la boisson... L'appellation a été reprise par des restaurateurs (transformée parfois en un *hosteria* pour faire plus chic) pour donner un goût d'antan à leur cuisine tout en appliquant des tarifs plus élevés... On peut la comparer à nos brasseries.

– Enfin, le ***ristorante*** correspond au resto gastronomique. Dans cette catégorie, on trouve tout et son contraire, et surtout la note salée en fin de repas. C'est souvent le cas des établissements en bord de mer proposant du poisson au poids ou des spécialités locales.

### Cafés et bars

– Les Italiens consomment plutôt debout au comptoir après avoir payé leur boisson à la caisse à l'entrée (bien moins cher qu'en France). On économise ainsi le service. Si vous êtes servi à une table, le prix de la consommation peut être majoré de 50 %.

– Les terrasses, elles, fleurissent aux beaux jours. Souvent prises d'assaut : il faudra vous armer de patience.

– Petit détail enfin (mais qui a son importance) : certains bars et cafés sont dépourvus de toilettes, ou alors il faut en demander la clé au comptoir. Cette fameuse clé est parfois remise « à la tête du client ». Ainsi les toilettes sont-elles souvent *guasto* (hors service) si l'on demande ladite clé avant de commander à boire !

### *Enoteca*

L'on y mange et l'on y boit. Les œnothèques s'enorgueillissent de leur riche sélection de vins, servis au verre ou à la bouteille, mais leur choix de fromages et de charcuteries est tout aussi rigoureux. Certaines s'avèrent être de véritables restos. D'autres accueillent les œnophiles à l'heure de l'apéro, pour grignoter au comptoir, un verre à la main. De plus, c'est vraiment le meilleur moyen de découvrir les vins de la région. Chaque année, ce genre d'adresses apparaissent, témoignant du succès de cette formule, idéale selon nous, pour un déjeuner rapide et relativement économique...

## SAVOIR-VIVRE ET COUTUMES

### *Il pisolino*

La sieste *(il pisolino)* fait partie des traditions depuis l'Antiquité. L'été surtout, la ville s'endort après le déjeuner. Les boutiques ferment, la circulation ralentit, et les travailleurs de la sixième heure (sieste vient de *sexta hora*) sont l'exception. Mais un effort est actuellement entrepris par les autorités pour transformer les habitudes.

**LA *FRENCH TOUCH***

*Un proverbe italien prétend : « Quand vient l'heure de la sieste, seuls les chiens et les Français se promènent. » À méditer...*

### La rue

Comme dans de nombreux pays méditerranéens, la rue est un lieu social avant tout. Vers 16h ou 17h, on sort et on s'installe devant le pas de sa porte pour parler de tout et n'importe quoi (de foot principalement).

### *La passeggiata*

En Sardaigne, c'est une véritable institution ! Entre 18h et 20h, les rues enflent, se gonflent d'une foule extraordinaire qui monte et descend le long du pavé en un rite immuable. Pour l'observateur étranger, l'une des images les plus évocatrices de la vie citadine et surtout villageoise, le meilleur moyen aussi de constater à quel point les mœurs et les comportements ont évolué depuis quelques années. Et c'est au gré de ces évolutions que la *passeggiata* se poursuit.

## SITES INSCRITS AU PATRIMOINE MONDIAL DE L'UNESCO

Organisation des Nations Unies pour l'éducation, la science et la culture

En coopération avec le centre du patrimoine mondial de l'UNESCO

Pour figurer sur la liste du Patrimoine mondial, les sites doivent avoir une valeur universelle exceptionnelle et satisfaire à au moins un des 10 critères de sélection. La protection, la gestion, l'authenticité et l'intégrité des biens sont également des considérations importantes.
Le patrimoine est l'héritage du passé dont nous profitons aujourd'hui et que nous transmettons aux générations à venir. Nos patrimoines culturel et naturel sont deux sources irremplaçables de vie et d'inspiration. Ces sites appartiennent à tous les peuples du monde, sans tenir compte du territoire sur lequel ils sont situés. Pour plus d'informations : • *whc.unesco.org* •

– ***Su Nuraxi de Barumini :*** inscrit en 1997. C'est le plus bel exemple de cette remarquable forme d'architecture qu'étaient les *nuraghi*, type de constructions défensives élaborées en Sardaigne à l'âge de bronze.

**L'ITALIE, CHAMPIONNE DU MONDE !**

*Sur les 911 sites répertoriés par l'Unesco au Patrimoine de l'humanité, l'Italie remporte la 1re place avec 45 monuments ou lieux. La France n'est pas si mal placée avec 35 au compteur.*

# CAGLIARI ET SES ENVIRONS

## CAGLIARI

(09100) 164 250 hab.

Pour les plans de Cagliari (centre et zoom), se reporter au cahier couleur.

**Comme dans tous les ports de la Méditerranée, c'est en bateau qu'il faudrait y arriver, ainsi que le firent les premiers migrants de l'Antiquité, pour mieux découvrir en une seule vision le site exceptionnel et le caractère particulier de Cagliari, capitale de la Sardaigne, résolument tournée vers le Grand Sud. Au fond d'une vaste baie accueillante, bordée par des étangs (anciens marais salants), la ville s'étend sur des petites collines dont la plus remarquable est le Castello (la citadelle), cœur historique haut perché. De longues rues montent vers la cathédrale, comme de sombres et étroits couloirs. Son centre historique, bien que largement détruit pendant la Seconde Guerre mondiale, avait déjà pris sa forme définitive il y a un siècle. Quand l'écrivain D. H. Lawrence y passa en 1921, il aperçut « une ville nue, escarpée, à pic, toute dorée... étrange, étonnante, nullement italienne, elle s'étage hautaine, comme dans une miniature et m'évoque Jérusalem... On se demande comment elle a pu se planter là... Elle rappelle l'Espagne ou bien Malte mais non l'Italie ».**
**Et pourtant, Cagliari est italienne dans son mode de vie comme elle est 100 % sarde par le cœur et l'esprit. N'est-elle pas, à l'image d'une femme ombrageuse, libre et oubliée, la « rustique chic » de la famille des îles de la « mère » Méditerranée ? Sa solitude a forgé son caractère, mais c'est aussi ce qui lui a permis de maintenir son style et sa personnalité. Cagliari est moins baroque et charivarique que Naples, moins complexe que Palerme, et beaucoup plus facile à l'usage que Gènes ou Rome.**
**On y circule mal, on se gare encore plus mal, parfois on s'énerve mais on est vite rattrapé par la bienveillance et la politesse des habitants. Les mesures et les distances raisonnables autorisent à se déplacer à scooter ou à pied. Sur le terrain, aucun point du centre n'est vraiment éloigné d'un autre. Cagliari à pied, un bon moyen pour aller et venir du port au Castello, en musardant de ruelle en ruelle, de place en place, au rythme lent des voyageurs d'antan. *Adagio ma non troppo !***

### UN PEU D'HISTOIRE

Les livres d'histoire assurent que la ville fut fondée vers l'an 1000 avant l'ère chrétienne par les Phéniciens, venus du Proche-Orient (l'actuel Liban). Ils nommèrent leur petit port Karalis (ce nom signifie « cité de pierre »). Au fil des siècles, ce nom s'est transformé en Cagliari. Les Carthaginois (venus du nord de l'actuelle Tunisie) y installent une colonie. En 238 av. J.-C., ils en sont chassés par les Romains qui y établissent une base stratégique au cœur de la mer Méditerranée. Ils dominent la ville et l'île pendant sept siècles, et laissent quelques vestiges dont un amphithéâtre, toujours debout aujourd'hui. Au déclin de l'Empire romain débarquent les Vandales et les Goths, puis arrivent les Byzantins qui ne restent pas longtemps. Il faut attendre le XIII^e s et la mainmise des Pisans sur la Sardaigne pour qu'un renouveau économique et culturel de l'île se produise. La citadelle de Cagliari abrite les grandes familles. Le pouvoir de Pise domine fièrement la partie basse et le port. En 1297, le pape Boniface VIII cède officiellement la Sardaigne au royaume d'Aragon. Après 2 ans de siège, la ville est conquise par les Aragonais, venus du nord-est de l'Espagne. Les Pisans abandonnent leur pouvoir. Cagliari devient aragonaise. Pendant près de cinq siècles, Cagliari est donc la capitale d'une île rattachée à la sphère d'influence de l'Espagne. Concrètement, en ville, à cette époque, on parle le catalan. Mais tout empire périra, dit-on.

XVIII^e s : en 1708, lors de la guerre de Succession d'Espagne, Cagliari est bombardée par une flotte anglo-hollandaise. Le traité d'Utrecht en 1714 attribue Cagliari et le reste de l'île à l'Autriche. En 1720, l'Espagne doit lâcher prise. L'Autriche donne la Sardaigne à Vittorio-Amadeo II, chef de la maison de Savoie, qui règne déjà sur le Piémont (nord de l'Italie actuelle). Les Savoie ont l'appui des grandes puissances de l'époque alliées contre la France (Angleterre, Autriche). Le paysage urbain de Cagliari se transforme : de médiévale, la ville devient moderne et baroque. Des boulevards et des rues larges remplacent les voies anciennes tandis que le Castello (citadelle), noyau dur de l'histoire, demeure le symbole de la cité. Tentative et échec de conquête de Cagliari et de la Sardaigne par les soldats de la Révolution française en 1793. Mouvements et insurrections populaires contre le pouvoir de la maison de Savoie. Le XIX^e s est celui de l'unité italienne. La Sardaigne devient italienne en 1861, mais Cagliari reste la capitale de l'île.

XX^e s, Seconde Guerre mondiale : Cagliari, contrôlée par les forces fascistes de Mussolini, est bombardée par l'aviation américaine de février à mai 1943. Près de la moitié de la ville est détruite. Après 1945, c'est la reconstruction.

## Arriver – Quitter

### En avion

✈ ***Aeroporto Cagliari-Elmas*** *(plan d'ensemble)* **:** *à 6 km au nord-ouest de Cagliari.* ☎ *070-211-211.* • *cagliari-airport.com* • On y trouve un bureau d'infos touristiques *(tlj 8h-22h en été, 9h-21h en hiver)* et un distributeur de billets *(ATM)*.

➢ ***Pour aller au centre-ville :*** un bus *ARST* va de l'aéroport à la piazza Matteotti (en plein centre). Départs réguliers ttes les 30 mn, 8h45-23h30. Durée du trajet : env 10 mn. En taxi, compter env 15 € (plus après 22h). Dans le sens piazza Matteotti-aéroport, bus ttes les 30 mn, 5h20-22h30.

– ***Principales compagnies et liaisons aériennes*** de/pour Paris, Bruxelles, Londres, Rome, Naples, Milan, Turin, Venise, Palerme (Sicile) :

■ ***Alitalia :*** • *alitalia.it* •

■ ***Meridiana :*** • *meridiana.it* • Vols Paris (Roissy, terminal 3)-Cagliari. Durée : env 2h.

■ ***Easyjet :*** • *easyjet.com* • Vols, en été, Mulhouse (Bâle)-Cagliari.

■ ***Ryanair :*** • *ryanair.com.fr* • Vols, en été, Paris (Beauvais)-Cagliari.

■ ***Air One :*** ☎ *199-207-080.* • *flyairone.it* •

### En bateau

***Stazione Marittima*** *(plan couleur centre, A3)* **:** *le terminal des ferries se trouve près de la via Roma.*

– ***Capitaneria di porto di Cagliari :*** *via del Calafati.* ☎ *070-605-171.*

– ***Compagnii maritima*** *(Compagnies maritimes)* **:** ***Tirrenia,*** ☎ *070-892-123.* • *tirrenia.com* • C'est la compagnie la plus importante. ***Linea dei Golfi,*** ☎ *070-658-413 (local) ou (0565) 222-300.* Liaisons Cagliari-Livorno (Livourne).

➢ ***De/pour Civitavecchia :*** 1 bateau/j. Durée : 15-17h.

➢ ***De/pour Napoli (Naples) :*** 1-2 départs/sem. Durée : 16h.

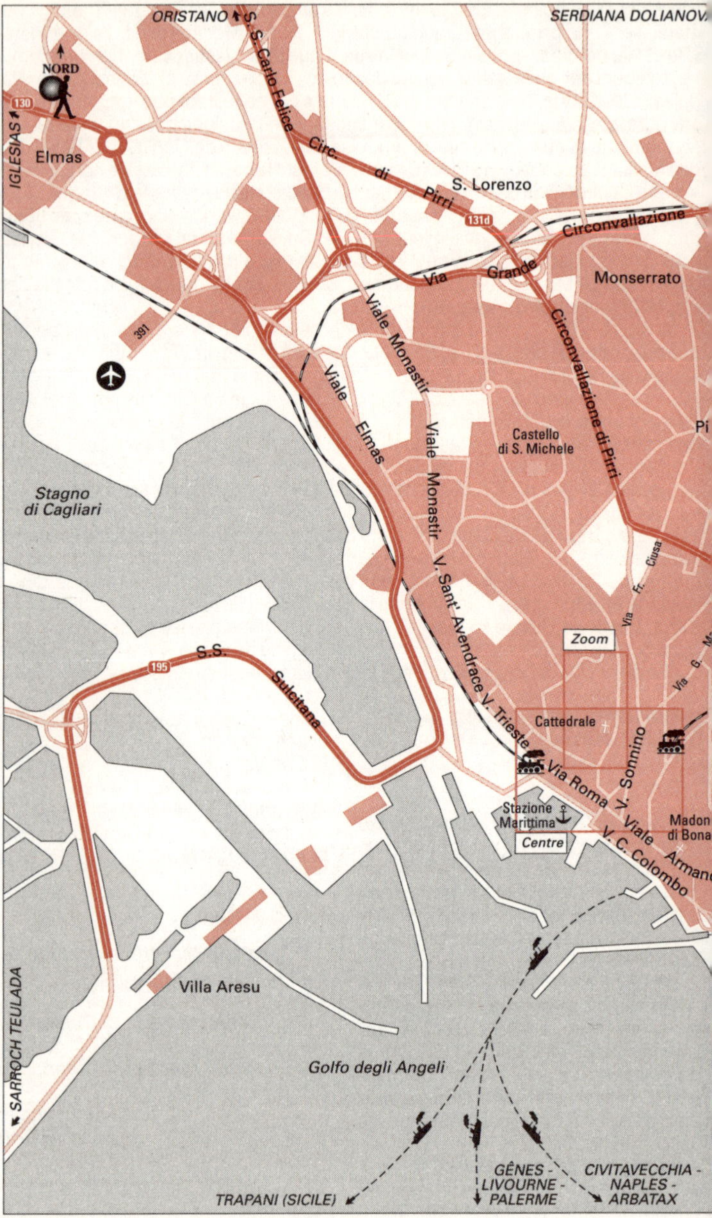
ORISTANO
S.S. Carlo Felice
NORD
130
IGLESIAS
Elmas
Circ. di Pirri
S. Lorenzo
131d
Circonvallazione
Via Grande
Monserrato
391
Viale Monastir
Viale Elmas
Castello di S. Michele
Circonvallazione di Pirri
Stagno di Cagliari
Viale Monastir
V. Sant' Avendrace
V. Trieste
Via Fr. Ciusa
Zoom
S.S. 195 Sulcitana
Cattedrale
V. Sonnino
Via Roma
Stazione Marittima
Centre
V. C. Colombo
Villa Aresu
SARROCH TEULADA
Golfo degli Angeli
TRAPANI (SICILE)
GÊNES - LIVOURNE - PALERME
CIVITAVECCHIA - NAPLES - ARBATAX

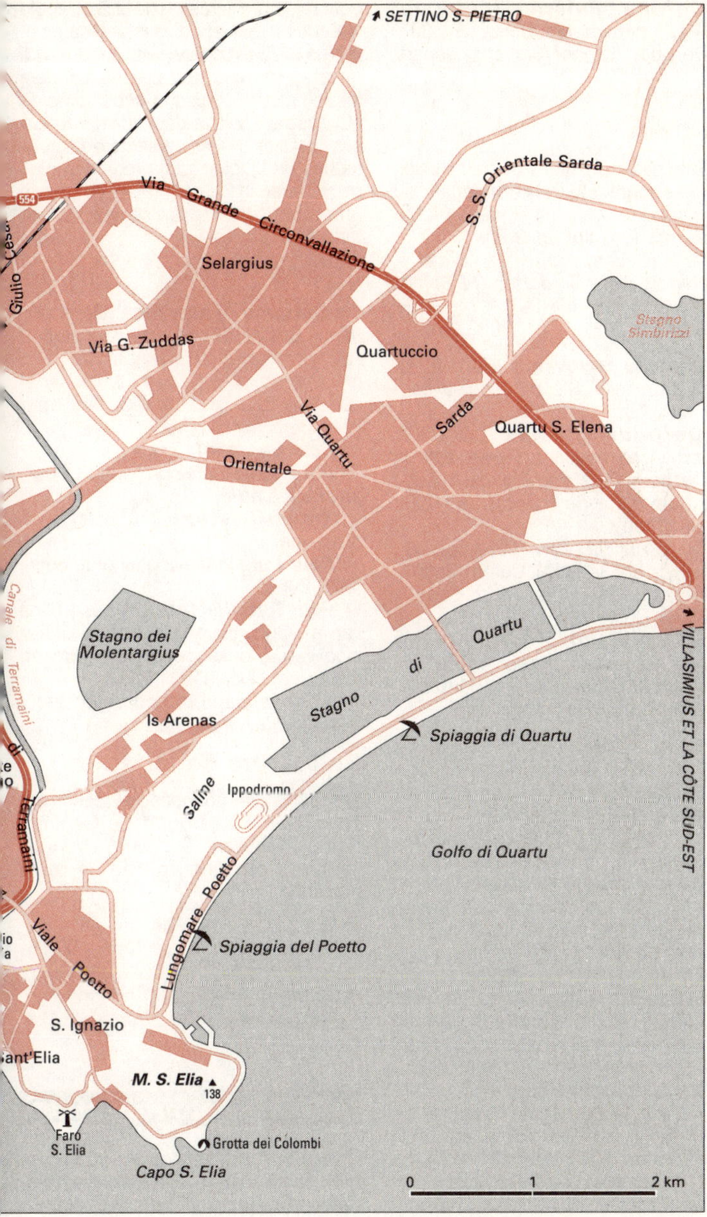


## CAGLIARI – PLAN D'ENSEMBLE

➢ ***De/pour Palermo (Palerme, Sicile) :*** 1 départ/sem. Durée : 14h30.
➢ ***De/pour Trapani (Sicile) :*** 1 départ/sem. Durée : 10-11h.

## En train

Il existe plusieurs types de trains selon les compagnies : *Treno regionale* ou *Trenitalia.*

– ***Informations sur les trains :*** ☎ *070-892-021 (n° Vert).* • *trenitalia.com* •

– ***Ferrovie della Sardegna (FDS) :*** *via Cugia, 1.* ☎ *070-306-221.* • *arst.sardegna.it* •

***Stazione ferroviaria*** *(Gare ferroviaire stazione FF. SS ; plan couleur centre, A2) : piazza Matteotti.*
➢ ***De/pour Iglesias*** *(centre) :* 17 trains/j. en moyenne. Durée : env 1h.
➢ ***De/pour Oristano*** *(centre-ouest) :* une quinzaine de trains/j., 6h-22h. Durée : 1h30.
➢ ***De/pour Sassari*** *(nord-ouest) :* 4 trains/j., 6h30-16h40. Durée : 3h30.
➢ ***De/pour Macomer*** *(nord-ouest) :* 4 trains/j. Durée : 2h40.
➢ ***De/pour Porto Torres*** *(nord-ouest) :* 1-2 trains/j. Durée : 4h15.
➢ ***De/pour Olbia*** *(nord-est) :* 1 train/j., dans l'ap-m. Durée : moins de 4h.

– ***Trenino verde*** *(le petit train vert) :* pour connaître les infos et les horaires de ce train géré par les *Ferrovie della Sardegna (FDS),* voir leur site • *treninoverde.com* • Ce petit train touristique, composé d'un wagon unique en bois tiré par une locomotive à vapeur, est un moyen original et charmant de découvrir la Sardaigne du Sud et de l'Est. La ligne relie la gare de Monserrato, située à 5 km au nord-est de Cagliari, au port d'Arbatax (sur la côte est de l'île, près de Tortoli). Pour rejoindre la gare de Monserrato depuis le centre de Cagliari, il y a des trams ttes les 10 mn au départ de la piazza Repubblica.
Le *Trenino verde* circule tlj sf mar du 13 juil au 11 sept. Billet aller : env 30 €. Durée totale du voyage : 6h30. En raison des horaires, il n'est pas possible de faire l'aller-retour dans la même journée. La 1re partie du voyage Cagliari (Monserrato)-Mandas (durée 1h20) traverse les collines du Trexenta, parsemées de pins, d'amandiers et d'oliviers, pour rejoindre la région de la Barbaggia di Seui. La partie la plus intéressante et la plus belle est celle qui relie Mandas à Arbatax (durée : env 5h) via Lanusei (région montagneuse et accidentée de l'Ogliastra). La ligne décrit de nombreuses courbes sur les versants des montagnes de l'Ogliastra (la région la plus sauvage de la Sardaigne), et emprunte une multitude de ponts, viaducs et tunnels.

## En bus

***Stazione di autolinee*** *(Gare routière – Bus ARST ; plan couleur centre, A2) : stazione ARST, piazza Matteotti (en plein centre, près du port).* ☎ *070-409-834 ou 652-326.* Bus réguliers pour l'aéroport (voir plus haut).
➢ ***Pour Barumini :*** 3 bus/j.
➢ ***Pour Olbia*** *(côte nord-est) :* 1 bus/j. en début d'ap-m.
➢ ***Pour Oristano :*** 2 bus/j. en moyenne.
➢ ***Pour Pula :*** une vingtaine de bus/j. 5h25-20h35.
➢ ***Pour Tortoli*** *(côte est) :* 1 bus/j. dans l'ap-m. On préfère y aller avec le *Trenino Verde,* beaucoup plus charmant, mais c'est plus cher.
➢ ***Pour Villasimius*** *(côte sud-est) :* 2 bus/j., 1 le mat, 1 l'ap-m.

## En voiture de location

Les principales agences de location ont un bureau à l'aéroport de Cagliari. Compter environ 70 à 80 €/j., selon la saison, pour une voiture de taille moyenne.

■ ***Avis :*** ☎ *070-240-081.*
■ ***Hertz :*** *piazza Matteotti, 8.* ☎ *070-651-078.* • *hertz.it* •
■ ***Europcar :*** ☎ *240-129.*
■ ***Maggiore :*** *viale Monastir, 116.* ☎ *070-273-692.*

## Adresses et infos utiles

ℹ ***Regione autonoma della Sardegna, Assessotato del Turismo, artgianato e Commercio*** *(hors plan couleur centre par A1,* ***1****) : viale Trieste, 105.* ☎ *070-606-7035.* • *sardegnaturismo@regione.sardegna.it* • *regione.sardegna.it* • Structure de la région autonome de la Sardaigne chargée de la promotion pour le développement touristique. Elle s'occupe des structures hôtelières et de l'activité artisanale. Possibilité de se procurer des cartes, un annuaire des hôtels et des campings, des brochures sur les multiples activités dans l'île : musées, balades, parcours en vélo, artisanat typiquement sarde.

***Ufficio Informazioni turistiche della Provincia di Cagliari*** *(plan couleur Centre, A2,* ***2****)* **:** *piazza Matteotti, 9. • 070-664-923. Tlj 8h30-13h30 et 14h-20h.* Plan de la ville, infos sur la Sardaigne en général, doc sur les hébergements et les activités culturelles.

***Autres points d'information en ville :*** *☎ 070-481-8481 (numéro commun). • infopoint.cagliari@gmail.com •*
*– Infopoint Marina Piccola : tlj 8h-20h.*
*– Infopoint Piazza Costituzione : tlj 8h-20h.*
*– Infopoint Piazza Indipendenza : tlj 8h-14h.*

***Visites guidées de la ville à pied : L'Isola Che Vorrei,*** *☎ 328-276-11-64. • info@isolachevorrei.com • isolachevorrei.com • Départ de la piazza Yenne. Balades 9h-13h. Durée : 1h30. Compter 10 €/pers. Langues : italien, anglais.* En fin de promenade, dégustation de produits sardes.

***Ufficio postale principale*** *(plan couleur centre, A2)* **:** *piazza del Carmine, 28. Lun-ven 8h-18h50 ; sam 8h-13h15.*

***Farmacia Spano*** *(plan couleur centre, B2,* ***6****)* **:** *via Roma, 99. ☎ 070-655-683. Tlj 9h-13h, 16h30-19h50.*

***Liberia Ubik*** *(plan couleur centre, B2-3,* ***7****)* **:** *via Roma, 65. ☎ 070-650-256. • liberiaubikcagliari.com • Tlj sf dim 9h-20h30.* Une des bonnes librairies du centre de Cagliari.

***@ Lamari Internet Café*** *(plan couleur centre, B2,* ***8****)* **:** *via Napoli, 43, angle avec Sicilia. ☎ 070-668-407. Tlj jusque tard (22h ou 23h).* Notre cybercafé préféré dans le centre. Possibilité de consulter sa messagerie électronique et de surfer sur Internet, de boire et de manger (léger) grâce à un forfait économique.

## Où dormir ?

Le choix des hôtels à Cagliari est pauvre. En revanche, on trouve plusieurs *B & B* dans le centre, et en particulier des adresses de charme et de caractère dans le quartier du Castello. Pensez à réserver en été. Attention aussi au stationnement très difficile, et au bruit la nuit. Essayez de prendre une chambre ne donnant pas sur les rues ou les boulevards.

### *DANS LE QUARTIER DE MARINA ET DU PORT*

### De bon marché à prix moyens

***Hostel Marina*** *(auberge de jeunesse ; zoom couleur, B2,* ***20****)* **:** *piazza (scalette) San Sepolcro, 3. ☎ 070-670-818. • cagliari@aighostels.com • aighostels.com • Tte l'année. Lit env 22 €/pers en dortoir (6-8 lits) ; doubles 25-40 €.* Voici une auberge de jeunesse bien située, organisée autour d'un grand patio intérieur. Attention, les cloisons sont parfois minces et les nuits peuvent être bruyantes.

***B & B La Terrazza sul Porto*** *(plan couleur centre, A2,* ***22****)* **:** *largo Carlo Felice, 36. 335-8760-155. • bbcagliari@laterrazzasulporto.com • Entrée sous les arbres de la rue qui descend au port. Doubles env 50-70 €.* Très bien situé, un immeuble bourgeois abritant de grands appartements. Celui-ci est situé au dernier étage et jouit d'une belle terrasse donnant sur le port. Seulement 3 chambres bien arrangées et calmes (un peu de bruit s'il y a de la circulation), avec tout le confort.

### De prix moyens à plus chic

***B & B Sardinia Domus*** *(plan couleur centre, A2,* ***21****)* **:** *largo Carlo Felice, 26. ☎ 070-659-783. • sardiniadomus.it • Doubles 75-110 € selon saison, petit déj inclus. Internet, wifi.* Une de nos meilleures adresses de *B & B* dans le centre-ville. Dans un immeuble ancien, près du port, au-dessus des arbres du boulevard. Accueil aimable et élégant. Grandes et belles chambres, meublées avec goût, et confortables. Elles donnent sur le boulevard, mais en hauteur.

***B & B Old Caralis*** *(plan couleur centre, B3,* ***23****)* **:** *via V. Porcile, 11. ☎ 070-666-991 ou 349-291-28-53. • oldcara* *lis.it • Doubles 60-90 € selon saison.* Dans une vieille maison près du port, donc très bien placé, non loin des restaurants et de l'animation. On est reçu par une gentille *mamma* sarde. Chambres simples, propres mais confortables. Elles ne sont pas très claires mais elles sont calmes, ne donnant pas sur la rue.

**Hotel Quatro Mori** *(plan couleur centre, A2,* ***24****) : via Angioy, 27. ☎ 070-668-535. • info@hotel4mori.it • hotel4mori.it • Tte l'année. Double env 80 €.* Un des rares hôtels du centre-ville ouverts été comme hiver. Ses murs anciens et larges abritent des chambres agréables et confortables, à la décoration classique. Vue sur les rues du quartier. Demandez-en une dans les étages élevés. Il s'en dégage un certain charme. Fait aussi restaurant. Cuisine traditionnelle sarde.

***DANS LE QUARTIER DU CASTELLO***

***Residenza B & B Kastrum*** *(zoom couleur, B1,* ***30****) : via Nicolo Canelles, 78. 348-001-22-80. • info@kastrum.eu • kastrum.eu • Doubles 70-80 € selon saison, petit déj inclus. Wifi. Café offert sur présentation de ce guide.* Dans un vieux palais du XIXe s rénové par ses propriétaires (les Ruda, une famille de la noblesse sarde). Les chambres, toutes décorées et aménagées avec soin, donnent sur la ruelle calme. Demandez la chambre-suite panoramique, la plus belle de toutes. Sur le toit, une adorable petite terrasse d'où la vue est superbe.

***B & B Roserosse*** *(zoom couleur, B1,* ***31****) : via Lamarmora, 116. ☎ 070-657-299. 392-046-97-32. • info@roserossecagliari.it • roserossecagliari.it • Doubles 70-80 €, petit déj inclus.* Petit palais chargé d'histoire, dans une rue étroite (parfois bruyante) qui cache quelques chambres de charme, meublées avec goût. Avantages : la situation, la personnalité de la maison, son style, et l'accueil. On parle un peu le français. Dommage que le petit déj soit léger et insuffisant, le prendre ailleurs...

***B & B Crisaripa*** *(zoom couleur, B1,* ***32****) : via Canelles, 104. 347-923-02-87. • crisaripa@tiscali.it • crisaripa.it • Tte l'année. Doubles 80-100 € selon saison, petit déj inclus.* Au cœur du Castello, dans un vieux palais du XVIIe s, les propriétaires (très gentils) louent 2 chambres de caractère et de bon confort. Le charme du lieu et l'emplacement dans ce quartier historique en font une excellente adresse chic et de style. On est très loin du bling-bling berlusconien des nouveaux riches de la costa Smeralda...

***B & B El Buen Retiro*** *(zoom couleur, B1,* ***33****) : via Lamarmora, 138. ☎ 070-658-153. 331-386-67-10. • f.adsf@alice.it • elbuenretiro.com • Fermé janv-mars. Résa conseillée. Doubles 80-100 € selon saison, petit déj inclus.* « Le Bon Refuge » en espagnol. Ce beau palais du XVIIe s est encore habité par les Amat Di San Filippo, une des plus vieilles familles nobles de Sardaigne. Si vous aimez les films de Visconti, venez ici, bien que les propriétaires préfèrent la sobriété et la discrétion au luxe ostentatoire et baroque des aristos romains ou napolitains. 2 chambres de charme meublées avec goût.

***DANS LE QUARTIER DE VILLANOVA***

***Inas B & B*** *(zoom couleur, C1,* ***25****) : via San Giovanni, 206, angle avec via Bosa. 349-065-90-44. • info@bbinas.it • bbinas.it • Double 50 €. Internet, wifi.* Dans le quartier populaire de Villanova, au pied de la colline du Castello. La façade quelconque cache un intérieur ancien bien rénové, avec des poutres et des arcs de pierre qui donnent du caractère à la maison. Bon accueil de Nella, qui loue les lieux. 2 chambres seulement, avec une salle de bains équipée à partager.

## Où manger ?

***DANS LE QUARTIER DE MARINA ET DU PORT***

### Très bon marché

***La Cantina*** *(plan couleur centre, B2,* ***40****) : via dei Mille, 3. Menus 6-8 €.* Tonneaux arrondis et patinés, longue vitrine contenant une multitude de sandwichs variés et des salades. C'est tout ce qu'il faut pour grignoter léger du côté du port en attendant le bus ou le train. Bref, ce n'est pas un vulgaire fast-food mais un *mangiare veloce,* un « manger sur le pouce » style sarde.

## De bon marché à prix moyens

**Ammentos Ristorante** *(plan couleur centre, A1, **41**) : via Sassari, 120. ☎ 070-651-075. • andreagraziella@yahoo.it • Tlj midi et soir (sf mar). Formules 13-30 €. Apéritif maison offert sur présentation de ce guide.* Au cœur d'un quartier riche en restos, celui-ci se singularise par ses formules fort abordables et l'authenticité de sa cuisine sarde. Genre petite taverne, salle intime sur fond de musique du pays, patron avenant. Excellente intro donc à la cuisine locale, placée sous la devise « La douleur la plus dure est celle de mourir de faim », chose ici improbable. Oh, certes, pas de la grande cuisine, mais c'est du solide, goûteux et copieux. Accueil chaleureux en prime.

**Su Cumbidu** *(plan couleur centre, B2, **42**) : via Napoli, 11-13. ☎ 070-660-017. • sucumbidu@hotmail.it • Menus 13-25 €.* Pas de scoubidou dans cette auberge sarde sympathique et rustique, mais de savoureuses viandes du terroir. Demandez Valérie de Quimper (Bretagne), serveuse attentionnée installée à Cagliari depuis longtemps. Petite terrasse dans la ruelle.

**Ci Pensa Cannas** *(plan couleur centre, B2, **43**) : via Sardegna, 37. ☎ 070-667-815. Tlj sf dim. Plats de base 4-8 € ; menus 15-30 €.* Pas de terrasse car on se trouve ici dans une vieille rue étroite du centre ancien, bordée de plusieurs restaurants. C'est notre préféré dans cet alignement de restos. Pourquoi ? La qualité et la fraîcheur de sa cuisine sarde, la douceur de ses prix, la sobriété du cadre (style auberge portuaire bien arrangée) et la gentillesse de l'accueil.

**Trattoria Gennargentu** *(plan couleur centre, B2, **44**) : via Sardegna, 60 C. ☎ 070-658-247. Tlj sf dim. Plats 5-11 €.* C'est le style vieille auberge populaire comme *Da Lillicu.* Une bonne petite adresse, dans le vieux quartier, tout près du port. On vient surtout ici pour les poissons, toujours frais. Mais on recommande aussi les *gnochetti sardi,* avec du jambon, des olives et des tomates.

**Il Buongustario** *(plan couleur centre, B3, **45**) : via Concezione, 9 (traversa via Roma). ☎ 070-668-124. Tlj sf lun soir et mar, jusqu'à 22h45. Compter 25 € pour un repas. Apéritif maison offert sur présentation de ce guide.* Difficile de trouver plus près des arcades de la via Roma et des quais du port ! Pourtant la salle est sombre comme la ruelle, mais la cuisine est bien mijotée. Plats sardes traditionnels, des classiques en somme. Bon accueil et prix doux.

## Prix moyens

**Ristorante-bar Mana'mana'** *(zoom couleur, B2, **46**) : via Savoia, 15. ☎ 070-651-759. • vins1964@gmail.com • Menus 10-20 € ; repas env 30-40 €. Apéritif maison offert sur présentation de ce guide.* Sur une charmante petite place tranquille, voilà un café-restaurant-librairie qu'il ne faut pas manquer. On l'aime pour son emplacement, mais aussi pour sa taille humaine, son ambiance et son esprit culturel et artiste. Idéal de venir à la tombée de la nuit y boire un verre et, si l'endroit vous plaît, vous resterez dîner. Une bonne cuisine élaborée proposant toutes les spécialités sardes.

**Trattoria Da Lillicu** *(plan couleur centre, B2, **47**) : via Sardegna, 78. ☎ 070-652-970. • lillicu.com • Tlj sf dim (hors saison). Résa conseillée. Repas env 25-30 €.* Au cœur de Marina, un vieux resto familial, authentique, patiné par le temps et sans prétention dans la décoration. On est loin des bling-bling de Porto Cervo ! Les tables de bistrot en marbre alignées dans la salle accueillent des clients qui viennent là pour les saveurs paysannes et rustiques de la cuisine.

**Sa Domu Sarda** *(plan couleur centre, A2, **48**) : via Sassari, 51. ☎ 070-653-400. • sadomusarda@gmail.com • Fermé sam midi. Carte 8-10 € ; menus 20-35 €. Café ou digestif offert sur présentation de ce guide.* Joliment meublé, avec notamment un élégant vaisselier en bois dans la salle à manger. Cuisine sarde classique, bien servie, dans l'esprit du réseau *slow food* dont il fait partie (de même que le resto *Zaira,* au n° 52 de la même rue). Goûtez au *malloreddus alla Campidanese*, des pâtes traditionnelles en forme de chenilles, ou bien les *culurgiones*, une spécialité de l'Ogliastra.

**Crackers** *(plan couleur centre, A1, **49**) : corso Vittorio Emanuele II, 195. ☎ 070-653-912. Tlj sf mer, midi et soir jusqu'à 22h. Plats 7-10 € ; viandes 8-18 € ; repas 25-30 €.* Dans ce cadre sobre et lumineux tout à la fois (une longue salle voûtée et climatisée), c'est net et sans bavure : les produits, rien que les produits dans toute leur fraîcheur. Une cuisine de pro sans esbroufe livrée à une clientèle d'habitués réjouie. Petite affaire familiale qui roule, salle vite remplie. Accueil affable et discret comme il sied en ces lieux un peu hors des temps et des modes...

## De prix moyens à plus chic

**Antica Hostaria** *(plan couleur centre, B2, **50**) : via Cavour, 60. ☎ 070-665-870. • granchef@tiscali.it • Compter 35 € pour un repas. Apéritif offert sur présentation de ce guide.* Sans doute la meilleure trattoria de Cagliari. Nichée depuis 1852 dans une des rues étroites du vieux quartier du port. Excellente cuisine, plats savoureux traditionnels de la mer ou de la terre, cadre très agréable. On n'attend pas longtemps à table alors que les plats sont élaborés patiemment en cuisine par un chef talentueux. C'est du grand professionnalisme. Tout est bon et délicieux. Service professionnel et de qualité.

**Luigi Pomata** *(plan couleur centre, B3, **51**) : viale Regina Margherita, 18. ☎ 070-672-058. • info@luigipomata.com • Tlj midi et soir sf dim soir. Repas 30-40 €.* Genre immense brasserie donnant sur le port avec une plaisante terrasse protégée vite prise d'assaut. Touristique sans excès, surtout une clientèle *middle class* rangée et hommes d'affaires... Atmosphère plutôt sympathique et débridée, avec un chef venant saluer ses amis. Déco intérieure contemporaine dans les tons rouge et gris. Spécialité de thon sous toute ses formes et cuit à la perfection. Réputé aussi pour son bar à sushis, sashimis et huîtres. Dans l'ensemble, pas aussi cher que son standing semble présager !

**Ristorante Flora** *(plan couleur centre, A2, **52**) : via Sassari, 45. ☎ 070-664-735. Tlj sf dim. Congés : août. Plats 7-13 € ; repas 30-35 €.* Un restaurant à la décoration recherchée et plus orientée vers le style glamour que rustique. Élégance du décor (un bananier au centre de la cour) et des saveurs, avec une dominante *slow food* qui nous plaît bien. Cuisine sarde revue et corrigée par l'imagination du marmiton derrière ses fourneaux.

### *DANS LE QUARTIER DU CASTELLO (CITADELLE)*

## De prix moyens à plus chic

**Ristorante 51** *(zoom couleur, B1, **60**) : via Santa Croce, 51. ☎ 070-858-66-29. • info@ristorante51.com • Tlj 12h-15h, 20h-minuit. Repas env 20-35 €.* Près de l'église Santa Croce, ce restaurant profite d'une belle terrasse d'où l'on a une vue superbe sur la ville. La salle intérieure est décorée dans un style postmoderne sophistiqué avec des bois peints aux couleurs de l'aluminium. On y sert une cuisine traditionnelle sarde, revisitée par la créativité du chef. Finalement, un bon rapport qualité-prix. Bref, un des rares restaurants modernes de la citadelle. De préférence pour le soir.

## Où boire un verre ? Où sortir ?

**Antico Caffè** *(zoom couleur, C2, **70**) : piazza Costituzione, 10/11. ☎ 070-658-206. • anticocaffe1855.it • Tlj jusqu'à tard.* Le rendez-vous de toutes les variétés d'intellectuels et d'artistes de la ville. Créé en 1855, il échappa miraculeusement aux bombardements de la dernière guerre. Terrasse recherchée dont les grilles furent fabriquées par les prisonniers du pénitencier de San Bartolomeo. Gabriel d'Annunzio, DH Laurence, Grazia Deledda (prix Nobel de littérature), Elio Vittoriani et bien d'autres honorèrent les lieux de leur présence. Élégante architecture intérieure : salle voûtée, panneaux et superbe bar en bois sombre, une véritable atmosphère de café littéraire du XIXe s. Excellents cocktails, *wine bar*, grande variété de thés et cafés, possibilité de se restaurer...

**Caffè Libarium Nostrum** (zoom couleur, B1, **80**) : *via Santa Croce, 33/35. ☎ 070-650-943. • libarium@tiscali.fr • Tlj sf lun (hors saison).* Sur le rebord est de la citadelle (Castello), voici un des rares bars de ce quartier en hauteur. Belle salle voûtée, clientèle branchée, terrasse extérieure avec la plus belle vue qui soit... Y venir au coucher du soleil. Mais musique parfois trop forte.

***Eno Ristorante Vineria*** (plan couleur centre, A2, **71**) : *vico Carlo Felice, 10/12 (et angle de la via Angioy). ☎ 070-684-82-43. Tlj. Apéritif offert (à condition d'y manger) sur présentation de ce guide.* Un bar à vins (*enoteca*) accueillant et très bien tenu, dans un quartier central et animé où ce genre d'endroits est rare. On peut y découvrir avec plaisir la grande variété des vins sardes et italiens. Au moins 200 appellations aux saveurs différentes et succulentes ! Dégustation au verre. Et comme il est parfois bon de manger en buvant, il fait aussi restaurant !

***Ritual Caffè*** (zoom couleur, B2, **81**) : *via Universita, 33. ☎ 070-652-071. Non loin du bastione di San Remy, donc en hauteur, à l'entrée de la citadelle.* La salle voûtée a été creusée dans la roche d'une grotte. Dommage que les cocktails soient un peu chers, mais on peut se contenter d'une boisson moins sophistiquée. Certains soirs, groupe musical pop sarde, ou soirée animée par un DJ local. Un rendez-vous des noctambules.

***Caffè degli Spiriti*** (zoom couleur, B2, **82**) : *sur l'esplanade du bastione di San Remy. 339-882-21-46. Ouv tard les soirs d'été.* Haut perché comme un observatoire au-dessus de la ville. Idéal en soirée, pour boire un verre installé dans un sofa ou allongé dans un hamac... C'est un café branché et en vogue, dans les tons noir et vert pomme, où l'on peut aussi bien boire que manger.

***Caffè Svizerro*** (plan couleur centre, A2, **72**) : *largo Carlo Felice, 6/8. ☎ 070-653-784. Tlj sf dim.* Hauts murs, arcades voûtées, briques anciennes et boiseries, c'est un des plus vieux cafés de la ville, patiné par le temps et fréquenté par les habitués. C'est du vieux chic patiné et non du luxe. *Espresso* et sandwichs servis dans une bonne ambiance.

***DANS LES ENVIRONS***

**La Paillote** (plan d'ensemble) : ***Calafighera.*** *☎ 070-371-584. • info@lapaillote.it • À 5 km à l'est de Cagliari. Bar tlj 8h-20h ; solarium 8h-19h.* Solarium-bar branché au bord de l'eau (avec des transats et des parasols) et restaurant très tendance, voilà l'endroit idéal en soirée ou au crépuscule pour boire un verre face à la mer, en écoutant de la musique, confortablement assis dans les canapés du bar *lounge*. Concerts et spectacles certains soirs.

## Où manger une glace ?

***Il Gelato Aresu*** (plan couleur centre, A1, **90**) : *corso Vittorio Emanuele II, 244. ☎ 070-684-646. • gelatoaresu@gmail.com • Mar-sam 11h30-22h, dim 12h-14h, 17h-22h. Congés en fév.* Petite boutique d'allure modeste, mais sachant dispenser de délicieux et variés parfums à une clientèle bien au courant de la qualité des lieux. Des parfums toujours originaux à partir de fruits et légumes frais : outre les grands classiques... goûtez à la pomme et caramel mais encore safran, écorce d'orange confite, *panettone* ou même... radis et gorgonzola !

## Où acheter de bons produits ?

***Sapori di Sardegna*** (plan couleur centre, B2, **9**) : *vico dei Mille, 1. ☎ 070-684-8747. • saporidisardegna.com • En saison : lun-dim 9h30-22h ; hors saison : lun-sam 9h30-20h30.* Une épicerie tenue par les sympathiques frères Marongiu. C'est le royaume des produits naturels sardes : jambons, saucissons, fromages, friandises... huile d'olive de Dolianava (une des meilleures de l'île), vins sardes dont le fameux *cannonau*. Adeptes de la *slow food*, Roberto et

Giorgio accueillent bien leurs clients et ne sont pas pressés. Ils parlent le français et d'autres langues car leur magasin est connu dans le monde entier !

## À voir

### Le quartier de Marina

**Via Roma** *(plan couleur centre, A-B2-3)* **:** cette longue rue animée longe le port et vit au rythme de ses nombreux commerces et cafés nichés sous les arcades. La via Roma ne mène pas à Rome mais à quelques points névralgiques de la ville comme la gare maritime *(stazione marittima),* la gare ferroviaire *(stazione)* et le terminal des bus (*stazione ARST,* piazza Matteotti), ainsi qu'à l'office de tourisme de la ville. Parmi l'alignement des bâtiments de ce front de mer, quelques belles façades d'anciens palais.

**Palazzo civico** *(hôtel de ville ; plan couleur centre, A2)* **:** *via Roma, 145. Visites intérieures guidées possibles sur résa au ☎ 070-677-70-49. Brochure en français.* On peut admirer l'extérieur et cette façade à portiques de style néogothique, avec des fenêtres géminées et deux tours octogonales. Dans la grande salle du conseil municipal *(sala del consiglio comunale),* belles peintures retraçant l'histoire de la Sardaigne.

**Bastione di San Remy** *(zoom couleur, B2)* **:** construit à la fin du XIX$^{e}$ s sur des vestiges de remparts espagnols, détruit presque totalement par les bombes de la Seconde Guerre mondiale, puis reconstruit, le bastion est un des hauts lieux monumentaux de la ville. Il constitue la pointe sud de la citadelle (Castello). On y accède à pied par les escaliers au départ de la piazza Costituzione (là où se tient l'*Antico Caffè*). Si l'escalier est fermé, accès possible par la porta dei Leoni. De la terrazza Umberto I, on domine une partie de la ville. Vue superbe sur le port et la mer.

### Le quartier de Stampace

Dans la partie basse de la ville, à l'ouest de Marina (dans sa prolongation, en fait), le Stampace est un quartier que l'on peut découvrir à pied, en venant du Castello, au départ de la piazza Yenne. Suivre notamment les via Azuni, Sassari (plusieurs bons restaurants signalés dans ce guide), et Angioy.

**Piazza Yenne et via Azuni** *(plan couleur centre, A-B1)* **:** c'est le cœur historique du Stampace, au pied de l'angle sud-est du Castello.

**Les églises (chiese) :** au début de la via Azuni, ***chiesa Sant'Anna*** du XVIII$^{e}$ s *(se visite tlj en été, 7h30-10h30, 17h-20h).* Au bout de la rue, ***chiesa San Michele,*** plus belle que la précédente *(tlj 8h-11h, 18h-20h).* Construite entre 1664 et 1738, elle est considérée comme une rareté architecturale car elle marie le style jésuite et le baroque espagnol, preuve évidente de l'influence culturelle de l'Espagne dans l'histoire de Cagliari. Autre église emblématique, ***chiesa Sant'Efisio,*** dans la via Sant'Efisio. Selon la légende, elle aurait été construite sur le site où aurait été incarcéré saint Efisio, le saint patron de la Sardaigne, en l'an 430 de l'ère chrétienne. Un lieu très animé pendant la grande fête annuelle qui chaque année (du 1$^{er}$ au 4 mai) célèbre ce saint fondateur.

### Le Castello

**Piazza Palazzo** *(zoom couleur, B1)* **:** voilà le centre historique du quartier du Castello. Sur cette grande place bordée de belles façades se dressent la cathédrale, le palazzo Regio (ancien Palais royal) construit en 1337 par les Aragonais, et l'ancien palazzo di Citta (appelé aussi palazzo Arcivescovile). Pendant des siècles, ce fut le cœur, le moteur et le cerveau du pouvoir royal en Sardaigne. Curieusement, on n'y voit aucun commerce...

**Duomo Santa Maria** (zoom couleur, B1) : *piazza Palazzo. • duomodicagliari.it • Juin-sept, tlj 8h-20h ; le reste de l'année, 8h-12h, 16h-20h ; horaires variables les j. fériés. Ne se visite pas pdt les offices.* Elle regarde une très belle place, qui pourrait servir à un décor de film historique s'il n'y avait un parking installé dessus. À l'origine, aux XIe et XIIe s, ce fut une église pisane, mais rien aujourd'hui ne le rappelle. La façade est baroque et date du XVIIe s. En 1925, cette même façade fut retouchée dans le style roman de Lucques. L'intérieur de la cathédrale en marbre est également de style baroque. Il faut absolument voir la « chaire de Guillaume ». Exécutée pour la cathédrale de Pise entre 1158 et 1162, elle fut solennellement offerte à Cagliari en 1312. Les Pisans ayant commandé une nouvelle chaire se débarrassaient ainsi de l'ancienne tout en resserrant les liens avec les Sardes ! Les magnifiques panneaux sculptés évoquant des scènes du Nouveau Testament sont dissociés des lions stylophores (c'est-à-dire sculptés sur des colonnes) incorporés au XVIIe s au sanctuaire surélevé. La crypte sous le chœur abrite les tombeaux des princes de la maison de Savoie. Dans la salle capitulaire, une belle collection de peintures dont une *Flagellation du Christ* attribuée à Guido Reni.

**Ex-palazzo di Città** (zoom couleur, B1) : *entre la via Canelles et la via Duomo. À droite de la cathédrale quand on est en face de celle-ci. Tlj 9h30-13h30, 16h-20h. Billet : 5 € ; réduc.* Pendant près de six siècles, soit de 1331 à 1896, ce palais servit de mairie à la ville. L'empereur Charles Quint, maître de l'Espagne et du Nouveau Monde, y logea en 1535. Il abrite aujourd'hui des collections de peintures, de céramiques et de textiles.

**Palazzo Vice-Regio** (preffetura ; zoom couleur, B1) : *à gauche de la cathédrale. Ne se visite pas.* Appelé aussi palazzo Regio. A été construit en 1337 par les Aragonais, qui y installèrent le siège de leur pouvoir, après avoir renversé les Pisans. Aux XVIIIe et XIXe s, il abrita la cour de la maison de Savoie.

**Via Lamarmora et via Canelles** (zoom couleur, B1-2) : bordées de demeures bourgeoises et de palais encore habités par les vieilles familles nobles sardes, ces deux longues rues parallèles et étroites traversent le quartier du Castello du nord au sud. Elles donnent une bonne idée de la vie austère et altière que menaient autrefois les gens du quartier. Aujourd'hui encore, il y a peu de commerces, pas de restaurants ni de petits cafés, mais quelques beaux ateliers d'artisans et des magasins d'antiquités. Certains palais rénovés abritent de très bonnes adresses de *B & B* (chambres d'hôtes de charme et de caractère ; voir plus haut la rubrique « Où dormir ? »).

**Torre di San Pancrazio** (zoom couleur, B1) : *au nord du Castello. En été, tlj sf lun 9h-13h, 15h30-19h30 ; en hiver, 9h-16h30. Entrée : 4 € ; réduc.* Construite en 1305. C'est une grande et belle porte d'entrée, surmontée par une haute tour en calcaire blanc, qui permet d'accéder à la forteresse en franchissant la piazza Arsenale. Compter 189 marches pour monter au sommet.

**Torre dell'Elefante** (tour de l'Éléphant ; zoom couleur, B1) : *via Santa Croce (angle avec la via Universita). En été, tlj sf lun 9h-13h, 15h30-19h30 ; en hiver, 9h-16h30. Entrée : 4 € ; réduc.* Sur la façade, une statue d'un éléphant a donné son nom à cette tour, haute de 30 m, construite en 1307 par l'architecte sarde Giovanni Capula. Si vous voulez avoir une vue panoramique sur la ville, montez non pas sur l'éléphant mais au sommet de la tour (119 marches). Le mécanisme ancien (la herse) qui permettait d'ouvrir les portes est toujours là.

**Porta dei Leoni** (zoom couleur, B2) : *au sud du Castello, dans les remparts, près du bastione di San Remy.* Cette porte donne accès au bas, c'est-à-dire au quartier de Marina. Elle doit son nom aux deux têtes de lions sculptées au-dessus de l'arc en plein cintre.

## Citadella dei Musei

Au nord du Castello, la Citadella dei Musei rassemble sur un petit espace plusieurs musées : le Museo archeologico nazionale, le museo d'Arte siamese et la Pinacoteca nazionale.

**Museo archeologico nazionale** *(zoom couleur, B1)* : *☎ 070-684-000. Tlj sf lun 9h-20h. Entrée : 4 € ; réduc. Billet combiné avec la Pinacoteca nazionale : 5 €.* Réparties sur quatre étages, les salles exposent les découvertes des fouilles archéologiques effectuées en Sardaigne. De la préhistoire à l'époque nuragique jusqu'aux Phéniciens et Romains, sans oublier l'héritage carthaginois et byzantin. Ne pas manquer la tablette phénicienne en pierre sur laquelle apparaît pour la première fois le nom « Sardinia » (en caractères phéniciens). La salle néolithique abrite de belles sculptures en albâtre représentant des divinités féminines, dont une en forme de croix provenant de Senorbi. Intéressante collection de haches de la fin de l'âge du bronze. Parmi les pièces les plus remarquables, on notera le *tophet* de Tharros. Il s'agit de la reconstitution d'une dune de sable contenant les urnes funéraires des nouveau-nés défunts. On peut admirer notamment un ensemble exceptionnel de figurines en bronze *(bronzetti)* de la culture nuragique. Mesurant entre 30 et 90 cm de haut, elles représentent des divinités, des humains, des guerriers, des athlètes, des animaux... Elles étaient sculptées en vue d'offrande dans les temples, et on les enfermait dans les tombes pour protéger les défunts et les mettre à l'abri des envahisseurs.

**Pinacoteca nazionale** *(zoom couleur, B1)* : *mar-dim 9h-20h. Entrée : 2 €.* La plupart des œuvres et peintures (du XV^e^ au XVI^e^ s) proviennent des églises de Sardaigne : retables catalans et sardes comme *L'Annonciation* de Juan Mates (1391-1431) et *Sant'Eligio* par le Maître de Sanluri (début du XVI^e^ s). L'étage intermédiaire abrite des peintures des XVII^e^ et XVIII^e^ s, et on peut y voir un morceau de la muraille de la fortification espagnole d'origine (1552-1563). Au niveau inférieur est exposé le *retable di San Cristoforo,* endommagé par le feu en 1871.

**Museo d'Arte siamese** *(zoom couleur, B1)* : *tlj sf lun. Juin-sept 9h-13h, 16h-20h ; oct-mai 9h-13h, 15h30-19h30. Entrée : 4 €.* La Thaïlande en Sardaigne ! Ce musée présente la majeure partie des 1 300 objets donnés à la ville de Cagliari par Stefano Cardu, un aventurier sarde qui servit à la cour du roi du Siam (actuelle Thaïlande). Porcelaines chinoises, statuettes japonaises, armes, vases, peintures sur soie...

**Mostra di Cere Anatomiche** *(zoom couleur, B1)* : *dans le complexe des musées. Mar-dim 9h-13h, 16h-19h. Entrée : 1,50 €.* Exposition de 80 mannequins de cire, œuvre de Clemente Susini, ayant servi au XIX^e^ s à des cours d'anatomie. On pourrait appeler cela des écorchés : tête humaine avec ses muscles, ses canaux sanguins et son réseau de nerfs, femme enceinte abritant son fœtus... Promenade médicale dans une ambiance morbide.

## Entre le Castello et le quartier de Stampace

**Anfiteatro romano** *(zoom couleur, B1)* : *viale Fra Ignazio. ☎ 070-652-956. • anfiteatroromano.it • Au nord-ouest du centre-ville. Avr-oct, mar-dim 9h30-13h30, 15h30-17h30 ; nov-mars, mar-sam 9h30-13h30, dim 10h-13h. Billet : env 4,30 € ; réduc.* Il s'agit du vestige romain le plus significatif de Cagliari. Édifié au II^e^ s apr. J.-C., avec des pierres calcaires, il imite les amphithéâtres grecs. Il pouvait accueillir près de 10 000 spectateurs. Au Moyen Âge, une grande partie du monument s'est écroulé. Des pierres ont été utilisées pour construire le Castello. À l'époque romaine s'y déroulaient des spectacles de cirque et des naumachies (reconstitution des batailles navales). L'arène pouvait être remplie d'eau grâce à un ingénieux système de canalisations. Sur place, on voit toujours la fosse aux animaux *(cavea)*, les couloirs, les gradins et les passages souterrains.

**Orto botanico** *(Jardin botanique ; hors plan couleur centre par A1)* **:** *viale Fra Ignazio da Laconi, 13. ☎ 070-675-35-12. Mi-mars à oct, tlj 8h30-19h30 ; nov à mi-mars, tlj 8h30-13h30. Billet : 3 € ; réduc.* Au nord-ouest du Castello, ce jardin botanique présente la plus grande variété de plantes jamais réunies en Sardaigne. Sur plus de 12 ha, il renferme plus de 500 espèces venues d'Amérique, d'Afrique, d'Asie et des îles du Pacifique, ainsi que les plantes de la Méditerranée. Le *museo Erbario* (herbarium) ouvre aux mêmes horaires que le jardin. Il expose près de 50 000 plantes séchées et présentées sous forme d'herbier. Le jardin abrite aussi des grottes et des vestiges de l'époque romaine, car l'amphithéâtre romain est tout proche.

**Villa di Tigellio** *(hors plan couleur centre par A1)* **:** *via Tigellio, dans la partie basse du quartier de Stampace, près du Jardin botanique.* Appelée aussi « casa Tigellio ». Un ensemble de trois demeures aristocratiques (en ruine) et de thermes romains datant de l'époque impériale. Non loin de là, au n° 48 de la même rue, restes d'un aqueduc romain.

**Necropoli Tuvixeddu** *(hors plan couleur centre par A1)* **:** *via Falzarego. Mars-sept, ouv de 8h au coucher du soleil.* Vestiges d'une nécropole punique. Une centaine de chambres funéraires souterraines, en grande partie ensevelies sous les ronces et la végétation.

## Le quartier de Villanova

Quartier situé au pied du Castello, du côté est.

**Chiesa e convento San Domenico** *(plan couleur centre, C1)* **:** *piazza San Domenico. Tlj 8h15-11h, 18h-20h (19h30 en hiver).* Au cœur du quartier de Villanova, voici le plus bel exemple de l'architecture gothique aragonaise à Cagliari. L'extérieur bombardé en 1943 a été reconstruit, mais l'intérieur abrite un cloître d'une grande élégance qui a survécu aux affres de l'histoire.

**Via San Giovanni** *(zoom couleur, C1-2)* **:** elle commence à 200 m au nord de la piazza Costituzione et traverse Villanova. Bordée de maisons à deux ou trois étages, elle donne un bon aperçu de la vie de ce quartier, au bas du Castello.

**Basilica di San Saturnino** *(ou Saturno ; plan couleur centre, D2)* **:** *piazza San Cosimo. À environ 800 m à l'est de la piazza Costituzione (où se trouve l'Antico Caffè) et du bastione di San Remy, par la viale San Lucifero (saint Lucifer, un diable au paradis... !). Ouv 9h-13h sur résa ; dim, ouv à 11h pour la messe. Entrée libre.* Au bord d'une place tranquille, cette modeste église possède une grande histoire car elle serait le plus vieux monument chrétien de l'île. Bâtie vers le VI^e^ s au pied de la colline de Bonaria, près d'une nécropole chrétienne (la plus ancienne de Cagliari), elle aurait hébergé entre 1082 et 1119 des moines de Saint-Victor de Marseille, qui y installèrent le siège de leur prieuré sarde.

**Basilica di Bonaria** *(hors plan couleur centre par D3)* **:** *piazza Bonaria. À 500 m au sud-est de la basilica di San Saturnino, en allant vers la sortie est de la ville, direction la plage del Poetto. En été tlj 6h30-11h, 17h-20h ; en hiver tlj 6h30-12h, 16h-19h.* On la remarque de la route, car elle est construite sur une sorte de butte accessible par des escaliers. Dédiée à la vierge de Bonaria, patronne des marins, elle date du XIV^e^ s. Elle fut remaniée au XVI^e^ s et en partie restaurée après les bombardements de 1943. La partie la plus intéressante est la chapelle absidiale octogonale.

**Monte Urpino** *(plan d'ensemble)* **:** *dans les faubourgs est de Cagliari, à env 4 km de la piazza Costituzione. On peut y aller en bus ou en voiture. De la basilique de Bonaria, prendre la via Milano, puis la viale della Pineta et la viale Europa.* Du sommet (98 m), on découvre une des plus belles vues qui soient sur Cagliari et ses environs : le golfo di Quartu, le monte Elia, l'étang de Molentargius (anciens marais salants) et la plage del Poetto.

## Fêtes et manifestations

– ***Processione della settimana santa :*** *sem Sainte.* Le Vendredi saint, la statue du Christ mort est portée jusqu'à la petite église du « SS Crocefisso » où a lieu la cérémonie de la déposition de la Croix. Le dimanche de Pâques a lieu la cérémonie de la rencontre de la Vierge Marie (la Madone) avec son fils Jésus ressuscité. La statue de la Madone est portée en procession par des femmes et celle du Christ par des hommes. Les deux cortèges se rejoignent sur la place de la Costituzione.
– ***Fiera Campionaria internazionale della Sardegna :*** *avr.*
– ***Sagra di Sant'Efisio*** *(fête de Saint-Efisio)* ***:*** *1er-4 mai.* Elle dure 4 j. C'est la fête religieuse la plus importante de Sardaigne. On prétend aussi que ce serait une des processions les plus longues du monde : 80 km de cortège ! La procession part le 1er mai de l'église de Sant'Efisio, dans le quartier du Stampace. La statue du saint est placée sur un char tiré par des bœufs, suivi par d'autres chars (« les *traccas* »), et une foule de cavaliers costumés, de musiciens et de fidèles. Le 2e jour, le cortège rejoint Pula et les ruines de Nora. Le 3 mai, après les offices religieux, on offre des repas aux plus pauvres dans une ambiance de fête populaire. Le dernier jour, le cortège parcourt le même chemin mais en sens inverse, et la procession retourne à son point de départ.



## DANS LES ENVIRONS DE CAGLIARI

***Spiaggia del Poetto*** *(plan d'ensemble)* ***:*** *à 8 km à l'est de Cagliari, sur une langue de terre qui sépare la mer des étangs de l'intérieur (anciens marais salants).* Longue de plusieurs kilomètres, c'est la plage des habitants de Cagliari. Bien exposée au sud, avec peu de constructions, elle aligne de nombreux petits kiosques où l'on peut boire et manger.

***Parco naturale Molentargius-Saline*** *(les anciens marais salants ; plan d'ensemble)* ***:*** *derrière la plage del Poetto. Infos : ☎ 070-379-192. • parconaturalemolentargius.it • Tlj 8h-20h. Possibilité de visites guidées en autobus, à vélo, en bateau ou à pied.* Du sommet du monte Urpino, on jouit d'une très belle vue sur ce vaste étang d'eau douce, étendu entre la ville, le quartier de San Elena et la plage del Poetto. Ce sont d'anciens marais salants, qui étaient encore en activité jusqu'en 1985. Ils font aujourd'hui partie d'un parc naturel destiné à préserver l'écosystème. De nombreux oiseaux y séjournent comme les hérons, aigrettes, cormorans et goélands, mais les plus étonnants sont les flamants roses. Ces migrateurs aiment nidifier sur les rives de l'étang, au printemps et en automne, saisons idéales pour les observer.

# AU SUD-OUEST DE CAGLIARI

**Dès la sortie de Cagliari, traversées par la S 195, de vastes lagunes *(stagno de Cagliari),* fiefs des flamants roses, cormorans, hérons et autres aigrettes. Suivent quelques raffineries, avant d'arriver à Pula, première authentique station balnéaire du coin. En cours de route, par *Capoterra,* accès à la réserve forestière naturelle de *monte Arcosu*. On y trouve cerfs, sangliers, chats sauvages, aigles et d'intéressants chemins de randonnées (possibilité de balades guidées).**

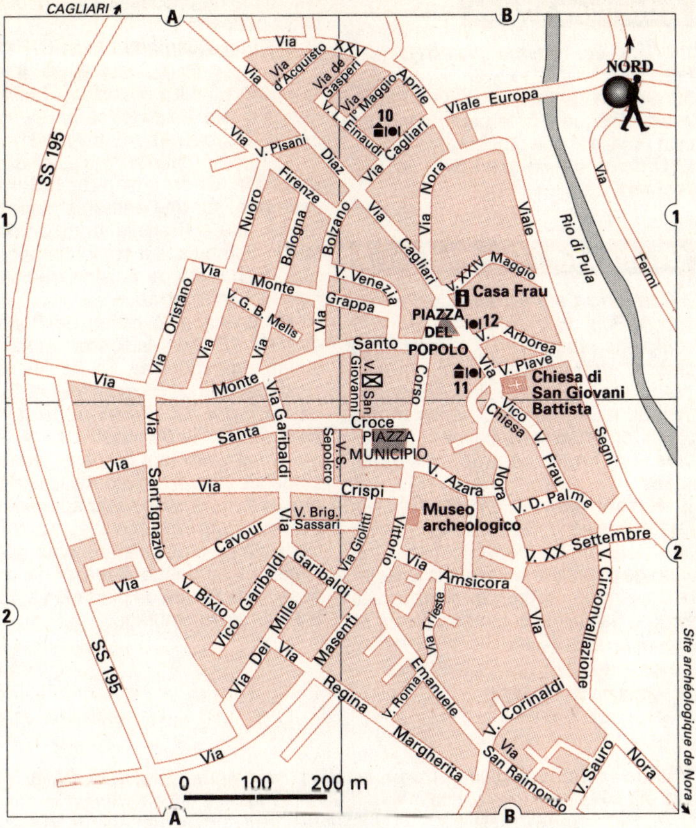


## PULA

**Où dormir ? Où manger ?**

**10** Hotel Mori
**11** Hotel Villamadau
**12** Ristorante della piazza del Popolo

# PULA

(09010) 7 200 hab.

**Bien que très touristique et première destination de week-end des habitants de Cagliari, c'est une station balnéaire plaisante, horizontale, colorée et porte d'entrée du site archéologique de Nora. Quelques architectures intéressantes, comme celles du musée et de la *villa Santa Maria* (de style palladien).**

➢ ***Pour s'y rendre :*** depuis ***Cagliari,*** nombreux bus *ARST.*

## Adresses utiles

**Ufficio del turismo** (plan B1) : *casa Frau, piazza del Popolo. ☎ 070-924-52-50. Dans le centre-ville.* Si c'est fermé, la bibliothèque à côté peut donner un plan de ville et une brochure.

**Ufficio postale** (plan B1) : *via San Giovanni, 2.*

## Où dormir ? Où manger ?

***Camping Cala d'Ostia*** : *à 6 km au sud de Pula. ☎ 070-921-470. • info@campingcaladostia.com • campingcaladostia.com • En hte saison, env 33 € pour 2 avec tente et voiture.* Face à la mer, au milieu des eucalyptus et des pins. Confortable, sanitaires impeccables, boutique. Location de caravanes.

***Hotel Mori*** (plan B1, **10**) : *via Cagliari, 10. ☎ 070-920-91-24. Dans le centre-ville. Double 40 €.* Dans une auberge populaire noyée dans la végétation. Simple, propre, pas cher, accueil sympa. Sanitaires communs. Resto et bar au rez-de-chaussée. Idéal pour les petits budgets.

***Hotel Villamadau*** (plan B1, **11**) : *via Nora, 84. ☎ 070-924-90-33. • villamadau@yahoo.it • villamadau.it • Dans le centre-ville. Resto fermé lun. Congés en janv. Doubles 98-149 €. Apéritif maison ou digestif offert sur présentation de ce guide.* Charmant petit hôtel de caractère, sur une adorable placette, face à une église mignonne comme tout ! Chambres tout confort impeccables. Bon resto de cuisine traditionnelle. Jardin et terrasse.

***Ristorante della piazza del Popolo*** (plan B1, **12**) : hors saison fort agréable, en été fort fréquentée. Le ***Jingles*** présente des menus corrects à 14 et 16 €, de même que le ***Zu Zilleri*** (plus discret). En revanche, le ***S'incontru*** au milieu, qui prend quasi tout l'espace, joue les branchés avec son décor design, mais propose une cuisine assez approximative (se rabattre plutôt sur leurs pizzas). Deux excellentes *gelaterie* pour compléter le tout, dont le ***Sherbet*** qui propose, pour fondre de plaisir, un agréable petit jardin ombragé.

# À voir. À faire

***Museo archeologico Patroni*** (plan B2) : *corso Vittorio Emanuele, 67. ☎ 070-920-96-10. • comune.pula.ca.it • Tlj 9h-20h. Entrée : 6 € (comprenant le site de Nora).* Petit musée installé dans un élégant bâtiment, fort bien aménagé. Muséologie claire et didactique. On y trouve surtout le produit des fouilles de Nora : amphores, ancres, poteries, lampes à huile. Quelques vases peints à la grecque. Vestiges de la nécropole punique, dont une petite série de *tophets* (stèles d'enfants). De la nécropole romaine, de délicates coupes sigillées. Surtout, on découvre d'exceptionnelles pièces en verre intactes (urnes funéraires, fioles).

***Sito archeologico di Nora*** (hors plan par B2) : *à 4 km au sud de Pula. Tlj 9h-1h avt le coucher du soleil. Entrée : 6 € (comprenant le Musée archéologique). Parking à 300 m de l'entrée.*

Sur son promontoire, le site de Nora offre une séduisante balade dans l'histoire. Découvert en 1889, lorsqu'une violente tempête révéla un *tophet* (cimetière d'enfants punique) intact. Vu l'emplacement privilégié (en isthme), pas étonnant d'ailleurs que les Phéniciens choisirent cet endroit pour y établir leur premier port au VIII$^e$ s av. J.-C. On y découvrit la plus ancienne écriture phénicienne de l'île. La ville connut son apogée du V$^e$ au III$^e$ s av. J.-C., puis vint la conquête romaine (en 238 av. J.-C.). Devenue siège du gouverneur de l'île, la ville se couvrit de monuments et bâtiments dont on admire la richesse des vestiges aujourd'hui. Du II$^e$ au III$^e$ s, ce fut l'un des plus grands ports de la Méditerranée, avant de rentrer en décadence suite à l'invasion des Vandales en 456, pour être abandonné définitivement au VII$^e$ s, conséquence des raids arabes.

« T'as de beaux restes, tu sais ! »... Aujourd'hui, on peut admirer le ***théâtre*** (on notera sous la scène les cavités qui permettaient d'amplifier les voix des acteurs), les belles ***demeures patriciennes*** dont celle avec les quatre petites colonnes. Elle propose une superbe mosaïque au décor assez élaboré. Ne pas manquer également celle d'« Amphytrite sur un centaure marin ». ***Thermes*** bien conservés, ainsi que quelques éléments du système d'écoulement des eaux, égouts, aqueducs... puis morceaux significatifs de voies romaines, ainsi que les fondations carthaginoises du ***temple de Tanit,*** etc. Quand on songe qu'une grande partie a été submergée par la mer... Sur la pointe de Pula, une pittoresque tour de guet espagnole ***(torre del Coltelazzo).***

***Spiaggie :*** d'abord celle ***di Su Guventeddu*** (la plus longue), puis celle de ***Nora*** (ou ***Sant'Efisio,*** du nom de la petite église du XII^e s en face de la tour espagnole) mais attention parking payant. Toujours plus de plages vers le sud, ***Campu Matta,*** sur la costa di Santa Margherita, au niveau du camping et de la tour Cala-d'Ostia et une autre vers l'hôtel *Abamar.* La lagune offre également l'occasion de découvrir ses atouts : vie aquatique, oiseaux, petit aquarium présentant les poissons y demeurant... À l'autre bout du lagon, possibilité, avec masque et tuba, de découvrir quelques vestiges romains sous-marins...

## Fêtes et festivals

– ***Sant'Efisio :*** *3 premiers jours de mai.* L'une des plus importantes fêtes de Sardaigne. Saint Ephise, martyr chrétien sous Dioclétien, patron de la Sardaigne, fait l'objet d'une grande procession du 1er au 2 mai, de Cagliari à Nora (suite à un vœu d'en finir avec la grande peste de 1656). *Traccas* (petite charrettes traditionnelles), pluie de pétales de rose, feux d'artifice, musiques et costumes locaux. Meilleur jour le 2 mai, à l'arrivée du cortège. Le 15 janvier, petit prologue, avec l'anniversaire de la mort du saint.
– ***Festa di San Giovanni Battista :*** *24 juin.* Saint Jean-Baptiste est le patron de Pula.
– ***Festival Santa Margherita :*** *1re quinzaine d'août.*
– ***Festa di Assunzione*** *(Assomption)* ***:*** *15 août.* De nombreux bateaux colorés et illuminés défilent au large de Nora.
– ***Sagra di San Raimondo :*** *dernière sem d'août.*

# CHIA

(09010)

**Porte d'entrée de la costa del Sud, à une vingtaine de kilomètres au sud de Pula. Coin faiblement urbanisé. Les villas se fondent plutôt bien dans les collines. Nombreuses plages, l'embarras du choix...** ***Campana, Cipolla, Su Giudeu, Sa Colonia...*** **En particulier, la plage de** ***Campana*** **est bordée de hautes dunes. Une petite lagune abrite divers échassiers.** ***Cipolla*** **s'étend entre de petites falaises (sentier pour y parvenir).** ***Su Giudeu*** **est la plus familiale et** ***Sa Colonia*** **la plus longue. Sur un promontoire s'élève la** ***torre di Chia*** **du XVII^e s. Autour s'étendait la cité de** ***Bithia.*** **Peu de vestiges visibles, mais de nombreux objets au musée de Cagliari.**

## LA ROUTE DE LA COSTA DEL SUD

**Route panoramique en surplomb d'une vingtaine de kilomètres, livrant parmi les plus beaux panoramas de Sardaigne. Jusqu'à présent miraculeusement préservée, à part un ensemble immobilier peu avant le *cap de Malfatano* (le début de la fin ?). Magnifique *plage de Tuerredda* au fond d'une baie de rêve, avec son sable blanc, une des plus séduisantes qu'on connaisse mais malheureusement payante. La voiture s'arrête d'elle-même d'émotion. Sur l'une des pointes de la baie, une tour aragonaise. Suivent ensuite quelques minicriques sablonneuses (dont *Campiona*) lorsque la route revient flirter avec les flots. Peu après la plage de *Sa Canna* apparaît le premier gros hôtel de bord de mer (retour à la réalité après une quinzaine de kilomètres de bonheur).**

À l'intérieur des terres, ***Santadi*** et son vieux centre médiéval, et la ***grotta Is Zuddas*** dans les environs. *(☎ 0781-955-741. • grotteiszuddas.com •; avr-sept, tlj 9h30-12h, 14h30-18h30 ; hors saison, horaires réduits, se renseigner.)* Une heure de balade parmi classiques stalactites(mites) et découverte surprenante (et rare) d'« aragonites excentriques ou aciculaires », concrétions partant de façon échevelée dans tous les sens, en de bizarres formes, sans tenir compte de la loi de la gravité !

### Où camper ?

***Camping comunale :*** *plage de* ***Portu Tramatzu.*** *☎ 070-928-30-27. • camping@portu-tramatzu.com • Mai-début oct. En hte saison, compter 35 € pour 2.* Basique, mais au calme, sanitaires corrects et, bien sûr, mer toute proche. Boutique, pizzeria et animation (mois d'été). Location de roulottes. Belle plage tranquille au fond d'une baie.

### Où dormir ? Où manger sur la route de Sant'Antioco et dans la région ?

***Locanda Rosella :*** *via P. di Piemonte, 135, 09010* ***Giba.*** *☎ 0781-96-40-29. • la.rosella.giba@tiscali.it • En plein centre-ville. Tlj sf mer. Doubles 70-100 € selon saison. Menus 25-28 € ; carte 30 €.* D'abord, une douzaine de chambres de bon confort. Ensuite, une auberge de grande réputation pour sa cuisine gastronomique, dispensée dans un cadre fort plaisant. Grande salle à arcades sur colonnes faites de galets ronds. Une cuisine typiquement sarde à partir exclusivement de produits frais et de vénérables recettes revisitées, servie généreusement. Une carte succulente qui sait évoluer au gré des saisons.

***Letizia :*** *via San Pietro, 12, 09010* ***Nuxis.*** *☎ 0781-95-70-21. À une vingtaine de km au nord-ouest de Giba, route de Cagliari. Tlj sf mar. Repas 25-35 € (vin en sus).* Dans un village excentré de tout et sans histoire, une ruelle paumée et ce resto qui attire pourtant les gens de loin. Là aussi, une excellente cuisine régionale à partir de bons produits locaux traités avec amour et respect des parfums et des saveurs.

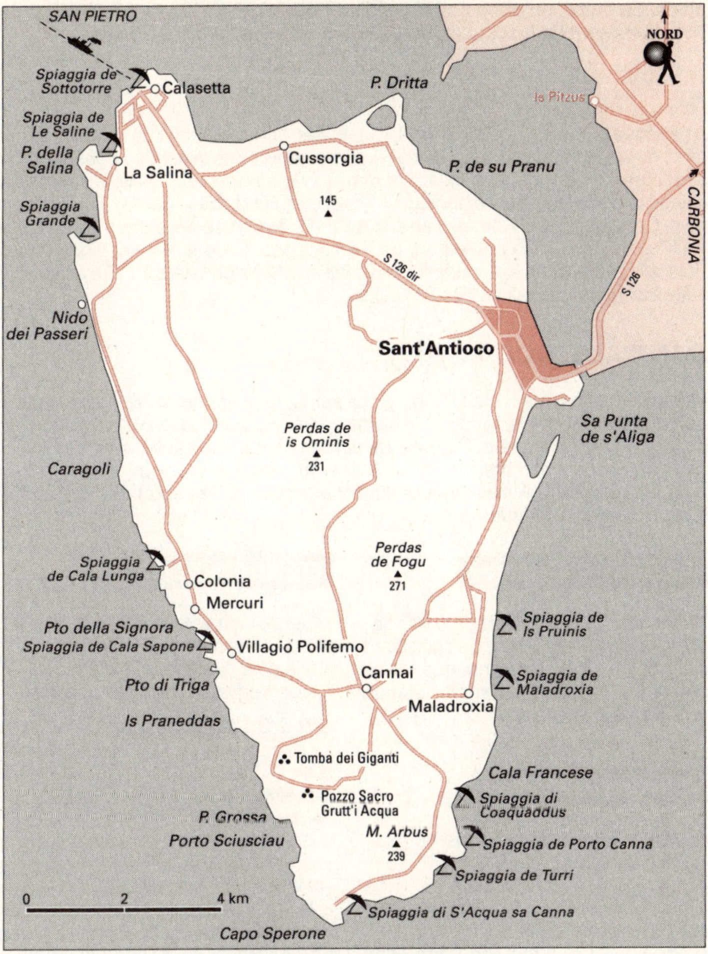


L'ÎLE DE SANT'ANTIOCO



## L'ÎLE DE SANT'ANTIOCO

11 630 hab.

**Avec ses 108 km², la plus grande île sarde et la quatrième d'Italie (après Sicile, Sardaigne et Elbe). Reliée par une chaussée artificielle de plusieurs kilomètres, construite par les Carthaginois, s'appuyant sur des îlots, puis renforcée par les Romains (on aperçoit les vestiges d'un pont à la fin de la chaussée). Une île brute de forme, pas du tout urbanisée et livrant deux villes intéressantes, de pittoresques paysages, de paisibles plages, des criques aux eaux lim-**

**pides. En outre, un riche passé préhistorique et historique a suscité la création d'un des plus fascinants musées archéologiques de Sardaigne.**

## UN PEU D'HISTOIRE

À l'époque phénicienne (VIIIe s av. J.-C.), *Sulcis,* son port, était l'un des plus importants de la Méditerranée et servait à l'embarquement des minerais (le géographe et astronome grec Ptolémée l'avait nommée *insula Plumbaria,* « l'île du Plomb »). Durant la deuxième guerre punique, il servit bien sûr de base navale aux Carthaginois. Conquis par les Romains en 238 av. J.-C., le port se développa encore plus. Au IIe s apr. J.-C., l'île prit le nom de *Sant'Antioco,* lorsque le saint vint y mourir. Puis, elle glissa dans la décadence avec les invasions barbares au Ve s et, surtout, suite aux raids incessants des Sarrasins.

## *SANT'ANTIOCO (09017)*

La capitale éponyme s'étend avec grâce sur un long promontoire. À ses pieds, le port de pêche et de plaisance. Ville basse particulièrement animée où l'on trouve la riche zone archéologique. Pittoresque et romantique ville haute, avec ses ruelles pentues et ses innombrables catacombes qui servirent longtemps de logement pour les pauvres (utilisées aujourd'hui comme cave ou entrepôt). Du fort, tout en haut, superbe panorama sur l'île.



### Arriver – Quitter

➢ ***En bus :*** depuis piazza de la Repubblica, une demi-douzaine de bus relient ***Carbonia*** et ***Iglesias,*** ainsi que ***Calasetta.*** De mi-juin à mi-sept, minibus pour les plages également.

### Adresses utiles

🛈 ***Ufficio regionale del turismo*** *(plan B2,* ***1****)* **:** *lungomare Silvio Olla. Tlj sf dim et lun mat 9h-13h, 16h30-20h30 (hors saison, horaires réduits).* Bon matériel sur l'île et plan de ville.

🛈 ***Ufficio del turismo Pro Loco*** *(plan A2,* ***2****)* **:** *piazza della Repubblica, 31. Ouv juil-août ; horaires irréguliers.*

✉ ***Ufficio postale*** *(plan A2)* **:** *piazza Umberto.*

### Où dormir ?

– Pas de camping à Sant'Antioco, il faut aller à *Calasetta* (intime, le plus sympa) ou sur la côte ouest (très touristique, mais fort bien équipé). Voir à ces chapitres.

🏠 ***B & B Crisocolla*** *(plan B1,* ***10****)* **:** *via Lamarmora, 57. 📱 320-716-93-40. • info@crisocolla.org • crisocolla.org • Fermé janv à fin mars. Doubles 50-80 € selon saison, petit déj compris. Internet, wifi. Remise de 10 % sur le prix de la chambre sur présentation de ce guide.* Assez central, tout près du port, dans une ruelle tranquille. Modeste maison, avec 2 chambres indépendantes au rez-de-chaussée, sanitaires communs et coin cuisine. Le tout fort bien tenu. Accueil gentil des jeunes proprios.

🏠 ***Hotel I Colori*** *(plan B2,* ***11****)* **:** *via Nazionale, 89. ☎ 0781-84-11-42. • in*

---

**■ Adresses utiles**

🛈 **1** Ufficio regionale del turismo
🛈 **2** Ufficio del turismo Pro Loco

**🏠 Où dormir ?**

**10** B & B Crisocolla
**11** Hotel I Colori
**12** Hotel Moderno
**13** Hotel Solki

**Où manger ? Où manger une pizza ? Où boire un verre ?**

**20** Silvana
**21** Rubiu
**22** Compagnia del Moro
**23** Del Passagero

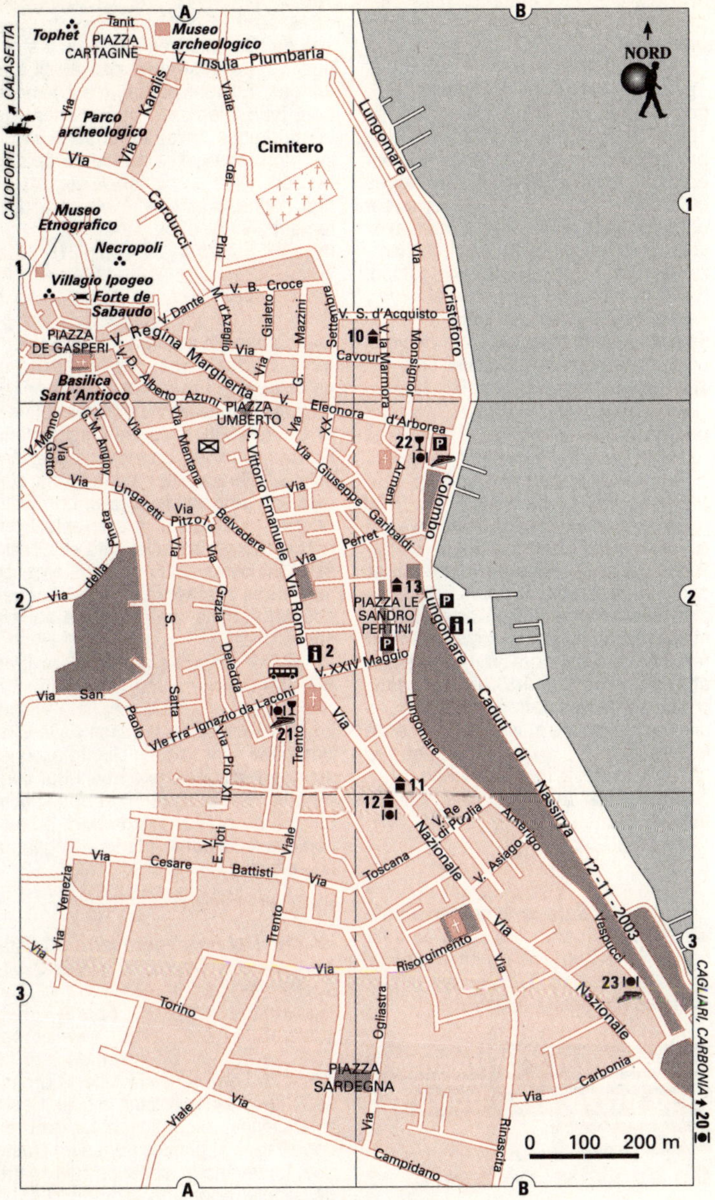


SANT'ANTIOCO

*fo@hotelicolori.it • hotelicolori.it • Très central. Doubles 70-90 € selon saison, petit déj compris ; 3 super suites avec terrasse 100-120 €. Internet.* Grande et agréable demeure sur jardin qui, comme son nom l'indique, éclate en 100 couleurs. En outre, chaque chambre possède la sienne, ladite couleur correspondant à une ambiance, à des états d'âme... Si vous y ajoutez un décor et un mobilier assez design, vous avez là un concept d'hôtellerie particulièrement original. Enfin, cerise sur le gâteau, toute la panoplie de spa, bain turc, sauna, bains à remous (celui à l'extérieur gratuit), massages... fera de vous un routard requinqué ! Accueil pro.

**Hotel Moderno** *(plan B3,* ***12****) : via Nazionale, 82. ☎ 0781-83-105. • albergomoderno@yahoo.it • albergoristorantemoderno.com • Doubles 70-90 € selon saison, petit déj inclus. Resto fermé le dim de mai à sept. Compter 35-40 € pour un repas. Remise de 10 % sur le prix de la chambre sur présentation de ce guide.* Hôtel très classique et cadre assez banal. Tentures parfois un peu fatiguées, petites salles de bains, mais ensemble propre, rigoureusement tenu et de bon confort. Au rez-de-chaussée, le ***De Achille,*** un resto d'excellente réputation, installé dans une étrange salle à manger moderne (où le bois domine), à mi-chemin entre le grand chalet et le hangar d'avion...

**Hotel Solki** *(plan B2,* ***13****) : piazzale Pertini Central, à deux pas du port. ☎ 0781-80-05-21. 349-145-39-21. • hotelsolki@tiscali.it • hotelsolki.it • Doubles 80-120 € selon saison, petit déj compris.* Hôtel de style contemporain sans charme particulier, dans un coin calme. Une vingtaine de chambres et suites spacieuses, lumineuses et aux couleurs apaisantes. Bon accueil.

## Où manger ? Où manger une pizza ? Où boire un verre ?

### De bon marché à prix moyens

**Silvana** *(hors plan par B3,* ***20****) : à 2 km env, sur la chaussée reliant l'île (bien indiqué sur la route). ☎ 0781-83-756. Tlj midi et soir, jusqu'à 21h30-22h. Menu 18 €.* LE resto populaire de poisson de l'île, une très ancienne institution qui ne désemplit pas au fil des années. Et pour cause, c'est simple, bon, frais, bien servi et pas cher ! Un menu unique : mise en bouche, moules, poissons grillés au feu de bois et dessert, avec un pichet de vin. Attention, pleine, la salle se révèle particulièrement animée et bruyante.

**Rubiu** *(plan A2,* ***21****) : viale Trento, 22. ☎ 0781-196-41-07. • info@rubiubirra.it • Tlj sf mar. Congés en oct. Compter 15-20 €.* Voici un « resto-microbrasserie » tout à fait exceptionnel ! Cadre sobre et chaleureux qu'éblouissent toutes ces cuves en alu rutilantes, brassant de superbes bières. Choix de goûts réjouissant également. Surtout, surtout, on vous conseillera telle ou telle bière suivant les plats, suivant les variétés de pizzas, comme... pour les vins dans un grand resto. Bref, l'accord exact entre le mets et la boisson ! En outre, vous y dégusterez les meilleures pizzas de la ville ! Accueil souriant et dynamique, mais ça, vous le saviez déjà !

**Compagnia del Moro** *(plan B2,* ***22****) : lungomare Colombo, 83. ☎ 0781-820-40. Tlj sf mer hors saison.* La plus séduisante terrasse de la ville. Branchée sans excès, clientèle jeune, service alerte, prix modérés. Pour goûter aux douces soirées du port. Petite cuisine de brasserie correcte, pizzas, copieuses salades. Intérieur élégant et confortable.

### Prix moyens

**Del Passagero** *(plan B3,* ***23****) : lungomare A. Vespucci, 52. ☎ 0781-837-94. 348-724-05-08. Tlj midi et soir, sf jeu hors saison. Fermé en fév. Menu pizza 10 € ; menu terre et mer 25 €. Café offert sur présentation de ce guide.* À l'entrée de la ville, à droite, seule luciole la nuit dans le coin. Resto à l'ancienne, décor kitsch, tableaux en coquillages et plantes vertes en plastique. En revanche, sérieuse cuisine traditionnelle pour une clientèle d'habitués. Plus de 40 sortes de pizzas et bon choix de poissons et viandes à la carte. Sur réservation, un excellent porcelet grillé et la soupe de poisson maison.

## À voir

Une ville à faire à pied, surtout autour de la basilique. En tout cas, ne pas tenter d'y monter en voiture et, surtout, de se garer dans le coin. À noter, le système du parking local : nécessité de débusquer le (ou la) contractuel(le) et de payer d'avance pour le temps passé (sinon, possibilité de payer après coup si un avertissement apparaît sur votre pare-brise et que vous agissez rapidement). Démarrage de la balade au *corso Vittorio Emanuele,* élégante épine dorsale ombragée de la ville (et on y trouve les meilleures *gelaterie*). Au coin de la via Eleonora d'Arborea, vestiges d'un monument funéraire romain.

– *Pour la visite des sites et musées : possibilité d'acheter pour 13 € un billet combiné des 5 sites dans le premier d'entre eux (Musée archéologique, Tophet, Musée ethnographique, village hypogée, fort de Sabaudo).*

**Basilica Sant'Antioco** (plan A1) **:** *piazza Parrocchia, 22.* ☎ *0781-83-044.* • *info@basilicasantantioco.com* • *basilicasantantioco.org* • *Tlj 9h-12h (10h-11h j. fériés), 15h-18h.* Ne pas se fier à la façade de style baroque. Architecture romane intérieure très primitive, massive, sombre. Énormes piliers faits de rustiques moellons (du Ve s), transept en rotonde, chœur en cul-de-four. Première église byzantine au Ve s, sur laquelle des moines marseillais érigèrent cette basilique au XIIe s. Son must est l'exceptionnel réseau de catacombes (visite payante) qui court en dessous et dont on ne visite pourtant qu'une infime partie. On ne trouve l'équivalent qu'en Sicile, à Malte et à Chypre. Grande diversité en un impressionnant dédale qui va bien sûr au-delà des limites de l'église : tombes phéniciennes et paléochrétiennes (avec quelques squelettes), tombes couvertes byzantines, sépultures familiales avec vestiges de fresques... tout au fond, chambre funéraire phénicienne (IVe s av. J.-C.). C'est là qu'on découvrit les reliques de saint Antiochus au début du XVIIe s.

**Museo archeologico** (plan A1) **:** *via San Moscati.* ☎ *0781-821-05.* 📱 *389-796-21-14.* • *archeotur.it* • *Avr-sept, tlj 9h-20h ; 1er-15 oct, 9h-13h, 15h30-20h ; 16 oct-mars, 9h30-13h, 15h-18h. Entrée : 6 € ; réduc.*

Au nord de la ville, inséré dans l'immense zone archéologique (ancienne nécropole punique). En une remarquable muséologie et une présentation particulièrement didactique, un riche inventaire de toutes les civilisations de l'île, des premiers établissements néolithiques (3 000 ans av. J.-C.) à l'époque byzantine en passant par les périodes phénicienne, carthaginoise et romaine (cependant, affûter son italien !).

– Présentation en coupe du *tophet,* amphores funéraires, matériel prénuragiques (poteries déjà décorées), petits vases anthropomorphes.

– Pointes de lance et joli archer en bronze (XIe s av. J.-C., bronze final). Vestiges carthaginois du IVe s av. J.-C.

– Nécropole punique et remarquables vestiges de la *nécropole de Sulky* (IVe et IIIe s av. J.-C.). Céramiques grecques, vases funéraires puniques.

– Les *lions de sulky* donnent accès à la salle des bijoux et des masques. Riches collections de bagues et pendants d'oreilles en or, colliers de pierres précieuses.

– Reconstitution particulièrement parlante d'une tombe avec amphores funéraires, masques et statuettes.

– Insolite collection d'amulettes en pâte de verre d'une grande finesse (animaux et quelques personnages). Stèles du *tophet* bien mises en valeur et, surtout, belle série de colliers de pâte de verre, métal, pierres, bois et ambre.

– *Vestiges de la période romaine :* statues et mosaïques. Petits verres irisés, et ne pas manquer cette adorable statuette polychrome provenant de la nécropole...

**Tophet** (plan A1) **:** *mêmes horaires que le musée. Entrée : 4 € (billet combiné avec le musée : 7 €) ; réduc.* • *archeotur.it* • Sur la colline dominant le musée s'étend le *tophet,* vaste zone sacrée datant du VIIIe s av. J.-C. C'est ici que Phéniciens et Carthaginois enterraient les cendres des enfants mort-nés ou décédés dans les

LE SUD-OUEST

mois qui suivaient. La polémique est toujours vive avec ceux qui pensent qu'il s'agissait en fait des enfants ou bébés sacrifiés en l'honneur des dieux *Tinnit* et *Baal Hamon*. On y redécouvrit 4 000 urnes funéraires et près de 2 000 stèles, certaines présentant des figures de personnages, d'animaux ou de symboles sacrés. Site rocailleux pittoresque où sont exposés stèles et vases funéraires. Tout en haut, vestiges d'un temple aux blocs cyclopéens découpés et assemblés avec justesse.

**Museo etnografico** (plan A1) : *via Necropoli, 24.* ☎ *389-050-51-07.* • *archeotur.it* • *Tlj 9h-20h (9h-13h, 15h30-18h hors saison). Entrée : 3 € (billet combiné avec l'hypogée et* Forte de Sabaudo *: 6 €) ; réduc.* Grande salle à l'amoncellement hétéroclite, un vrai capharnaüm d'où émergent cependant de riches collections par métiers. Notamment, l'art du tressage de l'osier et toutes ses applications. Objets domestiques, ustensiles divers, outils agraires, vieilles photos sur les travaux des champs. Insolite, ces coquilles de moules géantes (les *pinna nobilis*), les plus impressionnantes jamais vues ! Collection de licous et harnais. Dans la cour, l'atelier du forgeron, du menuisier et du tonnelier. Pour finir, quelques charrettes pour faire bonne mesure.



**Villagio Ipogeo** (l'hypogée ; plan A1) : *via Necropoli. Entrée : 2,50 €.* • *archeotur.it* • *Visite avec guide du Musée ethnographique.* Ce sont les catacombes et tombeaux de la nécropole punique qui furent utilisées comme logement par les familles les plus pauvres de la ville. La dernière partit en 1970. Quelques meubles et photos rappellent cette époque. Après le départ des familles, certaines pièces abritèrent des pressoirs, comme en témoignent les trous et rigoles creusés dans le sol. En se promenant dans les ruelles alentour, on notera que nombre de ces cavités souterraines sont d'ailleurs utilisées aujourd'hui comme cave à vin, atelier ou entrepôt...

**Forte de Sabaudo** (plan A1) : *via Castello. Entrée : 2 €. Même visite guidée que pour l'hypogée.* Construit en 1812 sur l'emplacement d'une ancienne forteresse punique pour se défendre des raids des pirates barbaresques. D'un intérêt limité, il offre cependant une vision privilégiée de la zone archéologique et de la ville.

## BALADES DANS L'ÎLE

À part quelques ensembles touristiques anciens et s'intégrant relativement bien dans le paysage, l'ensemble des côtes se révèlent préservées. Pas de grandes plages spectaculaires, plutôt des minibaies ou criques de poche.
La côte jusqu'à ***capo Sperone*** (à une quinzaine de kilomètres) offre quelques baignades et points de vue intéressants. Plage de ***Portixeddu*** pas tout de suite évidente à trouver (repérer le sentier). Un peu plus au sud, ***Portixeddu Acuau.*** Accès moins aisé encore (sentier bien caché). Garantie d'être tranquille. ***Maladroxia*** est bien indiquée car déjà exploitée touristiquement (et du monde en été). ***Coaquaddus,*** plus grande, beau sable et aménagée, plaît aux familles. Balades bucoliques autour sympas. Pas de belle plage à ***Turri*** (minicrique de sable, galets et rochers), mais un paysage sauvage de petits à-pic rocheux et panorama sur la côte dominée par une tour espagnole (propriété privée). Pas mal de volatiles de toutes sortes. Enfin, ***capo Sperone*** où quelques vieux privilégiés possèdent une villa. Falaise et point de vue sur les îlots alentour. On prétend que par temps très, très clair, on apercevrait les côtes africaines ! Plage de ***S'Acqua e Sa Canna*** très fréquentée en été. Quelques restos dans le coin.
La ***côte ouest*** : remonter jusqu'au carrefour de *Cannai* et prendre à gauche la route de *Calasetta*. Autour de Cannai, quelques vestiges nuragiques. Deux plages dignes de ce nom : ***cala Sapone*** et ***cala Lunga.*** À côté de cala Lunga, le *nuraghe Nuccu*.
À une douzaine de kilomètres de Sant'Antioco, *cala Sapone* ravira ceux qui souhaitent un séjour de plus longue durée. Grande baie protégée, côte escarpée, piscines naturelles, belle plage de sable, nature sauvage autour et camping très bien équipé... De mi-juin à mi-septembre, bus de Sant'Antioco (arrêt à 100 m du camping).

## Où camper à cala Sapone ?

**Camping Tonnara :** *en bord de mer, entouré par le maquis. ☎ 0781-80-90-58 ou 03-86. • mail@camping-tonnara.it • campingtonnara.it • Emplacements 4-23 € ! Mobile homes et beaux bungalows équipés 50-150 € selon saison et nombre de chambres.* Resto, bar, pizzeria, piscine, boutique, tennis, aire de jeux... Couchers de soleil d'anthologie en prime !

# CALASETTA *(09011 ; 3 000 hab.)*

À une dizaine de kilomètres au nord-ouest de Sant'Antioco, le grand port de l'île d'où l'on embarque pour San Pietro. Ville relativement récente puisque créée en 1769 par d'anciens habitants de l'île de Tabarka en Tunisie, descendants d'hommes et de femmes enlevés par les Sarrasins, la plupart originaires de Ligurie (Gênes). D'ailleurs, on y parle encore localement un ligure ancien du XVIII$^{e}$ s et la cuisine révèle des influences ligures et arabes. Ville nouvelle, l'architecte adopta donc un plan régulier de rues à angle droit où s'alignent de façon non moins régulière, sur le même modèle, les demeures de pêcheurs. Uni à la couleur blanche de l'ensemble, cela distille un charme paisible réjouissant.



## Arriver – Quitter

### En bateau

➢ **Pour l'île de San Pietro** *(Carloforte)* **:** avec la compagnie *Saremar (☎ 0781-88-430),* de fin juin à mi-sept, une dizaine de bateaux/j. 6h55-19h40 ; en basse saison, une demi-douzaine/j. 6h55-17h10. Prix : 8,40-15,10 € pour la voiture (selon longueur) et 5,30 €/passager (réduc enfant) ; un poil moins cher en basse saison et w-e (sf juil-août). À partir de 19h30, avec la compagnie *Delcomar,* une demi-douzaine de bateaux/j. jusqu'à 5h15. Pour éviter l'attente, il est conseillé d'acheter les billets à l'avance.

## Où dormir ? Où manger ?

**Camping Le Saline :** *via Le Saline. ☎ 0781-88-615. • info@campinglesaline.com • campinglesaline.com • À 1 km env sur la côte ouest. Tte l'année. Compter 28-42 € selon saison ; bungalows 80-160 €.* Sympathique camping en bord de plage, noyé dans les arbres et la végétation (nombreux palmiers). Excellent confort et très bien tenu. Machine à laver, bar, resto, boutique, tennis... Possibilité d'équitation et sports nautiques. Accueil pro et francophone.

**Hotel Cala di Seta :** *via R. Margherita, 61. ☎ 0781-88-304. 📱 328-741-94-03. • caladiseta@tiscali.it • hotelcaladiseta.it • Dans le centre. Doubles 70-130 € selon saison, petit déj inclus.* Petit hôtel intime et de charme. Chambres assez spacieuses, confortables et lumineuses (certaines avec poutres apparentes). Accueil souriant.

**Agriturismo Tupei :** *à 2 km de Calasetta (bien indiqué de la route de Sant'Antioco). ☎ 0781-81-00-25. 📱 339-475-24-58. • info@agriturismotupei.com • agriturismotupei.com • Doubles 60-110 € selon saison , 100-120 € en ½ pens (obligatoire en hte saison, ainsi que la résa). Repas 25 €. Remise de 10 % sur la chambre sur présentation de ce guide (oct-mars slt).* Au milieu de 3 ha de landes et de cultures, un peu en hauteur, une élégante bâtisse à arcades à la blancheur immaculée. Grand jardin fleuri. 5 chambres plaisantes et colorées autour du patio. Bonne cuisine à partir des produits de la ferme. On mange dans une agréable salle à manger ou en terrasse. C'est aussi un centre équestre avec de beaux chevaux anglo-arabes.

**Trattoria Da Pasqualino :** *via Regina Margherita, 85. ☎ 0781-88-473. Tlj sf mar. Congés : mi-janv à mi-mars. Compter 30 € pour un repas complet. Digestif offert sur présentation de ce guide.* Dans un cadre coloré (tableaux, assiettes décoratives), le meilleur de la cuisine régionale en de goûteuses recettes. En particulier, bien sûr, toutes les déclinaisons du thon (frais en salade ou le *mosciame e bottarga di tonno*), les *spaghetti alla calasettana*, la *zuppa di pesce*, la *frittura mista*...

## À voir. À faire

***Spiaggie :*** en ville, celle de ***Sottotorre,*** bien aménagée, puis celle de ***Le Saline*** à 1 km (celle du camping) et ***spiaggia Grande,*** la plus populaire, dans une jolie anse. Malgré son nom, quand même de modestes proportions. Bien sûr, beaucoup de monde en été.

***Torre :*** fut construite par les Espagnols dans la première moitié du XVIII^e^ s pour prévenir les attaques de pirates. À côté, l'église paroissiale ***San Maurizio,*** édifiée au XIX^e^ s avec une façade baroque. Via Savoia, 2, on trouve un petit ***museo d'Arte contemporaneo*** pour les jours de pluie *(☎ 0781-84-07-17 ; 📱 347-362-61-83 ; en été, tlj sf lun 18h-21h, sept-mai, w-e 17h-20h).* Expose entre autres, quelques intéressantes toiles de constructivistes français.



## Fête

– ***Festa di Sant'Antioco :*** *pdt une dizaine de jours début août.* C'est le saint patron de la Sardaigne. Grandes festivités et ferventes processions à cette occasion.

## L'ÎLE DE SAN PIETRO (09014) 6 490 hab.

**Longtemps quasi déserte, l'île fut colonisée en 1738, une trentaine d'années avant Calasetta, par des immigrés venant de l'île de Tabarka, au large de Tunis. Originaires de Pegli en Ligurie (près de Gênes), ils avaient été enlevés comme esclaves en 1541 et contraints de travailler entre autres comme pêcheurs de corail. Le roi Carlo-Emanuele III organisa leur retour et ils furent donc réinstallés dans l'île, devenant naturellement pêcheurs et sauniers pour la plupart. Pour le remercier, ils nommèrent leur « capitale »** ***Carloforte.*** **L'île fut occupée par les troupes révolutionnaires françaises en 1793 pendant quelques années, avant de subir une nouvelle razzia de pirates en 1798. Ils emmenèrent à nouveau près de 1 000 habitants en esclavage en Tunisie. Le roi Vittorio Emanuele I obtint leur libération en 1803, moyennant une lourde rançon. Cela expliquant bien sûr les influences arabes de certains plats locaux, comme le** ***cuscus,*** **appelé ici** ***cascà.*** **On y parle toujours un piémontais un peu archaïque.**

### LA *MATTANZA*

San Pietro est également le théâtre d'une des traditions de pêche les plus cruelles et spectaculaires qui soient... la *mattanza*. À l'est de l'île, dans le canal delle Colonne, les pêcheurs installent un système sophistiqué de filets qui dirige les bandes de thons rouges, au moment de la migration vers les zones de frayage (mai-juin), progressivement dans des nasses aboutissant en fin de parcours à la « *camera della morte* » (la « chambre de la mort »). Là, le poisson est pris au piège. Entouré de bateaux chargés de dizaines de pêcheurs armés de longs harpons, quand la quantité de thons aura été jugée suffisante, le filet sera remonté lentement et la curée pourra commencer. Tués, puis hissés sur les bateaux, tandis que la mer, très rapidement, devient rouge sang dans le tumulte de l'agonie de thons bataillant

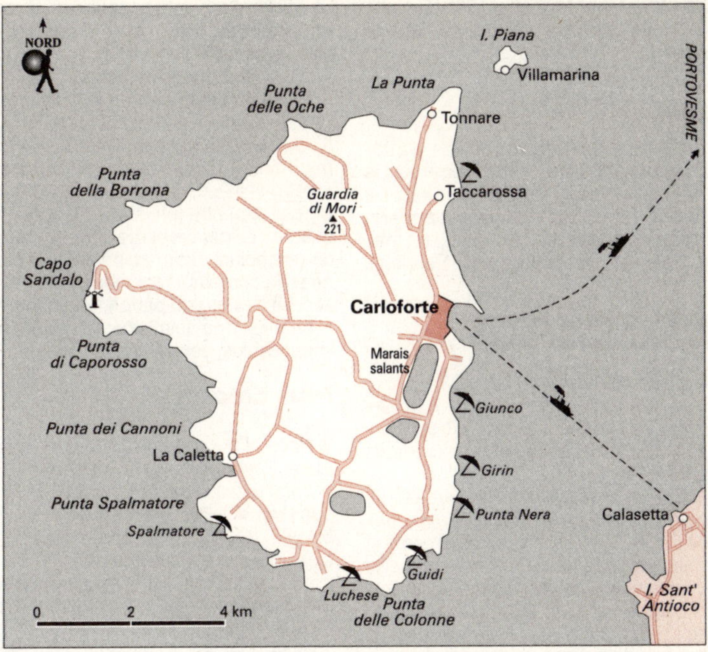


L'ÎLE DE SAN PIETRO



pour échapper à la mort. Rituel multiséculaire (qu'on retrouve aussi en Sicile) qui attire bien sûr quelques touristes. Le grand ordonnateur de l'événement est appelé « *raïs* », encore un nom d'origine arabe. En ces périodes de raréfaction du thon rouge, la *mattanza* est devenu bien entendu la cible des dénonciateurs de cette coutume « barbare » et par tous les défenseurs du thon rouge en général. Cependant, au-delà de la cruauté de cette tradition, le pourcentage des thons tués à cette occasion reste infime par rapport au total des thons pêchés au chalut dans la Méditerranée (moins de 1 % sur les plus de 20 000 t pêchées chaque année).

## *CARLOFORTE* (09014)

Petite cité de charme accrochée langoureusement à une colline, bordée d'élégantes demeures et de discrets palais, frangée de palmiers... Beaucoup d'éléments architecturaux y rappellent la Ligurie, à commencer par les façades aux douces couleurs (contrairement à Calasetta la blanche) et les balcons en fer forgé. Il y fait bon fait vivre, siroter l'apéro sur ses placettes ombragées et se perdre dans ses ruelles et escaliers. Bien sûr, on laisse tomber sa voiture (fort opportunément, un grand parking gratuit s'offre à vous au sud du débarcadère).

### Arriver – Quitter

#### En bateau

➢ ***Pour Portovesme :*** depuis Carloforte, avec la *Saremar* (☎ 0781-85-40-05). Prix : 6 €/pers (réduc) ; 10-17 € pour la voiture. Un poil moins cher en basse saison et le w-e.

➢ ***Pour Calasetta :*** depuis Carloforte, avec la *Saremar,* une dizaine de passages/j. 6h55-19h40, puis, avec *Delco-*

*mar*, une demi-douzaine/j. 18h45-4h30. On vous conseille de réserver en hte saison.

## En bus

➢ Depuis Carloforte (piazza Carlo-Emanuele), 3 lignes *ARST* desservent le terminus des 3 routes de l'île : ***La Punta, La Caletta*** et ***capo Sandalo.*** À partir de sept, slt 3 liaisons/j. (et mar, jeu, sam et j. fériés pour capo Sandalo).

## Adresses utiles

**Ufficio del turismo** *(plan B2)* **:** *piazza Carlo-Emanuele. Juin-août, tlj 10h-13h, 17h-20h ; hors saison, tlj sf dim 10h-12h.* Plan de ville et bons conseils pour les balades.

■ ***Saremar*** *(billetterie pour le ferry ; plan B2,* ***1****)* **:** *piazza Carlo-Emanuele. ☎ 0781-85-40-05.* Pour Portovesme et Calasetta. En haute saison, conseillé d'acheter ses billets à l'avance.

■ ***Delcomar*** *(plan B2,* ***2****)* **:** liaisons de nuit avec Calasetta. Billetterie sur le débarcadère d'arrivée.

## Où dormir ?

### Prix moyens

***B & B Il Ghiro*** *(plan B2,* ***10****)* **:** *piazza Repubblica, 7. 338-205-05-53 ou 333-740-35-83. • info@carlofortebedandbreakfast.it • carlofortebedandbreakfast.it • Doubles 55-85 € selon saison, petit déj compris.* Au cœur de la ville, sur une adorable place ombragée. Un *B & B* de poche, 2 chambres seulement, pas trop grandes, mais cosy et confortables, avec salle de bains privée nickel. Accueil anglophone et sympa.

***Hotel California*** *(plan A3,* ***11****)* **:** *via Cavallera, 15. ☎ 0781-85-44-70 ou 55-39. • california.hotel@tiscali.it • hotelcaliforniacarloforte.com • Doubles 60-110 € selon saison, petit déj inclus.* Un poil excentré (oh, si peu !), dans un quartier résidentiel et rue ultra-calme, à une encablure des marais salants. Hôtel de style contemporain mais plaisant et accueil très pro du patron (anglophone et affable). Une quinzaine de chambres impeccables, certaines avec balcon.

### Plus chic

***Hotel Hieracon*** *(plan B1,* ***12****)* **:** *lungomare Cavour, 62. ☎ 0781-85-40-28. • hotelhieracon@libero.it • info@hieracon.com • hotelhieracon.com • Doubles 80-160 € selon saison, suites 120-250 €, petit déj inclus (les plus chères avec vue, bien sûr).* L'hôtel de charme par excellence avec une ravissante façade, mélange d'Art nouveau et de colonial. Intérieur à l'avenant, marbres, mobilier ancien, plantes vertes, belles toiles apportant la couleur dans des espaces lumineux. Chambres de grand confort, certaines avec grand balcon ou terrasse. Plaisant jardin avec palmiers pour tous et bon resto...

***Hotel Riviera*** *(plan B3,* ***13****)* **:** *corso Battellieri, 26. ☎ 0781-85-41-01. • info@hotelriviera-carloforte.com • hotelriviera-carloforte.com • Doubles 120-180 € selon saison.* L'autre hôtel de petit luxe de l'île. Plus moderne et déco intérieure à l'élégant design. 43 chambres spacieuses tout confort.

■ **Adresses utiles**

Ufficio del turismo
**1** Saremar
**2** Delcomar

**Où dormir ?**

**10** B & B Il Ghiro
**11** Hotel California
**12** Hotel Hieracon
**13** Hotel Riviera

**Où manger ? Où boire un verre ?**

**12** Hieracon
**20** A Galaia
**21** L'Oasi di Mamma Anna
**22** Trattoria La Cantina
**23** Osteria de la Tonnara
**24** Barone Rosso
**25** Al Tonno di Corsa

NORD
A
B
1
2
3
Forte
Santa Teresa
Capitaneria
Via dei Corallari
Via S. Teresa
Porta
Leone
V. d'Acquisto
Naviganti
V. delle Mosciare dei
V. dei Salinieri
V. dei Tonnarotti
Via
V. dei Calafati
Rais
Via dei
Viale
S.
Salita
Castello
S.
Cristina
Vico Porta Leone
Vico Alicante
V. Porta Leone
Vico Tabarca
Tabarca
Martini
Via Martini
Via Dante
Cavour
Marconi
Via Martini
Dante
12
25
Via Alicante
V. Ponza
Via
Via Caprera
V. Cisterna del Re
Museo
civico
Via
G.
V. Amedeo
Via Solferino
V. V. Porcile
Via S. Martino
Via V. Hugo
Via Geneva
Garibaldi
Monumento
A. C. Emanuele III
Via
10
G.
Via
PIAZZA
S. CARLO
PIAZZA
REPUBLICA
Corso
Tagliafico
1
PIAZZA
CARLO
EMANUELE
San Carlo
Borromeo
Goito
V. XVIII Aprile
Rivarolo
Vico Rivaloro
Via
S.
Rombi
V. Porta Cassebba
Salita
Via
Via
XX
Settembre
Via
2
24
Via Don
Via
Gramsci
21
A.
22
G.
G.
Napoli
Corso
Via
V. Bruno
Via
Genova
Spano
Palestro
Lamarmora
N.
Segni
20
Magenta
Matteotti
Via
Corvetto
Via
Venezia
Roma
Via Roma
Teatro
Cavallera
Vico C. Colombo
P
13
Via
B.
Danero
Via
B.
Danero
V.
Via
Via
Veneto
Via V. Veneto
A.
Diaz
Battellieri
Vico B. Danero
Via Piave
Via
XXIV
G.
Maggio
Via C. Battisti
Monumento
Ai Caduti
23
Astronomico
Saline
Mazzini
PIAZZA
PEGLI
Osservatorio
delle
Salines
Canale
Viale
PIAZZA
DEI GALANZIERI
Via
Via A. Moro
Cavallera
11
0
50
100 m

CARLOFORTE

## Où manger ? Où boire un verre ?

### De bon marché à prix moyens

|●| ***A Galaia*** *(plan B2,* ***20****) : via Don Nicolo Segni, 36. ☎ 0781-85-40-81. Tlj sf lun. Menu 20 € ; plats 9-16 €.* Populaire et sympathique petit resto de quartier. Salle colorée et animée, bonne cuisine traditionnelle (copieux *mixed grill*) et un petit menu très correct.

|●| ***L'Oasi di Mamma Anna*** *(plan A2,* ***21****) : via Gramsci, 59. ☎ 0781-85-67-01. Tlj sf mer. Congés en janv. Repas 25 à 30 €. Café offert sur présentation de ce guide.* Petit resto « *cusina casa linga* », simple, mais bonne cuisine familiale : carpaccio d'espadon, *risotto alla quescatora, tagliata di tonno, zuppa di pesce* (sur réservation). Quelques tables dehors.

|●| ***Trattoria La Cantina*** *(plan B2,* ***22****) : via Gramsci, 34. ☎ 0781-85-45-88. • danassetta@carloforte.com • Tlj sf lun. Midi et le soir slt mai-fin sept. Compter 30 €. Digestif offert sur présentation de ce guide.* Cuisine locale à prix modérés, entre autres le *tonno alla carlofortina* (thon à la tomate), le *cus-cus* à 8 €. Bon vins régionaux.

|●| ***Osteria de la Tonnara*** *(plan B3,* ***23****) : corso Battellieri, 36. ☎ 0781-85-57-34. Juin-sept, ouv tlj sf mer. Compter 25-30 €.* Resto-coopérative géré par les pêcheurs de l'île où vous dégusterez quelques plats de poisson typiques, notamment le thon rôti à la sauce tomate *(tonno alla carlofortina).*

|●| 🍷 ***Barone Rosso*** *(plan B2,* ***24****) : angle Magenta et Septembre, 28. ☎ 0781-85-70-22. Tlj sf lun jusque tard le soir ; en basse saison, ouv slt le soir. Compter 20 € pour un repas complet.* Très sympathique *birreria* avec une déco intérieure originale tendance kitsch et une terrasse animée. Possibilité de grignoter salades et hamburgers.

### Plus chic

|●| ***Al Tonno di Corsa*** *(plan B1,* ***25****) : via Marconi, 47. ☎ 0781-85-51-06. 📱 360-366-516. • info@tonnodicorsa.it • tonnodicorsa.it • Tlj midi et soir jusqu'à 22h30. Compter 30-40 €.* Un des plus fameux restos chic de la ville, un peu trop peut-être ! Hommes d'affaires et touristes prospères composent l'essentiel de la clientèle. Atmosphère assez touristique, on le devine, mais ça n'empêche pas d'apprécier les *cassulli,* genre de grosses pâtes au thon, tomates, parmesan et bien servies. En revanche, en hors-d'œuvre, si les différentes déclinaisons de thon se révèlent assez fines, les portions sont quelque peu chiches. Goûter aussi au *belu,* une spécialité : l'estomac de thon, une recette maison, cuit avec pommes de terre et oignons.

|●| Le resto de l'hôtel ***Hieracon*** *(plan B1,* ***12****) : lungomare Cavour, 62. ☎ 0781-85-40-28. • hotelhieracon@libero.it • Ouv le soir slt. Repas 35-40 €.* Dans un cadre élégant (voir « Où dormir ? Plus chic »), un resto chic et une cuisine élaborée à prix encore acceptables.

## À voir

★★ ***Museo civico*** *(plan A1-2) : via Cisterna del Re, 20. ☎ 0781-85-58-80. Tlj sf lun. Entrée : 2 € ; réduc.* Construit en 1738, dès la première année de la colonisation de l'île, comme corps de garde fortifié, puis prison, hôpital et finalement musée. Salle consacrée bien sûr au thon et à la pêche, une autre à la marine et la navigation. *Sala dei Documenti* dédiée à l'histoire de la colonisation de l'île et celle des sciences naturelles aux crustacés, mollusques et autres coquillages...

★ ***Balade dans la vieille ville :*** au fil des ruelles, on passe l'adorable piazza Repubblica et ses vieux pêcheurs à la retraite pérorant à l'ombre des grands arbres... Via XX Septembre, l'église ***San Carlo Borromeo*** *(plan A2),* édifiée en 1761, de style néoclassique. Clocher à part présentant des éléments baroques... À l'intérieur, voûte en berceau et pilastres corinthiens. Puis celle de la ***Madonna dello Schiavo,*** construite en l'honneur d'habitants revenus d'esclavage à la fin du XVIII$^{e}$ s. Tout en haut, vestiges des remparts, la ***porta Leone*** *(plan A1)* et le ***fort Santa Teresa*** *(plan B1)*. Quant à la ***chiesa dei Novelli Innocenti,*** au sud, tout au bout de la via V. Corvetto, elle fait référence à un naufrage où moururent beaucoup d'enfants.

## BALADES DANS L'ÎLE

➢ Au nord de l'île, balade paisible à ***La Punta.*** Lieu de la *tonnara,* la technique de pêche traditionnelle de l'île. En fond, l'île de Piana, cernée de jolis fonds azuréens et des rochers plats. Vers l'ouest, promenade sympa à la ***cala Lunga.*** Sur le chemin du retour, arrêt à la plage familiale de ***Taccarossa.*** Pas beaucoup de sable, mais mer peu profonde.

Vers le sud, nombreuses ***plages*** parsemant la route côtière : galets à celle de ***Giunco*** et mer peu profonde. ***Girin,*** plus touristique, bien équipée. La plage de ***punta Nera*** se mérite. Prendre le sentier menant à cette ravissante crique aux eaux très claires. Sable fin pour celle de ***Guidi,*** même chose pour ***La Bobba,*** sa petite voisine. Super point de vue sur ***punta delle Colonne,*** puis petite plage de ***Luchese.*** Pour finir, ***La Conca*** et ***Spalmatore,*** très familiales dans un environnement agréable de villas discrètes (un seul hôtel).

➢ ***Capo Sandalo :*** la route qui y mène est de toute beauté, zigzaguant dans des collines sauvages alternant landes et massifs forestiers. Très peu d'urbanisation, quelques maisons d'implantation ancienne de-ci, de-là et des routes de terre dont on devine qu'elles mènent à quelque crique déserte... Et l'on parvient au bout de ce « Finistère » italien, le cap le plus à l'ouest de la Botte ! Dominé par un grand phare. Immense parking (ce qui laisse augurer une massive fréquentation en été), suivi d'un long chemin cimenté menant à la mer. Peu avant, sur la droite, un autre sentier mène à la crique rocheuse de ***Calafico.*** Hors saison, un enchantement !



# RETOUR SUR LA GRANDE ÎLE !

**Depuis Carloforte, l'arrivée dans la province de Carbonia-Iglesias s'annonce de mauvais augure... le ferry débarquant à Portovesme en plein complexe pétrochimique ! Le moment de stupeur passé, on se dit que l'industrialisation de la Sardaigne possédait quand même quelques côtés positifs sur le plan économique et que, jusqu'à présent, sur cet itinéraire sud, le bucolique l'avait nettement emporté. Cette province fut d'ailleurs le centre minier le plus important de l'Italie, notamment pour le charbon. Il se révélera donc aujourd'hui d'une grande richesse pour les amateurs d'archéologie industrielle. Les autres auront le plaisir de découvrir l'*Iglesiente* (à l'ouest et au nord d'Iglesias), une région pleine d'heureuses surprises en amples paysages, plages désertes, villes et sites séduisants... En attendant, allons faire un tour dans la région minière du Sulcis.**

# CARBONIA (09013) 30 000 hab.

**Deuxième plus grande ville du Sud, elle fut la capitale italienne du charbon et le théâtre d'une des trois grandes expériences d'architecture fasciste dans l'île. Si elle ne donne guère de raisons d'y séjourner, en revanche, elle propose un très intéressant musée de la Mine et, pour les amateurs de minéraux et de paléontologie, un séduisant petit complice juste à côté...**

## UN PEU D'HISTOIRE

L'idée de construire une ville vint à Mussolini lorsque le boycott économique de l'Italie fasciste devenait lourd à supporter. On savait la région riche en charbon et les ports proches. Une intensive extraction du minerai permettrait à l'Italie l'autosuffisance et ainsi de survivre de façon autarcique. En outre, une ville nouvelle, active et prospère, serait opportunément une vitrine idéale pour le régime. Dans les années 1940, l'activité minière et ses satellites employaient jusqu'à 12 000 personnes à elle seule. Cependant, l'après-guerre se révèle fatal pour la région : le charbon finalement assez pauvre n'est guère rentable et contient trop de soufre. Les mines connaissent alors un déclin inéluctable et ferment les unes après les autres. La dernière au début des années 1970...

## Arriver – Quitter

***Terminal de bus :*** *piazza Roma.*

➢ Bus pour ***Cagliari, Iglesias*** et ***Sant'Antioco,*** ainsi que le bus local pour la gare.

## Où dormir ? Où manger ?

***Hotel Aquarius*** *(plan B1,* ***10****)* **:** *via Sardegna, 3. ☎ 0781-66-21-43. • info@aquariushotel.it • aquariushotel.it • Tlj. Double 80 €. Internet.* À trois pas du centre, dans une rue tranquille, un petit hôtel tout bleu et propret offrant d'agréables chambres aux fraîches couleurs et un resto correct et pas cher, ouvert à tous. Tout le confort souhaité et un bon accueil.



# À voir

***Piazza Roma*** *(plan B1)* **:** avec tout son environnement, édifiée en moins de 2 ans et inaugurée par Mussolini lui-même en 1938. Composée de l'église de style roman et de son campanile, construit en granite brun et trachyte pour la partie supérieure. Leur pendant : le ***municipio*** et sa tour massive, symbole à l'époque du pouvoir fasciste. À côté, le théâtre et le ***Dopolavoro*** (le centre qui organisait les loisirs des travailleurs). Au sud de la place, un grand parc où l'on trouvait les demeures des leaders du régime et des dirigeants des mines. Celle du directeur des charbonnages abrite aujourd'hui le musée. Des panneaux, avec photos, en bord de place, racontent fort bien l'histoire de la construction de la ville.

### UNE ARCHITECTURE TÉMOIN D'UNE ÉPOQUE !

*Comme l'architecture stalinienne, son équivalent de l'époque, celle de la période fasciste a bien résisté au temps et finalement, à défaut d'y avoir gagné une âme, elle possède aujourd'hui une légitimité historique. Témoin éternel de l'implacable hiérarchie du régime mussolinien, mais aussi leçon architecturale : grands espaces ouverts, rues larges et aérées, matériaux nobles... La piazza Roma fut même récemment élue douzième place d'Italie pour sa qualité de vie ! Avec le temps, le style « rationaliste » s'est donc trouvé une identité et une originalité s'inscrivant désormais dans l'histoire...*

***Museo archeologico*** *(villa Sulcis ; plan B2)* **:** *via Napoli. ☎ 0781-63-512. Tlj sf lun (non férié) 10h-14h, 15h-19h. Entrée : 6 € ; réduc. Billet combiné avec les autres musées : 10 €.* Abrité dans la somptueuse villa du directeur des mines.

– ***Rez-de-chaussée :*** un bon aperçu des trouvailles du coin. Période préhistorique : vaisselle en terre cuite déjà décorée (sigillée), colliers de dents d'animaux, reconstitution d'un petit atelier de céramique, premiers outils des mineurs de la

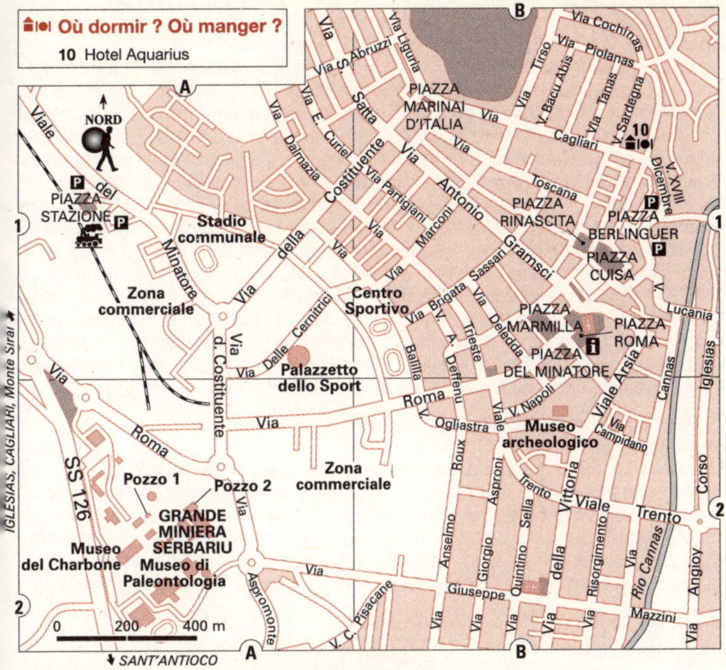


## CARBONIA

préhistoire... Reconstitution de la forteresse de nuraghe Sirai. Période romaine (238 av. J.-C.-456 apr. J.-C.) : bornes milliaires, lampes à huile, et surtout une collection de jolies statuettes en terre cuite, dédiées pour la plupart à Déméter.
– ***1er étage :*** découvertes de la nécropole phénicienne. Présentation claire et assez didactique, mais affûter son italien. Reconstitution d'une cuisine, plan aérien de monte Siraï qui montre bien l'ampleur du site. Rites divers de funérailles, objets trouvés dans les tombes, urnes funéraires en forme d'amphores.

***Museo della Miniera di Serbariu*** *(plan A2)* **:** *au sud de la ville, au bout de la via Roma (à 1,7 km du centre, bien indiqué).* ☎ *0781-67-05-91 ou 166-27-27.* • *info@museodelcarbone.it* • *museodelcarbone.it* • *Fin juin-fin sept, tlj 10h-19h ; hors saison, mar-dim 10h-18h (dernière visite de la galerie de mine au moins 1h avt). Entrée : 6 € ; réduc.*
Ce fut la plus grande mine de la région ; elle ouvrit en 1937 et ferma en 1964. Plus de 33 ha de surface, avec un record de 1,4 million de tonnes extraites en 1945-1946. Elle assurait plus de 10 % de la production nationale. Atmosphère assurée : il subsiste encore deux chevalets et pas mal de machines disséminées dans le parc. Détour par la boutique : livres intéressants, souvenirs divers, T-shirts et casquettes et même du bon vin local (étiquette noire et deux yeux brillants de mineur !).
– ***La lampisterie :*** immense hangar voûté abritant la billetterie, le musée et la boutique. Très riche et didactique présentation du travail de la mine sous tous ses aspects. Elle permet en outre d'attendre la visite de la salle des machines et de la galerie de mine. Tout le procès de production depuis la nuit des temps : premiers fours en terre cuite, premiers outils, technique du charbon de bois, présentation des variétés de charbon, expo de lampes de toutes les époques, maquettes, his-

toire des luttes syndicales et pour la sécurité, les grandes grèves de 1948... Le tout agrémenté de grands panneaux (parfois en anglais) et de photos fort bien faits. Tout au fond, la lampisterie proprement dite.
– ***La visite guidée :*** nombreux tours en français dans la journée, téléphoner avant. C'est le point fort du circuit. D'abord, visite de la salle des machines qui assuraient le fonctionnement des ascenseurs (75 mineurs par voyage), puis d'un chevalement. On pénètre ensuite dans une longue galerie, typique des quelque 130 km de galeries qui taraudaient le sous-sol jadis. La plupart ont été effondrées exprès après extraction de tout le charbon (pour récupérer également les milliers d'étais en bois). Impossible de tout décrire ici, et le guide le fait avec beaucoup de passion. On passe par toutes les techniques et progrès des moyens de production, du simple pic aux machines extractrices les plus perfectionnées comme la *Sagem* à trois énormes roues dentées (qui extrayait 3 000 t de charbon par jour). Vous saurez tout sur la vie des mineurs de fond, leurs rituels, habitudes, traditions, l'évolution de la sécurité. Il n'y eut pas de grande catastrophe genre Courrières (la plus grave ici fit 17 victimes), mais pas mal de morts individuelles par effondrement de galerie ou chute d'étais. Et l'on apprend que le travail ne cessait pas pour autant ! Et, au bout de ces 45 mn de visite, une belle leçon de vie souvent teintée d'émotion...



🔭🔭 ***Museo di Paleontologia*** *(plan A2) : à côté de la lampisterie, mêmes horaires que celui de la Mine. ☎ 0781-67-05-91. Fait partie du billet combiné.* Tout neuf, tout beau ! Là aussi, présentation très moderne et particulièrement détaillée de centaines de minéraux. Les plus spectaculaires avec toutes sortes de plantes et animaux fossilisés (même une tortue). Riches vitrines sur la mezzanine : vestiges d'animaux préhistoriques, dents de mammouth, os de mégacéros ou de bison préhistorique, fossiles de reptiles du triasique, de poissons, de trilobites et autres mollusques. Réplique grandeur nature d'un *tyrannosaurus rex*. Comblera les amateurs !

🔭🔭 ***Monte Siraï*** *(hors plan par A1) : quelques km au nord-ouest de Carbonia. ☎ 0781-62-665 ou 164-040. En saison, tlj sf lun 9h-13h, 16h-20h ; le reste de l'année, fermé lun-mar. Entrée : 6 € ; réduc. Billet combiné avec les autres sites : 10 €.*
Très intéressant parc archéologique, situé sur une colline à 200 m d'altitude, à la frontière du plateau du Sulcis et de la plaine du Campinado. Camp militaire surtout, édifié par les Phéniciens au VIII^e s av. J.-C. pour protéger leur port de Sant'Antioco (la vue depuis le site porte effectivement très loin et permet de contrôler toute la région). Occupé et renforcé par les Carthaginois deux siècles après.
Pas de rajouts au moment de l'occupation romaine. Sans qu'on en connaisse la raison (épidémie ?), le site fut abandonné au I^er s av. J.-C. Redécouvert en 1963, il se compose de la nécropole à crémation phénicienne, d'hypogées (catacombes carthaginoises), d'un *tophet* (cimetière d'enfants mort-nés ou sacrifiés aux dieux), des quartiers résidentiels, des tracés de rues, etc. Vestiges assez évocateurs, surtout si vous êtes quasiment seul sur le site. À l'entrée de la « tombe à chambres » n° 5, symbole de la déesse Tanit sculpté. Sur le site du *temple d'Astaré,* on découvrit une superbe statue en grès de la déesse (aujourd'hui au musée de Cagliari).

## DANS LES ENVIRONS DE CARBONIA

🔭 ***Tratalias :*** *au sud-est de Carbonia, par la 195 (à gauche avt Giba).* Strictement pour les amoureux d'églises romanes (et encore, celle-ci était en restauration en 2010). On a du mal à le croire, mais *Tratalias* fut un important évêché jusqu'au XV^e s et possédait donc cette *cathédrale Santa Maria* de style romano-pisan. Sobre et élégante façade ornée de petites arcatures aveugles et surmontée d'un pignon doté d'un insolite escalier extérieur. Le vieux village, quant à lui, victime d'infiltrations des eaux suite à la création d'un lac artificiel, fut abandonné dans les années 1950, un nouveau village s'élevant plus loin. Certaines vieilles demeures autour de l'église sont en voie de rénovation et un petit musée a été créé pour conter l'histoire du village. Cependant, hormis l'architecture extérieure de l'église, l'ensemble, pour le moment, se révèle d'un intérêt assez limité (en outre, le « musée », niché dans une ancienne ferme du XVIII^e s, présente fort peu de choses).

# IGLESIAS ET SES ENVIRONS

## IGLESIAS

(09016) 28 000 hab.

**Au pied du Puntas San Michele, point culminant de la chaîne du Marganai (906 m), petite capitale de l'*Iglesiente,* vaste région alternant mines, plages désertes et paysages sauvages. Bâtie au pied de plusieurs collines. Ne pas être découragé par les entrées de ville un peu alambiquées et peu séduisantes, vous y découvrirez un riche passé, un vieux centre plein de charme (produit des influences espagnole et toscane) et de belles adresses gastronomiques.**

### UN PEU D'HISTOIRE

*Iglesias,* ce n'est pas un hasard, naît dans le plus riche bassin minier de Sardaigne au sein de montagnes bien plus vieilles que les Alpes. On ne sera donc pas étonné que la région apparaisse riche en minerais de toutes sortes et se trouve rapidement exploitée par les habituels envahisseurs de l'île : Phéniciens, Carthaginois, Romains (qui créent *Villa Ecclesiae*), Vandales, Pisans, Espagnols... Tous creusent, taraudent à fond la montagne pour recueillir tous ces métaux précieux (fer, zinc, argent, etc.) et la ville devient naturellement non seulement un point stratégique et militaire, mais aussi le centre économique de la région.

En 1257, mainmise totale de Pise sur tout le sud-ouest de l'île. La ville prend alors le nom de *Villa di Chiesa* (probablement lié à son grand nombre d'églises) et passe sous la domination de la famille d'*Ugolino Della Gherardesca*. Cet Ugolino, nommé gouverneur de Sardaigne, après avoir trahi les Gibelins pour les Guelfes, fut un épouvantable tyran. Il eut ainsi l'honneur de faire partie du « neuvième cercle » dans *L'Enfer de Dante* (le pire, celui des traîtres). On connaît la suite : destitué, emprisonné avec ses enfants, laissé longtemps sans nourriture, il les aurait mangés pour survivre (voir les superbes sculptures de Carpeaux et de Rodin sur le sujet !). Reprise en main par Pise, la ville devient commune libre, avec droit de créer ses propres lois et de battre monnaie. Cette stabilité politique cesse en 1324 avec la conquête espagnole. La ville assiégée capitule et prend le nom d'*Iglesias*. La grande peste de 1600 interrompt l'exploitation des mines, et la ville entre doucement en décadence. Petite reprise économique en 1720, avec la fin de la domination espagnole et la création du royaume de Sardaigne.

### L'ère moderne

C'est la révolution industrielle, avec sa forte demande de métaux, qui va relancer les mines pour au moins 100 ans. Au début du XX^e s, Iglesias est une ville relativement riche, active et affiche plus de 20 000 habitants, dont une majorité de mineurs qui, eux, sont pauvres... Manifs ouvrières et grèves en 1920 qui font sept morts. Début des années 1970, après les mines de charbon, les autres ferment une par une et la région devient un désert industriel. Pétrochimie, agroalimentaire, nouvelles technologies et services suffiront-ils à relever l'économie locale ? En attendant, l'État, ayant réalisé la richesse de son patrimoine de mines, a entamé une politique de réhabilitation des sites pour développer le tourisme industriel.

## Arriver – Quitter

Réseau de transports publics très pauvre, surtout pour se balader sur la côte. Pour profiter des baies les plus sauvages et visiter les sites miniers les plus spectaculaires, vaut mieux avoir son propre véhicule.

➢ ***En bus :*** bus *FMS* et *ARST* depuis et pour ***Cagliari, Oristano, Flumminimaggiore*** et ***Carbonia.*** Départs depuis les *giardini pubblici* (côté via Oristano). Les billets s'achètent au bar en face de l'arrêt des bus.

➢ ***En train :*** depuis et pour ***Cagliari*** (trajet 1h, env 8 liaisons/j.) et ***Oristano*** (2h).

## Stationnement et circulation

Un conseil, ne pas tenter de circuler en voiture. Ville active, Iglesias connaît des embouteillages d'enfer et l'un des plans de circulation les plus incohérents de Sardaigne. Nécessité donc de laisser sa voiture au parking ou en stationnement payant ; on règle avant le nombre d'heures désirées aux contractuel(le)s. Venant de Cagliari, par la SS 130, puis la via Valverde, se garer au minimum 300 m avant la piazza Sella, qui jouxte la vieille ville, pour éviter de galérer. Le mieux encore est de se garer au parking gratuit tout au début de la via Valverde.

## Adresse utile

ℹ ***Ufficio del turismo*** *(plan B2)* ***:*** *via Mazzini. Près de la cathédrale. Fermé dim hors saison.*

## Où dormir ?

☗ ***Hotel Artu*** *(plan C2,* ***10****)* ***:*** *piazza Q. Sella. ☎ 078-122-492 ou 132-448. • hotelartu@tiscali.it • hotelartuiglesias.it • À l'entrée de la vieille ville, hyper bien placé. Doubles 60-70 €.* Hôtel à l'ancienne, avec un vieux charme et un accueil pro. Patron particulièrement sympa et un peu francophone. Chambres confortables, impeccablement tenues et excellent resto (voir « Où manger ? »).

☗ ***Euro Hotel*** *(plan B3,* ***11****)* ***:*** *via Fratelli Bandiera, 34. ☎ 078-122-643. 📱 347-439-80-68. • info@eurohoteliglesias.it • eurohoteliglesias.it • Doubles 90-100 € selon saison, petit déj inclus.* Un poil excentré, dans un quartier pas très vivant, mais joignable à pied depuis la vieille ville. Façade peu ordinaire avec sa loggia à fronton et fines colonnes. L'intérieur surprend encore plus. On a l'impression de tomber dans une kitschissime maison de maître. Tout plein d'un mobilier étrange, d'objets d'art hétéroclites, vastes fauteuils et canapés au bois doré, lustres de Murano, murs couverts de tableaux clinquants aux cadres rococo... Un petit luxe frôlant parfois le mauvais goût, un cadre un peu vide de personnages, mais incontestablement original ! Un décor de film baroque, Visconti aurait aimé !

## Où dormir dans les environs ?

☗ ***B & B Su Carru a Boi :*** *à 3 km à l'est, sur la route de* ***Villamassargia.*** *📱 392-980-83-09. • sucarruaboi@alice.it • sucarruaboi.com • Venant d'Iglesias, la route de Villamassargia passe sous l'autoroute SS 130, puis c'est tt droit. Pour retrouver le chemin de terre menant au B & B, repérer d'abord sur la droite de la route l'enseigne jaune d'une pizzeria (puis c'est 20 m après, sur la gauche). Doubles 40-50 € selon saison.* Une grande demeure de plain-pied, sur une butte, au fond d'un grand jardin, offrant des chambres aux fraîches couleurs et d'excellent confort. Calme assuré, accueil affable, petit déjeuner copieux, véranda pour l'apéro le soir... Que demander de plus ?

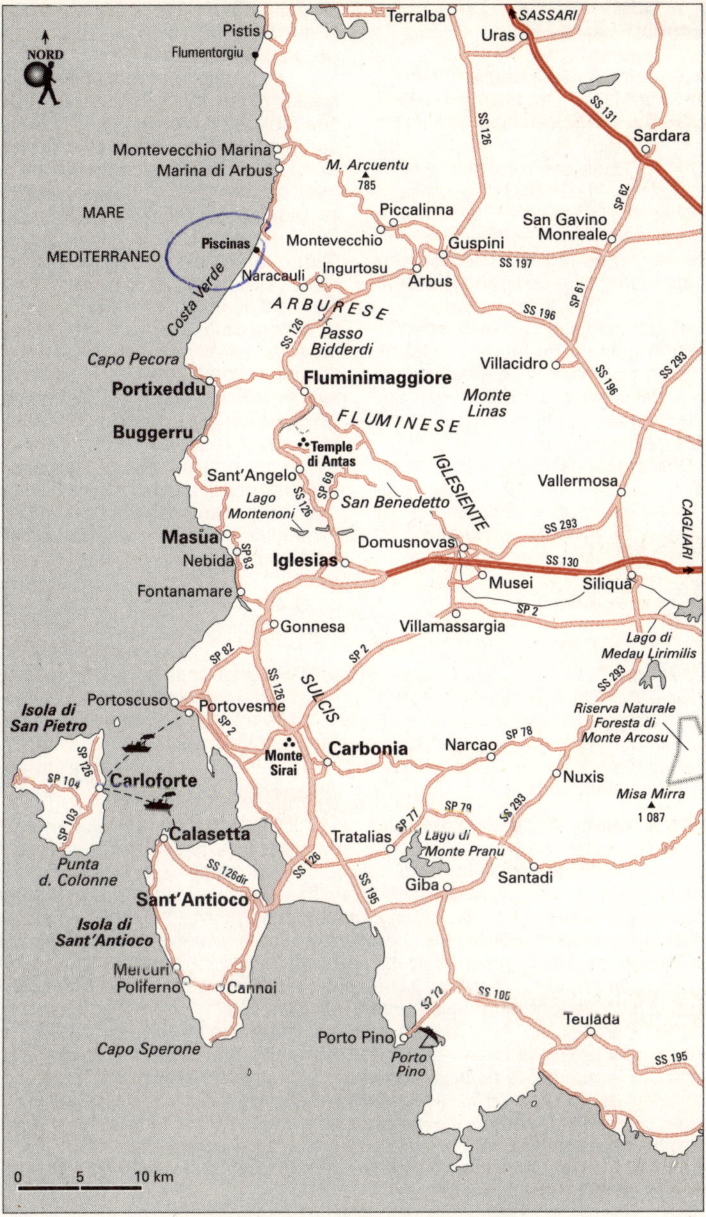


LA RÉGION D'IGLESIAS-CARBONIA

## Où manger ?

**Gazebo Il Medioevale** *(plan C2, **20**)* **:** *via Musio, 21. ☎ 078-130-871. 328-951-99-98. • info@medioevale.it • Tlj sf dim, midi et soir. Compter 20-25 €.* Dans une romantique ruelle de la vieille ville. Hauts murs de pierres sèches et 2 larges voûtes en brique, le cadre idéal pour déguster une délicieuse cuisine régionale servie généreusement : viandes tendres (beau steak de cheval) et cuisson à la demande parfaite. Quelques spécialités : le goûteux tartare de thon, les gnocchis de pomme de terre à la *bottarga,* la *zuppa di cozze in rosso*... Service souriant et efficace. Une de nos plus belles adresses !

**Ristorante del Hotel Artu** *(plan C2, **10**)* **:** *piazza Q. Sella. ☎ 078-122-492 ou 132-448. • hotelartu@tiscali.it • Tte l'année, tlj midi et soir jusqu'à 22h. Repas 20-25 €.* Ne pas se fier au cadre un poil conformiste, mais agréable. 2 salles confortables dont l'une est décorée de fêtes médiévales au plafond. En semaine, atmosphère tranquille et ronronnante. Patron accueillant et affable. Cuisine sérieuse n'utilisant que de bons produits et bien servie. Délicieux *antipasti* (surtout ceux de la mer), que des petites choses délicates et parfumées... beignets de fruits de mer, poissons fumés, moules sauce herbes et tomate. Onctueux risotto, viandes et poissons à l'unisson. Un excellent rapport qualité-prix.

**Villa di Chiesa** *(plan B2, **21**)* **:** *piazza Municipio, 9. ☎ 078-123-124. • info@villadichiesabb.com • Tlj sf lun. Compter min 30 €.* Au cœur de la vieille ville. Un cadre fort agréable pour une classique cuisine bien troussée. En particulier, les pâtes maison (aux truffes en saison), les raviolis. Bons *antipasti* et ne pas manquer le *cheesecake* à la ricotta. En été, terrasse sur l'une des plus belles places de la ville.

## À voir

**Piazza Sella** *(plan C-D2)* **:** votre référence géographique, le centre de la vie sociale. Agréablement arborée, théâtre de la rituelle *passeggiata* qui jette des centaines de gens en représentation chaque fin d'après-midi. La nuit, rendez-vous des jeunes, des amoureux et des skateurs jusqu'à une heure avancée. Au centre, la spectaculaire statue de *Quintino Sella,* le grand homme de la ville qui lança et organisa l'industrie minière à la fin du XIXe s.

**La vieille ville :** un enchantement de partir à la recherche de toutes les églises et des vestiges des remparts dans le labyrinthe de ses ruelles. Pas de meilleure introduction que le ***corso Matteotti,*** bordée d'élégantes demeures, offrant la nuit teintes et atmosphère expressionnistes... Au n° 44 de la via Matteotti, le ***palazzina Liberty,*** bel exemple de style Liberty (tendance Art nouveau à l'anglaise sauce locale !). Fin décor et beau jeu des bow-windows et des ferronneries. Arrivée ***piazza La Marmora,*** un des populaires points de rencontre des habitants. Surtout la ***pasticcera Lamarmora*** *(pâtisserie),* à l'originale façade piquetée de décors Art nouveau et recouverte de publicités peintes. De l'autre côté, le ***teatro Electra*** (1920), ancien cinéma déchu. Au milieu, un puits monumental remplace celui du XVIIIe s, démoli vers 1900 pour laisser passer les premières autos... ***Piazza Municipio,*** on découvre le ***duomo,*** le ***palazzo comunale*** et le ***palazzo Vescovile.*** Le *palazzo comunale* est construit en 1871 dans le style néoclassique, mais il s'intègre bien à la place. La salle du conseil, très décorée, se visite parfois (se renseigner à l'office de tourisme). Le *palazzo Vescovile* (palais des évêques), commencé en 1736, ne fut terminé qu'en 1907. Architecture particulièrement sobre, seules deux crosses épiscopales en rappellent l'identité.

**Duomo** *(cathédrale Santa Chiara ; plan B2)* **:** édifiée en 1284, pendant le règne du célèbre comte Ugolino. Façade de style romano-pisan, sobre et élégante tout à la fois. Beau fronton à arcatures aveugles et rose ciselée, accolé à un clocher carré (jolie polychromie de pierre). Elle possède une cloche de 1327, œuvre d'Andrea

Pisano. L'intérieur est un intéressant exemple de transition entre le roman et le gothique. Voûtes en croisée d'ogives de 1576. Grand autel en bois sculpté de 1718. Ah, ces veinards de lecteurs, la rénovation de la cathédrale, commencée il y a de nombreuses années, vient de s'achever en 2011.

★★ ***Chiesa San Francisco*** *(plan B2)* **:** *via Pullo.* Date de la fin du XVe s. Exemple typique du style gotico-catalan. On ne peut façade plus sobre. Porche en arc brisé et voussures montées sur fine colonnettes, rose ciselée au-dessus et deux oculus sur les côtés et c'est bien tout ! À l'intérieur, large nef bordée de chapelles, avec plafond en bois rythmé par de grands arcs brisés en pierre. Petits chapiteaux décorés d'armoiries. Dans l'une des chapelles des bas-côtés, ne pas rater le superbe *retable de Mainas* (XVIIe s). Au centre, *L'Annonciation,* sur sa gauche, *L'Adoration des bergers* et à droite celle *des Rois mages.* Au-dessus, la *Crucifixion* (entre la Vierge et saint Jean) et, sur sa droite, la *Lapidation de saint Étienne.*

★★ ***Chiesa della Purissima ou del Collegio*** *(plan B2)* **:** *piazza Collegio.* Collée au collège des jésuites, représentatif de la Contre-réforme de la fin du XVIIe s. Une seule nef et voûte en berceau. Très bel autel baroque en marbre polychrome sur colonnes torses.

★★ ***Bastioni*** *(remparts)* **:** vestiges importants de l'enceinte de la ville commencée à la fin du XIIIe s par Ugolino. Elle comportait une vingtaine de tours et quatre entrées de ville. En 1323, elle permit aux Pisans de résister à l'armée espagnole pendant de longs mois. Seules la famine et la malaria obligèrent les assiégés à se rendre. On dénombra 12 000 morts de chaque côté (en effet, la malaria affecta aussi les assiégeants). Premier tronçon, en remontant la *via Eleonora d'Arborea* (qui part de la piazza Q. Sella). La portion la plus importante des remparts, qui furent renforcés par les Aragonais après la conquête, se trouve au nord-ouest de la ville *(plan B1), via Campidano* (avec une dizaine de tours). Romantique balade de nuit. Dans le prolongement de la via Campidano, la *via Roma* livre encore un morceau de muraille ainsi qu'une tour (juste en face du *musée d'Art minéral*).

★ ***Castello Salvaterra*** *(plan C1)* **:** *mar et ven-dim 10h-13h, 16h-19h ; mer et jeu 10h-13h. Fermé lun.* Le fier château d'Ugolino, au fil des siècles, perdit bien sûr de son importance militaire, au point qu'à la fin du XIXe s il fut englobé dans des constructions privées. Comme la villa néogothique d'un des ingénieurs de la mine ou une vitrerie imitant l'architecture médiévale. Le site offre cependant un panorama exceptionnel sur la ville et ses environs. Quelques spectacles en saison.

★★ ***Museo mineralogico*** *(plan B3)* **:** *via Roma, 45. ☎ 078-122-304. Mar-mer et ven-sam 10h-13h.* Créé en 1871, en même temps que l'Institut minier pour concrétiser les cours des étudiants. Deux grandes salles proposant plus de 3 000 minéraux provenant du monde entier. Les jolies vitrines en bois à l'ancienne donnent un certain charme à la visite.

★ ***Museo del Arte mineraria*** *(plan B3)* **:** *via Roma, 47. ☎ 078-135-00-37. 📱 328-809-40-91. • museoartemineraria.it • Attention aux horaires draconiens : juin-sept, w-e 19h-21h (sinon, la journée sur rdv).* Créé en 1998 et aménagé au sous-sol de l'Institut minier. Présentation du travail de la mine à travers machines et outils symbolisant chaque phase du procès de production (sondage, forage, transport, etc.).

**■ Adresse utile**

ℹ Ufficio del turismo

**Où dormir ?**

**10** Hotel Artu
**11** Euro Hotel

**Où manger ?**

**10** Ristorante del Hotel Artu
**20** Gazebo Il Medioevale
**21** Villa di Chiesa

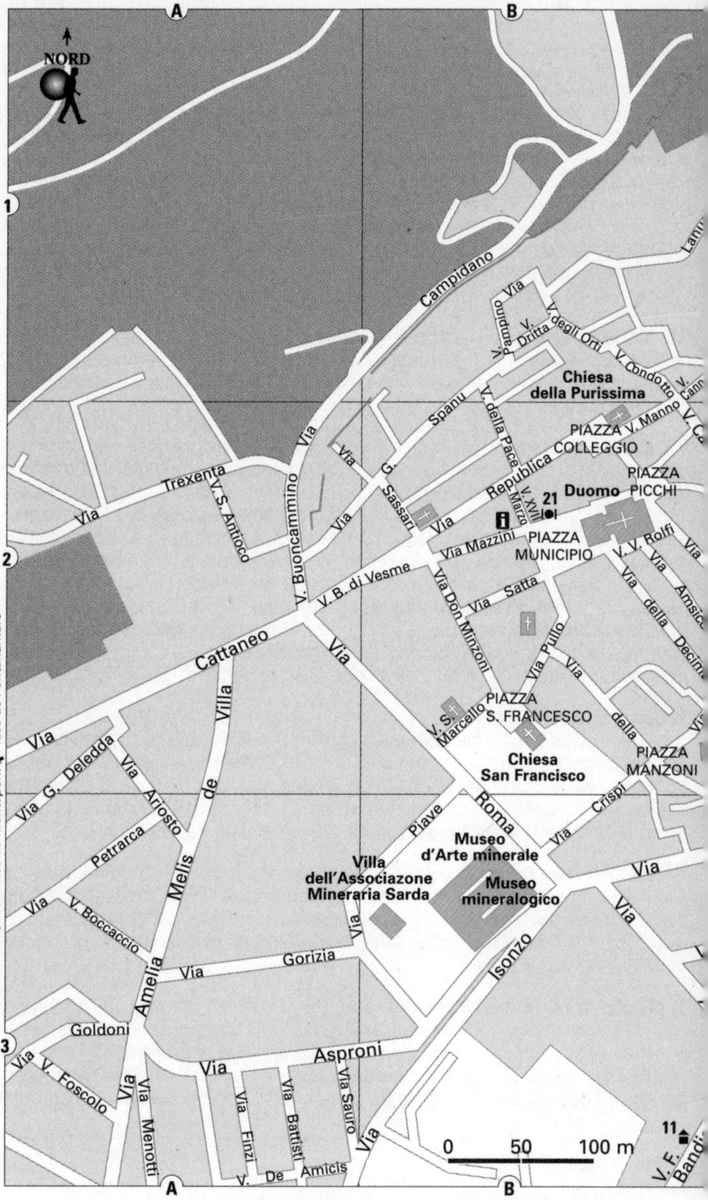


CARBONIA, Les mines de Monteponi ↖ Place de Fontanamare

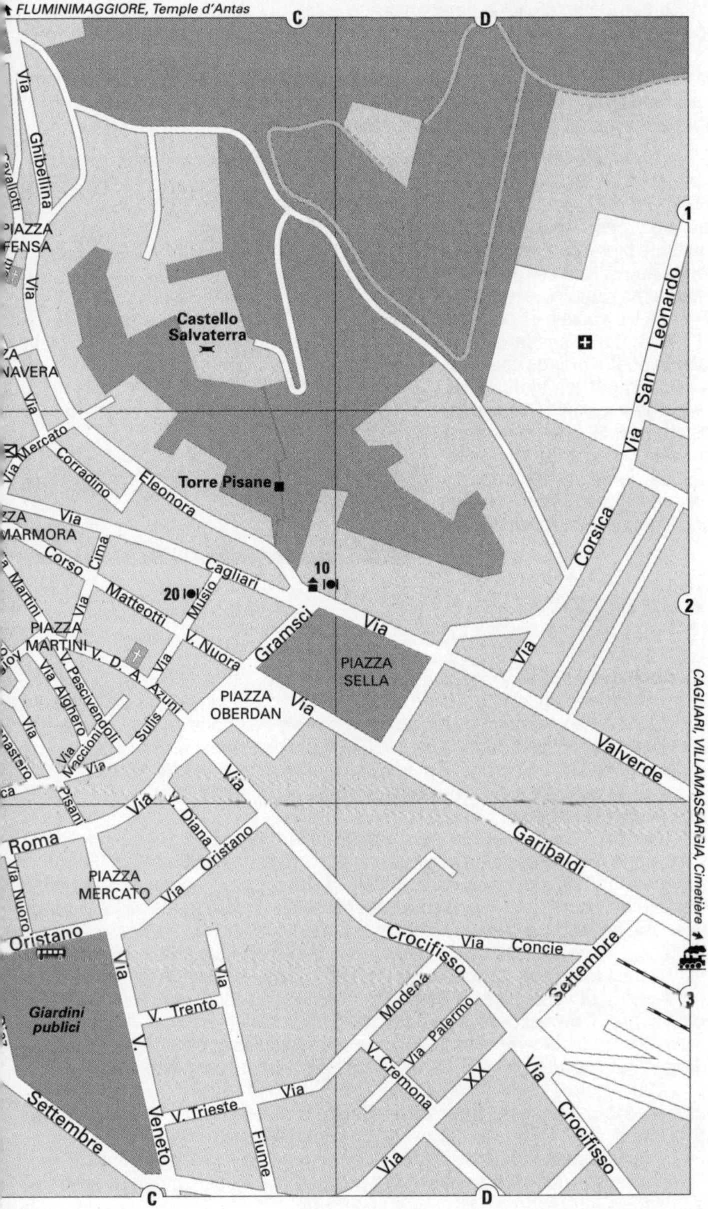
FLUMINIMAGGIORE, Temple d'Antas
C
D
Via Ghibellina
Cavalotti
PIAZZA
FENSA
Via
Castello
Salvaterra
NAVERA
Via
Via Mercato
Corradino
Eleonora
Torre Pisane
Via
MARMORA
Corso
Cima
Cagliari
10
20
Musio
Martini
Matteotti
Via
PIAZZA
MARTINI
V. D. A. Azuni
V. Nuora
Gramsci
Via
PIAZZA
SELLA
Via
Corsica
Via San Leonardo
1
2
Via Alghero
V. Pescivendoli
Via Maccioni
Via
Sulis
PIAZZA
OBERDAN
Via
Valverde
Via
Pisani
Via
V. Diana
Roma
Oristano
Garibaldi
PIAZZA
MERCATO
Via
Via Nuoro
Oristano
Via
Crocifisso
Via
Concie
Settembre
CAGLIARI, VILLAMASSARGIA, Cimetière
3
Giardini
publici
Via
V. Trento
Modena
Via Palermo
V. Cremona
XX
Via
Crocifisso
V.
Via
V. Trieste
Settembre
Veneto
Fiume
Via
C
D

## IGLESIAS

Reconstitution d'un atelier de mécanique et visite guidée d'une galerie de mine, avec sa voie ferrée. Mon tout complété par divers documents, témoignages, journaux et photos...

– Via Roma toujours, sur une hauteur, derrière le musée, la ***villa del Associazione Mineraria Sarda*** (1896), exemple typique d'Art nouveau sarde. Série de fenêtres trilobées et linteaux aux lignes japonisantes.

***Gli archivi storici :*** *via delle Carceri.* ☎ *078-124-850. Lun-ven mat 9h-13h, 16h-18h30.* Pour les amoureux des livres et des manuscrits bien sûr. On y découvre entre autres le *Breve de Villa di Chiesa,* remarquable ouvrage qui codifiait la vie sociale et politique de la ville dans ses moindres détails en quatre grands chapitres (lois concernant les institutions, lois réprimant les délits, règles fiscales et règlement de travail dans les mines). Possibilité de visiter également, juste à côté, la *collection archéologique Pistis Corsi* (en principe mêmes heures de visite).

### LE PLUS ANCIEN CODE DU TRAVAIL CONNU !

*Le quatrième chapitre du* Breve de Villa di Chiesa *se révèle tout simplement exceptionnel. En effet, c'est l'exemple le plus ancien (1327) d'une réglementation du travail connu au monde ! En plein Moyen Âge, l'activité minière de la région d'Iglesias est solidement codifiée. C'est une authentique tentative de discipliner la profession, d'instaurer des règles d'exploitation des mines... Aujourd'hui témoignage inestimable des conditions de travail de l'époque.*



## À voir encore

***Cimetero comunale*** *(hors plan par D3)* **:** *via Cappuccini. À l'entrée de la ville, sur la droite en venant de Cagliari.* Il ouvrit en 1835. Les cimetières italiens sont toujours riches d'enseignement sur les mœurs et les traditions et souvent spectaculaires dans leur lyrisme débridé (voir le *Staglieno* de Gênes, le *Monumentale de Milan,* la *chartreuse de Bologne* et même le cimetière très italien de Nice)... Ici, dès la grande allée centrale, vous vous baladez dans un véritable conservatoire de la sculpture funéraire et découvrirez au moins une soixantaine d'œuvres superbes et pathétiques de *Giuseppe Sartorio* (le sculpteur de la statue de Q. Sella, place Sella). On notera que la dramatisation des marques de peine suscitait bien sûr l'émotion afin de créer une proximité du visiteur avec le mort. En même temps, l'érotisme plus ou moins discret des représentations de belles dames se devait-il aussi de susciter une amorce de désir, un trouble propre à consoler, à prendre le pas sur cette peine... ? Les tombes avec une colonne brisée abattue sont souvent celles de jeunes tués dans des accidents de la route (victimes hélas de la vitesse dans bien des cas !). Si vous avez un peu de temps, allez donc voir (au fond de l'allée principale, puis à droite) celle d'un gars de 20 ans, dans toute sa « triomphante » jeunesse et entouré des représentations de ses symboles et phantasmes... sculptés dans le marbre (dont un 4x4, le responsable du drame peut-être ?)...

Juste à côté du cimetière, pour les amateurs, la ***chiesa Nostra Signora di Valverde.*** Date du XIII$^{e}$ s. Façade d'une certaine sobriété en trachyte aux cent nuances. À l'origine romane, mais a hérité d'une élégante baie gothique centrale rythmée d'arcatures trilobées aveugles d'un bel effet. Chœur voûté d'ogives avec clés pendantes.

– Un peu plus bas, pas loin, route de Cagliari, s'élève la ***chiesa del Santo Salvatore,*** un des très rares exemples d'architecture byzantine en Sardaigne (IX$^{e}$-X$^{e}$ s ; *mar 16h-19h, jeu 10h-13h, 16h-19h*). Construction rustique bien sûr, plan en croix et voûte en berceau.

## Fête

– ***Festa della settimana santa :*** *sem Sainte.* Le grand événement de l'année, dans cette ville particulièrement religieuse. Processions pratiquement tous les jours menées par l'*Arciconfraternita del Santo Monte*. Confrérie datant du début du XVIe s (du temps de l'occupation espagnole), reprenant la tradition des pénitents (cagoule et longue robe blanches). En outre, elle assure depuis toujours une activité d'aide sociale aux démunis. Quatre temps forts : le Mardi saint après-midi avec la procession « *dei Misteri* » où l'on promène sept statues du Christ représentant sept scènes importantes de la Passion (arrêt à l'église du Collegio, puis à celle de San Francesco). Le Jeudi saint, tard dans l'après-midi, procession de l'Adoration depuis l'église San Michele, puis arrêt devant toutes les églises du centre-ville. Le Vendredi saint le matin, procession évoquant la montée au Golgotha dans le quartier de *Sa Costera*. Vendredi soir, le plus gros temps fort de cette Semaine sainte. Procession partant de l'église San Michele et évoquant la Descente de Croix. Le lundi matin, petite procession du *S'incontru* depuis l'église Saint-Joseph et clôture des festivités le mardi soir avec celle du *S'inserru,* deux cérémonies à part de celles de la confrérie des Pénitents (tous les renseignements à l'office de tourisme).

## DANS LES PROCHES ENVIRONS D'IGLESIAS



Au cœur même de la plus riche région minière de l'île, vous n'aurez pas à faire beaucoup de kilomètres pour découvrir les premiers sites autour d'Iglesias.

***Miniera de Monteponi e impianti de Monteponi Scalo*** *(hors plan par A2)* **:** *à la sortie d'Iglesias, vers Carbonia et Gonnesa (la SS 126), juste après le tunnel. ☎ 078-149-13-00. 348-154-95-56. • segr.dir@igeaspa.it • Visite lun-ven 9h-13h, 14h30-16h. Résa obligatoire. Entrée : 8 € ; réduc.* On ne peut manquer de remarquer cette masse impressionnante de boue rouge comme vitrifiée et suspendue au-dessus de la route. De nombreux bâtiments jalonnent le site dans un état de dégradation avancé. Cependant, l'ensemble a été classé patrimoine national, et un projet de réhabilitation a été lancé avec un grand cabinet d'architectes (Herzog & De Meuron). Exploitée depuis la nuit des temps et officiellement depuis le XIVe s, cette mine produisait surtout du plomb, du zinc et un peu d'argent. Dans la partie basse du site, en contrebas de la route, les installations d'électrolyse du zinc. Quelques bâtiments ont été rénovés, comme le *palazzo Bellavista* et la *Forestiera* (avec une belle fresque).

***Grotta di Santa Barbara :*** *à* ***San Giovanni,*** *à quelques km au sud-ouest d'Iglesias. ☎ 078-149-13-00. 348-154-95-56. • segr.dir@igeaspa.it • Slt sur résa. Ouv 9h-13h, 14h30-16h. Entrée : 12 € ; réduc.* Située sur le site de la mine de San Giovanni et découverte fortuitement en 1952 à l'occasion de sondages miniers. Concrétions assez insolites, beaux drapés, orgues, stalactites de calcite… plus des jeux de couleurs étonnants, toutes les nuances de bruns et blancs lorsque les couches de barytine et de calcite, par l'action des eaux souterraines, se mélangent, se recouvrent progressivement.

# VERS LE NORD ET L'OUEST

**Si vous avez établi votre camp de base à Iglesias, voici un magnifique itinéraire en boucle d'une journée. Il vous permettra de voir des sites archéologiques, d'intéressants musées ethnographiques, d'anciens sites miniers et une somptueuse route côtière, jonchée, sur plusieurs dizaines de kilomètres, de**

**beaux panoramas et de plages désertes... Pour les autres, quelques bonnes adresses pour se fixer en cours de route ou se restaurer...**

*Tempio di Antas* : *à une quinzaine de km d'Iglesias, vers le nord (par la S 126). Juil-sept, tlj 9h30-19h30 ; juin jusqu'à 18h30 ; avr-mai et oct, jusqu'à 17h30 ; le reste de l'année, jusqu'à 16h30 et fermé lun. Entrée : 3,50 € ; réduc. Billet combiné avec le Musée ethnographique de Fluminimaggiore : 4,50 €.* Pour s'y rendre, on traverse de ravissantes et verdoyantes vallées en moyenne montagne, composées essentiellement de maquis et forêts de chênes verts. Bon, certes, le temple apparaît comme un fort petit site archéologique (quelques colonnes, leur entablement et les soubassements), mais, en même temps, il se révèle l'un des plus importants de l'île (de plus dans un environnement idéal). Un conseil : venir tôt, car, au-delà de 10 visiteurs, le temple disparaît des yeux ! En fait, le site était déjà, dans les temps nuragiques, un lieu de culte à *Babaï*, le père des premiers Sardes. Carthaginois et Romains continuèrent cependant à le perpétuer. Ces derniers d'ailleurs utilisèrent certains éléments carthaginois dans la reconstruction du temple. Quelque part, sur l'entablement, une référence à l'empereur Caracalla. Sentiers de randonnée partant du temple et menant à des ruines nuragiques et à d'anciennes carrières d'où furent tirées les pierres du temple. Petite cafét' et terrasse.

*Grotta di Su Mannau* : *sur la S 126, quelques km après le temple d'Antas. Bien indiqué. ☎ 078-158-01-89. De juil à mi-sept, tlj 9h30-18h30 ; Pâques-juin et de mi-sept à oct, jusqu'à 17h30. Visite guidée ttes les heures.* Immense grotte dont on ne visite qu'une toute petite partie (les plus longues de la région, près de 8 km). Creusée par deux rivières qui alimentent Fluminimaggiore. Salles assez spectaculaires et belles concrétions : drapés, stalactites aux formes bizarres et stalagmites à l'allure de coraux...



## FLUMINIMAGGIORE (09010) 3 100 hab.

**À une dizaine de kilomètres au nord du temple, une petite ville ouvrière qui vécut longtemps des mines. Il en reste une atmosphère un peu nostalgique, renforcée par un festival de peintures murales racontant le village, son histoire, ses luttes. Un sympathique mini-Orgosolo en quelque sorte. Propose aussi un riche Musée ethnographique.**

### Adresse utile

*Ufficio del turismo* : *via Vittorio Emanuele, 225 (dans la rue principale). ☎ 0781-58-09-90. 347-817-49-89. • info@staruno.it • startuno.it • Juin-sept 10h-13h et 17h-20h ; en basse saison 10h-13h et 16h-19h.* Bon matériel touristique sur la région.

### Où manger ?

*Ristorante Su Ziccheddu* : *via Garibaldi, 79. ☎ 0781-58-00-21. 347-123-24-92. Tlj sf lun, midi et soir jusqu'à 21h max (en fait surtout un resto pour le déj). Compter 20-25 €.* Pour sûr, pas très touristique (mais bien connu des gens du cru), car situé dans le haut du village et pas de pancarte pour l'indiquer. Laisser la voiture dans la rue principale (à hauteur de la place avec le monument aux morts) et, hardi petit, grimper la via Serpi sur 300 m. Grande salle dont une partie couverte de claies d'osier. Vous y dégusterez une authentique cuisine familiale servie généreusement. Accueil franc et souriant.

## À voir

**Gli affreschi :** très diverses, certaines de ces fresques sont remarquablement exécutées. Notamment, une série de quatre sur la placette accédant au musée (en face du café). Les plus émouvantes, bien sûr, exaltent le dur labeur des mineurs (celle sur les accidents de travail est terrible).

**Museo etnografico :** *Antico mulino ad acqua, au centre du village, bien indiqué. Tlj sf lun 10h-13h, 17h-20h. Entrée : 2 € ; réduc. Billet combiné avec le site d'Antas : 4,50 €.*
Situé dans l'ancien moulin restauré, au bord d'une petite rivière. Muséographie particulièrement réussie, riches collections... À ne pas rater.
– Photos du moulin au temps passé, costumes traditionnels et petit atelier du cordonnier. Tout le matériel pour la vigne fort bien présenté et l'atelier du forgeron (soufflet énorme). Une curiosité : les crochets qui servaient à récupérer seaux et objets tombés au fond des puits. Mini-atelier du meunier.
– Grande salle : flûtes et pipeaux, monnaies et billets anciens, mécanisme d'horlogerie de campanile et collection de balances...
– La cuisine traditionnelle et tous ses objets domestiques. Coffre ciselé.
– Grande expo d'instruments agraires, charrues, broyeur de paille, trieur à grains, tours à bois, vieilles charrettes. Le tout documenté de vénérables photos noir et blanc.
– L'atelier du menuisier et le travail du scieur de long. Fourches en bois et le « *svezzatoio* » *per vitelli* (fer pour marquer les bêtes).
– Salle avec le four à pain, la baratte, tout le matériel du boulanger.
– À l'étage : la chambre à coucher, les couvertures faites main, le coin toilette, les images pieuses, les métiers à tisser et à carder.



# PORTIXEDDU

**Un hameau de maisons discrètes en bord de mer (avec un bon petit resto) et une immense plage de sable fin. Le choc, quand on la découvre au détour de la route. Excellent camp de base pour rayonner dans la région. Quelques hôtels disséminés dans la nature aux alentours pour ceux et celles tombés en amour du coin...**

## Où dormir ? Où manger ?

### De bon marché à prix moyens

**Camping Ortus de Mari :** *à 1,5 km de la mer, sur la route de Portixeddu (venant de la S 126). ☎ 0781-54-964. • ortusdemari@virgilio.it • Début juin-fin sept. Compter 23-33 € pour 2 selon saison. Remise de 10 % sur un séjour de plus de 10 j. sur présentation de ce guide.* Bien arboré sous les eucalyptus. Camping assez rustique, mais propreté acceptable et sanitaires corrects. Bien sûr, cher pour la qualité proposée, mais ne pas être difficile, il n'y a rien d'autre dans le coin (ou alors aller à Piscinas). La réception est une caravane déglinguée où la responsable passe de temps à autre. S'installer, donc, et attendre son passage.

**Agriturismo Il Ginepro :** *à 3 km de la plage de Portixeddu (bien indiqué). ☎ 0781-58-03-74. 340-598-17-69 ou 320-539-38-30. • flumini.ginepro@hotmail.it • agriturismoilginepro.com • Fermé de janv à fin mars et de* *nov à déc. Doubles 60-90 €, petit déj compris.* Seule dans la montagne, dans une large échancrure de 40 ha livrant un panorama saisissant : la nature à l'état brut. De plain-pied dans une structure indépendante avec véranda (soirées romantiques et couchers de soleil d'anthologie assurés). Bonne cuisine à partir des produits de la ferme : gigot et ragoût d'agneau, chevreau, légumes frais, fromages et ricotta maison...

**Hotel Golfo del Leone :** *à Portixeddu. ☎ 0781-54-952. 338-729-21-89. • ricezione@tiscal.it • golfodelleone.it • Doubles 62-85 € selon saison, petit déj inclus.* À quelques kilomètres de la plage (bien indiqué depuis le croisement des routes pour Portixeddu et Capo Pecora), dans un environnement arboré, loin des voisins et de la route. Calme assuré. Hôtel horizontal s'intégrant bien dans le paysage et livrant une vingtaine de chambres classiques et bien équipées. En liaison avec un centre équestre proche pour les balades à cheval.

**Ancora :** *à Portixeddu. ☎ 0781-54-903 ou 580-591. Tlj sf mer hors saison, midi et soir jusqu'à 21h. Le soir, réserver. Compter 20-25 € max. Dans le hameau même, en bord de mer.* Petit resto populaire et atmosphère à la bonne franquette pour une cuisine familiale bien troussée et à prix modérés. Spécialités de fruits de mer, notamment la *zuppetta di cozze e arselle* (moules et coques), le poulpe, la friture de poisson... Bon accueil.

### Plus chic

**Hotel Sardus Pater :** *à Portixeddu. ☎ 0781-54-949. • info@hotelsardupater.it • hotelsarduspater.com • À 1 km de la plage. Doubles 130-160 € selon saison, petit déj inclus. Repas 30 €. Remise de 10 % sur le prix de la chambre sur présentation de ce guide (sf en juil-août).* Perché sur la montagne dans un cadre sauvage, totalement seul, dominant la baie. L'endroit idéal pour amoureux et voyageurs de noces ! Grosse demeure de pierre abritant la réception et le restaurant. Au-dessus, une dizaine de chambres de plain-pied dissimulées dans un environnement de rêve. Bien sûr, chambres spacieuses et lumineuses, confort intégral. Bon resto ouvert à tous avec terrasse panoramique (réserver !). Cuisine régionale et internationale où poissons et crustacés sont à l'honneur. Tout le jardin autour exhale les parfums de la campagne, lentisque, myrte, fenouil sauvage, olivier... qu'on retrouvera dans les plats.



## DANS LES ENVIRONS DE PORTIXEDDU

### *VAGABONDAGE AU SUD DE LA COSTA VERDE*

*Capo Pecora :* terminus de la route côtière de ce côté-là. Certes, un peu de monde en été, mais nulle construction n'est venue altérer ce magnifique paysage. Ici, des chemins de terre musardent tranquillement entre les buissons pour vous mener à la mer. Sur fond de falaises escarpées. Hors saison, un délice !

## BUGGERRU

**Après avoir côtoyé la longue plage de San Nicolo, voici Buggerru au fond de son échancrure. Ancien village et port minier (plomb et zinc) totalement reconverti dans le tourisme et l'archéologie industrielle.**

– Possibilité de visiter la ***galleria Henry,*** un long tunnel qui permettait de transporter le minerai de la mine à l'unité de lavage en bord de mer. ☎ *0781-49-13-00. Tlj (sur résa) : 1er août-6 sept, à 9h, 10h30, 12h, 14h30, 16h et 17h30 ; 6 sept-31 oct, le mat slt. Entrée : 8 € ; réduc.* La mine ouverte en 1865 fut la deuxième de l'île à avoir remplacé la vapeur par l'électricité (après Monteponi). Balade dans un petit train électrique livrant en route quelques pittoresques points de vue.

– Voir aussi le ***museo della Memoria*** en face du port *(☎ 0781-54-023 ; ouv en été 10h-22h ; entrée : 2 €).* Installé dans l'ancienne menuiserie de la mine, musée symbolisant toute la mémoire de la région, archéologique, historique, ouvrière... Un monument honore les victimes de la répression de la grande grève de 1904.

### LE MASSACRE DE BUGGERRU, RÉVÉLATEUR DE LA DURE EXPLOITATION DES MINEURS !

*Le 4 septembre 1904, pour protester contre les conditions de travail désastreuses, le manque de sécurité et le grand nombre d'accidents mortels, les mineurs se mettent en grève. Violente réaction patronale et policière qui fait trois morts et provoque une émotion énorme en Italie. Après de vifs débats à l'assemblée, une commission parlementaire est mandatée pour enquêter sur les conditions de travail dans toutes les mines sardes. Rapport accablant qui imposa par la suite une amélioration conséquente de la sécurité dans toutes les mines de l'île.*

À la sortie de la ville, vers le sud, belle plage de la ***cala Domestiqua,*** nichée dans une crique étroite. Une belle tour aragonaise veille sur la foule de l'été.

## Où dormir ? Où manger dans le coin ?

**Agriturismo Sa Rocca :** *au sud de Buggerru, env 8 km avt Nebida. 320-773-21-72 ou 348-142-59-05. • agriturismosarocca.com • Pâques-début oct. Doubles 70-90 € selon saison, petit déj compris. Repas 20-25 €.* Vous n'aurez pas de mal à repérer cette chambre d'hôtes. Peu avant Masua, la route franchit une large vallée et elle apparaît, accrochée à la montagne, seule, à bonne distance de la route. Ferme d'élevage (moutons et chèvres). Une grande demeure vert clair, dans un séduisant environnement, qui offre une dizaine de chambres impeccables et de bon confort. Fait aussi resto, ouvert à tout le monde. Bonne cuisine utilisant bien sûr les produits de la ferme.

# MASUA

**Impressionnant site minier en bord de mer. Le télescopage brutal au détour de la route de ce magnifique paysage et de cette ville minière fantôme est surprenant et séduisant tout à la fois. Dans la baie s'élève le fameux Pan di Zucchero (le « pain de sucre »), gros bloc calcaire de 132 m de haut. Vous découvrirez peu de sites de ce type de par le monde. Contrairement à d'autres centres miniers, celui-ci semble presque avoir été abandonné l'avant-veille. Longue route sinueuse zigzaguant entre les grandes citernes, les logements des mineurs, les entrepôts, le long train de wagonnets à jamais au chômage... Le site était déjà connu à l'époque pisane et commença à être prospecté à**

**partir de 1688. C'est en 1813 qu'une véritable exploitation débuta. En 1859, création de la société anonyme minière de Montesanto et construction de la fonderie en 1862.**
**Plage de sable, pas trop étendue, mais fort agréable passé le rush d'août. Au fond de la baie, protégée par le « Pain de sucre ». Quelques rochers lui donnent un peu de relief, et le peu de profondeur en fait une plage très familiale.**

## À voir

🎭🎭 ***Museo delle Macchine da miniera*** *(musée des Machines-outils minières) : ☎ 0781-49-13-00. 📱 348-154-95-56 ou 349-550-31-47 (infos et résas). • segr.dir@igeaspa.it • Lun-ven 9h-13h, 14h30-16h. Entrée : 3 € ; réduc.* Près de 70 engins de toutes sortes et de toutes tailles exposés (locomotives, wagons, bulldozers, pelleteuses, puissantes foreuses, etc.). Panorama assez complet de l'évolution des technologies.

🎭🎭🎭 ***Porto Flavia :*** *à une quinzaine de mn à pied (bien indiqué de la plage de Masua). ☎ 0781-49-13-00. • segr.dir@igeaspa.it • Visites guidées 1er août-6 sept à 9h, 10h30, 12h, 14h30, 16h et 17h30 ; 7 sept-31 oct, le mat slt. Entrée : 8 € ; réduc.* Site assez spectaculaire. Immense galerie creusée dans la falaise et ouverte en 1924. Le minerai, extrait du tréfonds de la terre, était alors stocké dans neuf silos de 18 m de haut. Une autre galerie en dessous, avec un tapis roulant, permettait d'amener le minerai jusqu'à la sortie du tunnel (à 20 m au-dessus de la mer), afin de le verser directement dans les bateaux ; cela générait une économie en temps de transport et en moyens très importante.



## DANS LES ENVIRONS DE MASUA

🎭🎭 ***Nebida :*** un autre centre minier présentant de pittoresques lavoirs de minerai à l'élégante architecture. Le *lavoir Mamarmora* est le plus spectaculaire avec ses trois niveaux donnant directement sur la mer. Longue série d'arcs en plein cintre, alliance pierre et brique et cheminées encore vaillantes.

⛱ ***Spiaggia di Fontanamare :*** avant de retrouver la route d'Iglesias, une des plus longues de cette côte. Appréciée des familles. Attention aux fortes vagues en cas de climat venteux. Quelques cafés.

# LA COSTA VERDE

**Un vrai miracle, une quarantaine de kilomètres vierges de toute construction. Une côte changeant sans cesse d'aspect, travaillée par la force des vents (du mistral en particulier), et des plages sauvages baignées dans la mémoire ouvrière de la région... Une occasion de ne pas bronzer idiot !**
**Retour donc sur la S 126 pour rejoindre Piscinas, l'un des sites les plus étonnants de cette côte. En cours de route, deux pittoresques anciens villages de mineurs abandonnés : *Ingurtosu* et *Naracauli.* Certaines maisons y ont toutefois été récemment restaurées. À Ingurtosu, vous passerez sous l'arche de l'aristocratique demeure de la direction des mines, construite en 1870 et appelée ici le « château ». Tout en pierre, avec d'élégantes fenêtres gothiques en encorbellement. À Naracauli, on longe les impressionnantes ruines du lavoir de métaux (zinc et plomb) édifié sur plusieurs niveaux, ainsi que des collines**

**de scories accumulées pendant un siècle. En chemin, possibilité de visiter aussi le site de *Pozzo Gal.***

# PISCINAS

**Bienvenue dans le mini-Sahara sarde ! Les derniers kilomètres se font sur une route en terre battue, mais carrossable. On est littéralement scotché par ces hautes dunes, dont certaines dépassent les 60 m et s'étendent jusqu'à 2 km en profondeur ! Parsemées de buissons de genévriers et, bien sûr, de plantes psammophiles (celles qui survivent dans le sable grâce à leurs longues racines, tels les liserons des dunes, euphorbes, oyats, etc.)... Plage immense et sauvage à perte de vue. Un des endroits préférés des tortues marines pour nidifier. Au matin, les traces révèlent une vive activité nocturne : perdrix de Sardaigne, lapins, renards, chats sauvages et parfois un cerf... Du bipède en été bien sûr, mais, en marchant un peu, on finit par se retrouver quasiment seul !**

## Où dormir ? Où manger ?

### De bon marché à prix moyens

**Camping e bungalows Sciopadroxiu :** *09031 marina de Arbus. 340-572-43-10 ou 349-770-79-38. • campingsciopadroxiu@tiscali.it • campingsciopadroxiu.com • À 2 km de Piscinas. Compter env 27 € pour 2 pers. Bungalows 2-4 pers 60-90 € selon saison, petit déj compris.* Sur une colline, camping vaste et arboré. Très populaire chez les Sardes des villes qui viennent en famille le week-end. Location de bungalows tout simples, propres, en pierres apparentes, avec salle de bains. Mais pas de possibilité de faire la cuisine (heureusement, le resto est à prix tout à fait abordables). Tout en haut du camping, dans une grande demeure en pierre sèche, le resto. Aux beaux jours, terrasse fort plaisante avec vue sur les dunes et la mer au fond. Cuisine correcte.

### Très chic

**Hotel Le Dune :** *Piscinas,* ***Ingurtosu,*** *sur la plage même. ☎ 070-977-130. 340-241-52-87. • info@leduneingurtosu.it • leduneingurtosu.it • Avr-oct. Doubles 150-200 € ; attention, les prix peuvent doubler en été.* Hôtel installé dans un ancien bâtiment minier de 1874, et reconnaissons que la reconversion est plutôt réussie. En particulier, d'origine bien sûr, cet insolite couloir voûté de pierre menant à la réception. Chambres de charme et confortables, on s'en doutait un peu. Clientèle très chic, personnel stylé (limite coincé)... Bref, pas routard pour un poil ! Cependant, une bonne nouvelle, bar américain, restaurant à prix acceptables et bonne cuisine. Sachez en profiter ! Spa et jacuzzi. Plage à 50 m...



# DANS LES ENVIRONS DE PISCINAS

## *ARBUS* *(09031 ; 8 000 hab.)*

La petite capitale du couteau sarde, le célèbre *arresoja*. Normal, donc, qu'on y trouve un musée du couteau. Créé par Paolo Pusceddu, l'un des plus grands artisans couteliers de Sardaigne.

– Mi-juin (le samedi le plus proche), très belle *fête de Saint-Antoine de Padoue*. Débauche de costumes traditionnels, de cavaliers et de *traccas,* ces charrettes ornementées et très colorées tirées par des bœufs. La procession se rend alors

(avec un détour par Guspini) à *Sant Antonio di Santadi,* un petit village au nord, près de Pistis (ça dure 4 jours).
– Le 19 janvier, *fête patronale de Saint-Sébastien*.

## À voir

¶¶¶ ***Museo del Coltello :*** *via Roma, 15. ☎ 070-975-92-20. 349-053-77-65. • museodelcoltello.it • À côté de la boutique du maître artisan. Lun-ven 8h-12h, 16h-20h ; w-e, sur rdv.* Très riche collection de vieux couteaux dont certains remontent au XVIe s. Plus des modèles contemporains, bien sûr, et la production maison. Reconstitution d'un atelier de forgeron. Enfin, vous admirerez les plus gros couteaux du monde, dont l'un de 3,35 m de long et pesant 80 kg... supplanté depuis par celui de 4,95 m de long et pesant 295 kg (au *Guinness Record Book,* ça va de soi !).

## À voir dans les environs

¶ ***Guspini :*** grosse bourgade de 12 500 habitants, dont beaucoup jadis travaillaient à la mine. Voir l'*église San Nicola di Mira*. Date du début du XVIIe s. En haut d'un large escalier, façade sobre n'en mettant que mieux en valeur une magnifique rosace finement ciselée.
– *Fête de la Santa Maria* particulièrement animée : procession et courses de chevaux.



## *MONTEVECCHIO (09036)*

La capitale minière de la région. Jadis, plus de 3 000 habitants ; aujourd'hui, 10 fois moins ! Dans le cadre du tourisme industriel qui se développe avec succès, certains bâtiments ont été joliment restaurés. La ville connut sa période la plus active de 1850 aux années 1960. Le mot « fin » apparut en 1991. Conseillé de passer à l'office de tourisme pour ramasser toute la riche doc disponible et se renseigner sur les jours d'ouverture et les horaires des sites proposés à la visite aujourd'hui. Dans de beaux paysages et des panoramas à couper le souffle, vous découvrirez des hameaux fantômes et les ruines élégantes et décadentes de ces usines qui furent, il n'y a pas si longtemps, très puissantes. Le site principal, San Antonio, en redescendant de Montevecchio, se révèle particulièrement impressionnant.

### Un peu d'histoire

Un grand industriel, Giovanni Antonio Sanna, obtint en 1848 du roi de Sardaigne, Charles-Albert de Savoie, l'autorisation d'ouvrir des mines. En 1853, déjà 16 niveaux d'exploitation sur 500 m de profondeur. C'est une véritable ville qui colonise la vallée, avec ses multiples entrepôts, générateurs, salles de compresseurs, forge, lampisterie, logements... Un petit train interne transportait le minerai. À partir des années 1960, la mine s'épuisa. Baisse de qualité des minéraux, augmentation des coûts de production provoquèrent une diminution de l'activité, puis l'arrêt total du complexe en 1988.

### Adresse utile

**i** ***Ufficio del turismo :*** *au centre-ville. ☎ 070-973-173. 389-164-36-92. • minieramontevecchio.it • Mars-sept, tlj sf lun 9h30-13h, 15h30-20h ; oct-mars, lun-ven 9h-13h, 14h30-18h.* Bon accueil et de bon conseil.

## À voir

**Sito di San Antonio :** *mai-sept, tlj sf lun ttes les heures 10h-12h, 16h-19h. Oct-avr, w-e ttes les heures 10h-12h, 15h-17h ; en sem, sur rdv pour les groupes de plus de 10 pers. Durée : 1h.* Ce fut la première exploitation de G. Antonio Sanna, et elle porte bien sûr son nom. Les charmantes tours crénelées de style néogothique cachaient habilement la rudesse des conditions de travail et d'existence. La visite des anciens logements se révèle instructive. Cependant, les toilettes au fond du couloir pouvaient être considérées comme un progrès quand la majorité des ouvriers de l'époque étaient le plus souvent obligés de sortir dehors pour les utiliser. Reconstitution de quelques pièces avec leur modeste ameublement. Un ancien entrepôt abrite une expo détaillant tout le procès de production, du roc brut sous l'action du pic... au métal pur... Panneaux explicatifs, présentation des minerais et de tous les objets et outils nécessaires à l'extraction. Les minerais les plus exploités étaient la *galène* qui donnait du plomb et de l'argent (1 kg pour 1 t extraite) et la *blende* qui donnait le zinc (et quelques grammes d'or).

**Palazzo della Direzione :** *mêmes horaires que le site de San Antonio. Durée : env 1h.* Ce « palais de la Direction » fut construit de 1870 à 1877 dans le village, au-dessus du site. Il devait symboliser le pouvoir de Senna, avec l'administration de la mine, son propre logement et une chapelle. Cependant, il n'en profita pas et mourut en 1875, 2 ans avant son achèvement. De style néo-Renaissance, avec trois étages autour d'une cour centrale. Richement décoré et meublé, plafonds tape-à-l'œil : les successeurs de Senna y recevaient leurs clients, très impressionnés par le luxe des lieux (c'était aussi un peu le but !). La restauration a permis de redécouvrir certains décors. Le *salon Bleu* demeure l'un des symboles de cette bourgeoisie industrielle triomphante de la fin du XIX^e^ s. Au 1^er^ étage, la cuisine et les chambres, certes plus modestes, des employés de maison.

**Piccalinna :** *mêmes horaires que le site de San Antonio. Durée : 45 mn.* Cette mine fut ouverte en 1874 dans une jolie vallée voisine par une société franco-italienne. Rachetée par la compagnie Montevecchio en 1897. Outre l'environnement, ce site se caractérise par l'état de conservation et la qualité des constructions : une architecture recherchée, une belle pierre alliée à la brique, avec un sens du décor. Quelques bâtiments mineurs, les logements de célibataires entre autres, sont plus dégradés. La mine ferma en 1981, lorsque le système de pompage tomba en panne. Une avarie si grave que cela aurait coûté trop cher de le réparer. On visite la salle des machines qui faisait fonctionner les monte-charge (architecture originale rappelant une tour médiévale). À côté, la forge et la lampisterie. Puis visite de la salle des compresseurs, utilisés surtout pour pomper l'eau dans les galeries. Le lavoir des métaux fut par la suite transformé en logement pour ouvriers, puis comme école pour les enfants de mineurs.

# BALADE AU NORD DE LA COSTA VERDE

**Après tant d'archéologie industrielle, il est temps d'aller se remplir les poumons du bon air des côtes. Ça tombe bien, on découvre nombre de plages désertes, criques, dunes, coins et recoins fort peu urbanisés et peuplés uniquement d'arbres torturés par le mistral et de maquis envahissant (comme disait maman Laeticia, *« pourvou que ça doure »*, mais on se répète peut-être, on l'a déjà écrit quelque part, non ?). Seule *Pistis*, près du capo di Frasca, ressemble à un début de station balnéaire (vers le nord, jolies criques). Balade sympa dans le coin de la tour espagnole de *Flumentorgiu*. Villas cachées dans le maquis et quelques locations d'apparts à *Torre dei Corsari*. À propos, ces**

**_corsari_ n'étaient point des corsaires, mais plutôt des marchands d'esclaves venant de Tunis ou d'Alger faire leurs courses, ce qui explique les tours de guet dans le coin et que les gens construisaient loin dans les terres... Subsiste d'ailleurs un vieux proverbe sarde : « _Furada chie benidi'e mari_ » (« Qui arrive par la mer vole » !)... Du promontoire de la tour, beau point de vue. Plage de 1,5 km, de la place pour tout le monde. Autre belle plage : _Is Arenas'e Acqua S'Ollastru._ Là aussi, Éole se déchaîne pour la plus grande joie des surfeurs. Puis côte parfois rocheuse, avec quelques falaises. On retrouve le sable à _Funtanazza._ Et puis encore à _Portu Maga..._**

# L'EST DU MEDIO CAMPIDANO

**Nous sommes à la frontière des anciens judicats de Cagliari et d'Arborea. D'Arbus et de Guspini, à peine 1h de route. Découvrez Su Nuraxi, le plus fascinant site nuragique de Sardaigne. Au cœur d'un coin peu touristique, pas loin de la giara di Gesturi, région assez sauvage qui plaira aux amateurs de nature intacte. Au passage, Villamar, l'une des quatre grandes villes de l'île à présenter de belles peintures murales.**



## BARUMINI (09021) 1 470 hab.

**Le village le plus proche du site de Su Nuraxi, typique de cette région agricole, avec de nombreuses églises (si vous avez le temps, certaines valent la visite) et la pittoresque casa Zapata, que vous ne manquerez pas de visiter.**

### Adresse utile

**_Centro Giovanni Lilliu :_** _à mi-chemin du village et du site. ☎ 070-936-10-41. • barumini.net •_ Complexe touristique de style contemporain, vaste et agréable, présentant toutes les possibilités de la région. Vraiment bien conçu ! Pour vous mettre l'eau à la bouche, quelques pièces découvertes sur le site, notamment une stèle du VIII^e s av. J.-C. représentant un nuraghe (avec figure humaine). Vitrine avec différentes maquettes en pierre, bronze, terre cuite. Large doc bien sûr, photos des fouilles, toutes infos sur tous sujets, boutique, expo d'artisanat local, cafétéria et expos temporaires (payantes).

### À voir

**_Sito di Su Nuraxi :_** _situé à env 1 km de Barumini. ☎ 070-936-81-28. Tlj 9h-1h avt le coucher du soleil. Visite guidée. Entrée : 8 € ; réduc. Possibilité d'acheter le billet combiné à 10 € incluant le site et la casa Zapata (séparément, ça fait 16 €). Boutique._

L'une des merveilles de la Sardaigne, d'ailleurs inscrite au Patrimoine mondial de l'humanité de l'Unesco ! La plus grande forteresse nuragique de l'île, découverte par Giovanni Lilliu, le plus grand archéologue sarde, à la fin des années 1940. Élevée vers 1500 av. J.-C., elle répondait à l'évidence à une fonction militaire et stratégique. Au cœur d'une riche région agricole (approvisionnement assuré), avec des

nappes phréatiques abondantes et sur une colline (assurance de posséder une bonne vision pour surveiller les environs). Le site connut quatre grandes périodes de construction : le bronze moyen (XVI^e^-XIV^e^ s av. J.-C.), le bronze récent (XIV^e^-XII^e^ s av. J.-C.), le bronze final (XII^e^-IX^e^ s av. J.-C.) et l'âge du fer (IX^e^-VI^e^ s av. J.-C.). En arrivant sur le site, on traverse d'abord le village qui entourait la forteresse et dont il subsiste uniquement les fondations des maisons (mais assez parlantes). Toutes circulaires, au nombre de 200 et datant de l'âge du fer. Un des vestiges les plus significatifs est cette cour où l'on retrouva un mortier (ou meule), des sièges circulaires et une arche de pierre indiquant l'entrée d'un four. À côté, un genre de maison communale avec banquette de pierre circulaire. Tour principale (ou nuraghe) du bronze moyen : c'est la partie la plus ancienne (un morceau d'olivier sauvage découvert dans la construction révéla au carbone 14 son âge : 1470 av. J.-C.). Appelée aussi *tour à tholos* à cause de sa forme conique et de la technique de construction. Entrée vers le sud pour capter un maximum de lumière. Empilement savant de blocs cyclopéens (sans mortier) à la base et diminution de la taille des pierres au fur et à mesure que ça monte. La tour faisait initialement plus de 20 m de haut. À 4 m, l'entrée du 1^er^ étage. On pense que les deux grosses cavités à la base servaient aux gardes pour dormir.
Dans la cour, le puits (toujours en activité !).
Pendant la période du bronze récent, on rajouta quatre tours aux quatre points cardinaux autour du nuraghe (un *quatrilobe*). À l'origine, 14 m de haut (aujourd'hui, 8,40 m). Tour sud à ciel ouvert, car les étages se sont effondrés. Tour ouest se caractérisant par un appareillage différent : de grandes cavités en longueur permettaient aux soldats de s'allonger, de respirer et d'observer par les meurtrières. On accède à la tour nord par un long et étroit couloir. Enfin, la tour est possède une petite pièce supplémentaire (probablement un dépôt d'armes). Pendant la période du bronze final, les bases du *quatrilobe* furent renforcées, bouchant de fait les meurtrières les plus basses. L'entrée se trouve alors en hauteur, ce qui rend le tout encore plus impressionnant.
Le village connut bien des vicissitudes. Destruction au VII^e^ s av. J.-C. et reconstruction avec des techniques plus élaborées, bien apparentes pour les archéologues... L'arrivée des Carthaginois ne bouleversa pas la vie du village. Pas de développement, mais plutôt une lente décadence. Les Romains utilisèrent quelques habitations comme sépultures. Quelques habitants encore au III^e^ s apr. J.-C., puis le village s'éteint et disparaît sous la terre et la végétation jusqu'à sa redécouverte dans les années 1950. Bien qu'il n'existât aucun écrit sur cette longue période, le site parle de lui-même avec une richesse stupéfiante !

**Museo la casa Zapata :** *viale San Francesco, à côté de l'église San Giovanni Battista. ☎ 070-936-84-76. Tlj 10h-20h (horaires réduits en basse saison). Entrée : 8 €.* Abrité dans une ancienne demeure aristocratique datant de 1547. Jadis maison de la famille Zapata, des nobles espagnols qui régnaient sur toute la région de Barumini. Ce qui fait de cette bâtisse un très rare exemple de l'architecture civile de cette époque. À propos, cette famille vécut ici 400 ans. Le dernier marquis, sans héritier, mourut en 1946 et sa femme en 1980. Puis, la municipalité acheta la maison. On remarquera d'emblée les superbes portes et fenêtres de style Renaissance espagnole. L'église à côté date de la même période. C'est là que le hasard frappa de façon vraiment intelligente. Au départ, il y avait le désir de faire de cette belle demeure un musée pour y présenter les trouvailles effectuées sur le site. Au cours des travaux de restauration, que découvre-t-on ? Sous la maison, les vestiges d'un ensemble nuragique, antérieur à l'autre ! Le rêve... Au long du parcours (des rampes et passerelles surplombant les ruines), on peut voir des poteries dont certaines déjà décorées (avec un peigne semble-t-il parfois !), un morceau d'olivier vieux de 3 000 ans (trouvé dans les pierres du nuraghe). Au 1^er^ étage, d'autres poteries, des poids de métiers à tisser, petits bronzes, diverses lampes à huile. Petite section ethnographique. Nombreux panneaux d'explication.

# DANS LES ENVIRONS DE BARUMINI

## AU NORD

**Giara di Gesturi :** *au nord de Barumini, à une dizaine de km, un petit plateau vraiment sauvage à env 500 m d'altitude.* Dominé par le mont Zeparedda (609 m). Le paradis des randonneurs. Grâce à une forte présence de l'eau et à un microclimat spécial, on y trouve une flore particulièrement riche et des espèces rares. Faune également intéressante, sangliers, renards, perdrix, porcs-épics et les célèbres petits chevaux sauvages. Et, pour le plaisir des yeux, une bonne vingtaine de ruines de *nuraghi* parsèment la région.

### MAIS D'OÙ VIENNENT LES PETITS CHEVAUX DE GESTURI ?

*On n'en connaît guère l'origine : importés par l'homme à un moment de l'histoire ou là depuis la nuit des temps ? En tout cas, ils sont quelques centaines à batifoler sur le plateau. Farouches bien sûr, mais on peut parfois les apercevoir aux points d'eau. Séducteurs, avec leurs petits yeux en amande, ils sont en danger, victimes des braconniers. Eh oui, on adore la viande de cheval en Sardaigne !*

**Villamar :** l'une des quatre villes (avec Orgosolo, Fluminimaggiore et San Sperate) à proposer un festival de fresques sur les murs de la ville. Fresques à connotation le plus souvent sociale ou politique, véritable livre d'art en plein air des luttes, des espoirs, des déceptions... Voir aussi l'*église San Pietro* et sa belle façade de grès et pierre volcanique. Dans l'église paroissiale *San Giovanni Battista,* au maître-autel, joli retable du XVI$^{e}$ s.

**Villanovafranca :** tranquille bourgade de campagne, dans un environnement serein. Au loin, les ruines du *castello di las Plassas* sur sa colline conique. Joli centre-ville, quelques églises intéressantes (beau *retable de San Lorenzo*), un petit Musée archéologique et l'un des meilleurs restos de la région !
– Le 3$^{e}$ dimanche de mai, *fête de la Sant'Isidoro* (le saint patron des paysans). En juin, *fête de l'Amande* ; en août, *fête de l'Émigrant* ; et en novembre *fête du Safran.*

**Ristorante La Perla :** *via XX Settembre, 59. ☎ 070-936-76-23. Tlj midi et soir (téléphoner) sf mer soir. Compter 20 €.* Resto populaire dans un quartier excentré, preuve qu'il ne peut compter que sur la fidélité de ses clients. Grande salle décorée d'ustensiles de cuisine et d'un beau vaisselier. Cuisine familiale, produits bien choisis suivant le marché et portions généreuses. Pas mal de spécialités, les papilles en sont déstabilisées : *malloredus alla campidanese, spaghetti arselle et bottarga,* friture de calamars, *seadas* (genre chausson au fromage de brebis, frit et assaisonné de miel d'arbousier), et... 70 sortes de pizzas. Si, si ! Accueil gentil comme tout, comme les prix.

LE SUD-OUEST

# LA RÉGION D'ORISTANO-BOSA

## ARBOREA

(09092) 3 800 hab.

**Une quinzaine de kilomètres avant Oristano s'étend une vaste plaine avec des champs se coupant à angle droit. Ici eut lieu l'un des plus grands travaux mussoliniens : l'assèchement de tous les marais du coin pour les transformer en terres agricoles. Au milieu, Arborea, une nouvelle ville créée en 1928. Elle s'appela d'abord *Village Mussolini,* puis *Mussolinia di Sardegna,* avant de prendre, après la chute du fascisme, le nom d'*Arborea* (celui de l'ancien judicat). Comme à Fertilia et Carbonia, le dictateur voulut aussi imprimer ici sa marque architecturale. Ville tracée au cordeau et édifices de style Liberty et néogothique (voire look tyrolien pour l'église). Colonisée par des habitants de la Vénétie, ce qui explique la *fête de la Polenta,* spécialité importée de là-bas (dernier dimanche d'octobre). En mai, belle *fête de la Fraise* aussi.**

À 5 km de la ville, superbe plage de ***Marina d'Arborea.***

## ORISTANO

(09170) 31 000 hab.

**La seconde plus grande ville de l'Ouest, au riche passé historique. Curieusement pas trop fréquentée par les touristes, elle a pourtant pas mal de choses à proposer. D'abord, cité tranquille et reposante, avec un centre ancien piéton séduisant et un très intéressant musée d'Art. Et puis, camp de base idéal pour le site de *Tharros* et les plages.**

### UN PEU D'HISTOIRE

La ville fut fondée en 1070, assez loin de la mer, par des habitants de Tharros, excédés par les raids barbaresques. À l'époque, la Sardaigne était divisée en *judicats* et Oristano devint la capitale de celui d'Arborea. Au XIV$^{e}$ s, la ville se trouva à l'avant-garde de la lutte contre la domination aragonaise grâce à une femme de tête énergique et généreuse : *Eleonora d'Arborea* (1340-1404). Cette « Jeanne d'Arc » régionale non seulement se bat pour l'indépendance de la Sardaigne, mais se révèle une extraordinaire femme politique promulguant, pour son judicat, la *Carta de Logu,* un code de 198 lois ou règlements particulièrement avancés, la première charte civique jamais écrite. Alors que France et Angleterre viennent de s'étriper comme des barbares dans une guerre de Cent Ans interminable, qu'aucune sécurité ne règne en Europe, elle invente une Constitution tellement moderne qu'elle est reprise par le roi et étendue à l'ensemble de la Sardaigne. On y reconnaissait le droit de faire appel d'une décision qu'on juge injuste, l'interdiction de déshériter sans raison valable un enfant et, surtout, l'obligation de vérifier scrupuleusement le caractère volontaire ou accidentel d'un crime... Bref, le bon sens près de chez soi ! Cette charte restera en vigueur jusqu'en 1827 (la marche de l'Italie vers l'unité réclamant bien sûr une autre Constitution !)... Après la mort d'Eleonora (de la peste), la région connaît une longue période de déclin politique et économique, seulement réveillée en 1928 par les grands travaux d'assainissement entrepris par Mussolini au sud d'Oristano. La ville n'acquit le statut de chef-lieu de province qu'en 1974.

### NON SEULEMENT FÉMINISTE, MAIS AUSSI PREMIÈRE ÉCOLO DE L'HISTOIRE !

*Eleonora d'Arborea élabora une charte, qui, pour la première fois, donnait une place aux femmes. Leur accordant droits et considération, comme l'existence, révolutionnaire pour l'époque, du principe de la communauté des biens acquis dans le mariage, du droit de divorcer ou de refuser un mariage forcé. De même est créé un statut juridique des serfs (dont elle souhaite la liberté)... Pour finir, elle promulgue une loi interdisant le braconnage du* eleonorae falco, *visant à protéger cet oiseau de proie, déjà, au XIV*e *s, menacé d'extinction !*

## Arriver – Quitter

### En bus

**Terminal des bus :** *via Cagliari, 102. Infos : ☎ 0783-35-58-08 ou 00. ☎ 800-865-042 (n° Vert). • arst.it • arst.sardegna.it •*

– *Avec ARST :* liaisons avec ***Sassari*** (2h de trajet, 2 bus/j.), ***Cagliari*** (2h de trajet, 2-3 bus/j.), ***Bosa*** (2h de trajet, 4 bus/j.), ***Arborea*** (30 mn, ttes les heures), ***plage d'Is Arrutas*** (en été, 4-5 bus/j., 45 mn de trajet), le ***site de Tharros*** (en été, 5 bus/j., trajet 30 mn), ***Santa Giusta*** (ttes les heures), ***Santu Lussurgiu*** (trajet env 1h, 4 bus/j.) et d'autres petites villes régionales et plages locales en été.

– *Avec Pani : via Lombardia, 30. ☎ 079-260-066. • organizzazionepani.it •* Liaisons pour ***Cagliari.*** Un poil plus rapide.

### En train

**Gare** *(hors plan par B2) : piazza Ungheria. Infos : ☎ 892-021. • trenitalia.com •*

➢ Pour ***Cagliari*** (93 km, une douzaine de trains/j., trajet 1h15-1h30), ***Sassari*** (trajet 2h-2h30, 5 trains/j., avec parfois correspondance à Ozieri-Chilivani), ***Olbia*** (4 trains/j., trajet env 3h, avec parfois correspondance à Ozieri-Chilivani).

## Adresses utiles

**Ufficio del turismo** *(plan A1) : piazza Eleonora, 19. ☎ 0783-36-831. • enturismo.oristano@tiscali.it • Juil-août, tlj 9h-13h, 16h-18h ; juin et sept, fermé dim ; hors saison, fermé ven ap-m et w-e.*

**Ufficio postale** *(plan B1) : via Mariano IV. Ouv 8h-18h30 (13h sam).*

## Où dormir ?

### Bon marché

***Hostel Rodia*** *(hors plan par A1,* ***10****) : viale Repubblica. ☎ 0783-25-18-81. • info@hostelrodia.it • hostelrodia.it • Tte l'année. Lit 22-30 €. Internet.* À 15-20 mn de marche de la piazza Roma, pas trop excentré donc. Bâtiment moderne sans charme, mais bien tenu. Peu de dortoirs, surtout des doubles. Quelques familiales. Possibilité de petit déjeuner et de repas.

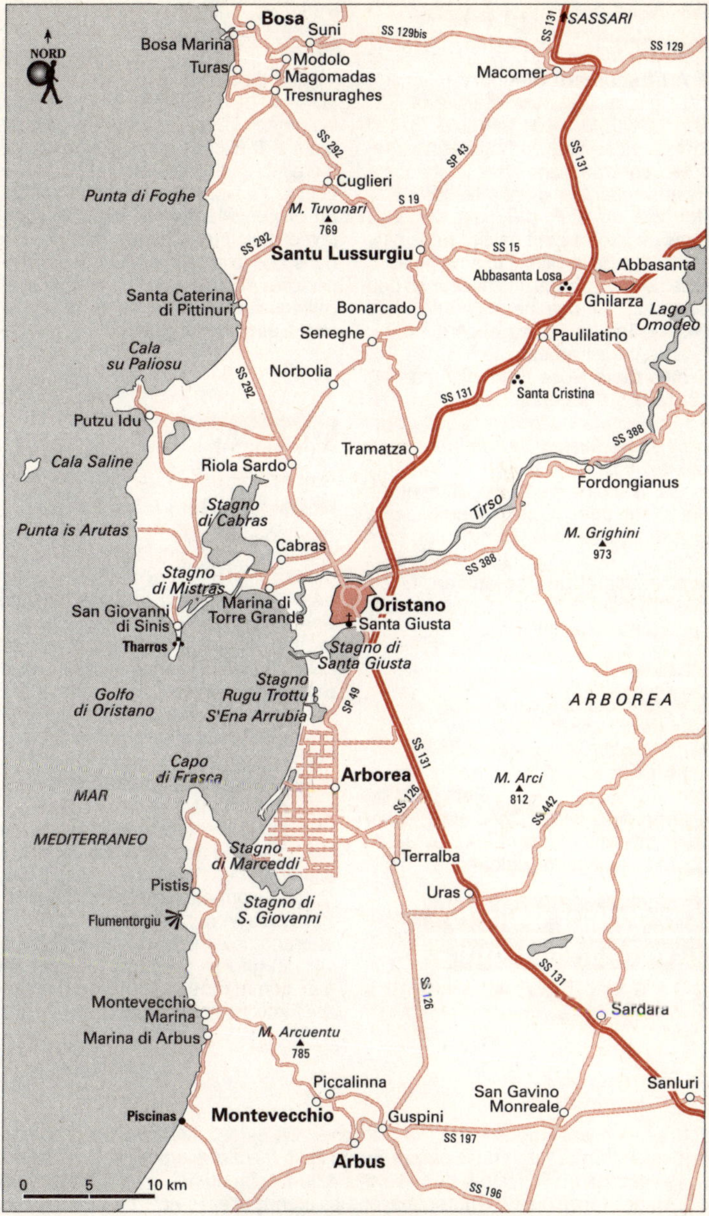


## LA RÉGION D'ORISTANO-BOSA

### De bon marché à prix moyens

**Affittacamere Eleonora** (plan A1, **11**) : *piazza Eleonora d'Arborea, 12. ☎ 0783-70-435. 347-481-79-76. • info@eleonora-bed-and-breakfast.com • eleonora-bed-and-breakfast.com • Résa conseillée, c'est vite complet ! Doubles 65-80 €, petit déj compris.* Dans un exquis petit palais, sur la plus jolie place de la ville. 3 chambres avec salle de bains, dans un intérieur un peu biscornu... Le charme et l'atmosphère des vieilles demeures encore « habitées ». Accueil affable.

**Villa delle Rose** (hors plan par A1, **12**) : *piazza Italia, 5. ☎ 0783-31-01-01. • informazioni@hotelvilladellerose.com • dellerose.com • hotelvilladellerose.com • Doubles 80-100 €, petit déj inclus.* À moins de 10 mn du centre à pied, sur une place tranquille, une grosse bâtisse rose, comme son nom l'indique. Cadre agréable. Chambres lumineuses et de bon confort. Quelques triples et quadruples, ainsi que des appartements à louer.

### Plus chic

**Hotel Duomo** (plan A2, **13**) : *via Vittorio Emanuele, 34. ☎ 0783-77-80-61. • info@hotelduomo.net • hotelduomo.net • Doubles 120-180 € selon saison, petit déj-buffet compris.* Petit hôtel de charme, près de la cathédrale. Élégant cadre intérieur et chambres d'excellent confort. Réception anglophone.

## Où dormir dans les proches environs ?

**B & B Sa Cottilla :** *via 4 Mori, 19, à* ***Cabras*** *(4 km à l'ouest d'Oristano). 332-295-405 ou 347-030-05-12. • info@sacottilla.it • sacottilla.it • Doubles 60-70 €, petit déj inclus. Wifi. Apéritif maison de bienvenue offert sur présentation de ce guide.* Pour ceux préférant les petites villes aux grandes, un charmant *B & B* dans une rue ultra-calme. 3 chambres de plain-pied et pleines de couleurs au fond du petit jardin où trône un olivier. Plantureux petit déjeuner (avec délicieux gâteaux maison) pris dans une jolie salle à manger contemporaine. Accueil pro d'un couple sympathique. Et le chien de la maison se révèle être un vrai chat !

## Où manger ?

**Trattoria Gino** (plan A1, **20**) : *via Tirso, 13. ☎ 0783-71-428. Tlj sf dim, midi et soir. Compter 25 € ; le litre de vin maison est à 8 €, le gouleyant costera à 14 €. 25 € pour un repas.* Classique petite trattoria, salle blanche et proprette, serviettes en tissu et accueil quasi familial. Cuisine non moins classique, mais sérieuse. Bon buffet d'*antipasti*, raviolis, *fettucine al ragù, fritto misto*, espadon et calamars frais, spécialité de risotto.

**Ristorante Craf** (plan A1, **21**) : *via de Castro, 34. ☎ 0783-70-669. Tlj sf dim, midi et soir.* C'est d'abord une salle voûtée en brique au cadre chaleureux, et accueillant une clientèle réjouie (attention, souvent plein, penser à réserver). Belle cuisine à partir de bons produits et grand choix à la carte : sélection de viandes grillées, porcelet, chevreau, âne (sur commande), ragoût de sanglier, onctueux risotto et beaux *antipasti.*

## À voir

Tout est concentré dans le quartier piétonnier. Compter 3 à 4h de visite (y compris le musée d'Art). Départ de la ***piazza Roma*** et sa ***torre di Mariano II,*** l'un des derniers vestiges de l'enceinte de ville construite à la fin du XIII^e^ s. À l'intérieur, une cloche de bronze du XV^e^ s qui sonna tous les grands événements de la cité. À deux pas, la ***casa di Eleonora,*** via Parpaglia, 6. En fait, elle fut construite quelque temps après sa mort, mais reste un bel exemple d'architecture du XVI^e^ s. Via Garibaldi, l'église ***Santa Chiara,*** où une autre légende prétend que Eleonora y serait enterrée (mais c'est seulement un membre de sa famille). Au bout de la via Garibaldi, la ***torre***

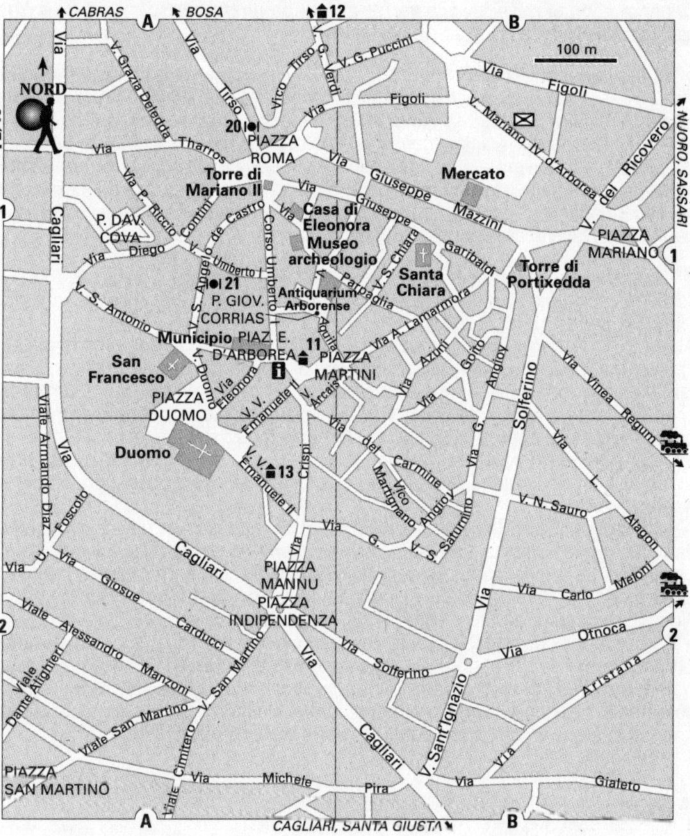


## ORISTANO

■ **Adresse utile**

🛈 Ufficio del turismo

⌂ **Où dormir ?**

**10** Hostel Rodia
**11** Affittacamere Eleonora
**12** Villa delle Rose
**13** Hotel Duomo

**Où manger ?**

**20** Trattoria Gino
**21** Ristorante Craf

***di Portixedda,*** dite « espagnole » (car modifiée par les Aragonais), l'ultime vestige des remparts de ville (XIIIe-XIVe s). Balade sympa dans l'histoire entre les ***vias Azuni*** (la rue principale de l'ancien quartier juif) et ***Angioy.***

★★★ ***Piazza Eleonora*** *(plan A1)* **:** elle rend naturellement hommage à la grande dame de la ville. Au milieu trône sa statue... Dans sa main, sa célèbre *Carta de Logu* ! Tout autour, de beaux édifices, et l'ensemble possède beaucoup de charme. On y trouve notamment le ***palazzo Corrias-Carta*** de style néoclassique, le ***palazzo Mameli*** (XVIIIe s) aux petits balcons en fer forgé et le ***municipio*** (la mairie), installé dans le superbe ***palazzo degli Scolopi*** (XVIe-XIXe s). Longue et noble façade à colonnes doriques, avec son cadran solaire. Le ***corso Umberto,*** qui part de la place, est l'une des rues les plus actives de la ville.

ꝆꝆꝆ ***Duomo*** *(cathédrale Santa Maria ; plan A2)* **:** la cathédrale présente une architecture assez éclectique. Clocher à bulbe séparé et intéressante porte en bronze ciselé. À l'intérieur, à part la dictature du décor peint et très chargé de la fin du XIX$^e$ s, cadre baroque assez somptueux. Nef imposante rythmée de pilastres à chapiteaux corinthiens et élégante coupole octogonale à la croisée de transept. On notera aussi cette incroyable orgie de marbre polychrome. Chaire à prêcher tout à fait exceptionnelle. À gauche, grand *retable de Saint-Joseph* à ornementation dorée du XVIII$^e$ s. Dans le chœur, belles stalles sculptées.

ꝆꝆꝆ ***Antiquarium Arborense*** *(musée ; plan A-B1)* **:** *piazza Corrias. ☎ 0783-79-12-62. • antiquariumarborense.it • Lun-sam 9h-14h, 17h-20h (22h en août) ; dim 15h-20h. Entrée : 5 € ; réduc.*
Abrité dans le beau *palazzo Parpaglia* du XIX$^e$ s, voici l'un des plus séduisants musées de Sardaigne. Muséographie claire et didactique, et une innovation assez rare à saluer : une salle spécialement dédiée aux non-voyants, qui pourront toucher des copies d'œuvres d'art, statues, beaux objets et même des peintures, émaux, etc. Avec explications à la clé ! N'hésiter pas à demander la petite fiche en français pour la visite. Au rez-de-chaussée, souvent d'intéressantes expos temporaires puisant dans le fonds du musée. Quelques pièces archéologiques permanentes également.
– *Au 1$^{er}$ étage :* salle des retables présentant de magnifiques pièces. Notamment celui de Antioco Mainas, une *Madone avec saint André, saint Jean-Baptiste et les conseillers de la ville* (1565). Beau travail sur les drapés. Autres chefs-d'œuvre, le *retable de Saint-Martin de Tours* (école catalane, XV$^e$ s), attribué à Ramon de Mur, ainsi que le *retable de San Cristo* (1533). Maquette de la ville.
– *2$^e$ grande salle :* maquette du site de Tharros permettant de prendre la mesure de l'importance de la cité et de la visualiser avant d'y aller. Section archéologique avec poteries, *tophet* (stèles d'enfants carthaginoises), masque insolite, rares verres irisés intacts, belle collection d'amphores, urnes funéraires, vaisselle grecque et une ancre archaïque en pierre (ou poids en pierre de balancier, nul ne sait !)...

## Fête

– ***Festa della Sartiglia :*** *le dernier dim du carnaval et Mardi gras.* Tradition séculaire qui remonterait très loin, au moment du carnaval, pendant la domination espagnole. On retrouva un texte de 1543 y faisant référence. Depuis, les corporations de menuisiers et des paysans organisent la fête chaque année. Le cortège part de la piazza Manno et passe par la piazza Duomo. 120 cavaliers masqués portant des costumes rutilants et aux chevaux décorés de cocardes multicolores défilent, avec à leur tête le *Componidori*. Son costume est très précis : chemise blanche cousue directement sur le corps, masque de femme, voile de mariée, chapeau noir... Au galop, il doit réussir à enlever avec une épée une étoile percée et suspendue en l'air. Puis les autres chevaliers doivent faire de même. Plus il y a d'étoiles enlevées, plus l'année sera prospère. Grande ferveur du public, fierté du cavalier vainqueur, musique, tambours, c'est une atmosphère indescriptible. Plus loin auront lieu de spectaculaires courses acrobatiques à trois cavaliers.

## DANS LES ENVIRONS D'ORISTANO

ꝆꝆꝆ ***Basilica di Santa Giusta :*** *à 4 km au sud d'Oristano. Ouv 9h-12h, 15h-19h (18h en basse saison).* Date du XII$^e$ s. L'une des plus belles églises romanes de Sardaigne. Tout en longueur, avec un harmonieux chevet. Décor sobre d'arcatures aveugles à la lombarde. Le clocher, en revanche, légèrement détaché, louche plutôt vers Pise. Bel appareillage de pierre polychrome. À l'intérieur, certains chapiteaux proviennent de cités romaines voisines.

**Stagno di Santa Giusta :** très poissonneux, on peut encore y voir évoluer des pêcheurs sur leur *Is fassoni,* la minibarque en roseau tressé typique du coin. Fin juillet, début août, fête locale et grande régate de *Is fassoni* sur le lac.

**Cabras :** grosse bourgade de pêcheurs aux maisons basses, baignée par le ***stagno di Cabras,*** la plus grande lagune de la région. Très poissonneuse également et refuge de nombreux oiseaux aquatiques. Notamment, quelques milliers de flamants roses viennent y batifoler chaque année. Cabras est également réputée pour sa *bottarga,* peut-être la meilleure de la région (quelques boutiques spécialisées en ville).

– ***Museo civico :*** *via Tharros, 121. ☎ 0783-29-06-36. Ouv 9h-13h, 16h-19h (15h-19h en basse saison).* Intéressant musée installé dans une structure de style contemporain. Nombreuses vitrines présentant le produit des fouilles de Tharros et des vestiges nuragiques et puniques *(tophet).*

– Grand événement local : la ***Festa di San Salvatore,*** fin août-début septembre (dure 1 semaine). Le point d'orgue, c'est la *corsa degli Scalzi,* le 1er week-end de septembre. Le dimanche, des centaines de jeunes gens, tout de blanc vêtus, pieds nus, courent pour apporter une statue du saint de l'église de Cabras à celle de San Salvatore, à quelque 7 km. Le lendemain, retour à Cabras.

### NUAGE DE POUSSIÈRE VAUT ÉCRAN DE FUMÉE

*En 1619, après une énième attaque de Sarrasins venus s'approvisionner en esclaves, les jeunes gens de Cabras s'enfuirent, puis revinrent sur leurs pas en courant à l'église pour récupérer la statue du saint. La légende raconte que la poussière soulevée par tant de gens décidés et pressés fit croire aux Sarrasins qu'ils avaient affaire à une nombreuse armée, et ils s'en retournèrent... Chaque année, on commémore donc l'événement !*

**San Salvatore di Sinis :** *sur la route de Tharros.* Pour son église du XVIIe s, lieu de pèlerinage local. Son originalité réside dans l'hypogée qu'on découvre sous l'église. Plusieurs salles creusées dans la pierre, dont certaines sont décorées de fresques représentant des animaux ou des dieux de l'Antiquité.

**Marina di Torre Grande :** *7 km à l'ouest d'Oristano.* La grande station balnéaire de la ville. Tient bien sûr son nom de la tour aragonaise qui veille sur les baigneurs. Longue plage de sable.

## LE SITE ARCHÉOLOGIQUE DE THARROS

**À *San Giovanni Sinis,* à une vingtaine de kilomètres à l'ouest d'Oristano. Cité antique fondée par les Phéniciens au VIIIe s av. J.-C. et qui connut un développement considérable pendant la période carthaginoise (fin du IVe s jusqu'à 238 av. J.-C.), devenant même l'un des ports les plus importants de la Méditerranée. Les Romains urbanisèrent à leur tour la ville, la dotant de beaux bâtiments civils (en particulier les thermes). Puis, il y eut naturellement une période paléochrétienne, suivie d'une période de décadence. Tharros fut défi-**

**nitivement abandonnée au XI$^e$ s sous le coup des épidémies (surtout une malaria endémique) et des raids barbaresques. Une grande partie des pierres furent emportées par les habitants pour construire les remparts d'Oristano. Reste cette ville très étendue, ce site magnifique et sa réjouissante capacité d'évocation...**

➢ ***Pour s'y rendre :*** en été, une demi-douzaine de bus/j.

– ***Visite du site :*** ☎ *0783-37-00-19. Tlj 9h-20h (17h oct-mars). Entrée : 7 € (avec plan du site, l'entrée pour le musée de la ville de Cabras et possibilité d'une visite guidée) ; réduc. Boutique.*

Après la billetterie, on suit naturellement la pente à gauche pour se retrouver au *castellum aquae* (la citerne qui alimentait la ville), à la jonction avec le *cardo maximus* (la rue principale de la ville). C'est là qu'on mesure l'intelligence de l'urbanisme romain. Belle portion intacte de la rue, avec ses dalles de basalte bien ajustées et son système de tout-à-l'égout passant en dessous. En descendant, sur la gauche, on trouve des thermes, puis à droite, le *temple des colonnes semi-doriques* (bel appareillage de pierre). Au niveau de la mer, les thermes n° 1 et le baptistère sur sa gauche. Partant à droite, on arrive à l'*aire des deux colonnes* (la carte postale la plus célèbre). Tout au fond, les thermes n° 2 encore dans un état intéressant (chaînages alternés de pierre et de brique). À l'autre extrémité du site, des vestiges du village nuragique, du *tophet* carthaginois, d'une fortification et de son fossé. Beaucoup de produits des fouilles au musée de Cabras.

## Où dormir ? Où manger ?

Pour les lecteurs souhaitant dormir près des plages et du site, l'embarras du choix. Pléthore de *B & B* et d'*agriturismi.* Quasiment tous les agriculteurs s'y sont mis ! Pas d'adresses exceptionnelles ; après en avoir visité pas mal, on constate qu'elles se ressemblent beaucoup. En tout cas, vers une des plus belles plages du coin, voici une petite sélection.



⛺ ***Camping de Punto I. Aruttas :*** *plage de* ***punta Is Aruttas,*** *09072 Mari Ermi/ Cabras.* ☎ *0783-39-11-08.* 📱 *347-444-73-06.* • *info@campingisaruttas.it* • *campingisaruttas.it* • *Mi-mai à mi-sept. En hte saison, compter 36 € pour 2 pers et une voiture. Mobile homes 60-130 € selon saison (en été, 7 j. obligatoires). Internet, wifi.* Tout seul dans le maquis, il s'y insère remarquablement. Bon confort, avec accès direct à la mer. Emplacements arborés. Sanitaires corrects. Laverie, bar, pizzeria, minimarché... Animations en juillet-août. Location de VTT.

🏠 🍽 ***Agriturismo Sa Moarxia :*** *route de* ***punta Is Aruttas*** *(SP 59).* 📱 *346-188-55-10. Doubles 90-110 € selon saison, petit déj inclus.* À 3 km de la mer et 100 m de la route, calme assuré. 6 chambres de bon confort avec entrée indépendante. Accueil sympa et anglophone. Possibilité de se restaurer et, à voir la taille de la salle à manger, c'est une affaire qui marche.

🏠 🍽 ***Azienda Agrituristica Matte Canna :*** *route de* ***punta Is Aruttas*** *(SP 59).* ☎ *0783-27-036.* 📱 *346-214-07-78.* • *info@mattecanna.com* • *mattecanna.com* • *Tte l'année. Résa nécessaire. Doubles 100-120 € selon saison, petit déj inclus. Possibilité de ½ pens. Dîner 25 €. CB refusées.* À 3 km de la mer et à bonne distance de la route. Un des plus proches des plages. En marge des vignes et des melons, une grande demeure moderne horizontale à tuiles rouges. Bonne cuisine régionale. Spécialité de barbecue viandes et poissons. Accueil anglophone.

🏠 🍽 ***Agriturismo su Pranu :*** ***San Salvatore,*** *à l'intersection de la route pour punta Is Aruttas (SP 59).* ☎ *0783-39-25-61.* 📱 *329-892-56-40.* • *info@agriturismosupranu.com* • *agriturismosupranu.com* • *Doubles 70-100 € selon saison, petit déj compris. ½ pens pour 2, 104-130 €. 2 petits apparts pour familles.* Sur une colline, au milieu des oliviers, pas loin des ruines d'un nuraghe. 6 chambres dans une bâtisse de plain-pied avec entrée indépendante et véranda. La vue porte loin. Beau jardin devant. Confortable, spacieux, belle salle de bains. Les petits déjeuners se prennent à *Il Sinis,* l'autre *agriturismo* de la famille (de l'autre côté de la route). En fait, c'est une structure tellement pro que ça ressemble plus à un hôtel qu'à une chambre d'hôtes. Resto réputé.

**Hotel Sa Pedrera :** *route de* ***Tharros,*** *à quelques km du site. ☎ 0783-37-00-18. • info@sapedrera.it • sapedrera.it • Mars-oct. Doubles 78-144 € selon saison.* En marge respectable de la route, un hôtel horizontal tout rose, avec tuiles romaines et une entrée arborée. Plutôt agréable dans l'ensemble. Chambres de bon confort s'ordonnant autour d'un patio fleuri. Accueil aimable. Resto-pizzeria.

## Où manger le meilleur poisson ?

***Sa Pishera'e Mar e Pontis :*** *sur la route de* ***Tharros*** *(SP 6), à gauche en venant d'Oristano (bien indiqué). ☎ 0783-39-17-74. • info@consorziopontis.it • Résa obligatoire. Compter 32 €.* Un resto de poisson au milieu des bassins de pisciculture, on ne peut rêver meilleur environnement ! Grande et agréable salle à manger. On y trouve, bien sûr, le mulet, roi de la lagune, mais bien d'autres aussi (anguille, rougets) et toutes les déclinaisons : filet de mulet mariné, *muggine affumicata* (mulet fumé), artichaut et *bottarga* (œufs de mulet pressés et salés), salade de poulpe et bien sûr, une spécialité : le *mrecca* (mulet bouilli aromatisé aux herbes) !

## Où se baigner ? À voir dans le coin

Au pied de la tour espagnole, à la sortie du site, charmante petite ***plage*** dans une anse protégée.

***Chiesa San Giovanni :*** *peu avt le site archéologique, sur la droite (parking).* D'origine byzantine, l'une des plus anciennes églises de l'île (470 apr. J.-C.). Restaurée au X$^{e}$ s par des moines marseillais. Appareillage de pierre rustique comme il se doit, voûte en berceau, arcades massives, coupole à la croisée de transept.



# AU NORD DE L'ORISTANO

**Deux itinéraires, mais l'un peut rattraper l'autre. D'abord, pour rejoindre Bosa, la jolie route pour Santu Lussurgiu (par Riola Sardo, Seneghe et Bonacardo). Elle traverse l'une des régions les plus fertiles de Sardaigne avant d'aborder la moyenne montagne. Ou la rapide S 131 pour *Abbasanta-Ghilarza,* livrant dans ses environs parmi les plus beaux sites nuragiques de la région. À *Ghilarza,* au passage, les admirateurs de Gramsci iront bien sûr lui rendre hommage. Enfin, pour nos lecteurs gastronomes ou en voyage de noces, quelques belles adresses d'auberges de campagne...**

## *RIOLA SARDO*

À 8 km au nord de Cabras, au cœur des vignes et des oliveraies. On y produit le *vernaccia,* peut-être le plus fameux vin blanc de l'île. Pour le goûter, rendre visite à la ***cantina sociale della Vernaccia*** *(via Oristano, 149, Rimedio ; ☎ 078-333-155 ; à la périphérie d'Oristano, accès par un beau portail baroque du XVIII$^{e}$ s ; lun-ven 10h-12h30).* Déguster son *sardinian gold* en blanc. Genre apéro titrant dans les 15-16°, fruité et sec tout à la fois (2 à 3 ans en fût de chêne, à boire très frais). Et une découverte : le *montiprame* en rouge, fait à partir de *nieddera,* un cépage rare.

**Hotel Lucrezia :** *via Roma. ☎ 0783-41-20-78. • hotellucrezia.it • Double 120 €, petit déj-buffet inclus. Internet.* À 10 mn à pied du centre, hôtel de charme dans une demeure historique. Beau jardin arboré et fleuri. Élégante véranda sous arcades de pierre et salon-réception cossu avec cheminée monumentale et vieux pressoir. Seulement 7 chambres, penser à réserver ! D'une blancheur immaculée, de beaux tissus, une armoire vintage et tout le confort espéré.

## SENEGHE (09070 ; 1 900 hab.)

Bourgade présentant un certain caractère avec ses vieilles demeures de pierre sombre. Surtout réputée pour son huile d'olive de qualité et sa race de bœuf locale, le *bue rosso,* considérée comme la meilleure de Sardaigne (une des « sentinelles » *slow food* d'ailleurs).

– **Festa :** *fév, dim-lun et mar du carnaval.*

## BONARCADO (09070 ; 1 600 hab.)

Petit village qui bouge une fois par an au moment du *pèlerinage della Madonna di Bonacattu* (à partir du 15 septembre) pour 1 semaine.

– **Fête patronale de Saint-Romuald :** *7 fév.*

**Albergo Residenziale – Ristorante Sa Mola :** *via Giardini. ☎ 0783-56-588. • info@samola.it • samola.it • Resto tlj sf lun (mais pizzeria ouv). Doubles 80-115 € selon saison ; apparts 95-180 € selon saison. Env 30 € le repas.* Élégante vieille demeure du XIXe s abritant des chambres cosy et confortables. Donnant sur un beau jardin arboré et fleuri, d'autres petits appartements de 2 pièces (2 à 4 personnes), avec coin cuisine. Resto installé dans l'ancien moulin à huile. Cadre de caractère avec ses arcades de pierre. Cuisine de fort bonne réputation. Pizzeria également.

# SANTU LUSSURGIU (09075) 2 500 hab.

**Niché au creux des monts Montiferru, dans le cratère d'un ancien volcan éteint, notre village préféré. À 503 m, climat cool et agréable l'été. En outre, les grandes forêts de chênes se révèlent être une bonne protection contre les rudes vents méditerranéens. L'un des centres-villes médiévaux les plus romantiques et séduisants qu'on connaisse, avec deux adresses de charme d'anthologie.**

## Où dormir ? Où manger ?

**Antica Dimora del Gruccione :** *via Michele Obinu, 31. ☎ 0783-55-20-35 ou 03-00. 📱 347-781-56-64. • info@anticadimora.com • anticadimora.com • Double 90 €, petit déj inclus. ½ pens 70 €/pers (conseillée). Repas 35 € (resto ouv aux clients de passage, mais réserver). Remise de 10 % du 1er oct au 20 déc et du 1er fév au 30 avr (sf Pâques) sur présentation de ce guide.* Notre adresse la plus secrète, au cœur du lacis des ruelles de la vieille ville. Superbe demeure aristocratique du XVIIIe s cachée derrière de hauts murs. Accueil chaleureux de Gabriella Belloni et de sa fille (même famille depuis l'an 1700). De la cour partent 2 élégants escaliers de pierre menant à de belles chambres de caractère.

Si c'est plein, une agréable annexe à côté (un peu plus contemporaine, mais restaurée avec des matériaux écologiques et fort plaisante). Cet *albergo* cache aussi l'un des meilleurs restos de Sardaigne. Eh oui, vous êtes ici dans un bastion de *slow food*. On y défend avec passion la philosophie de Carlo Petrini et de son mouvement international : produire propre, de bonnes choses et payées à leur juste prix aux producteurs. Roberto Flore, le jeune chef, n'a pas son pareil pour mettre en valeur les bons produits locaux, comme le *bue rosso* (le bœuf de Seneghe et Bonarcado) et le *casizolu* (un délicieux fromage)... Très beaux desserts, mais ça, vous vous en doutiez !

**Hotel Sas Benas :** *via della Liberta. ☎ 078-355-08-70. 338-291-22-04. • nuova.armonia@tiscali.it • sasbenas.it • À 150 m de la piazza San Giovanni. Doubles 70-80 €. Plats 10-13 € ; menu dégustation 30 €.* Une autre *albergo diffuso,* il est donc possible qu'on vous mette dans une des 4 annexes (de charme ou de caractère aussi, pas de problème), si c'est plein. L'avantage de cette adresse est qu'elle abrite également le resto. Grande demeure noble en pierre, avec des espaces, des escaliers, des couloirs qui partent un peu dans tous les sens... Nulle uniformité donc, l'hôtel s'est niché dedans sans en altérer le caractère. Chambres spacieuses et d'excellent confort. Quant au resto, il jouit également d'une très bonne réputation et ses prix ont su rester fort abordables. En outre, grand souci aussi de n'utiliser que les produits de petits producteurs d'agriculture durable.

## À voir

**Balade au cœur de la vieille ville :** un enchantement ! Ruelles étroites et biscornues, vénérables demeures de pierre bien usées ou patinées (quelques-unes avec encore toit de chaume). Méchants petits pavés lisses et séculaires... en particulier autour de nos deux hôtels de charme. À refaire de nuit bien sûr, la balade provoquera bien des tremblements amoureux ou rabibochera, à coup sûr, quelques couples qui se délitent... Cette déambulation vous permettra aussi de rencontrer les petits artisans, nombreux à travailler le cuir (notamment tous les objets et articles liés au cheval) et le fer (les couteaux sardes). En haut de la ville, deux églises à saluer : ***Santa Maria degli Angeli,*** du XV$^{e}$ s (style gotico-aragonais, larges arcades rythmant la nef et bel autel en bois sculpté du XVIII$^{e}$ s) et ***Santa Croce,*** qui date de 1185.

**Museo della Tecnologia contadina :** *via Deodato Meloni. ☎ 0783-55-06-17. • info@museotecnologiacontadina.it • museotecnologiacontadina.it • Sur rdv.* Installé dans un bel édifice du XVIII$^{e}$ s. Vous découvrirez des centaines d'objets liés à la culture rurale. Une dizaine de salles lumineuses présentent, dans une muséographie agréable, toutes les activités et traditions de la région : l'agriculture et l'activité pastorale, l'artisanat, le tissage, le moulin à foulon, la vannerie... Les instruments agraires traditionnels, fourches, fléaux, charrues en bois, charrettes, alambics, objets domestiques... plus tous les outils liés au métier de berger, les techniques du vigneron, la fabrication du fromage et du vin. Petite section consacrée au cheval dont la place est prépondérante ici dans les campagnes.

**Chiesa di San Leonardo :** *à env 7 km, à* ***Saint-Léonard-des-Sept-Fontaines.*** Cette jolie église du XII$^{e}$ s possède une façade révélant des influences pisanes. Un lieu de promenade dominical des familles qui viennent y chercher un peu de fraîcheur au plus fort de l'été.

– Dans le village, début juin, s'y tient la ***fiera del Cavallo,*** la plus importante foire aux chevaux de Sardaigne.

## Fêtes et festivals

– **Février :** *dim, lun et mar du carnevale.* Avec une spectaculaire course de chevaux dans la vieille ville.

– ***Pasqua :*** *durant tte la période des fêtes de Pâques.*
– ***Fiera del Cavallo :*** *début juin à Saint-Léonard-des-Sept-Fontaines.*
– ***Festa di San Lussario :*** *vers le 21 août (sur 4 j.).*

## DANS LES ENVIRONS DE SANTU LUSSURGIU

👍👍 ***Ghilarza :*** petite ville ne nécessitant guère un détour, si elle ne proposait pas aux admirateurs d'Antonio Gramsci, héros de l'antifascisme et du communisme italien, l'occasion de visiter la demeure de son adolescence. Aujourd'hui, centre culturel et de recherche dédié à sa mémoire.
– *Festa di San Michele : le 8 mai, sur 2 j.*
– *Festa di San Giovanni Battista : le 24 juin.*
– ***Casa-museo di Antonio Gramsci :*** *corso Umberto I, 36. ☎ 078-554-164. • casagramsci@tiscalinet.it • cqsagramscighilarza.org • Tlj sf mar 10h-13h, 15h30-18h30.* Maison toute simple où Gramsci passa enfance et adolescence. Au rez-de-chaussée, la bibliothèque avec 3 000 ouvrages sur son œuvre et l'histoire du mouvement ouvrier sarde. Dans l'ancienne cuisine, derrière les portes du placard, le puits de la maison. Plafond reconstitué en *cannitzada* traditionnel. Dans la cour, la petite maison où l'on cuisinait le pain familial. Au 1er étage, sa chambre, son lit et de nombreux souvenirs, photos, objets personnels, lettres de prison dont beaucoup furent offertes par sa sœur préférée, Teresina... À noter, son certificat de licence élémentaire supérieur... déjà brillant élève, des 10 partout !

👍👍👍 ***Sito nuragico di Losa :*** *à 3 km, légèrement en marge de la N 131, au sud d'**Abbasanta** (bien indiqué). • nuraghelosa.net • Entrée : plein tarif 3,50 €.* L'un des sites nuragiques les plus structurés et les plus attractifs. Au milieu du site, la tour centrale à deux étages du XVe s av. J.-C. Vestiges de mur d'enceinte du VIe s av. J.-C. et de maisons circulaires. À 100 m environ, intéressant petit *antiquarium* présentant toute l'histoire du site et de la culture nuragique en général.

👍👍👍 ***Sito nuragico di Santa Cristina :*** *à env 5 km de Paulilatino, en marge de la N 131 (bien indiqué). Tlj 9h-1h avt le coucher du soleil.* Là aussi, dans un séduisant environnement, d'intéressantes ruines nuragiques. Notamment, le *puits sacré* du VIIIe s av. J.-C., avec son escalier de forme trapézoïdale au remarquable appareillage de pierre. Curieuse forme de « trou de serrure » d'ailleurs. À côté, vestiges de la salle circulaire qui devait servir de lieu de réunion. Sur la route de Santu Lussurgiu, d'autres ruines nuragiques *(Piriferta, Lugherras).*



## LA ROUTE DE SANTU LUSSURGIU À BOSA

**Elle grimpe sec dans les *monts Monteferru*. Ici, montagne austère, presque poignante. Landes parsemées d'aiguilles et de pitons rocheux. Pas d'habitations, quelques ruines de nuraghes. La route livre parfois de prodigieuses plongées sur la plaine. Après *Cuglieri,* pittoresque ville de montagne, descente sinueuse et vertigineuse vers la côte. Route plus large qu'à la montée, en revanche, la densité des arbres ne laisse guère d'occasions d'admirer le panorama...**

## BOSA (08013) 8 000 hab.

**Pittoresque petit port dominé par un fier château et déroulant harmonieusement ses vénérables demeures jusqu'aux quais du fleuve Temo (pratiquement le seul**

**navigable de Sardaigne). D'un côté, frangé de belles demeures aristocratiques aux couleurs pastel et de vigoureux palmiers. De l'autre, une longue théorie de tanneries abandonnées, attendant vainement une quelconque reconversion touristique. Entre les deux, de petits bateaux de pêche multicolores. La balade dans les étroites ruelles et les escaliers de la vieille ville se révèle un vrai plaisir. Bosa produit également un fameux vin : le malvasia de Bosa.**

## UN PEU D'HISTOIRE

Comptoir phénicien, puis *municipum* romain sous le nom de *Bosa Vetus*. Cependant, au VIIIe s apr. J.-C., le site fut abandonné à cause des incursions sarrasines. En 1112, terre acquise par les *Malaspina,* une famille noble ligure, construction du château et développement de la ville. Port actif, l'un des plus prospères de l'île, Bosa se devait d'être un enjeu important des guerres contre les Aragonais, puis les Espagnols, et changea plusieurs fois de maître et de statut. Après l'ultime bataille de Macomer (mai 1478), le marquis d'Oristano Leonardo Alagon et ses troupes fuirent à Bosa, après leur défaite, pour s'en retourner à Gênes. Cependant, il fut fait prisonnier au moment d'embarquer. Jusqu'au XIXe s, la ville ne cessa de passer des mains d'un seigneur à celles d'un autre. En 1836, après la suppression de la féodalité, la ville connut un important essor économique : développement des tanneries et arrivée du chemin de fer. Les relations commerciales étaient si bonnes avec la France en 1850 que les autorités municipales organisèrent l'enseignement du français pour faciliter les échanges.

## Arriver – Quitter

### En bus

***Terminal des bus*** *(plan C-D1) : piazza Zanetti.*

➤ Pour ***Alghero,*** 4-5 départs/j. ; trajet : 1h. Pour ***Sassari,*** 5 départs/j. ; trajet : 2h. Pour ***Cuglieri,*** 2-3 départs/j. Pour ***Macomer,*** 7 départs/j. Pour ***Nuoro,*** 4 départs/j. ; trajet : env 2h. Pour ***Oristano,*** 5 départs/j. ; trajet : 2h. Pour ***Olbia,*** 1 départ/j. ; trajet : 3h15. En général, moitié moins de bus dim.

## Adresses utiles

***Associazione turistica pro loco*** *(plan D1) : via Azuni, 5, ☎ 078-537-61-07. • locobosa@tiscali.it • infobosa.it •*
***Ufficio postale*** *(plan C1) : via Pischedda (et viale Giovanni XXIII).*

## Où dormir ?

De belles adresses pour dormir. Bosa, définitivement un bon camp de base !

### Bon marché

***Ostello Bosa Malaspina*** *(auberge de jeunesse ; plan A2,* ***10****) : via Sardegna, 2, Bosa Marina. 346-236-38-44 ou 339-775-11-21. • valevacanzesardegna@hotmail.it • Fermé en nov. Lit 16 €, double 40 €, familiale 70 €, petit déj inclus. Clim en sus 5 €.* Hyper bien placé, à Bosa Marina, en bord de mer. À 2 km de la ville. Rue calme dans un quartier résidentiel. Grande et rose bâtisse horizontale, blottie au sein de ses palmiers et bananiers. Bon accueil. Chambres et sanitaires impeccables.

### De bon marché à prix moyens

***Bio Agriturismo Bainas*** *(hors plan par D2,* ***11****) : à 2 km du centre. ☎ 0785-37-31-29. 339-209-09-67 ou 338-306-00-04. • agriturbainas@tiscali.it • agriturismobainasbosa.com • En provenance du sud, tourner à droite, juste avt le ponte Vecchio, passer l'église San Pietro et c'est tt droit. Tte l'année. Doubles 60-70 €, petit déj inclus. Possibilité de ½ pens.* Une jolie ferme rose vif en pleine nature et si pro-

LA RÉGION D'ORISTANO-BOSA

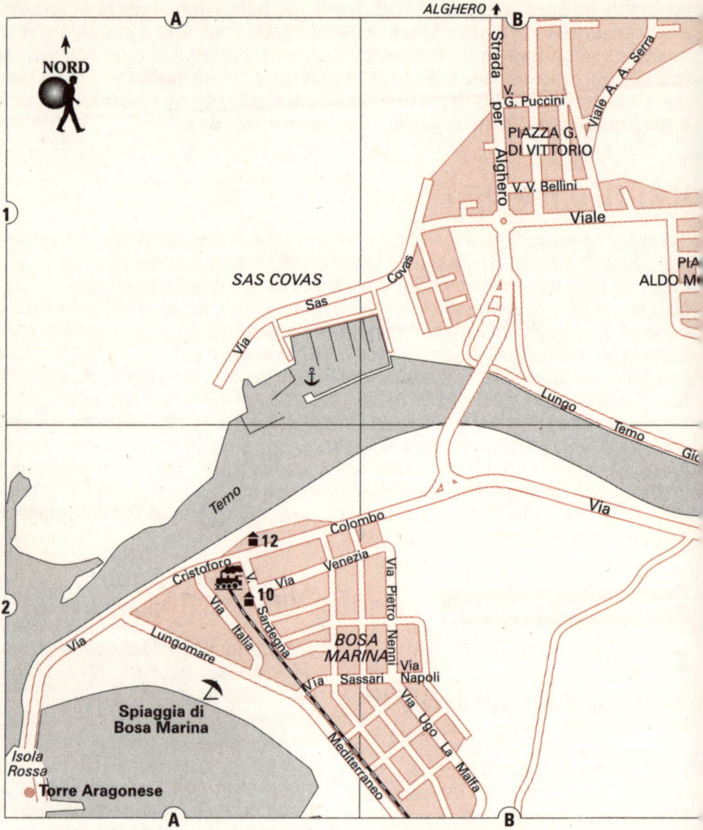


## Adresse utile

Associazione turistica pro loco

## Où dormir ?

**10** Ostello Bosa Malaspina
**11** Bio Agriturismo Bainas

che de la ville, le rêve. Produit des primeurs, olives et oranges. Accueil pro. 4 chambres de bon confort avec salle de bains. Véranda agréable avec vue extra sur le château. Possibilité de repas (sur réservation) avec les bons produits de la ferme. Plein d'infos à glaner sur les randos à VTT et bien d'autres choses.

**Hotel Stella Maris** *(plan A2,* ***12****)* **:** *via Cristoforo Colombo, 11/13, Bosa Marina.* ☎ *078-537-51-62.* • *info@stellamarisbosa.it* • *stellamarisbosa.it* • *Fermé en janv et fév. Doubles 60-90 €. Apéritif maison offert sur présentation de ce guide.* Pour ceux souhaitant être proches de la belle plage (à 200 m), l'endroit idéal. Petit hôtel classique, familial, à taille humaine, offrant des chambres fort bien tenues et de bon confort. Mais le

BOSA

| | |
|---|---|
| **12** Hotel Stella Maris<br>**13** Locanda Melograno<br>**14** Hotel Sa Pischedda<br>**15** Hotel Corte Fiorita | **Où manger ?**<br>**20** Barracuda<br>**21** Trattoria Sa Nassa |

must de cette adresse, c'est la qualité d'accueil tout simplement adorable de Dina et Graziella (et totalement francophone). Petits plats à base de poissons (compter 15 €). On vous nourrit généreusement également d'infos sur la ville et les possibilités du coin.

***Locanda Melograno*** (hors plan par D1, ***13***) : *localita Tiria, 1. 339-498-22-22 ou 469-71-78. • locandailmelograno@gmail.com • locandailmelograno.com • Arrivant du sud, traverser le ponte Vecchio, tourner à droite, c'est à 1,5 km. Au-dessus du centre équestre. Tte l'année (resto fermé lun et mar midi). Doubles 60-80 € selon saison. Possibilité de ½ pens. Repas 25 € (resto ouv aux clients extérieurs). Apéritif maison offert sur présentation de ce guide.* Accroché à la montagne, dans son superbe environnement bucolique, cette sympathique auberge offre 6 chambres impeccables, dans de jolis bungalows colorés (indépendants de la réception-restaurant). Tout confort : clim, chauffage, mignonne terrasse panoramique, TV satellite, etc. Grand jardin planté de grenadiers *(melograno)*, figuiers, oliviers et palmiers. Bonne cuisine familiale. Une de nos meilleures adresses de la côte ouest !

## Plus chic

**Hotel Sa Pischedda** (plan D1-2, **14**) : *via Roma, 8, quartier Sas Covas. ☎ 0785-37-30-65. • info@hotelsapischedda.it • hotelsapischedda.it • Fermé en janv. Resto fermé mar en basse saison. Doubles 60-125 € selon saison, confort et vue ; triples et quadruples 80-150 € ; petit déj inclus. 5-25 août, 3 j. min. Wifi. Remise de 10 % du 1er fév au 15 avr et du 25 sept au 30 nov sur présentation de ce guide.* Dans le quartier historique des tanneurs, à 30 m du ponte Vecchio. Construit en 1896, il a conservé son superbe décor éclectique, ses fresques et hérité, depuis peu, d'un ascenseur moderne et design au milieu du hall monumental. Bref, confort et charme assuré à des prix encore fort raisonnables. Resto de bonne réputation avec terrasse panoramique. Pizzeria sur jardin au rez-de-chaussée.

**Hotel Corte Fiorita** (plan D1, **15**) : *via Lungotemo de Gasperi, 45. ☎ 0785-37-70-58 ou 20-78. • info@albergo-diffuso.it • hotel-bosa.it • Fermé début janv à début fév et du 10 au 26 déc. Doubles standard 68-145 € selon saison et vue. Suites 90-165 €. Apparts 410-950 €/sem selon saison. Remise de 10 % sur le prix de la chambre en mars et avril et du 1er oct au 10 déc sur présentation de ce guide.* Là aussi, un hôtel de bon confort dans une aristocratique demeure, sur le quai le plus prestigieux de la ville. Chambres assez différentes (avec vue, plus chères ; derrière, plus calmes !). Si c'est plein, on vous en proposera d'autres dans le coin.

## Où manger ? Où manger une pizza ?

**Barracuda** (plan C1, **20**) : *viale Repubblica, 21. ☎ 0785-37-37-19. 📱 347-033-08-55. Tlj sf jeu en basse saison. Pâtes 9-12 €, pizzas 5,50-8 €, plat env 15 €.* Un peu excentré, loin du tintamarre touristique. Resto sans charme particulier, mais grande salle, populaire et de qualité régulière. Pâtes et quelques spécialités : pizzas, dont la *bianche*, thon fumé roquette, *moscardini alla bosana* (poulpe), *anguilla alla griglia*, etc. Terrasse protégée.

**Trattoria Sa Nassa** (plan D1, **21**) : *piazza Duomo, 2 (et via Lungo Temo, 13). ☎ 0785-37-30-24. 📱 348-528-15-06. Tlj sf mer, midi et soir. Menus « terre » 20 €, « mer » 30 € ; carte 25 €.* La bonne surprise juste en face de la cathédrale, dans le coin le plus touristique de la ville... Une bonne cuisine servie dans une salle plaisante toute voûtée en pierre et arcades sur colonnes. Beaucoup de familles italiennes. Seul petit bémol, de jeunes serveurs désinvoltes, voire peu aimables. Et dans l'assiette, on l'a dit, très honnête : menus corrects et nos *penne al ragù* étaient cuites comme il faut et bien parfumées. D'autres spécialités, raviolis sauce *bottarga* et encre de seiche, carpaccio d'espadon...

Enfin, ne pas oublier la ***Locanda Melograno*** (accueil gentil comme tout, familial, prix modérés, vue superbe). Goûter aux spaghettis palourdes et crème de poivron rouge et aux raviolis maison. Excellent ***Sa Pischedda*** (dans le genre plus chic). Voir « Où dormir ? ».

## À voir

**Duomo** (plan D1) : *piazza Duomo.* Dédiée à l'Immaculation Conception et, depuis le XIIe s, largement remaniée au cours de l'histoire. Il ne reste quasiment rien des édifices roman et gothique précédents. Subsiste ce style baroque piémontais hérité de l'agrandissement de 1809. Coincée sur son bout de quai, peu de recul pour apprécier cette sobre façade. Ornée de pilastres au dessin rigoureux et d'une jolie corniche dentelée. En revanche, riche et ample décor intérieur. Une seule nef bordée de huit chapelles, voûte en berceau couverte de fresques et de stucs, réalisée par un peintre de Parme. Coupole octogonale à fresques également (dont la *Gloire du Paradis*). Sur les côtés, les loges des puissants. Majestueux escalier de marbre orné de deux lions menant au chœur, son fauteuil épiscopal, ses stalles de bois sculpté. Grand autel baroque du XVII$^{e}$ s et riches retables en marbre polychrome marquetés des chapelles latérales. Orgue polychrome de grande qualité installé en 1810. Chœur en cul-de-four sur lequel on remarquera cette jolie peinture reproduisant une vue de la ville. Ne pas manquer de visiter le trésor de l'église.

*** ***Corso Vittorio Emanuele II** (plan D1) :* l'artère prestigieuse et commerçante de la vieille ville, bordée d'élégantes demeures aristocratiques des XVIII$^{e}$ et XIX$^{e}$ s. Tout ce quartier est appelé *Sa Piatta* ou *piazza Maggiore*. Riche ornementation, portails sculptés, balcons en ferronnerie, des looks de petits palais néoclassiques... *Plazza de la Costituzione,* grande fontaine en marbre de 1877. Sur le côté, le ***palazzo di Don Carlo,*** datant du milieu du XIX$^{e}$ s. Architecture reprenant des éléments du siècle précédent, comme les corniches en trachyte de style rococo et les pilastres. Au n° 59 du *corso,* la ***casa Deriu*** *(tlj 10h30-13h, 18h30-20h30, plus juil-août 21h30-minuit),* qui abrite des expos temporaires, un appartement richement meublé et décoré typique du XIX$^{e}$ s, et la collection de Melkiorre Mellis, né à Bosa et l'un des peintres sardes les plus importants. En face, la ***pinacoteca A. Atza*** *(mêmes horaires que la casa Deriu),* un autre grand peintre contemporain.

*** ***Castello Malaspina** (plan D1) : on y va à pied à travers la vieille ville ou en voiture (parking). Juil, tlj 10h-13h, 16h-19h30 ; août, tlj 10h-20h ; avr-juin et sept-oct, tlj 10h-13h, 15h30-18h30 ; nov-mars, w-e 10h-13h. Entrée : 3 €.* Édifié en 1112. Il en reste des vestiges significatifs, comme une bonne portion des murailles et quelques tours et un beau donjon (certaines datent du XIV$^{e}$ s). Chaînages de trachyte rouge du plus bel effet. Curieusement pas ou peu de créneaux. À l'intérieur, possibilité de visiter une chapelle palatine dédiée à la Vierge ***(Nostra Signora di Regnos Altos).*** On peut y admirer de belles fresques du XIV$^{e}$ s commandées par les souverains d'Arborea (scènes du Nouveau Testament).

*** ***Balade dans le quartier de Sa Costa** (plan D1) :* vagabonder au long de ruelles étroites et pentues et de passages biscornus. Vaste panoplie de façades pastel de toutes les nuances. Quelques rues appelées « côtes » encerclent la colline et permettent de se plonger dans la vie sociale colorée locale. Vous y verrez les dernières dentellières sur leur pas de porte. Via del Carmine, voir la ***chiesa della Madonna del Carmine*** et son couvent, édifiés à la fin du XVIII$^{e}$ s en beau trachyte rouge. Élégante façade dans le genre baroque sobre avec des réminiscences toscanes et piémontaises. Pilastres à chapiteaux corinthiens, fronton en volute... Au soleil couchant, jolie photo avec ses palmiers devant. À l'intérieur, un immense autel de marbre richement ornementé.

** ***Balade dans le quartier de Sas Conzas** (plan D1-2) :* rive gauche, après le ponte Vecchio, s'étend *Sas Conzas,* l'ancien quartier des tanneurs. Industrie ancienne, très florissante au

## POUR ALLER AU BOULOT, TEMPS DE TRANSPORT DES TANNEURS : 10 MN MAXIMUM !

*Pour tout travailleur, le rêve a toujours été que son travail soit le plus près possible de son domicile. Les patrons tanneurs construisirent leurs petites entreprises sur toute la rive gauche du Temo, suffisamment près pour profiter de l'eau, mais suffisamment éloigné aussi de l'autre rive et de la vieille ville où habitaient leurs ouvriers, pour que personne ne soit incommodé par la puanteur de leur activité... ce qui explique cette étonnante différence architecturale entre les deux quais !*

XIXe s et qui s'éteignit dans les années 1960. Une quinzaine d'entrepôts délabrés, voire en ruine, témoignent aujourd'hui de l'importance de cette activité nécessitant beaucoup d'eau (opportunément fournie par le généreux fleuve Temo). Cette belle homogénéité architecturale attend depuis des années une reconversion intelligente. De même le petit *musée de la Tannerie* tarde-t-il à rouvrir ! À l'intérieur des tanneries, on retrouvait la même disposition : au rez-de-chaussée, les cuves en pierre pour le traitement des peaux et, à l'étage, de grands volumes pour le séchage, l'affinement et les finitions.

**Chiesa San Pietro** *(hors plan par D2)* **:** *venant du sud, tourner à droite avt le ponte Vecchio (c'est à 100 m).* Construite en 1062 en style lombard archaïque. Intéressante façade avec ses trois arcs en ogive (dont deux aveugles) et les évangélistes aux retombées d'arc, le linteau en tuf (avec saint Paul, saint Constantin, saint Pierre et la Vierge). À l'intérieur, trois nefs, charpente apparente au milieu, voûtes en croisée d'ogives sur les côtés.

**Bosa Marina** *(plan A-B2)* **:** *à 2 km du centre.* Un petit port de plaisance, un quartier résidentiel, une belle AJ et des hôtels sympas, le tout sous l'œil vigilant d'une tour aragonaise du XVIe s et d'une petite église de style gothique catalan. Une des plus belles plages de la côte ouest, dans une anse protégée. Adorée par les familles (un peu trop au mois d'août) pour la qualité de ses eaux.

## Fêtes et manifestations

– ***Festa di San Antonio :*** *16 janv.* Marque le début de la période de carnaval. Gigantesque feu de joie devant l'église.
– ***Carnevale :*** *les dim précédant le Mardi gras, mais surtout ce dernier, particulièrement festif.* Masques figurant des femmes en deuil chantant des chansons funèbres (avec parfois des connotations sexuelles), défilé de chars, spectacles, lampions...
– ***San Giorgio :*** *25-26 avr.*
– ***Pasqua :*** *Vendredi saint-mar.*
– ***Festa d'Emilio e Priamo :*** *28 mai.* Fête des saints patrons de la ville. Musique et folklore.
– ***Festa di San Giovanni Battista :*** *24 juin.*
– ***Santa Maria di Mar :*** *1er dim d'août.* Procession de bateaux colorés qui s'en ira livrer la Vierge au *duomo,* puis retour. Le soir, feu d'artifice.
– ***Nostra Signoria di Regnos Altos :*** *1er ou 2e dim de sept.* Procession dans la vieille ville, gastronomie locale, bals sardes...



## DANS LES ENVIRONS DE BOSA

Pour ceux qui ont du temps, balade dans les villages perchés au-dessus de Bosa. La route grimpe vite entre maquis et forêts pour atteindre *Modolo, Magomadas, Suni* et *Tresnuraghes.* **Modolo,** sur son éperon rocheux, un des plus discrets et livrant de beaux points de vue. ***Magomadas,*** blotti sur un promontoire, propose également un super panorama jusqu'à la mer, une bonne cave pour déguster le *malvasia,* un petit *musée du Vin (ouv en été)* et un bon resto. Pour le musée, laisser la voiture aux alentours de l'église paroissiale et faire le reste à pied. ***Suni,*** village rural par excellence, s'anime pour la *fête de saint Côme et saint Damien,* autour du 26 septembre. Dans la rue principale, d'émérites cavaliers au galop tentent d'accrocher une étoile à leur épée. Populaire et bon enfant. Quant à ***Tresnuraghes,*** comme son nom l'indique, il compte trois *nuraghi* proches du village et une bonne demi-douzaine d'églises, ça ne manque pas de lieux pour méditer... Dans la rue principale, quelques élégantes demeures du XIX$^{e}$ s et, dans les environs, un super *agriturismo*...

## Où dormir ? Où manger ?

**Columbargia Agriturismo :** *dans les environs de* **Tresnuraghes.** *Prendre la route de Foghe. À 2 km, petite pancarte sur la droite. Encore quelques km (on traverse une voie ferrée à mi-chemin) pour atteindre cette ferme-auberge en pleine campagne. ☎ 0785-41-224. 338-132-82-43 ou 328-946-22-39. • info@agriturismocolumbargia.it • agriturismocolumbargia.it • Tte l'année. Resto slt sur résa. Doubles 50-70 € selon saison, copieux petit déj inclus. Repas 30 €, boisson incluse.* Accueil pro et sympa. Chambres simples, très bien tenues, confort correct et fenêtres s'ouvrant sur tous les matins du monde... Quant à la cuisine, c'est l'un des *agriturismi* les plus populaires pour sa générosité : manger léger le midi ! Abondance de hors d'œuvre, des pâtes, 2 viandes, légumes extra principalement du jardin, fromage, dessert, mon tout arrosé d'un bon petit vin local... On n'arrive pas à finir les plats, trop, c'est trop !

**Trattoria da Riccardo :** *via Vittorio Emanuele, 13,* **Magomadas.** *☎ 078-535-631. À l'entrée du village (venant de Santu Lussurgiu). Tlj sf mar, midi et soir jusqu'à 22h. Résa ultra-conseillée. Compter env 25 € ; le litre du patron 6 €, sinon autour de 10 €.* Auberge de renommée toute simple, cadre sobre, clientèle d'habitués. Cuisine familiale à prix modérés. Quelques spécialités : *gnochetti sardi al ragù, panadas di carne et verdura, grigliata misti di carne...* Seul petit bémol, si les grillades sont bien servies et le *manzo* fondant comme tout, le *misti di mare* (assortiment de fruits de mer et poisson) pourrait être plus généreux !

# LE NORD-OUEST

## ALGHERO

(07041) 40 965 hab.

**Chanceux lecteur ! D'abord, depuis Bosa une magnifique route côtière mène à Alghero. Puis l'on découvre cette ville très différente de toutes ses collègues, vraiment plus catalane que sarde. Offre peut-être le plus beau centre médiéval de Sardaigne et un coucher de soleil d'anthologie sur ses remparts. La pierre ocre des maisons prend alors des teintes mordorées, ce qui ajoute au charme des environs idylliques. Melting-pot de langues et de cultures exceptionnel (si votre italien se révèle trop faible, vous pouvez vous débrouiller avec votre espagnol et, mieux encore, en catalan)... Bon, incontournable (du coup, pas mal touristique aussi !)...**

### UN PEU D'HISTOIRE

D'abord petit port de pêche fondé par les *Doria,* une grande famille génoise. La ville s'appela d'abord *Alquerium* (*l'Alquer* en catalan, *s'Alighera* en sarde), en référence aux algues abondantes dans le coin. Après les Génois, occupation par les Pisans, puis les Génois à nouveau, avant d'être définitivement annexée par les Catalano-Aragonais en 1353. Les habitants se révoltèrent bien à diverses reprises, mais l'emprise espagnole finit par être définitive et Charles Quint en 1541, lors de sa première visite, put en vanter la « solidité ». Cependant, la découverte de l'Amérique et de ses richesses déplaça les centres d'intérêt. La ville perdit progressivement de son importance. Les épidémies de peste (notamment celle de 1652) achevèrent le processus de déclin. En 1720, Alghero, après près de quatre siècles de domination espagnole, était mûre pour tomber dans l'escarcelle de la maison de Savoie. Le XIX$^{e}$ s apporta un certain développement économique et la ville s'agrandit (des-

#### UNE DES PREMIÈRES FORMES D'ÉPURATION ETHNIQUE

*Pour asseoir définitivement leur pouvoir, les Catalano-Aragonais eurent recours à plusieurs mesures de vidage de populations. D'abord, tous les Génois et les Pisans : après la conquête de la ville, ils furent remplacés par des colons catalans et des juifs espagnols qui dynamisèrent l'économie locale. Puis, en 1372, définitivement tous les Sardes pour avoir eu le culot de s'être révoltés. Enfin, en 1492, suite à l'exigence d'Isabelle « la Catholique », on chassa la communauté juive (comme dans le reste de l'Espagne d'ailleurs). En 1501, Alghero devint ville royale espagnole, désormais interdite aux Sardes et autres étrangers.*

truction de la muraille intérieure en 1872 pour permettre son extension). Terribles bombardements alliés en 1943, mais heureusement la vieille ville ne fut pas trop touchée !

## Arriver – Quitter

### En bus

🚌 ***Terminal des bus*** *(plan d'ensemble, A3)* **:** *via Catalogna.*

➢ ***Pour Sassari,*** une douzaine de bus/j. Pour ***Porto Torres,*** 6 bus/j. ; trajet : 1h. Pour ***Bosa,*** 5 bus/j. ; trajet : 1h15. Pour ***Porto Ferro,*** 3 bus/j. ; trajet : env 30 mn. Pour l'***aéroport d'Alghero*** (terminal via Cagliari) à 5h, 5h40, 6h30, puis ttes les heures jusqu'à 22h30. Pour ***Olbia,*** changer à Sassari. De l'aéroport (Fertilia), des bus partent aussi pour ***Castelsardo, Stintino-la Pelosa, Nuoro, Sassari, Macomer, Oristano, Porto Torres*** (horaires à l'office de tourisme)... Rappel, au moins moitié moins de bus dimanche.

### En train

➢ ***Pour Sassari :*** une dizaine de départs/j. Trajet : env 45 mn.

## Adresses utiles

ℹ ***Ufficio del turismo*** *(zoom B1)* **:** *piazza Porta Terra, 9.* ☎ *079-979-054.* • *ufficioturismo@comune.alghero.ss.it* • *alghero-turismo.it* • *Tlj 8h-20h (13h dim).* Staff francophone, bon accueil.

✉ ***Ufficio postale*** *(plan d'ensemble A-B3)* **:** *à l'angle de la via Carducci et de la piazza della Mercede.*

■ ***Stampa internazionale*** *(presse internationale ; zoom B1,* ***1****)* **:** *via Carlo Alberto, dans la vieille ville.*

## Où dormir ?

### Bon marché

⛺ 🏠 ***Camping La Mariposa*** *(plan d'ensemble A1,* ***10****)* **:** *via Lido, 22.* ☎ *079-950-480 ou 360.* • *info@lamariposa.it* • *lamariposa.it* • *Compter 20-44 € selon saison pour 2 pers. Chambres 27-42 € selon saison, bungalows et minivillas 4 pers 50-145 €.* À 1 km de la vieille ville, sur la *riviera,* en bordure d'une belle plage de sable blanc. En outre, dans un environnement arboré de pins et d'eucalyptus... Une telle situation exceptionnelle fait oublier les installations quelque peu vieillissantes et la douche froide (cependant, c'est propre dans l'ensemble et l'eau chaude est disponible moyennant 0,50 €). Épicerie, bar, self-service, machine à laver, location de vélos. En été, pris d'assaut et pas tout à fait calme. Plage privée.

🏠 ***B & B Edera et Giglio*** *(plan d'ensemble B2,* ***11****)* **:** *via Angioy, 16.* ☎ *079-590-68-44. Doubles 50-60 € selon saison, petit déj inclus.* Dans la partie moderne, pas loin à pied de la vieille ville. À 50 m de la plage. Au 1er étage d'un petit immeuble contemporain. Accueil agréable des hôtes (mais ne parlant que l'italien). 2 chambres classiques, très bien tenues et partageant la même salle de bains.

### De prix moyens à plus chic

🏠 ***B & B Al Duomo*** *(zoom A1,* ***12****)* **:** *via Sant'Erasmo, 12.* 📱 *320-944-87-43.* • *info@bbalduomo.it* • *bbalduomo.it* • *Tte l'année. Doubles 60-120 € selon saison, petit déj inclus.* Au cœur du centre historique. Le *B & B* occupe l'élégant palazzo Carcassona et offre des chambres cosy dans un intérieur lumineux et chaleureux. L'une avec salle de bains privée, les 2 autres avec bains communs. Joli parquet en bois. Hôtesse discrète et charmante parlant un peu le français. Atmosphère sympa.

🏠 ***Hotel Alguer*** *(plan d'ensemble B2,* ***13****)* **:** *via de Giorgio, 12.* ☎ *079-973-95-72.* • *info@hotelalguer.it* • *hotelalguer.it* • *Fermé en nov. Doubles 55-125 € selon saison. Wifi.* À deux pas de la plage. Réception anglophone et pro. Hôtel moderne et plaisant. Chambres d'excellent confort et spacieuses.

🏠 ***Hotel Barcellona*** *(plan d'ensemble B3,* ***14****)* **:** *via Gallura, 15.* ☎ *079-989-11-07.* • *info@barcellonahotelalghero.it* • *barcellonahotelalghero.it* • *Doubles*

NORD
Isola Asinara
Campo Pei Du
Cala d'Oliva
Trabuccato
Parc national de l'Asinara
Fornelli
Capo Falcone
I. Piana
Spiaggia della Pelosa
Golfo dell' Asinara
Stintino
Spiaggia Le Saline
Spiaggia de Pazzona
Spiaggia d'Ezzi Mannu
SP 34
Spiaggia Balai
Spaggia de Platamona
Porto Torres
Platamona
SP 81
SP 42
SP 57
Monte Santa Giusta
251
SP 25
SS 131
Monte d'Accoddi
SS 131 E 25
SP 60
Mannu
Cala dell Argentiera
SP 18
Argentiera
M. Forte
484
Capo dell' Argentiera
Sassari
SS 291
Porto Ferro
SP 55b
Necropole Anghelu Ruju
Parco naturale regionale del Porto Conte
SS 127b
Baie des Nymphes
Nuraghe di Palmavera
SP 44
Bacino artificiale del Cuga
Porto Conte
Fertilia
Grotte de Neptune
Capo Caccia
Spiaggia Lazzaretto
Spiaggia Le Bombarde
Spiaggia Maria Pia
Spiaggia de San Giovanni
Alghero
558
SP 49
SS 292
Villanova Monteleone
0
5
10 km
BOSA

## LA RÉGION NORD-OUEST

*70-100 €, petit déj inclus.* Hôtel classique tout rose, dans la ville moderne, pas loin de la plage. Une cinquantaine de chambres. Accueil sans chaleur excessive, mais chambres correctes et fonctionnelles avec petit balcon en prime.

***Hotel San Giuan*** *(plan d'ensemble B2,* ***15****) : via G. M. Angioy, 2. ☎ 079-951-222 ou 073. • hôtel@hotelsangiuan.it • hotelsangiuan.it • Doubles 100-130 € selon saison, petit déj inclus.* À 50 m de la plage. Chambres agréables. Terrasse pour bronzer.

## Où dormir dans les environs ?

***Hostal de l'Alguer*** *(auberge de jeunesse ; hors plan d'ensemble par A1,* ***16****) : via Parenzo, 79,* ***Fertilia.*** *☎ 079-930-478. • alghero@aighostels.com • À env 6 km au nord d'Alghero. Tte l'année.* Sympathique AJ horizontale... Que des bungalows dans un grand jardin. De l'espace, du calme donc et un accueil pro et chaleureux du responsable de l'AJ et de son équipe.

### Plus chic

***Hotel El Faro*** *(hors plan d'ensemble par A1,* ***17****) :* ***Porto Conte,*** *à une dizaine de km au nord d'Alghero. ☎ 079-942-010. • info@elfarohotel.it • elfarohotel.it • Doubles 160-240 € selon saison ; suites à partir de 340 €.* Superbement situé sur un promontoire rocheux, protégé par une tour aragonaise, et conçu par l'architecte comme un bateau ancré dans cette baie des Nymphes. Les chambres sont immaculées et spacieuses. Restaurant raffiné. Piscine d'eau de mer, salle de fitness, zone maritime privée...

## Où manger ? Où manger une pizza ?

### De bon marché à prix moyens

***Trattoria Maristella*** *(plan d'ensemble A3,* ***20****) : via Fratelli Kennedy, 9. ☎ 079-978-172. Midi et soir jusqu'à 22h sf dim. Fermé en nov. Compter 25-30 €.* Une vraie de vraie trattoria, populaire en diable, atmosphère extra. Salle chaleureuse et bourdonnante pour une bonne cuisine régionale à base de fruits de mer à des prix fort abordables. Quelques fleurons réguliers de la carte : les *spaghetti all'algherese* (palourdes, *bottarga,* câpres, olives, tomates séchées), le *fritto misto del golfo,* les calamars frais grillés... Service diligent (normal, beaucoup de monde, faut que ça tourne). Tables dehors très recherchées aux beaux jours.

***Bella Napoli*** *(zoom B1,* ***21****) : piazza Civica, 29. ☎ 079-983-014. Tlj midi et soir jusqu'à 23h. Pâtes 7-13 €, viandes 11-16 €.* Sur l'une des places les plus touristiques de la ville, les familles s'entassent dans cette taverne populaire dans une atmosphère animée et bruyante. Bonne cuisine.

### De prix moyens à plus chic

***Trattoria Al Refettorio*** *(zoom B1,* ***22****) : carrero del Porxo (vicolo Adami), 47. ☎ 079-973-11-26. • mail@refettorio.it • Tlj midi et soir. Plat du jour 11 € ; menus 16-38 € ; carte 25-30 €.* L'une de nos plus belles surprises. Resto-bar à vin niché sous une voûte. Propose une des cuisines les plus élaborées qui soient à base de produits frais : une vraie recherche de nouveaux goûts dans une haute et sobre salle à manger, dont, curieusement, le décor austère

**Où dormir ?**

- **10** Camping La Mariposa
- **11** B & B Edera et Giglio
- **13** Hotel Alguer
- **14** Hotel Barcellona
- **15** Hotel San Giuan
- **16** Hostal de l'Alguer (auberge de jeunesse)
- **17** Hotel El Faro

**Où manger ?**

- **20** Trattoria Maristella

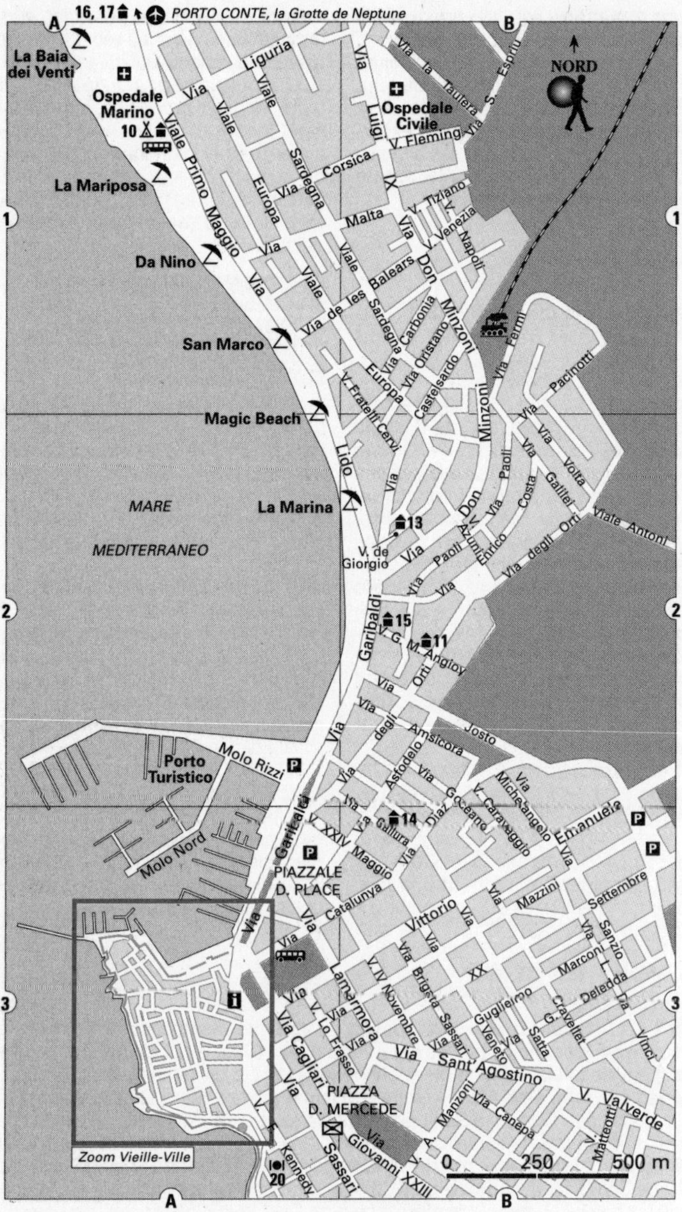


ALGHERO – PLAN D'ENSEMBLE

jaune et marron n'est visiblement pas là pour détourner de la qualité des mets. Quelques plats sortant de l'ordinaire : savoureuse crème de pomme de terre au poulpe *(octopus),* les *strigoli* (pâtes fraîches avec brocolis, *bottarga* et sardines), linguine au homard, les anémones frites, etc. Judicieuse sélection de vins servis dans le bar élégant.

## Plus chic

|●| ***Al Tuguri*** *(zoom B2,* ***23****) : via Maiorca, 113. ☎ 079-976-772. • booking@altuguri.it • altuguri.it • Tlj sf dim, midi et soir. Congés : fin déc-fin janv. Compter env 40-45 €. Digestif offert sur présentation de ce guide.* L'une des plus vénérables adresses de la ville. Qualité régulière, une quarantaine d'années d'expérience, ça ronronne comme un bon vieux moteur Mercedes de jadis. Avec, suivant l'inspiration, des touches créatives au niveau des saveurs. Vraie cuisine de marché : Benito Carbonella est intransigeant sur la qualité et la fraîcheur des produits, il sait mieux que quiconque tirer le meilleur parti des légumes du moment. Accueil polyglotte (chef parlant bien le français). Succulents spaghettis, plats aux herbes et *bottarga*.

|●| ***Angedras*** *(zoom A1,* ***24****) : bastioni Marco Polo, 41 (et via Cavour, 31). ☎ 079-973-50-78. • angedras.it • Tlj midi et soir jusqu'à 23h. Le midi, menu 16 € ; le soir, carte env 35 €.* Côté rue, salle élégante et sobre tout à la fois, dans les tons blancs et jaunes, curieusement très éclairée. Côté mer, sur le rempart, l'une des plus séduisantes terrasses qui soient. Dans l'assiette, une cuisine de qualité à partir de beaux produits : *copatza zuppa di pesce all'agherese,* thon frais en croûte de sésame, aubergines et oignons rouges, tartare de poisson du jour, *maialino al forno* (cochon de lait au four)... Attention, tous les prix des poissons et langoustes sont affichés pour 100 g.

## Où boire un verre ? Où déguster une bonne glace ?

|●| 🍷 ***Diva Caffè*** *(zoom B1,* ***30****) : angle piazza Municipio et via Roma. ☎ 079-982-306. Tlj.* Beau café à l'ancienne avec ses arches dans les tons verts et jaunes, les chaises en moleskine, son agréable terrasse sur une placette paisible... Possibilité de grignoter pâtes et snacks.

|●| 🍷 ***Caffè Costantino*** *(zoom B1,* ***31****) : piazza Civica, 31. ☎ 079-976-154. Tlj jusqu'à 23h.* Sur la plus belle place de la vieille ville, élégant café niché au pied d'un noble édifice du XV^e s. Salle ayant joliment recyclé le décor en bois et le mobilier d'une antique pharmacie. Possibilité de se restaurer aussi.

🍦 ***Gelateria Arcobaleno*** *(zoom B1,* ***32****) : piazza Civica, 33. 📱 348-613-56-18. Tlj jusqu'à 22h30.* Considéré comme l'un des meilleurs glaciers et opportunément placé sur la même jolie place. Une kyrielle de parfums bien sûr et, un must, une suave glace au myrte.

# À voir. À faire

★★★ ***La balade des remparts*** *(bastioni)* **:** système de défense particulièrement efficace qui fut renforcé par les Aragonais. Aujourd'hui, la balade des remparts est un must de la ville. Entièrement piétonne, elle livre un remarquable panorama. Départ à la *torre della Madalenetta,* jouxtant la *porta a Mare,* une des entrées de ville. Plus haut, la *torre di San't Erasmo* et la *torre della Polveriera* étaient les plus solides structures de surveillance du port. Leur succèdent le *bastion Marco Polo,* l'endroit le plus populaire pour le coucher de soleil et la vue sur le *capo Caccia,* puis la *torre San Giacomo* (tour de Sant'Jaume), de forme octogonale. Jadis, on y enfermait les chiens errants. Puis c'est le bastion *Cristoforo Colombo* et l'arrivée sur la *torre dello Sperone* (appelée aussi *torre Sulis*). À 30 m au-dessus de la mer, c'est la plus grande, avec un diamètre de 23 m et une épaisseur de mur de 5 m (l'escalier en colimaçon fut creusé à l'intérieur du mur !). Elle servit de prison, de 1799 à 1821, au leader indépendantiste *Vittorio Sulis,* coupable d'avoir mené la révolte contre les

## ALGHERO – VIEILLE VILLE (ZOOM)

**Adresses utiles**

- Ufficio del turismo
- **1** Stampa internazionale

**Où dormir ?**

- **12** B & B Al Duomo

**Où manger ? Où manger une pizza ?**

- **21** Bella Napoli
- **22** Trattoria Al Refettorio
- **23** Al Tuguri
- **24** Angedras

**Où boire un verre ? Où déguster une glace ?**

- **30** Diva Caffè
- **31** Caffè Costantino
- **32** Gelateria Arcobaleno

troupes françaises (la tour abrite parfois des expos). *Piazza Porta Terra,* en face de l'office de tourisme, une tour du XIVe s, appelée jadis *torre dels Hebreus,* car construite grâce aux dons de la communauté juive. C'était l'une des deux entrées de la ville. Un des derniers vestiges de la muraille terrestre. Belle salle intérieure et possibilité d'accéder à la terrasse (2,50 €). Histoire de la ville et grande maquette *(juil-août, tlj 9h-14h, 17h-minuit ; en basse saison, tlj sf dim jusqu'à 20h).* Enfin, largo San Francesco, s'élève la *torre San Giovanni* (reliée jadis à la *torre Sulis*). On y trouve un centre d'interprétation historique de la ville... Fin du cycle remparts...

**Piazza Civica** *(zoom B1)* **:** la place préférée des habitants et des visiteurs. Entourée de beaux palais, de boutiques élégantes et de bars raffinés. Beaucoup de charme la nuit. Un beau palais abrite le *caffè Costantino*. Le ***palazzo de Ferrera*** (ou d'Albis), du XVe s, présente une sobre façade de calcaire, avec fenêtres géminées à peine ornementées. En 1541, Charles Quint y résida au retour d'une expédition contre les Ottomans et fit un discours depuis le balcon. Fut ensuite le siège du gouverneur militaire.

**Duomo** *(Santa Maria ; zoom A1)* **:** *piazza Duomo. Visite guidée fév-oct 10h-12h, 16h-18h. Montée au clocher de mi-juin à août, lun-ven 10h30-12h30 (plus 19h-21h lun et ven) ; sept-oct, lun et ven 10h30-12h30, 16h-18h, mar et jeu 10h-12h. Entrée : 2 €.*
Côté via Principe Umberto, impressionnant campanile de style gotico-catalan, datant de 1552. Porche à larges voussures et décor gothique fleuri. Clocher octogonal couronné d'un toit en majolique. Côté via Giuseppe Manno, façade avec porche à colonnes rajouté au XIXe s. L'édifice présente peu d'ouvertures, des oculus surtout. Intérieur à trois nefs, énormes colonnes de calcaire jaune et chapiteaux simplissimes. Un côté rustique et élégant tout à la fois. Chaire en marqueterie de marbre particulièrement chargée et reposant sur un piédestal (le Christ prêchant). Maître-autel du XVIIIe s assez grandiloquent, précédé d'un imposant escalier aux deux lions (comme à Bosa). Autel en argent. Coupole octogonale à la croisée de transept.
Dans la via S. Erasmo (devant la cathédrale), au n° 12, sobre façade du ***palazzo Carcassona*** de style gotico-catalan. Édifié par une famille juive originaire du Languedoc. Malgré les outrages du temps et les modifications architecturales, on distingue encore quelques vestiges d'impostes de fenêtres. Cette rue était d'ailleurs l'épine dorsale du quartier juif.

***Museo diocesano d'Arte sacra*** *(zoom A-B1)* **:** *à côté de la cathédrale. • info@algheromuseo.it • Tlj sf mer 10h-13h, 17h-20h. Entrée : 3 €.* Propose d'intéressantes pièces dans un cadre adéquat (une ancienne église). Tout au fond, statues polychromes dont un beau saint Sébastien du XVIIIe s. Dans la grande salle, belle série de peintures qui formaient la prédelle d'un retable. Très riche expo d'orfèvrerie religieuse, comme cette croix du XVIe s en or argenté, cristal de roche et topaze (de Saragosse). Incroyable trône eucharistique de 1720 en argent (Cagliari). Dans une vitrine, ravissante petite croix du XIXe s en bois et nacre ciselée. Calice typique de l'art sarde

## DE L'ART DU PLAGIAT AU XVIIe s !

*Le musée d'Art sacré a eu la bonne idée de comparer des œuvres traitant du même sujet à la même époque. Ainsi, vous y remarquerez cette* Assomption de la Vierge *de l'école ligure (milieu du XVIIe s) et vous la comparerez à celle de Rubens (1637) : attitude de la Vierge, disposition des personnages... C'est outrageusement copié. Plus loin, un autre artiste, pour tromper son monde, a tout simplement inversé le sens des personnages dans la scène. Gros comme une maison ! Plagiat honteux ou simplement reconnaissance explicite à l'époque de l'influence de l'art flamand sur la peinture italienne ?*

incrusté de corail rouge. Riches vêtements brodés d'or de la Vierge et sandales en argent, excusez du peu. Noter aussi ce Christ en Croix du XVI$^e$ s aux genoux étrangement pliés... Enfin, belle série sur la *Passion du Christ* (dont une chute particulièrement pathétique). On devine là aussi l'influence déterminante de Rubens.

➢ ***Petite promenade catalane :*** reprendre l'itinéraire à la *piazza Civica*. À l'angle de la via *Carlo Alberto* on trouve le ***palazzo Serra,*** reconstruit au XIX$^e$ s dans un genre hybride mélangeant baroque, rococo et néoclassique. Au n° 8, *via Serra,* le ***palazzo Guillot*** (XVI$^e$ s). Noter les ouvertures modernes curieusement réalisées juste à côté d'une ravissante fenêtre gothique ! La *via Principe Umberto,* l'un des axes de la vieille ville, offre quelques palais intéressants. Notamment, au n° 11, le ***palazzo Machin*** (non, on n'a pas oublié le nom !), son beau portail Renaissance et ses baies de style gothique. Tout à côté, le ***palazzo del Bisbe.*** *Piazza del Teatro* s'élèvent le ***palazzo della Curia*** (abrite les archives de l'évêché) et le ***teatro*** (1862) à la belle façade néoclassique. Au bout de la rue, la ***chiesa della Misericordia*** des XVI$^e$ et XVII$^e$ s. Face à la mer, à deux pas, la jolie ***chiesa del Carmen*** (XVII$^e$ s). Une des chapelles couvertes d'azulejos évoque bien entendu la Catalogne. ***Piazza Ginnasio, chiesa di San Michele*** du XVII$^e$ s. Construite dans le style baroque par les jésuites. Enfin, la balade se termine avec la ***chiesa di San Francesco,*** notre préférée !

***Chiesa di San Francesco** (zoom B2) : via Carlo Alberto (et via Machin). Tlj 9h45-12h20, 16h30-18h30.* La façade édifiée dans les environs de 1350, par sa sobriété, annonce le style franciscain, tout en dépouillement, se limitant à la simplicité du dessin géométrique. Seuls le portail et la jolie rosace au-dessus apportent une touche de « fantaisie ». Son tympan évoque la Passion du Christ. Au XV$^e$ s, la façade fut agrandie et hérita d'un petit fronton avec oculus Renaissance. À l'intérieur, trois nefs et voûte en pierre en berceau. L'un des chefs-d'œuvre de l'église est ce chœur avec somptueux escalier et le grand autel en marbre polychrome marqueté, orné de trois belles statues (saint François, la Vierge et saint Antoine). Encore plus remarquable, la voûte gothique en étoile au-dessus, avec ses gracieuses nervures et son harmonieux jeu de clés de voûte. Dans la nef de gauche, trois superbes autels baroques polychrome au décor particulièrement ornementé (dans la tradition espagnole, surtout celui de saint Antoine de Padoue). Dans la sacristie, admirer l'*apparatora,* meuble en bois ciselé (un chapier) servant à ranger les vêtements religieux. Enfin, cerise sur l'hostie : le *cloître* du XIV$^e$ s, véritable joyau de l'art roman, aux arcades d'une rustique et simple élégance. Grande diversité des chapiteaux. Harmonieuse vision avec le fier campanile en fond... Un moment de paix, de sérénité...

***Spiaggie :*** Alghero, c'est Nice ou Cannes, les plages sont en pleine ville. Quelques centaines de mètres au nord de la vieille ville, sur la *via Lido,* elles se succèdent sur plus de 1 km. *San Giovanni* est la plus proche. Du fait de l'absence de port de commerce, pas de pollution, eaux correctes. Les touristes ne s'y trompent pas, l'été c'est bondé. Évidemment, plus on monte vers le nord, plus on trouve de place pour étendre sa serviette de bain. Protégée par une pinède, on aime bien la *spiaggia Maria Pia,* après l'hôpital maritime. Un bus local remonte bien entendu régulièrement le Lido.

## Fête et manifestations

– ***Sagra del Bogamari :*** *début fév.* Fête de l'Oursin ! Quelques tonnes plus tard, l'épineux problème a été résolu dans une belle fête populaire...
– ***Settimana Santa :*** *sem Sainte.* Processions traditionnelles.
– ***Estate musicale internazionale :*** *juil août.* Nombreux concerts de musique classique de qualité, notamment dans la belle église San Francesco.

## DANS LES ENVIRONS D'ALGHERO

¶¶ **Fertilia :** *à 7 km env au nord d'Alghero.* L'une des trois villes (avec Carbonia et Arborea) construites par Mussolini en 1936. Comme pour Arborea, il s'agit à l'époque d'assainir les marais et d'éradiquer la malaria, puis de développer la région. On fit venir essentiellement des habitants de Ferrare (Émilie-Romagne) pour décongestionner la ville (et éviter ainsi une explosion sociale). Dans l'urbanisme de Fertilia, on retrouve donc le style dit « rationaliste » : larges avenues menant aux grands bâtiments civils (mairie, église, la *casa del Fascio,* etc.). Style des bâtiments teinté des tendances de l'époque, la Rome antique et le *Bauhaus* allemand. Aujourd'hui, le style rationaliste a été digéré par l'histoire (au même titre que le réalisme socialiste stalinien) et vaut le déplacement comme témoignage et représentation d'une époque. Très austère église de brique rouge et large avenue (via Pola) à arcades venant vers la mer. Tout au bout de l'avenue, voir la tour avec son bas-relief vantant l'alliance des pêcheurs et des paysans. Nos lecteurs à l'AJ de *Fertilia* y trouveront quelques bonnes adresses de restos.

Dans les environs proches, les belles plages de **Bombarde** et de **Lazzaretto.** Continuer la route vers Porto Conte, puis indiqué sur la gauche. Accessibles par un chemin.

**Hostal de l'Alguer :** *voir la rubrique « Où dormir dans les environs ? » à Alghero.* Très chouette, on n'en dit pas plus !

**Il Paguro :** *via Zara, 13. ☎ 079-930-260. À deux pas de l'AJ. Tlj sf mer.* Chaleureuse pizzeria, l'une des meilleures de la région. Accueil sympa. Plus de 40 sortes de savoureuses pizzas, plus les moules gratinées, la friture du jour à 12 €, la *bavetine all gamberero rosso* à 11 €, pâtes diverses... Bonne sélection de vins à prix démocratiques. Que voulez-vous de plus ?

**Aquario :** *via Pola, 34. ☎ 079-930-239. En été, ouv tlj ; en basse saison, tlj sf lun.* Resto connu pour ses excellentes pâtes maison qu'on déguste à deux pas de la marina, sous les arcades. Là aussi, bonnes pizzas.

¶ **Nuraghe di Palmavera :** *à env 10 km d'Alghero. Visible de la route, sur la droite. Haute saison 9h-19h (18h avr et oct) ; basse saison 10h-14h. Entrée : 3 €. Possibilité de billet combiné avec Anghelu Ruju : 5 €. Audioguide. Possibilité de visite guidée.* Pour les *addicts* du nuragisme. Traditionnelle tour centrale avec deux autres moins importantes, système de défense assez élaboré, vestiges de cabanes en pierre circulaire...

¶¶ **Necropoli di Anghelu Ruju :** *à env 9 km d'Alghero, sur la S 42, en direction de Porto Torres. Mêmes horaires que Palmavera, mêmes conditions.* Avec une quarantaine de tombes creusées dans la roche, c'est la plus importante nécropole de Sardaigne. Date d'environ 3 000 ans av. J.-C., mais fut utilisée jusqu'en 1800 av. J.-C. Certaines tombes ont été enrichies de colonnes rustiques et de corniches à l'entrée. De-ci, de-là, des cornes de taureau sculptées sur quelques tombes.

¶ **Sella e Mosca :** *I Piani, route de Porto Torres, quelques km au nord de la nécropole. ☎ 079-997-700. • sellaemosca.com • Juin-sept, lun-sam, visite guidée à 17h30, œnothèque 8h30-18h30 (20h en été, sf 15 août) ; plus dim en août 9h-13h, 16h-20h.* Possibilité de visiter le plus grand domaine viticole sarde, avec un intéressant petit *musée du Vin.*



## *BALADE DANS LA BAIE DE PORTO CONTE*

¶¶ À une dizaine de kilomètres d'Alghero, l'une des plus belles baies de Sardaigne. Tout le secteur à l'ouest de Fertilia a été classé réserve naturelle. La route venant d'Alghero arrive à un important carrefour : à droite la route de *capo Caccia* (et la grotte de Neptune), à gauche, celle pour *punta Giglio.* Si vous avez du temps, balade sympa à **punta Giglio.** Point de départ 1 km avant la *torre Nuova,* du XVII$^{e}$ s,

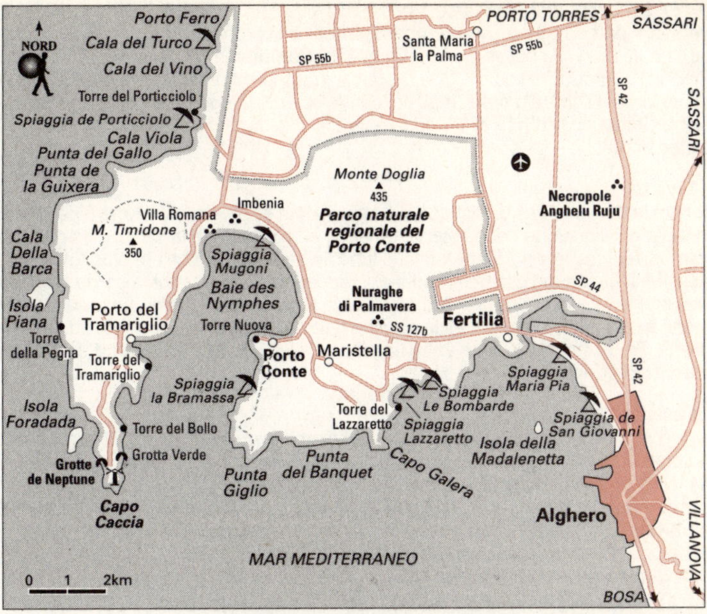


## LA BAIE DE PORTO CONTE

petit sentier de randonnée à travers le maquis et menant à la pointe de la presqu'île. Très agréable en fin d'après-midi et superbe panorama à la clé.
Retour sur la route principale qui va longer la ***grande plage de Mugoni,*** d'où l'on peut observer les grands voiliers qui n'ont pu s'ancrer à Alghero. Beaucoup de monde en été, vous vous en doutez. Enfin, la route va pénétrer la ***presqu'île de capo Caccia*** et vous mener jusqu'à la grotte de Neptune. Vue extra sur l'ensemble du golfe. À partir du parking, un sentier permet une balade dans le cap en 30 à 45 mn. Quelques échappées sur la mer sublimes.
Au bout de la plage de Mugoni, route de capo Caccia, se trouve l'entrée de la réserve naturelle ***Le Prigionette.*** De 8h à 16h (17h les jours fériés), possibilité d'une agréable balade bucolique au long de chemins bien balisés. Plusieurs espèces d'animaux y furent réintroduites.
Porto Conte compte également quelques bons sites de plongée. *Rens : ☎ 079-942-122 et 753-89-39. • info@divingportoconte.com •*

***Grotta di Nettuno*** *(la grotte de Neptune) : capo Caccia, à 23 km d'Alghero. ☎ 079-946-540 ou 979-054. Avr-oct, tlj 9h-19h (18h oct) ; nov-mars, tlj 9h-13h. Visite guidée chaque heure. Entrée : 12 € (paiement en liquide) ; réduc.* Important : si la météo n'est pas bonne, la visite en bateau peut être annulée (celle de la grotte aussi), prudent de téléphoner avant ! La visite dure environ 45 mn. Parking vite rempli, se garer le long de la route dès que vous le pouvez. Un conseil : au cœur de la basse saison, téléphoner pour vous assurer qu'ils font vraiment la visite de 9h ! L'une des grandes attractions de la région (mais chère).

*Comment y aller ?*

➢ ***En bus FDS :*** *☎ 079-950-179.* Pour capo Caccia. Ça se révèle de loin la solution la moins onéreuse (2 € ; 4,50 € l'A/R). Se prend via Catalogna. 3 bus/j. juin-sept à 9h15 (retour à 12h), 15h10 (retour à 16h05) et 17h10 (retour à 18h05) ; oct-mai, slt le mat.

ALGHERO ET SES ENVIRONS

➢ ***En bateau :*** avec *Navisarda.* ☎ *079-950-603.* 📱 *336-275-789.* Billet : 14 € A/R depuis le port d'Alghero (non compris l'entrée de la grotte). Départ : juin-sept, chaque heure 9h-17h ; oct-mai, 10h-12h et 15h. Compter 2h30 de transport et visite. Sinon, 11 € (réduc) depuis la *cala Dragunara* (après *Tramariglio*) juin-sept. Chaque heure 9h30-17h30. Compter 1h30 en tout. Avec *Attilio Regolo* : départ du port (Banchina Garibaldi) à 10h45 et 14h45 avr-sept. 📱 *368-353-68-24.* Billet : 14 € ; réduc. Durée 2h30.

*Avertissement*

Autant le dire, site très touristique. En été, ça peut se révéler légèrement pénible et la foule gâte quelque peu le plaisir. En effet, au plus fort de la saison, les groupes comportent facilement 50 personnes (une seule solution, venir le plus tôt ou tard possible). Guide difficilement audible, groupes bruyants, problèmes de visibilité. Heureusement, la chose la plus insolite de la visite, c'est l'incroyable escalier qui y mène à flanc de falaise. Autant le savoir, il faut 10 bonnes minutes pour atteindre la grotte. En tenir compte dans votre timing, car, si vous ratez le départ d'un groupe, c'est 1h d'attente !

*La visite*

Il y a d'abord ce vertigineux escalier de 654 marches qui demanda plusieurs années de construction (rappel : au moins 10 mn pour descendre). Vraiment impressionnant. La grotte fut ouverte au public dans les années 1950. On l'aborde par le *lac Lamarmora* qui serait, avec ses 100 m de long, l'un des plus grands lacs salés d'Europe. Ensuite, bien sûr, c'est le festival de concrétions, stalactites et stalagmites jouant avec les éclairages, au fil des escaliers du parcours (finalement assez court, on ne visite qu'une infime partie !). Si vous avez la chance de ne pas être trop nombreux, la part d'émotion et de rêve reste intacte. Surtout à la vue de cette imposante colonne faisant 12 m de haut et... 30 m de circonférence ! On comprend qu'il faille quelques milliers d'années pour les former ! Les salles portent souvent le nom de concrétions ressemblant à un animal, un objet ou un personnage, comme la salle du *Casque de soldat*... À la fin du parcours, l'itinéraire, plus en hauteur, permet de revoir certaines salles d'un point de vue différent... Bon, à notre humble avis, si la grotte est à l'évidence digne d'intérêt, elle ne mérite quand même pas les concerts de cris dithyrambiques de certaines publications ou publicités. Voilà, il faut raison garder !



## LES PLAGES AU NORD D'ALGHERO

Comme balade depuis la ville ou à picorer sur le chemin de l'île des Ânes, quelques spots encore vierges de tourisme de masse à travers la grande plaine de la *Nurra.* Du monde au mois d'août, ne rêvons pas, mais une belle nature sans béton. D'ailleurs, les quelques tours aragonaises locales y veillent férocement !

***Porticciolo :*** petite plage sympa en anse et fière tour aragonaise sur un promontoire rocheux. Le très grand camping à côté lui fait à peine de l'ombre et, finalement, ce n'est pas trop gênant... Coucher de soleil d'anthologie sur la tour.

***Porto Ferro :*** notre plage préférée, à quelques kilomètres au nord de *Porticciolo*. D'ailleurs, vers la fin, route en terre battue pour y parvenir. On passe d'abord le *lago di Baratz,* le seul lac naturel d'eau douce de l'île et paraît-il très ancien (100 000 ans). Bourré d'échassiers, ça va de soi. Dans le coin, pas moins de trois tours aragonaises pour veiller sur vous. La plus proche, la *torre Negra,* fut construite en 1578. Grande et mignonne anse. Cependant, quand il y a du vent, attention quand même aux courants. Buvette rustique tenue par des jeunes. Pas mal de parkings, ce qui indique qu'en été, beaucoup auront la même bonne idée que vous ! En juin et dès septembre, la décrue, un délice !

Les amoureux de nature trouveront leur bonheur, tout le coin a été baptisé « aire naturelle ». Nombreux sentiers, dont l'un de 35 km environ menant à *Argentiera,* avec une flopée de points de vue panoramique en cours de route (récupérer à l'office de tourisme la carte des sentiers). Sur 8 km au nord de Porto Ferro, côté *punta di Belardinu,* paysage vraiment sauvage. Riche végétation, on y retrouve toutes les belles plantes du maquis : euphorbes, lentisques, myrtes, arbousiers, éricacées (genre de bruyère). En vedette, les genévriers de Phénicie et les oléastres qui présentent souvent une forme typique dite « en drapeau » (modelés par la force du vent). Sur la côte, on trouve le genêt corse, l'astragale et le très rare *anchusa crispa*... romarin, lavande sauvage, hélichryse embaumeront vos pas...

***Camping Torre del Porticciolo :*** ***Casella Postale,*** *83, 07041 Alghero. À 15 km d'Alghero, à deux pas de la plage. ☎ 079-919-007 ou 010. • info@torredelporticciolo.it • torredelporticciolo • De mai à mi-oct. Compter 16-40 € selon saison pour 2 pers. Jolis bungalows et chalets 2-4 pers 48-206 €.* Grand camping en pleine nature donc très arboré et doté de tout le confort imaginable. Bar, resto, pizzeria, boutique, superbe piscine, centre équestre à 2 km.

***Agriturismo Le Tre Grazie :*** *07041* ***Santa Maria La Palma.*** *☎ 079-999-093. 339-565-17-76. • letregrazie.it • En pleine campagne, à slt 14 km d'Alghero et 8 km de la plage de Porto Ferro. Doubles 60-80 € selon saison, petit déj inclus. Internet. Au resto, café offert sur présentation de ce guide.* C'est une ferme bio qui fait essentiellement de l'horticulture, des fruits, du miel et élève quelques animaux. Maison toute rose de plain-pied offrant 4 chambres douillettes avec bains privés et un mini-appartement dans un agréable jardin. Accueil adorable de Martina qui se met en quatre pour ses hôtes. Excellents repas à partir, bien entendu, des bons produits sains de la ferme. Un coup de cœur !

***Agriturismo Porticciolo :*** *07041* ***Porticciolo.*** *☎ 079-918-000. • agriturismoporticciolo.it • Fermé en janv et fév. Compter 700-1 100 €/sem selon saison. Menus 20-32 €.* Très grande propriété arborée et confortables villas pour 4 personnes au milieu de vastes pelouses. Site léché (arches en pierre, murets, chemins dallés), et espaces agréablement ouverts... Restaurant accessible à tous où l'on déguste bien sûr les produits de la ferme. Salle immense au décor rustique campagnard avec poutres. Grande cheminée pour les grillades. À propos, pas copain avec les chiens, passer plutôt son chemin. Ils sont nombreux ici, donnent de la voix, mais ne sont pas méchants !

***Argentiera :*** ancienne ville minière. Typique de la Sardaigne et assez unique en Europe, c'est-à-dire située en bord de mer. Quand on débouche dessus, vision étonnante... c'est du Sergio Leone pur jus, une vraie ville fantôme, un film non interdit aux mineurs, sur fond de pittoresque golfe et bien mieux que *Cinecitta*. Le décalage entre cette ville encore largement en ruine et la beauté du paysage époustoufle. Cependant, vu la nouvelle vocation touristique de la ville, quelques bâtiments ont été récemment restaurés. Mines déjà exploitées sous les Romains. Très riches en plomb, zinc et argent, mais, les filons épuisés, elles fermèrent en 1963.

## PLUS FORTICHE ÉCRIVAIN QU'INVESTISSEUR !

*Un trader amateur français, un certain Honoré de Balzac, s'avisa un jour, dans les années 1830, d'investir dans une des mines d'argent d'Argentiera. Il vint sur place et se fit largement rouler dans la farine (ou la poussière de galène) par des Sardes sardoniques qui lui refilèrent des filons sans valeur. On dit d'ailleurs que ce fut là le commencement de ses dettes légendaires. En tout cas, s'il avait fait fortune, il n'aurait pas écrit* Le Père Goriot *!*

Projet de musée de la Mine. En attendant, profitez donc de la jolie plage dans ce décor inhabituel. Un resto, un *hostel,* quelques chambres d'hôtes.

# LA NURRA DU NORD

**Fini les grandes chevauchées sauvages dans les dunes et les forêts d'euphorbes et de genévriers... retour sur la planète tourisme de masse et place au réalisme (certes, il en faut pour tous les goûts !). À partir de *Stintino,* le front de mer est en plein développement. Hôtels, *resorts* et résidences hôtelières poussent comme fresques sur les murs d'*Orgosolo* (mais pas de campings, tiens, tiens !) et mitent littéralement les collines. Certes, avec quelques bonnes raisons ! En revanche, les bords de mer sont idylliques. Par endroits, les criques révèlent de véritables tonalités tahitiennes et le sable est plus blanc que blanc. Cependant, à 10 m des romantiques rochers prospèrent de vastes parkings payants, avec de vraies et actives contractuelles, le crissement des stylos pouvant parfois couvrir la mélodie du ressac. Outre que les environs se couvrent progressivement de constructions pompeuses, on a mis la route côtière en sens unique pour canaliser un trafic de plus en plus envahissant... Une chance, en quelques *miles* terrestres, on retrouve cependant le lentisque et le myrte, en quelques *miles* marins, les merveilleuses îles de l'Asinara et, au sud de Stintino, quelques plages quand même moins bondées...**

## STINTINO (07040) 1 320 hab.

**Petite capitale de la Nurra du Nord, l'ancien village de pêcheurs engourdi a pris du galon. Aujourd'hui actif et dynamique. Cependant, le succès ne lui a pas trop fait tourner la tête. Certes, il s'est modernisé, mais a su conserver quelques petites choses de son passé, quelques demeures basses aux couleurs pastel, ses deux petits ports... Soyons positifs, ça reste horizontal, nulle construction intempestive n'est venue altérer son harmonieuse architecture (oh, que c'est bien dit !), aucun yacht ne dépasse les maisons du port pour le moment... Et, à quelques kilomètres, *la Pelosa,* une des plus belles plages de la Sardaigne, vous attend...**



### UN PEU D'HISTOIRE

Le village fut créé artificiellement en 1885, lorsque les autorités déménagèrent les 45 familles de l'île de l'Asinara pour y permettre l'installation d'un pénitencier. *Stintino* vient du dialecte sarde *isthintinu,* qui veut dire « serpent », référence aux méandres de la côte... Ici, la mer se prend pour une *ria,* puis remonte, câlinant la presqu'île portant le village, avant de replonger à nouveau dans les terres. Rappelant ainsi la forme d'un serpent et créant, de part et d'autre, *Mannu* (appelé aussi *porto Nuevo*) et *Minori (porto Vecchio),* ses deux gentils ports... Jusque dans les années 1950, la principale activité de Stintino fut la pêche au thon.

#### La *tonnara*

Comme en Sicile et sur l'île de San Pietro (au sud de l'île), la pêche au thon prit ici la forme de la *tonnara,* une technique de pêche particulière et très spectaculaire. Pour compenser les faibles prises des méthodes traditionnelles dans le golfe de l'Asinara, d'avril à juin (la période de frai des thons), les pêcheurs de Stintino mettaient en place un vaste réseau de filets en forme d'entonnoir. Lorsqu'ils remontaient, les thons se trouvaient ainsi progressivement dirigés vers la « chambre de la mort » où, lorsque leur nombre était jugé suffisant, les pêcheurs les harponnaient de façon brutale et de fait cruelle. Au point que la mer sur une très grande surface devenait rouge sang... Une fresque sur le port de *Mannu* rappelle cette tradition de la *mattanza*.

## Arriver – Quitter

➢ ***En bus :*** jusqu'à l'aéroport d'***Alghero*** et de là pour le centre-ville. En été, quelques bus directs. Pour ***Sassari,*** 5 bus/j. (arrêt au début de la via Sassari). Quelques bus également pour ***Porto Torres.***

## Adresses et info utiles

■ ***Ufficio del turismo :*** *via Sassari, 123. ☎ 079-520-081. En été, tlj 9h30-20h ; en basse saison, lun-sam 9h30-13h, 15h-17h30.* Bon accueil et bien documenté. Rappel : clarté des eaux exceptionnelle et eaux peu profondes, c'est le moment de vous initier à la plongée. Demander les coordonnées des 3 ou 4 centres pros.

■ ***Pronto soccorso*** *(numéros d'urgence médicale)* **:** *☎ 079-534-002. 📱 334-916-23-01.*

■ ***Farmacia :*** *via Sassari, 121.*

## À voir

***Museo della Tonnara :*** *au port de Mannu. ☎ 079-520-081. Ouv slt en saison, tlj sf lun 18h-23h30. Entrée : 2 € ; réduc.* Créé en 1995 pour conserver la mémoire de la pêche au thon rouge, le célèbre *thunnus thynnus.* Toute l'histoire de la pêche locale et du village, ses traditions, anecdotes, souvenirs, techniques jusqu'à la *mattanza,* cette mise à mort rituelle et cruelle des thons. Intéressantes vidéos. Après, affûtez votre sarde (à défaut votre italien) si vous souhaitez vous faire raconter cette pêche spectaculaire par un des anciens pêcheurs qui la pratiquèrent. Des chances que vous en trouviez un dans le village, si vous savez repérer les visages burinés et brûlés par le soleil et les mains rongées par le sel... Alors, il vous livrera quelle angoisse les étreignait quand les thons tardaient à remonter, les longues journées d'attente inutiles, la joie lorsque les premiers pénétraient dans le piège...

## Les plages

***Spiaggia della Pelosa :*** *à env 4 km au nord de Stintino.* Au fait, un conseil : laisser tomber la voiture, prendre plutôt la navette (en été, toutes les heures). Force est de le reconnaître, ce n'est point un mythe : ces eaux peu profondes aux cent subtiles nuances de bleu turquoise et de vert, ces récifs protégeant leur pureté cristalline, cette tour aragonaise surveillant vainement promoteurs, développeurs et autres prédateurs, ce paysage idyllique... tout ça nous transporte vraiment à des milliers de kilomètres, dans les patries de Brel et de Gauguin. Avec la *torre della Finanzia* sur l'île Piana et celle du cap Falcone, cette tour contrôlait jadis le passage entre la côte et l'île de l'Asinara. Vient ensuite la ***spiaggia della Pelosetta,*** plus rocheuse et encore plus carte postale. Ne pas rater non plus la minuscule ***spiaggia della Torre,*** championne des reflets émeraude, le plus beau nuancier de bleus et de verts qu'on connaisse... D'autres plages, moins fréquentées que les précédentes, mais possédant néanmoins leur charme comme celles de l'***Ancora, Il Gabbiano*** et, surtout, ***Rocca Ruja,*** l'une de nos préférées.

***Capo Falcone :*** *tt au nord de Stintino*. Festival de pittoresques points de vue sur la côte, les plages, l'île de Piana, celle de l'Asinara. Ne pas manquer de monter au belvédère pour un panorama encore plus fascinant.

D'autres plages au sud de Stintino. Elles se suivent et possèdent toutes leur personnalité. À vous de choisir celle qui correspond à vos goûts ou à vos fantasmes... Retrouvez à la ***spiaggia Le Saline*** (proche précisément des anciennes salines) le souvenir des *tonnare,* ces installations qui traitaient le poisson, transformées aujourd'hui en lieu culturel. Eau peu profonde, plage qui plaît aux familles. Quelques flamants roses et hérons gris viennent en voisins. Celle de ***Pazzona*** conviendra aux véliplanchistes et amateurs de dunes. À quelques kilomètres, ***punta d'Elice,*** puis ***Ezzi Mannu*** retrouvera les mêmes fanas de dunes et de sable doré chaud... Et encore bien d'autres !

Un peu hors des sentiers battus, sur la côte ouest, deux petites plages intéressantes : la ***cala di Coscia di Donna*** (par une mauvaise route ou à pied depuis la SP 34, environ 2 km) et la ***punta Su Torrione*** (route acceptable, à hauteur du *stagno di Casaraccio*).

## LE PARC NATIONAL DE L'ASINARA

**Il tient son nom de la présence séculaire d'ânes nains, albinos et sauvages *(asinello),* vivant sur l'île par petits groupes (une petite centaine). D'une quinzaine de kilomètres de long, l'île se compose de deux parties séparées par un isthme. Bizarrement, elle ne dépend pas de Stintino, mais de Porto Torres. Fut habitée depuis la nuit des temps. Au XVIII<sup>e</sup> s, une colonie de pêcheurs ligures et quelques bergers vinrent s'y installer. En 1885, pour permettre la création du centre pénitentiaire, la colonie fut expulsée, réinstallée sur la côte et, on l'a vu, à l'origine de la naissance et du développement de Stintino. L'île accueillit donc essentiellement des prisonniers et des malades en quarantaine. Le plus célèbre prisonnier fut Toto Riina, chef de la mafia sicilienne (qui ordonna l'assassinat du juge Falcone en 1992), enfermé dans un quartier de haute sécurité. Après la fermeture de la colonie pénitentiaire en 1997, l'île fut classée parc naturel. En effet, on constata l'extraordinaire richesse des espèces présentes sur l'île : plus de 670 sortes de végétaux et près de 80 espèces de vertébrés, dont quelques oiseaux rares comme le faucon pèlerin et le goéland corse (en revanche, comme aux îles Galápagos, trop-plein de chèvres, très destructrices). À Fornelli, il y a même un hôpital pour tortues marines. Pour préserver l'écosystème de l'île, les visites sont strictement encadrées et limitées à certaines zones (obligation de passer par une agence). En revanche, vous aurez le choix des moyens de la découvrir sur des chemins balisés : en bateau, à vélo, en tout-terrain ou petit train, à pied, à cheval... Balades découvertes, naturaliste (plantes, animaux, géologie, etc.)... À vous de dire ce que vous souhaitez. Un truc sympa : la balade Fornelli-Cala d'Oliva à vélo. Éventuellement, si on le désire, arrêt sur de mignonnes petites plages.**

### Comment y aller ?

➢ Le mieux est encore de passer à l'office de tourisme et de leur demander conseil, suivant vos désirs et budget. Il fournit une liste complète des agences, avec le programme qu'elles proposent.

Trois zones demeurent accessibles : au sud de la partie inférieure (autour de *Fornelli*), au sud de la partie supérieure (la *cala Reale*) et, presque en haut, à l'est, la *cala d'Oliva.* La traversée en bateau prend env 30 mn.

Compter une vingtaine d'euros pour l'excursion la plus simple à Fornelli et

60 € la balade en catamaran. Entre les deux, toute la gamme des prix dépendant de la nature et du contenu du tour. Emporter eau et vivres. Sur place, location de vélos (on peut aussi embarquer le sien, demander à l'agence). En principe, départ depuis ***Port Mannu*** à 9h30, retour vers 17h30 ou 18h30 selon saison. D'autres départs depuis ***Porto Torres,*** mais le temps de transport est bien sûr plus long.

– Quelques agences reconnues : ***La Nassa,*** *via Tonnara, 35. ☎ 079-520-060.* ***Mare & Natura,*** *via Sassari, 77. ☎ 079-520-097.* **Alcor,** *à Porto Mannu.* *328-105-24-49.* ***Cavalcando Asinara*** *est spécialisé dans l'ippoturismo (le tourisme équestre). 349-238-83-52 ou 571-56-39.*

## Où dormir ?

Un *ostello* assure le logement sur l'île, à cala d'Oliva : ***Sognasinara,*** *346-173-70-43. • coopsognasinara@gmail.com • sognasinara.org • Tte l'année. Doubles 40-50 € selon saison ; chambres 3-5 lits 18-20 € le lit selon saison.*

# PORTO TORRES

(07046) 22 500 hab.

**Ce grand port du nord de la Sardaigne possédait une réelle importance par le passé. C'était notamment, durant la période romaine, le port principal du nord de l'île (quelques vestiges en ville). Au Xe s, capitale d'un des quatre *giudicati* de l'île. Puis, la ville connut le déclin. Excédées par les raids Sarrasins, les autorités transférèrent l'administration dans les terres et c'est ainsi que Sassari supplanta Porto Torres. La ville présente aujourd'hui un intérêt limité, à part la remarquable basilique San Gavino, chef-d'œuvre de l'art roman.**

## Arriver – Quitter

➢ ***En bus :*** pour ***Sassari,*** une douzaine de bus/j. *ARST* ; trajet : 30 mn. Pour ***Castelsardo,*** en été, 1 départ/j. ; trajet : 45 mn. Pour ***Stintino,*** 5 bus/j. *ARST* ; trajet : env 45 mn. Pour ***Alghero,*** 6 bus/j. ; trajet : env 1h.

➢ ***En train :*** pour ***Sassari,*** 3-5 départs/j. ; trajet : 15-20 mn. Peu de trains directs pour ***Cagliari,*** correspondance à Sassari ; trajet : env 4h.

➢ ***En bateau :*** pour ***Marseille*** et la ***Corse*** (avec *SNCM et La Méridionale*), et pour ***Gênes*** (avec *Tirrenia* et *Grandi Navi Veloci*).

## Adresse utile

***Ufficio del turismo :*** *piazza Garibaldi, 17. ☎ 079-500-87-11. En été, tlj 9h-13h, 16h-19h30 ; en basse saison, horaires plus irréguliers.*

## Où dormir ? Où manger ?

***Camping Li Nibari :*** ***marina di Sorso,*** *à une dizaine de km, vers Castelsardo. ☎ 079-310-303. • campinglinibari@campinglinibari.com • campinglinibari.com • Mai-oct. Compter 17-33 € selon saison pour 2 pers. Loc de bungalows.* Grand camping offrant tous les services traditionnels. Piscine, miniclub l'été, resto, animation et plage de l'autre côté de la route.

***Chiesa San Gavino,*** église de pèlerinage, proposait jadis des chambres aux pèlerins dans son hostellerie. Ces anciennes chambres, aujourd'hui rénovées, sont louées en été, et en principe les touristes sont les bienvenus. *Rens :* ***cooperativa Turris Bisleonis,*** *347-400-12-88 ou 348-899-68-23. • bisleonis@tiscali.it • turrisbisleonis.it •* Assez monacal, vous vous en doutez, mais propre et à prix abordables.

***Hotel Elisa :*** *via Mare, 6. ☎ 079-513-260 ou 512-143. • info@hotelelisaportotorres.com • hotelelisaportotorres.*

*com • Doubles 75-120 € selon saison.* Très central, à taille humaine, sur 2 étages, quasiment le seul valable en ville. Chambres fonctionnelles absolument nickel et confortables. Certaines avec vue sur le port. Le tout tenu de façon pro depuis 3 générations. Resto et bar.

**Piazza Garibaldi :** *piazza Garibaldi, 13. ☎ 079-501-570. • info@piazzagaribaldi.net • piazzagaribaldi.net • Tlj midi et soir jusqu'à 22h (23h le w-e). Compter 25 €.* Un des meilleurs restos de la ville à des prix d'avant Berlu, sur une place tranquille avec une terrasse fort prisée des locaux. Réputé pour ses pizzas artisanales (plus de 40 sortes), confectionnées à partir de produits frais issus de l'agriculture bio.

## À voir

**Basilica San Gavino :** *piazza Marconi. Tlj 9h (11h30 dim)-13h, 15h-18h. Entrée : 3 €.* C'est la plus grande église romane de Sardaigne (59 m de long et 17,50 m de large), et elle vaut le voyage. Édifiée vers 1030, de style pisan, à l'emplacement de deux églises des IVe et Ve s. Elle porte le nom du soldat Gavinus chargé, sous Dioclétien, d'exécuter deux chrétiens, Proto et Gianuario. En fait, Gavinus se convertit à son tour et ils furent tous les trois décapités en 303. Cathédrale jusqu'à 1441 (transférée à Sassari). Première originalité, l'architecte dut être rudement distrait, pas de façade, mais une abside à chaque bout ! À l'intérieur, festival de colonnes dépareillées, récupérées dans les environs. Notamment, les cannelées proviennent du site de *Turris Libisonis,* seule colonie romaine fondée par Jules César en 46 av. J.-C. Certains chapiteaux proviennent des églises précédentes. Bénitier du XVIIIe s et trois gisants polychromes. À part ça, décor très sobre. Quand le soleil donne, atmosphère lumineuse de recueillement et de paix. En sous-sol, crypte aussi grande que l'église. Bel autel de marbre orné de *putti* et, tout autour, une série de saints dans des niches. Quelques vestiges lapidaires, sarcophages (l'un d'eux renferme les reliques des trois saints) et statues. Un des sarcophages est orné de masques et de personnages (on reconnaît Apollon au milieu avec sa lyre).

**Torre del Porto :** *sur le port.* Édifiée au XVe s. Exceptionnellement de forme octogonale, ce qui révèle une influence catalane plutôt qu'aragonaise. Abritait probablement la douane.

**Vestigia romane** (les vestiges romains) **:** *groupés dans un parc archéologique à l'ouest de la ville.* Malheureusement situés dans un environnement industriel et bétonné peu propice à l'extase et au rêve (et certains sites pas facile à repérer). Le plus évident, le ***ponte romane*** *(pont romain),* très long (130 m) et en bonne forme. Ensuite, l'***antiquarium*** (le musée ; *mar-sam 9h-19h*) présentant le produit des fouilles locales, notamment de *Turris Libisonis*. Quelques amphores et ancres trouvées dans le port, objets en or ou en verre, lampes à huile, poteries, etc. Enfin, vestiges des ***terme.***



## DANS LES ENVIRONS DE PORTO TORRES

**Spiaggia di Platamona :** *à 6 km à l'est de Porto Torres.* La plage préférée des habitants de Sassari. Peu urbanisée, protégée par une pinède. Attention cependant, quand il vente, place plutôt aux *wind surfeurs*. On trouve les habituels loueurs de parasols, snacks, buvettes... En continuant vers l'est, la plage devient de moins en moins civilisée. Vraiment extra !

**Monte d'Accoddi :** *route de Sassari, à une dizaine de km. Tlj sf dim et j. fériés 10h-20h (18h mars-mai et 14h en basse saison).* Pour fans de la préhistoire. Site prénuragique que l'on peut comparer aux *ziggourats* mésopotamiennes (temples édifiés au sommet de terrasses). Vestiges de villages qui se construisirent les uns sur les autres de 4500 à 3500 av. J.-C. Temple-autel datant de 3000 av. J.-C., détruit par un incendie, reconstruit en 2700. C'est une large plateforme soutenant une pyramide en partie tronquée. On y accède par une longue rampe trapézoïdale. À quelques centaines de mètres, une nécropole composée de plusieurs salles souterraines.

# SASSARI

(07100) 130 000 hab.

Pour les plans de Sassari, se reporter au cahier couleur.

**La grande ville du nord, la deuxième de Sardaigne. Au premier abord, elle ne fait rien pour séduire : quasi absence de pancartes routières (pour entrer et sortir), même pour les directions importantes... Trafic automobile proche de l'apoplexie aux heures de pointe. Se garer en centre-ville s'apparente à chaque fois à un exploit et... les contractuels sont féroces. Bon, que cela ne vous décourage pas, car c'est une ville assez épatante et proposant nombre de richesses insoupçonnées. À commencer par une vieille ville pleine de charme qui a conservé des monuments dignes d'intérêt, des musées passionnants, une vraie vie populaire, des étudiants enjoués (animation assurée dans les bars), de belles initiatives culturelles et de superbes étapes gastronomiques. Bref, pour une fois, une ville naturelle, brute de forme, avec ses défauts, sincère, sans frime, en un mot : peu touristique. Et puis, une ville qui fut toujours rebelle, refusa la loi de tous ses envahisseurs et produisit autant de grands hommes politiques ne peut pas avoir tort. C'est votre chance, restez-y donc plus d'une journée et surprenez-vous à découvrir une autre Sardaigne !**

## UN PEU D'HISTOIRE

Là, on va être obligés de se restreindre, parce qu'il y en a des choses à dire. Alors, oublions la préhistoire et les Romains, commençons de suite par le Moyen Âge. Bingo, ça débute fort, en 1294, Sassari se révèle la première commune libre de Sardaigne. Au début du XVI$^{e}$ s, déjà un problème de rivalité avec Cagliari qui va s'accentuer au fil des siècles... Nord contre Sud (un peu comme Ajaccio et Bastia, Hanoï et H Chí Minh-Ville...). Au XVI$^{e}$ s, toujours premier de la classe, Sassari accueille la première université de l'île. La ville connaît alors une grande croissance démographique, économique et politique, seulement stoppée par la grande peste de 1652. À la fin du XVIII$^{e}$ s, Sassari devient le fer de lance contre la mainmise piémontaise. En 1796, *Carlo Maria Angioj* mène la révolte contre la tentative de la maison de Savoie d'imposer un retour à la féodalité en brisant la volonté de la ville... Malgré une féroce répression de la part des Piémontais, Sassari résiste et montre une volonté de ne jamais plier.

### Une pépinière de héros et de grands hommes politiques !

Vers la moitié du XIX$^{e}$ s, avec l'industrialisation, la classe ouvrière de Sassari commence à s'organiser et les idées républicaines se développent. Après l'unité italienne, la ville abat ses murailles et s'agrandit. Toujours à la pointe de la contestation, en 1891, de jeunes radicaux créent *La Nuova Sardegna* (que le régime fasciste interdira plus tard). Durant la Première Guerre mondiale, parmi les nombreux Sardes qui périront dans cette boucherie, la brigade de Sassari fut la plus héroïque. La contestation, c'est dans les gènes, Sassari se devait de donner aussi naissance à ce grand homme politique qu'est Enrico Berlinguer. Élu secrétaire général du Parti communiste italien et artisan de l'éloignement politique avec l'URSS, il amena presque son parti à la rupture avec Brejnev en favorisant (contrairement au PC français) le débat intellectuel au sein de son organisation. Enfin, preuve de la maturité politique de Sassari, quelle ville italienne peut s'enorgueillir d'avoir donné deux présidents à la République italienne (Antonio Segni et Francesco Cossiga) ? Bref, Sassari, on a vraiment aimé !

## Arriver – Quitter

### En bus

**Terminal des bus :** *corso Vico.* Toutes compagnies confondues (*ARST, FDS* et *Digitur*).

➢ **Pour Alghero :** une douzaine de bus/j. *(FDS)* via Fertilia et ou via Olmedo.
➢ **Pour Argentiera :** 4-5 bus/j. Trajet : 1h.
➢ **Pour Bosa :** 6 bus/j. (*ARST, FDS* et *Digitur*).
➢ **Pour Cagliari :** 3-4 bus/j. *(FDS).*
➢ **Pour Castelsardo :** une dizaine de bus/j. (*ARST* et *FDS*).
➢ **Pour Macomer :** une demi-douzaine de bus/j. *(FDS).*
➢ **Pour Nuoro :** 5-6 bus/j. *(FDS).*
➢ **Pour Oristano :** 3 bus/j. *(FDS).*
➢ **Pour Porto Torres :** une douzaine de bus/j. (*ARST* et *Digitur*). Trajet : 35 mn.
➢ **Pour Stintino :** 5-7 bus/j. *(ARST).* Trajet : 1h15.
➢ **Pour Olbia :** 2 bus/j. *(ARST).* Trajet : 1h45.
➢ **Pour Santa Teresa di Gallura :** 4 bus/j. *(ARST).* Trajet : 2h50.
➢ **Pour Ozieri** (4-6 bus/j.), pour **Ploaghe** (6 bus/j.), pour **Torralba** (4 bus/j. *ARST* et *FDS*), **Borutta** (4-5 bus/j. ; trajet 1h30), la **basilique de Saccargia** (4-5 bus/j. *ARST*), **Fertilia** (*ARST* et *FDS*). Trajet : 30 mn. **Ardara** *(ARST),* **Monte d'Accoddi** *(ARST)* et bien d'autres petites localités.

### En train

➢ **Pour Alghero** (8-10 départs/j.), pour **Cagliari** (5-6 départs/j. avec parfois correspondance à Ozieri-Chilivani), pour **Olbia** (8 départs/j., possible correspondance), **Porto Torres** (5-7 départs/j.).

## Adresses utiles

**Ufficio del turismo** (zoom couleur B1) **:** *via S. Sata, 13. ☎ 079-200-80-72. • infosassari@comune.sassari.it • Tlj sf dim 9h-13h, 15h-18h.* Accueil pro et sympa. Bon matériel sur la ville.

✉ **Ufficio postale** (zoom couleur C2) **:** *via Brigata Sassari ; près de la piazza Castello. Lun-ven 8h-18h30 ; sam 8h-13h.*

## Où dormir ?

### De bon marché à prix moyens

**B & B La Serra sui Tetti** (zoom couleur C2, **10**) **:** *via Al Carmine, 18. 📱 335-615-15-81 ou 334-121-76-23. • laserrasuitetti@libero.it • laserrasuitetti.it • Double 70 €, petit déj inclus. Wifi.* Dans la vieille ville, une vénérable ruelle médiévale et étroite comme on les aime. Ne pas se fier aux marches de marbre cassées au long des 3 étages. Soufflez un peu et découvrez maintenant cette ravissante et chaleureuse chambre d'hôtes au dernier étage, pleine d'espaces et de couleurs et, surtout, l'accueil charmant de l'hôtesse. La surprise, c'est aussi de découvrir toutes ces adorables petites terrasses pleines de plantes vertes et dominant la forêt des toits. Une de nos plus romantiques adresses, c'est dit !

**B & B Capo di Sopra** (zoom couleur B2, **11**) **:** *corso Vittorio Emanuele, 24. ☎ 079-202-80-95. 📱 339-119-27-57. • info@capodisopra.com • capodisopra.com • Double 70 € (réduc pour plusieurs jours), petit déj inclus.* Au cœur de la vieille ville, dans sa rue la plus commerçante. 2 chambres spacieuses et plaisantes, avec salle de bains impeccable. La 3e, encore plus grande, possède un plafond classé, mais sanitaires privés dans le couloir. Bon accueil.

**B & B Casachiara** (zoom couleur B2, **12**) **:** *vicolo Bertolinis, 7. ☎ 079-200-50-52. 📱 333-695-71-18. • casachiarabb@tiscali.it • casachiara.net • Double 70 €,*

SASSARI ET SES ENVIRONS

*petit déj bio à base de produits estampillés « commerce équitable » inclus.* « *Vicolo* » sonne toujours bien à nos oreilles, ça évoque nécessairement quelque ruelle médiévale et mystérieuse. Gagné, l'immeuble est du XVIII^e s mais, pas de mystère, cette chambre d'hôtes se révèle conforme aux autres : bien tenue, sympathique réception anglophone, 2 chambres spacieuses et une *singola,* avec 2 salles de bains communes. Récemment rénovées, pleines de couleurs et un certain charme. Petite cuisine à dispo.

## Plus chic

**Hotel Leonardo da Vinci** *(plan couleur d'ensemble D3,* ***13****) : via Roma, 79. ☎ 079-280-744. • info@leonardodavincihotel.it • leonardodavincihotel.it • Singole 60-85 €, doubles 80-120 € selon saison. Parking 8 € (stationnement difficile dans le coin).* Dans une des rues les plus élégantes, à côté du Musée archéologique. Hôtel d'excellent standing, grand hall, mobilier cossu. Chambres spacieuses et fonctionnelles. Pas de resto (ça tombe bien, il y en a un super à deux pas !).

**Hotel Vittorio Emanuele** *(zoom couleur B1,* ***14****) : corso Vittorio Emanuele, 100/102. ☎ 079-235-538 ou 079-200-66-96. • info@hotelvittorioemanuele.ss.it • hotelvittorioemanuele.ss.it • Doubles 90-110 € selon saison (réduc le w-e), petit déj inclus. Wifi.* Dans la rue commerçante de la vieille ville, au cœur de l'animation et à 3 m du treillis des rues médiévales. Belle bâtisse du XIX^e s au cadre élégant et raffiné. Fort bien rénové, en alliant subtilement éléments du passé et contemporains. Chambres plaisantes et confortables. Expo de peinture parfois. Seul petit défaut, pas de parking.

## Où manger ?

Ville industrieuse, populaire, jeune et active, peu touristique, Sassari se devait de régaler ses visiteurs et à tous les prix (mais même les restos gastronomiques restent abordables). Nous aurions pu vous tartiner sans problème deux, trois pages d'adresses, mais ça n'eût pas été raisonnable. Bon, de belles agapes, une bonne raison de rester plus longtemps à Sassari. Voici quelques coups de cœur !

## Bon marché

**Faine' Sassu** *(zoom couleur C2,* ***20****) : via Usai, 17. ☎ 079-236-402. Tlj sf mer 19h-22h30 (23h le w-e). Repas avec une bonne vieille Warsteiner 9 € max.* Dans cette rue discrète, découvrez une véritable institution, mieux, un monument de la ville. Ici les affamés, toutes classes confondues, étudiants, familles, traders au chômage, viennent uniquement se régaler et se remplir la panse de la spécialité locale : la *faine* (et rien d'autre !)... De belles galettes à la farine de pois chiches fourrées d'oignons ou de saucisse, servies avec une générosité sans pareille. Belle salle voûtée au blanc lumineux, patron qui vient saluer ses potes, convives réjouis et bruyants, service efficace (normal, faut que ça tourne). C'est pas le tout, mais on y retourne !

**Ristorante Marini** *(plan couleur d'ensemble C2-3,* ***21****) : piazza Italia, 10. ☎ 079-234-250. Tlj sf dim, midi et soir jusqu'à 22h. Plats 8-10 € ; repas max 15-20 €. Digestif offert sur présentation de ce guide.* Ça, c'est très sarde : sur la place la plus prestigieuse de la ville... l'un des restos les moins chers ! Traverser d'abord la triviale salle de café avec ses pubs clinquantes pour le *lotto* local, ses bandits manchots et sa télé sonore et gagner la salle de resto au fond. On entend moins la télé et on retrouve la tradition : un chef sympathique possédant une vraie tête de chef, une cuisine familiale, simple mais bien mitonnée et servie généreusement.

**Da Antonio** *(zoom couleur B-C2,* ***22****) : via Arborea, 2 B. ☎ 079-234-297. Tlj sf dim, midi et soir jusqu'à 21h30. Congés : 2 sem en août.* Dans la vieille ville, populaire taverne connue comme le houblon pour sa bonne cuisine traditionnelle sarde, rustique et goûtue : steak d'âne, escargots, tripes au parmesan, *cordula coi piselli,* fèves au lard et pieds d'agneau... mon tout bien servi dans une atmosphère typique.

## De bon marché à prix moyens

|●| ***Trattoria Da Gesuino*** *(hors plan couleur d'ensemble par C-D3,* ***23****) : via Torres, 17. ☎ 079-273-392. • tratt.gesu@tiscali.it • trattoria-dagesuino.com • Tlj sf dim, midi et soir jusqu'à 22h. Compter max 20-25 €.* Dans cette rue peu passante, un poil décentrée, une des meilleures trattorias qu'on connaisse. Grande salle chaleureuse et confortable où les habitués célibataires sont aux premières tables, rivés au foot à la télé. Les autres se délectent des goûteuses spécialités sassariennes : succulente et copieuse *zuppa de fruitti de mare* (palourdes, moules, bulots dans une onctueuse et parfumée sauce tomate), la *fettine de asinello* à la Sassari, les pâtes fraîches du jour, « grand premier » (steak de cheval)... Mardi et mercredi, jours du *porcetto de latte al forno* (porcelet de lait au four). Accueil très sympa, service attentif. Le patron balade sa bonhomie joyeuse et rondouillarde entre les tables et s'enquiert de l'avis des clients. Authentique et réjouissant !

## Prix moyens

|●| ***La Vela Latina*** *(zoom couleur B2,* ***24****) : largo Sisini, 3. ☎ 079-233-737. • info@lavelatina.com • Tlj sf dim, midi et soir jusqu'à 22h30. Congés du 24 déc au 13 janv. Menus 25-35 €. Digestif offert sur présentation de ce guide.* Situé sur une adorable placette. Belle salle voûtée de pierre aux fraîches tonalités (intéressants tableaux) pour une cuisine élaborée, voire inspirée (pourtant à partir de recettes traditionnelles). Des produits basiques, voire triviaux (tripes, langue, cervelle et testicules de mouton, etc.), sont ici délicieusement traités et deviennent des plats nobles sous la patte du chef (hmm, les *trippa al sugo e pecorino* !)... Sinon, plats plus traditionnels comme les escargots ail et chapelure, les *spaghetti vongole e bottarga,* l'anguille rôtie (ou casserole), le poulpe roquette...

## Plus chic

|●| ***Liberty*** *(zoom couleur B2,* ***25****) : piazza N. Sauro, 3. ☎ 079-236-361. • rliberty@tiscali.it • ristranteliberty.com • Tlj sf dim, midi et soir jusqu'à 22h. Carte 35-40 €.* On a bien failli ne pas s'asseoir, tant l'atmosphère était conformiste et pesante, l'accueil guindé. Quelle erreur cela aurait été, nous y fîmes l'un des plus beaux repas de notre séjour ! Pas si cher que ça d'ailleurs rapport à la qualité de la cuisine. Certes, pas routard pour deux sous, cadre cossu à l'excès et les serveuses ne rigolent pas souvent... Mais ça ne vous empêche pas de déguster la délicieuse *zuppeta di frutti di mare* et les pâtes cuites à la perfection, exhalant de subtiles fragrances, séduisant diaboliquement les papilles (ah, les divins *gnocchi di ricotta in crema di tartuffo* !). Viandes succulentes comme le *filettino di maialino alla birra e picorino.* Beaux desserts. Vraiment une cuisine de haute volée !

## Où boire un verre ? Où déguster une bonne glace ?

Les lieux de libation ne manquent pas dans cette ville jeune et active. Impossible de citer tous les établissements. Chacun d'eux possède sa personnalité, dépendant largement de celle de son quartier... À vos marques, prêts, partez !

🍸 ***Accademia*** *(zoom couleur B2,* ***30****) : via Torre Tonda, 11. Tlj sf dim jusque tard.* Dans une rue piétonne, au pied d'une ancienne tour des remparts. Grand café étudiant populaire et animé (bibliothèque universitaire toute proche). Succession de coins et recoins sous une belle voûte en pierre et véranda pour de bons cafés, glaces et snacks. À côté, le ***Caliente Café*** permet de changer de crémerie et de prendre l'apéro au milieu de la rue.

🍸 ***Da Michele*** *(plan couleur d'ensemble C3,* ***31****) : via Roma, 18. ☎ 079-231-563. Tlj sf dim jusqu'à 1h (2h ven-sam).* L'un des fleurons de cette rue prestigieuse, ce *cocktail bar* sait allier élégance et décontraction. Salle voûtée, vénérables boiseries, un p'tit charme. Clientèle assez chic, mais ça reste décontracté. Il faut dire que Michele, le manager (totalement francophone), sait diriger son affaire (en 2008, 1er prix pour les cocktails). Apéro servi avec de petites tapas. Terrasse protégée prise d'assaut.

**Caffè Italiano** *(plan couleur d'ensemble C3, **32**) : via Roma, 42.* Un autre café chicos au décor élégant. Terrasse bien sûr, qu'apprécient hommes d'affaires et avocats pour grignoter le midi.

**Café Giordano** *(zoom couleur C2, **34**) : piazza Italia. Tlj sf dim soir en été.* Un autre élégant café avec son cadre tout rose et faux acajou. Glaces et snacks pour les petites faims.

**La Golositas** *(plan couleur d'ensemble C2, **33**) : via Roma, 28.* Bonnes glaces artisanales. Propose 24 parfums (dont beaucoup aux fruits frais), ainsi que *frappè di gelato,* crêpes et gâteaux.

**Slurp** *(zoom couleur C2, **35**) : piazza Castello.* Bonnes glaces aussi, appréciées des étudiants nombreux dans le coin. En outre, une des *gelaterie* fermant le plus tard.

## Où acheter de bons produits ?

**Antica Dolceria** *(plan couleur d'ensemble C3, **40**) : via Roma, 19. ☎ 079-232-044. Lun-sam 8h30-13h30, 16h-21h ; dim 9h-13h.* Vitrines et comptoirs croulent sous tous les bons produits imaginables (charcuteries fines, vins, épicerie de luxe). Ça se sait, toujours du monde !

**Alberti** *(plan couleur d'ensemble C3, **41**) : via Roma, 23. ☎ 079-236-659.* Depuis 1925, régale sa clientèle de ses superbes fromages, jambons et autres cochonnailles. Sensiblement les mêmes prix que le précédent.

# À voir

Deux grands pôles : la ville du XIXe s représentée par la piazza Italia, la via Roma et le musée Sanna (et alentour), et la vieille ville.

***La vieille ville :*** de taille respectable, elle est circonscrite d'un côté par le *corso Margherita* (et la bibliothèque universitaire) et de l'autre par le *corso Trinita* (avec le rempart de ville). Jadis entourée d'une enceinte dont il reste quelques vestiges. L'épine dorsale en est le *corso Vittorio Emanuele,* avec deux pittoresques rues qui lui sont parallèles : la *via Turritana* (qui part de via Brigata Sassari où il y a la poste) et la *via Lamarmora* (qui part de via el Carmine où l'on trouve notre meilleur *B & B*). Contrairement à de nombreux vieux centres urbains de grandes villes européennes déjà rénovés et boboïsés, ici, c'est vraiment resté dans son jus, ruelles médiévales bien patinées, voire dégradées, mais jamais ni misérables ni sordides. Vieille ville donc encore vivante et populaire, avec même des animations culturelles de quartier d'avant-garde (comme à *La Frumentaria*).

**Duomo di San Nicola** *(zoom couleur B2) : piazza Duomo. Tlj 8h30-12h, 16h-18h.* Date du XIIIe s, mais a subi de nombreuses transformations et agrandissements au fil des siècles. Magnifique façade sculptée baroque du XVIIIe s (limite, c'est du plateresque), festival d'ornements végétaux, frises, fleurs, chérubins... Dans des niches, les trois saints martyrs de Porto Torres (Gavino, Proto et Gianuario) et, au-dessus, saint Nicolas. Du XIIIe s subsistent l'insolite campanile, avec une base romane de style lombard (les arcatures aveugles), et le clocher octogonal de 1756. À l'intérieur, on retrouve ce côté hybride, arches romanes et voûte gothique. Quelques tableaux intéressants des XIVe-XVIIe s dans les chapelles latérales, ainsi que de riches retables baroques. Autels en marbre dans les transepts et fresques sur les voûtes. Dans le chœur, belles stalles sculptées du XVIIIe s. Possibilité de visiter le trésor de l'église.

**Mus'a** *(pinacoteca al Canopoleno ; zoom couleur B2) : piazza Santa Catarina, 4. ☎ 079-231-560. • musa@beniculturali.it • pinacotecamusa.it • Lun et merven 8h-13h30 ; mar 15h30-17h30. Entrée : 2 € ; réduc.*

Installé dans un ancien collège jésuite de la fin du XVI^e s. À côté de l'église Santa Catarina. Bon, ce n'est pas un grand musée avec de grandes œuvres et moult Raphaël et Tintoret, mais si vous avez un peu de temps, vous ne regretterez pas la visite. Toiles de petits maîtres certes, essentiellement du XVI^e au XIX^e s, mais présentées de façon thématique, dans une intéressante logique de présentation. Les œuvres se répondent bien entre elles. De plus, ça permet d'avoir un autre regard sur la façon de peindre à l'époque et de découvrir des gens de talent moins connus. Quelques pièces parmi les plus intéressantes :
– *Salle 1 : Anna Dannata* de Lionello Spada, certes de petite dimension, mais grande délicatesse d'exécution et un côté surréaliste dans le thème. De même Martha Pretti a-t-elle une curieuse façon de rendre la mort blafarde.
– *Salle 2 (salle mythologique) : Salomone et la Regina de Saba* (XVII^e s, école vénitienne). On sent nettement l'école du Titien.
– *Salle du Paysage et de la Guerre : Vecchia con fanciulto* (XVIII^e s) de J. Ceruti, dit *le Pitochetto,* et une *Bataille* de Jacques Courtois de belle facture.
– *Salle des Admirateurs de Cannalleto :* paysages de la cité et le *Retour du fils prodigue* (école bolognaise, XVIII^e s) remarquablement exécuté.
– *Salle des Natures mortes :* à détailler, *Nature morte aux Poissons.* Grande précision du détail, mais le paysage derrière semble bâclé (il n'a pas intéressé l'artiste).
– *Dans le couloir :* le *Maestro del Capitolo* du XVII^e s (école de Cagliari). Visages particulièrement doux. Également une belle *Sainte Agathe et sainte Apolline*.
– *2^e étage :* peintures de Carlo Battaglia, au style vraiment très personnel, notamment dans *Océan rouge.*
– *Salle Garibaldi :* elle lui est totalement consacrée. Particulièrement émouvante. Nombreuses photos originales du héros, sa deuxième femme, ses compagnons, ses enfants. Rencontre avec des personnalités, souvenirs personnels, documents divers.
– *Salle du XIX^e s :* quelques toiles dignes d'intérêt dont celles de Guiseppe Biasi (1885-1945). Dans *Matin dans un village,* contraste, très beau rendu, avec ce paysage lumineux et un personnage encore dans l'ombre.

*** Palazzo ducale*** *(zoom couleur B2)* **:** *piazza Comune.* Superbe exemple d'architecture civile du XVIII^e s. Hôtel de ville depuis 1900. Réminiscences de style piémontais et toscan. On notera les décors de fenêtres très différents les uns des autres et le grand balcon central à balustre. Dans la journée, possibilité de jeter un œil à l'intérieur pour en admirer l'harmonieuse cour.

***Santa Maria di Bethlem*** *(plan couleur d'ensemble A2)* **:** *piazza Santa Maria di Betlem. • smdsassari.com • Tlj 7h15-12h, 17h-20h (bien sûr, en dehors des offices).* La plus importante église après le *duomo.* Fondée au début XII^e s par des bénédictins, puis les franciscains leur succédèrent. Architecture extérieure assez hybride, tant il y eut de modifications et de rajouts qui la parasitent. Du XIII^e s subsistent seulement la sobre façade avec ses éléments lombards (les petites arcatures aveugles), son porche à quintuple voussures et la belle rosace. Campanile rond évoquant un minaret. À l'intérieur, le style gothique original a été noyé sous un décor particulièrement chargé, tellement outrancier même que ça en devient beau. Nef unique et voûte en berceau. Débauche de statues dans leurs niches. Époustouflant et immense chœur surmonté de sa coupole. Imposantes colonnes aux chapiteaux corinthiens et ioniens superposés, orgie de statues, de stucs, trompe-l'œil... Richesse des autels latéraux en bois ciselé doré, croulant sous un décor végétal touffu où l'on ne pourrait même plus caser une feuille. Chaire baroque particulièrement travaillée. Seule la *cappella dei Muratori* (première chapelle à gauche) présente encore son style gothique d'origine. C'est dans cette église que sont entreposés les énormes chandeliers portés lors de la célèbre *festa dei Candelieri*.

***Chiesa Madonna del Rosario*** *(zoom couleur C2)* **:** *à côté de la piazza Castello.* Élevée en 1632 par les dominicains. Sobre façade datant de 1759. À l'intérieur, archi néoclassique et voûte en berceau. Le must ici, c'est, sur fond gris, le magnifique retable baroque en bois doré sculpté. Débauche d'ornementation, décor foisonnant, colonnes torses écrasant, noyant presque les statues. Murs et voûtes des chapelles latérales couverts de fresques.

## *Petite promenade médiévale*

Partez précisément de cette piazza Castello, à la lisière de la vieille ville. Oublions un instant ces quelques immeubles modernes qui la dénaturent et prenons la ***via Torre Tonda*** pour longer l'un des derniers vestiges des remparts du XIII^e^ s (avec sa tour ronde). Puis engouffrons-nous dans la ***via Turritana...*** Longue, étroite, pleine de mystères la nuit... Quelques boutiques d'artisans. Elle mène au ***duomo*** et au ***Palazzo ducale.*** À minuit, sur sa place déserte, dans le pâle halo des réverbères, le *palazzo* prend l'aspect d'un décor de théâtre, dans une certaine atmosphère expressionniste. Le *vicolo del Campanile* mène au chevet de la cathédrale et de son insolite clocher... Prolongement du décor, exotique cette fois, avec ses petits jardins et les palmiers nains. Somptueuse façade de la cathédrale éclairée, elle apparaît comme une étincelante pièce d'orfèvrerie délicatement ciselée. Devant s'étend un vieux quartier populaire à mille lieues d'être « gentrifié ». Au milieu des ruelles serpente toujours l'antique rigole pré-égouts (mais on ne reçoit plus les seaux de pisse sur la tête !). Tiens, une *vicolo Berlinguer...* Quoi, seulement une *vicolo* pour l'inventeur du fameux « compromis historique » !
Au coin du largo Macao et du corso Margherita di Savoia, *vieux palais* curieusement abandonné, noble et pathétique dans sa déchéance et attendant des jours meilleurs (fenêtres en fer à cheval dénotant une influence arabe). *Piazza Universita* s'élève la masse énorme de la ***biblioteca universitaria*** *(bibliothèque universitaire) (zoom couleur B2),* construite en 1617. Repartir dans le treillis des ruelles par la *via Maddalena* pour rejoindre la *via S. Apollinare*. À nouveau, un quartier vivant, populaire, ignoré des touristes. Arrivée *piazza S. Antonio* où s'élève l'église ***Sant'Antonio Abate.*** Édifiée en 1700, façade baroque typique et, à l'intérieur, très beau retable en bois doré sculpté. Début du corso Vittorio Emanuele II...

⁂ ***Corso Vittorio Emanuele II*** *(zoom couleur A-B1-2)* **:** c'est l'ancienne voie romaine de Cagliari à Porto Torres. Au Moyen Âge, pour les aristocrates et les grands bourgeois, il était de bon ton d'y habiter. Aujourd'hui, une des rues les plus animées de la vieille ville. Le nez en l'air, vous découvrirez ce cocktail bizarre de palais du XV^e^ s et de belles façades du XIX^e^ s.
Au n° 56 (coin de la via Al Duomo), *ancien palais* orné de pilastres à chapiteaux corinthiens, balcons à balustre et corniche ouvragée. Grosses colonnes dans la cour (et même un vieux café). Au n° 42 (coin de la via S. Catarina), la ***casa di Re Enzo*** *(zoom couleur B2),* du XV^e^ s, de style gotico-catalan. Presque en face, au coin de Francesco Cetti, la ***casa Farris*** *(zoom couleur B2)* et ses grandes fenêtres gothiques. En face de l'hôtel *Vittorio-Emanuele,* la petite ***chiesa Sant'Andrea*** *(zoom couleur B1)* du XVII^e^ s (quelques peintures intéressantes). Toujours sur le même trottoir, plus haut, le ***Teatro civico*** *(zoom couleur B1-2)* de style néoclassique (1826), ancien hôtel de ville. Tourner dans la via Battisti pour la *piazza Tola*. On y découvre le ***palazzo d'Usini*** édifié en 1577, rare exemple de la Renaissance tardive (aujourd'hui la bibliothèque municipale). Puis rejoindre la ***via Lamarmora,*** l'un des grands axes de la vieille ville (avec l'envie d'aller se perdre dans toutes ses ruelles adjacentes), en direction de la ***Frumentaria*** et de la ***fontana di Rosello.***

⁂ **La Frumentaria** *(zoom couleur B1)* **:** *via delle Muraglie, 1.* ☎ *079-200-345. Ouvert au moment des expos.* Ne pas manquer cet ancien grenier à grain qui servit à stocker le blé en cas de famine ou de siège jusqu'en 1833. Rare exemple, là aussi, de l'architecture civile du XVI^e^ s. Abrite aujourd'hui l'une des plus brillantes galeries d'avant-garde.

⁂ ***Fontana di Rosello*** *(zoom couleur B1)* **:** *via Col di Lana (au-dessus de la piazza Mercato).* Superbe fontaine monumentale de 1606 bâtie au-dessus d'une source.

Visiblement, les constructeurs génois étaient amoureux du style Renaissance. Malgré un environnement peu séduisant, vaut le détour. C'est pour les habitants un peu le symbole de la ville, car, depuis le Moyen Âge, on traversait Sassari pour recueillir, par ses nombreuses petites gueules de lion, l'eau la plus pure qui soit. Après, ne reste plus qu'à remonter le *corso della Trinita* pour rendre visite à la portion de muraille (XIII<sup>e</sup> s) la plus longue de la ville.

## *La ville du XIXe s*

Quittons désormais les ruelles obscures et étriquées... Halte au romantisme désuet, place aux grands espaces lumineux...

⚲ ***Piazza Castello*** *(zoom couleur C2)* **:** tient son nom du château aragonais du XIVe s qui ne laissa pas un excellent souvenir, ayant abrité l'Inquisition, puis une prison et une caserne. Fut démoli au XIXe s pour édifier une... nouvelle caserne. Aujourd'hui, on peut y visiter le ***museo della Brigata Sassari*** *(plan couleur d'ensemble B2 ; lun-sam 8h-12h),* qui s'illustra par son héroïsme pendant la guerre de 1914-1918. Le point de vue italien sur la Première Boucherie mondiale. Quatre petites pièces à la muséographie soignée : cartes, photos, « une » de journaux annonçant la guerre, puis la fin des hostilités. Armes, uniformes, le service de santé, souvenirs divers (surtout les faits d'armes de la brigade Sassari)... Terribles photos des offensives et des soldats morts dans les barbelés. Reconstitution d'une tranchée. Visite bien sûr émouvante. Cependant, on peut ne pas être trop d'accord avec le côté affirmé « mission civilisatrice » de l'armée italienne en Afghanistan !

### LA BRIGADE SASSARI : UNE VRAIE LÉGENDE !

*Lorsque l'Italie entra en guerre en 1915, l'armée n'était nullement préparée au conflit. Mauvais matériel et incompétence du commandement contre une armée autrichienne aguerrie provoquèrent une véritable hécatombe (rappelez-vous le film* Les Hommes contre *de Francesco Rosi). Comme les Bretons, les Basques et les Corses, les Sardes payèrent le plus gros tribut à la guerre. La brigade de Sassari, fidèle à la réputation de courage des Sardes, resta définitivement dans l'histoire pour son héroïsme désespéré.*

⚲⚲⚲ ***Piazza d'Italia*** *(plan couleur d'ensemble C2)* **:** une des plus belles places d'Italie. Au centre, la statue de Vittorio Emanuele II. Dominée par le ***palazzo della Provincia*** *(plan couleur d'ensemble C2),* construit à partir de 1873 dans un style néoclassique dont la monumentalité ne rompt pourtant pas l'harmonie de la place. Au contraire, il présente lui-même une façade pleine d'élégance et d'équilibre. Possibilité de visiter la salle du Conseil pour ses peintures. De l'autre côté de la place s'élève le ***palazzo Giordano*** *(zoom couleur B2),* de 1878, au style néogothique fort bien réussi. Au débouché de la piazza Castello, deux élégants édifices à arcades abritant d'antiques cafés.

⚲⚲⚲ ***Via Roma*** *(plan couleur d'ensemble C-D2-3)* **:** la prestigieuse rue commerçante de Sassari, avec ses cafés de standing, ses magasins d'alimentation renommés, ses boutiques sophistiquées et son imposant palais de justice... Au n° 46, via Roma, un bel *hôtel particulier* présentant une pittoresque façade néo-Renaissance.

⚲⚲⚲ ***Museo nazionale G. A. Sanna*** *(plan couleur d'ensemble D3)* **:** *via Roma, 64. ☎ 079-272-203. • museosannasassari.it • Tlj sf lun 9h-20h (dernière entrée à 19h30). Entrée : 4 €.*
Installé dans un bâtiment de style néoclassique des années 1920, au milieu d'un vaste et beau jardin. On pèse nos mots : un des plus riches Musées archéologiques

qu'on connaisse. La plupart des pièces furent léguées par G. A. Sanna, ancien directeur des *mines de Montevecchio* (voir à ce chapitre). Présentation claire et didactique. À la limite, les explications se révèlent même parfois assez pointues !
- *Rez-de-chaussée :* la préhistoire : silex, bois pétrifiés, idoles, poteries, pointes de flèches. Pierres funéraires avec figures humaines *(domus de janas)*. Périodes phénicienne et punique. Une curiosité : ne ratez pas la première vitrine après les marches et le... premier vase. Vous y détaillerez de belles scènes érotiques (570 av. J.-C.), d'autres sont pudiquement voilées ! Beaux vases et cratères grecs, amphores, poteries diverses, délicates figurines en terre cuite.
Riches collections d'amulettes (notamment scarabées). Urnes funéraires en verre dans un état exceptionnel, fioles, coupes, etc. Petits bronzes figurant les dieux, épingles à cheveux, miroirs. Jolis bijoux en or. Pour les lecteurs numismates, grands tiroirs pleins de monnaies romaines. Tout au fond, de remarquables sarcophages avec lions ailés. Quelques statues et mosaïques. À côté, belle collection d'ancres anciennes et stèles funéraires de la nécropole de *monte di Campo* (Ier-IIe s apr. J.-C.). Statue romaine découverte à Porto Torres à l'élégant drapé.
- *1er étage :* tout sur la culture nuragique. Maquettes. Vestiges de poteries décorées, intéressants petits guerriers en bronze. Outils, armes en bronze (haches), trophées votifs. Bronzes artistiques : barques, personnages et animaux (joli bœuf de Perfugas). Vitrines avec moules en pierre pour couler outils et pointes de lance.
- *Salles médiévales :* objets domestiques, bijoux, boucles de ceinturon, armes, poterie vernissée, vaisselle, sceaux et cercueil de plomb décoré ! Maquette de Sassari.

**Chiesa San Pietro in Silki** *(hors plan couleur d'ensemble par A3)* **:** *via delle Croci.* Au sud-ouest de la vieille ville. Pour ceux qui disposent d'un peu plus de temps, une intéressante église du XIIIe s. De la période romane, un clocher rustique à arcatures lombardes. Façade du XVIIe s et nef gothique. Jolie voûte et chapiteaux gotico-catalans dans l'une des chapelles.

## Fêtes et manifestations

- **Cavalcada sarda :** *avant-dernier dim de mai.* Une des plus importantes fêtes folkloriques de l'île. Elle évoque le passage, le 20 avril 1899, d'Umberto II de Savoie et de sa femme Margherita, venus inaugurer le monument à Vittorio Emanuele II (sur la piazza Italia). Des centaines de cavaliers, des milliers de gens costumés venant de toute la Sardaigne défilent dans la ville. Costumes superbes, danses, musiques traditionnelles, atmosphère indescriptible.
- **Discesa (ou Faradda) dei Candelieri :** *14 août.* Appelée *è festha manna* par les habitants, fête remontant à la seconde moitié du XIIIe s. Au XVIIe s, renforcée à la suite d'un vœu fait à la Vierge au moment d'une grave épidémie de peste. Depuis, les neuf corporations de la ville (entre autres les charpentiers, les fermiers, les carriers, les commerçants ambulants) assurent la procession en portant d'énormes cierges en bois. Bénédiction à l'église du Rosario, puis départ de la procession piazza Castello à 18h. Elle s'achève à l'église Santa Maria di Bethlem.

## DANS LES ENVIRONS DE SASSARI

À un vol de faucon pèlerin de Sassari, les plus belles églises romanes de l'île vous attendent. Souvent dans des paysages idylliques propices au rêve et à la méditation. Prévoir une bonne journée.

**Chiesa Santa Trinita di Saccargia :** *à* ***Codrongianos,*** *à une quinzaine de km au sud-est de Sassari. Suivre la route d'Olbia, c'est indiqué. Tlj 9h-18h. Entrée : 2 € ; réduc.* À notre avis, la plus jolie église romane de style pisan. Elle fait tout à coup irruption, imposante, en pleine campagne. Pas de village autour, mais rien d'étonnant, c'était seulement l'église d'une ancienne abbaye. Fondée au XIIe s. Si l'abside se rattache au style lombard, en revanche, façade et clocher sont nettement de style pisan. Alternance de calcaire blanc et de basalte noir du plus bel effet. Façade très travaillée (admirer le décor des arcatures), précédée d'un portique à arcades du XIIIe s. Haut clocher percé de fenêtres géminées et décoré de gracieuses petites arcatures. À l'intérieur, nef d'aspect austère et très haute. Voûte en poutres. Superbes fresques du cul-de-four représentant le Christ rédempteur et les 12 apôtres, plus des scènes de la vie de Jésus, la Crucifixion et la mort de la Vierge. Curieuse chaire baroque montée sur colonne romaine. Boutique. Pour la photo, la façade est dans l'ombre le matin.

### UNE ÉGLISE VACHEMENT CHOUETTE !

*Saccargia vient de* sa acca argia, *qui signifie « vache tachetée ». D'après une légende locale, une vache venait régulièrement s'agenouiller ici (pour prier, dit-on). Bon, ça expliquerait peut-être également les gentils bovins sculptés sur l'un des chapiteaux du portique !*

**Santa Maria del Regno :** *à Ardara, à une quinzaine de km, toujours sur la route d'Olbia.* À travers une campagne sereine, on parvient à ce village perché d'où se détache la silhouette noire de l'église. Pour la visite, téléphoner auparavant à M. Gianni *(☎ 079-400-108 ou au 340-106-37-69 ; numéros écrits à l'entrée).* M. Gianni, qui ne parle que l'italien, est un homme charmant et bénévole dont il ne faudra pas oublier de récompenser la gentillesse. Édifiée à la fin du XIe s, l'église en impose par ses proportions. Faut dire qu'elle servait à l'époque pour le couronnement des rois. Mais ici, plus que l'architecture extérieure, c'est l'intérieur qui fascine. Harmonieuses proportions et trois nefs séparées par des colonnes doriques. Chacune possède sa fresque de saint. Même le plus radical de nos lecteurs succombera à la splendeur du retable, sûrement le plus beau de Sardaigne. Et si vous avez la chance, comme nous, de l'avoir pour vous tout seul... Cet immense polyptique fut réalisé au XVIe s par *Giovanni Muru*. Vie du Christ et de la Vierge en couleurs éclatantes. Grand luxe de détails, rehaussés par les reliefs en gothique fleuri qui les encadrent. Dans le tableau central en haut, naissance de la Vierge et, juste en dessous, sa mort. En haut à gauche, l'*Annonciation.* Un de nos panneaux préférés, en bas à gauche : la flamboyante *Visite des Rois mages,* aux riches costumes d'époque. Sous la statue de la Vierge, sur la prédelle, *Christ sortant du tombeau* et, de part et d'autre, saint Pierre et saint Paul qu'on retrouve d'ailleurs sur les deux premières colonnes. Ouf, on a échappé de justesse au syndrome de Claudel !

**Chiesa Sant'Antioco di Bisarcio :** *à 6 km à l'est d'Ardara, toujours en marge de la route pour Olbia (la SS 597). Petite route à gauche (qui rejoint d'ailleurs celle de Castelsardo). 329-266-94-36. Tlj 9h-13h, 15h-19h.* Là, c'est l'isolement quasi total de l'église qui surprend. Comment a-t-on pu ériger un édifice aussi important en pleine campagne ? La réponse est contenue dans les quelques ruines éparpillées alentour. Ici s'étendait un grand village qui fut même un temps évêché (du XIe s à 1503). L'un des 18 diocèses sardes donc, et possédant sa propre cathédrale. Le village fut abandonné à cause de la peste, et tout le monde partit habiter à Ozieri. La cathédrale, bâtie en solide trachyte rouge, résista au temps. Construite de 1090 à 1190, elle présente une façade assez fantaisiste, unique dans l'île. En effet, elle se révèle totalement asymétrique : une des ouvertures du narthex est aveugle, tandis que l'autre s'ouvre sur une gracieuse arcade géminée. Au-dessus, à droite, une surprenante disposition architecturale (style français, dit-on !) : de petites arcatures gothiques surmontées de demi-colonnes coniques ! Le clocher perdit un étage et demi sur un coup de foudre. À l'intérieur, vaisseau à trois nefs. Du roman à l'état pur : colonnes cylindriques, chapiteaux à palmettes, chœur en cul-de-four. Possibilité de grimper dans le clocher et de visiter les salles au-dessus du narthex (visite payante : 3 €). Chose très inhabituelle, elles furent rajoutées sur la façade primitive. La première servait de salle de réunion de l'évêque avec son clergé (noter le manteau de cheminée en forme de mitre), la deuxième de chapelle privée et la troisième, sans décor particulier, accueillait parfois des pèlerins pour la nuit.

**Ozieri :** *à une quinzaine de km au sud-est de Sant'Antioco di Bisarcio.* Petite ville d'un certain importance, capitale du Logudoro et du cheval sarde, dans une cuvette cernée par la forêt. Elle offre un vieux centre pittoresque tout en ruelles pentues, escaliers, gentilles placettes, bordé par de vénérables demeures, dont certaines avec beaux balcons et loggias (appelés ici *sutteas*). On découvrit, aux alentours, dans la *grotte San Michele,* des vestiges de la culture prénuragique (3500 à 2700 av. J.-C.) présentés dans un petit musée (installé dans un ancien couvent du XVII^e s), près de l'église Saint-François *(☎ 079-787-638 ; lun-sam 9h-13h, 16h-18h30, dim 9h30-12h30).* Dans la cathédrale, intéressant polyptique du XVI^e s. À propos, de passage à Ozieri, ne pas manquer d'y acheter du *spianata* ou *pane fine,* un pain spécial d'une grande finesse, ainsi que les *savoiardi,* ces biscuits entrant traditionnellement dans la composition du *tiramisù.*

## DE SASSARI, BASTION DE LA CONTESTATION, AU PANTHÉON

*Jean-Paul Marat, célèbre révolutionnaire qui attirait les jeunes filles dans son bain, était... d'origine sarde. Grands-parents : Antonio et Miliana Mara, originaires de Sassari (grosse usine à fabriquer des républicains, on l'a vu plus haut). Son père, Juan Salvador, né à Cagliari en 1704, devient enseignant, puis déménage en 1737 à Bono (au sud d'Ozieri) pour créer la première école de langue latine. Persécuté pour des problèmes d'impôts et menacé d'arrestation, il s'enfuit, se réfugie à Genève (tiens, tiens, déjà à l'époque), s'y marie avec une Suisse protestante. Naissance de Jean-Paul Marat en 1743 (il y gagne un « T » au passage), qui aura la brillante carrière qu'on lui connaît...*

**San Pietro di Sorres :** *entre Borutta et Torralba (bien indiqué). Lun-sam 9h30-12h30, 15h30-18h30 ; dim et j. fériés 9h30-10h30, 15h30-17h30. Entrée : 3 €.* Là aussi, une des plus séduisantes églises romanes de l'île. De grandes dimensions, son importance s'expliquant du fait qu'elle fut cathédrale du début du XII^e s au début du XVI^e s. On y retrouve la bichromie noir et blanc maintenant habituelle dans le style pisan. À l'intérieur, colonnes de la nef et arches alternent également leurs moellons de calcaire blanc et basalte noir. Toute la voûte est en pierre volcanique noire. À droite de la nef, une belle chaire en marbre blanc ciselé.

***Sito nuragico di Santu Antine :*** *à 2,5 km au sud de* ***Torralba.*** *• nuraghesantuantine.it • Tlj 9h-20h (17h en basse saison).* L'un des sites les plus importants après Su Nuraxi. Véritable forteresse avec tour centrale de 17 m de haut. Empilement des pierres (sans mortier) d'une précision étonnante. Tout autour, vestiges des cabanes en pierre du village.

***Siligo :*** d'Ardara à Siligo, on traverse une campagne sereine, ancienne terre volcanique complètement usée. Des paysages ouverts, légèrement vallonnés où alternent chênes-lièges couchés par le vent du nord et champs de céréales. Peu de villages, de modestes fermes isolées de-ci, de-là. Est-ce la sérénité qui baigne la région qui inspire les poètes, les écrivains et les chanteurs, mais Siligo, petit village sur lequel on tombe nécessairement par hasard, produisit plus de « vedettes » que n'importe quel autre de Sardaigne. Les deux plus connues sont Gavino Ledda, auteur du magnifique *Padre Padrone* (dont on tira un film évidemment tourné dans la région), et Maria Carta, une des plus grandes chanteuses et actrices sardes de tous les temps (décédée en 1994). Un petit ***museo Maria Carta*** lui rend d'ailleurs hommage au centre du village *(via Aldo Moro, 1 ; ☎ 079-837-009 ; 📱 338-905-25-83 ; lun-ven 10h-19h, w-e sur résa ; entrée libre).* Visite assez émouvante, on peut revoir en vidéo des extraits de ses plus beaux films comme *Le Parrain II,* comme de ses chansons (ah, son *Ave Maria* !). Nombreux souvenirs, photos, robes de scène, affiches, pochettes de disque, etc. Jeune conservateur très accueillant qui aimerait bien obtenir, pour le musée, un des ses plus beaux films : *La Cecilia* (de Jean-Louis Comolli)... Compliqué apparemment, si vous pouvez l'aider, il sera ravi !

# CASTELSARDO

(07030 ou 07031) 5 800 hab.

**Un vieux village blotti contre sa montagne et totalement piéton. Un charme incontestable et le plaisir d'arpenter ses pittoresques ruelles tortueuses, avec superbe vue sur la baie. Un des sites les plus touristiques du Nord et, en même temps, rien ne pourra jamais détruire son séduisant caractère. Tout simplement parce que ses remparts, pour une fois efficaces, empêchent tout développeur ou prédateur immobilier d'y sévir. Cela dit, n'ayant pu conquérir la montagne, ils se vengèrent sur la côte ! À l'origine, au début du XII^e s, la famille *Doria,* des Génois (ils créèrent également Bosa). Ils la baptisèrent, bien sûr, *Castelgenovese*. Puis le nom évolua au gré des conquérants. *Castel'Aragonese* sous la domination du royaume d'Aragon et enfin *Castelsardo* en 1769, lorsque la maison de Savoie s'installa définitivement en Sardaigne.**

## Arriver – Quitter

➢ ***En bus :*** rappel, dim moitié moins de bus. Pour ***Valledoria,*** 3-4 bus/j. *ARST* et *Digitur* ; trajet : 20 mn. Pour ***Sassari,*** une douzaine de bus/j. *ARST* et *FDS* ; trajet : 1h. Pour ***Tergu,*** 3 bus/j. *ARST* ; trajet : 20 mn. Pour ***Santa Teresa di Gallura,*** 4-5 bus/j. *ARST* et *Digitur* ; trajet : 1h30. Pour ***Bulzi,*** 3 bus/j. *ARST* et *FDS* ; trajet : 30 mn. Pour ***Sedini,*** 3 bus/j. *ARST* ; trajet : 30 mn.

## Adresse utile

ℹ ***Ufficio del turismo :*** *Palazzo Eleonora d'Arborea, via Bastione. ☎ 079-470-220. Ouv tlj en haute saison.*

## Où dormir ?

***DANS LA VILLE HAUTE***

C'est bien entendu là que nous vous conseillons de séjourner. Beaucoup de *B & B* en ville et autour. En voici quelques-uns fort bien situés. Très conseillé de réserver.

🏠 ***B & B Smorfiosa e Calarina :*** *via Garibaldi, 42 (la rue du séminaire). 📱 347-861-20-95 ou 349-130-50-15. • verat_75@yahoo.it • bb-smorfiosaecalarina.it • Résa conseillée. Doubles 50-80 € selon saison, petit déj inclus.* 3 chambres avec salle de bains. Impeccable et un charme plein de simplicité. Une seule avec vue. Terrasse surplombant la forêt de toits et la cathédrale. Accueil sympa.

🏠 ***B & B Residenza Eleonora d'Arborea :*** *via Garibaldi, 19. 📱 348-993-37-77. Doubles 60-80 €, petit déj inclus.* 4 chambres plaisantes avec salle de bains. Certaines avec coin cuisine, salon et petit balcon. Bon accueil. Possède également une boutique de produits sardes.

🏠 ***B & B Casa Doria :*** *via Garibaldi, 10. 📱 349-355-78-82. • info@casadoria.it • casadoria.it • Fermé en fév. Doubles 60-80 € selon saison, petit déj inclus.* *B & B* de charme sur 3 niveaux. 3 chambres cosy, une avec salle de bains privée, les 2 autres avec sanitaires communs (mais spacieuses). Conviendrait à des gens se connaissant bien ou à une famille. Toutes avec clim, certaines conçues avec meubles anciens et lits en fer à l'ancienne. Au dernier étage, vaste salle à manger avec cuisine et frigo, aérée, plaisante, confortable. Excellent accueil.

**B & B Sa Domo de Minnanna :** *via Mezzu Teppa, 5. ☎ 079-471-049. 349-367-61-05. • sadomodeminnanna@yahoo.it • Juste sous les remparts (en haut de la ville basse donc). Doubles 50-80 € selon saison, petit déj inclus.* Avantage, quartier tranquille, parking devant, mais le quartier a quand même moins de charme. En voiture, depuis la via Nazionale, prendre à droite la via IV Novembre, puis la via Trieste. Chambres classiques très correctes, avec salle de bains.

***DANS LA VILLE BASSE***

## Plus chic

**Hotel Riviera :** *lungomare Anglona, 1. ☎ 079-470-143. • info@hotelriviera.net • hotelriviera.net • Doubles 78-183 € selon saison, petit déj inclus. Remise de 10 % sur le prix de la chambre sur présentation de ce guide.* À l'entrée ouest de la ville, surplombant la baie. Hôtel de petit luxe, fonctionnel, proposant des chambres d'excellent confort. Ce fut l'un des premiers à ouvrir sur cette côte. Totalement rénové, en ayant toutefois conservé du caractère. Resto réputé, le *Fofo*, avec belle vue sur la baie. Plage à deux pas.

***À LA PLAGE DE LU BAGNU***

On pourrait l'appeler « Casteltouristo » ! La plage touristique, poste avancé de Castelsardo, vers l'ouest (à 3 km).

## Bon marché

**Ostello Golfo dell'Asinara** (auberge de jeunesse) **:** *via Sardegna, 17. ☎ 079-474-031. • ostello.asinara@tiscali.it • ostellodicastelsardo.com • À la sortie de ville, sur la route de Tergu. Pâques et juin à mi-sept. Compter 15-20 €/pers. Quelques doubles.* Une des rares AJ dans cette région hors de prix au mois d'août, profitez-en. Auberge au confort basique, mais globalement bien tenue. Location de vélos.

## Prix moyens

**Hotel Ampurias :** *via Genova, 4. ☎ 079-474-008. • info@ampurias.net • ampurias.net • Doubles 56-180 € selon saison, petit déj inclus. Apparts avec 2 chambres 250-1 000 €/sem (noter qu'en juil-août, chambres et apparts, les prix doublent quasiment !).* Au bord de la plage du *Sacro Cuore*, quartier tranquille, loin de la route. Petite structure moderne, mais pas désagréable. Chambres de bon confort. Resto dans un autre bâtiment. Parking facile.

# Où manger ?

***DANS LA VILLE BASSE***

## De bon marché à prix moyens

**La Trattoria da Maria Giuseppa :** *via Colombo, 6. ☎ 079-470-661. • latrattoriadamariagiuseppa@yahoo.it • Situé en face du Cormorano, à deux pas de la place principale. Tlj sf lun, midi et soir jusqu'à 22h. Fermé du 20 janv au 28 fév. Compter 20-25 € pour un repas. Café offert sur présentation de ce guide.* Resto populaire fort prisé par la clientèle locale pour sa généreuse cuisine familiale. Accueil souriant, salle à manger aérée et véranda plaisante ouvrant sur la baie. Longue carte appétissante d'où l'on vous a extrait la *zuppa di pesce*, la grillade mixte de poisson, le *risotto a la pescadora*, les *gnocchetti a la sarda*, les *monzette trifolate* (escargots à l'ail)...

## Plus chic

**Fofo :** *lungomare Anglona, 1. ☎ 079-470-143. • info@hotelriviera.net • Compter 30-35 €.* C'est le resto de l'hôtel *Riviera*. Grande salle aérée, service impeccable pour une cuisine de bonne renommée. Pas de grands élans créateurs, mais du classique, du maîtrisé. Spécialités de fruits de mer.

***DANS LA VILLE HAUTE***

**Aragona :** *via Manganella, 3. ☎ 079-470-081. • ristorantearagona.com •*

*À l'opposé de la rue menant à la cathédrale. Ouv tlj midi et soir sf le lun hors saison. Fermé janv-fév. Compter 15 à 30 €. Café ou digestif offert sur présentation de ce guide.* Une des plus belles terrasses de la vieille ville, avec une vue superbe sur la baie. Une cuisine toute simple, mais fraîche et honnête : pâtes, paninis, steak, salades, etc. Goûter aux spaghettis au myrte. Bien aussi pour prendre un café ou déguster tranquillou une glace.

***À LA PLAGE DE LU BAGNU***

### Plus chic

|●| ***Da Ugo :*** *corso Italia, 7 C. ☎ 079-474-124. Tlj sf jeu, midi et soir jusqu'à 22h. Compter 35-40 €.* Une petite institution, mais qui ronronne un peu trop. En été, prix surestimés (surfer sur la carte, prendre des choses simples) et service en dents de scie. Cependant, en basse saison, un des rares restos ouverts tard le soir. Spécialité de poisson bien sûr.

## Où dormir ? Où manger dans les environs ?

On trouve au moins 3 campings à ***Valledoria,*** à une quinzaine de kilomètres vers l'est. Notre préféré est ***La Foce*** : *☎ 079-582-109. • info@foce.it • foce.it • Compter 17,50-35 € selon saison et emplacement.* Au bord d'une lagune (balade en kayak super) et à 200 m d'une longue plage de sable blanc. Immense et arboré, doté de tout le confort possible. Location de mobile homes et de bungalows également. Belle piscine.

|●| ***Agriturismo Ruspina :*** *sur la route de Tergu à Nulvi. ☎ 079-576-819. 340-583-93-85 ou 348-861-68-74. • info@agriturismoruspina.com • agriturismoruspina.com • À une douzaine de km de Castelsardo (par Lu Bagnu). Doubles 64-70 €, petit déj inclus. ½ pens 90-100 € pour 2 (2 j. min). Repas 25 €.* Au cœur des vastes paysages ouverts et ondulants de l'Anglona, avec en fond les monts Limbara et quelques éoliennes. Depuis la route, un chemin carrossable de 1 km en terre battue mène à cette auberge pour amateurs de grands espaces. On y élève des chevaux de course. Chambres d'une sobriété immaculée et dotées de tout le confort. Bonne cuisine régionale typique servie dans une chaleureuse salle à manger, avec cheminée de pierre (ouvert aux extérieurs, réservation obligatoire). Possibilité de balades à cheval.

## À voir

Toute la vieille ville bien sûr. En été, à arpenter à la fraîche, au soleil levant, pour en jouir tranquillement. Remarquable panorama sur la baie, mais ça vous vous en doutiez. Un conseil : dans la journée, ne pas tenter d'y monter en voiture, très difficile de se garer.

**Castello :** *☎ 079-471-380. Fermé lun oct-mars. Juil-août, 9h-13h, 14h30-minuit ; juin, 9h30-13h, 15h-21h ; sept, 9h-13h, 14h30-20h30. En basse saison, janv-mai, soir crescendo 17h30-20h30. Oct 18h30, nov-déc 17h30.* Abrite aujourd'hui le ***Museo dell'Intreccio*** *(musée de la Vannerie et du Tressage ; mêmes horaires que le château).* Demander le dépliant en français fort bien fait, car présentation du musée un peu vieillotte et peu didactique. Expo des objets tressés utilisés dans tous les métiers et leur usage professionnel et domestique (pêcheurs, agriculteurs, bergers, etc.). Paniers présentant parfois d'intéressants motifs géométriques. Dans la cour, quelques machines de guerre médiévales : catapulte, arbalète, bélier.

***Concattedrale Sant'Antonio Abate :*** *via del Seminario. Tlj 10h-13h, 15h-19h (sf pdt les offices). Entrée : 2,50 €, comprenant l'entrée au musée.* Construite au XVIIe s sur les bases d'une église romane. D'ailleurs, voûtes et arches de la nef demeurent de style roman, tandis que transept et chœur sont à croisée d'ogives. Débauche de petits retables en bois sculpté et doré, chaire particulièrement ornementée et Vierge du XVe s dans sa jolie robe dorée.

Visite du *Musée diocésien* (mêmes horaires) : dans un séduisant cadre en pierre, objets bien mis en valeur. Immense ostensoir en argent, mitres du XVIIe s, crosses d'archevêque, livres anciens... Beau *Saint Michel Archange* du XVIe s par le maestro de Castelsardo, plus quelques vénérables statues en bois polychrome et un antiphone du XVIIIe s.
À la sortie de la cathédrale, la ***chiesetta Purgatorio di Ossaia*** du XVIIe s. On y entreposait les défunts avant inhumation.

¶¶¶ ***Chiesa Santa Maria :*** *au-dessus de la cathédrale.* De style roman et remaniée au XVIe s. À mi-piliers, quelques rustiques figures d'anges, chaire rectangulaire peu commune. Au fond, chancel en pierre en anse de panier. Dans la chapelle face à la porte, *Christ noir* du XIVe s. *Ecce Homo* du XVIIe s sur l'autel principal. Dans la chapelle sur le côté, trois jolis petits retables en bois sculpté et doré.

¶¶¶ ***Balade dans la vieille ville :*** quelques édifices historiques jalonneront votre itinéraire : imposant ***palazzo*** du XVIe s, via del Seminario, 31. Fut l'école supérieure de grammaire et de rhétorique et ancien séminaire (ferma en 1922). Via Regina Margherita, le ***palazzo comunale*** (du XIIe s). Via V. Emanuele, le ***palazzo episcopale*** (du XVIIe s). Abrite des expos. Piazza Bastione s'élève le ***bastione di Manganella*** des XIIe et XVIIe s.

## Les plages

Vers l'ouest, à 3 km, ***Spiaggie di Lu Bagnu*** : mer peu profonde, sable fin, idéale pour les familles. Un peu plus loin, toujours sur la SS 200, plage de la ***punta la Capra.*** Avec des rochers délimitant parfois des piscines naturelles. Dans la ville même, ***spiaggia della Marina.*** Vers l'est, suivre le *lungomare Zirulia* pour la plage ***cala La Vignaccia.*** Au pied des falaises, c'est celle des autochtones. ***Spiaggia Pedraladda,*** à quelques centaines de mètres du bourg, au niveau du *Pedraladda Hotel*. Profonde rapidement, moins bien pour les enfants. Enfin, un p'tit effort pour goûter, plus loin (à 1,5 km du centre), à la sérénité de la plage de ***Poltu di La Rena.*** Beau sable et quelques rochers pour bronzer.

## Manifestation

– ***Settimana Santa :*** *sem Sainte.* Commence avec le Lundi saint, qu'on appelle ici *Lunissanti.* À l'aube, les pénitents, dont certains portent les outils de la Passion, vont assister à la messe à l'église Santa Maria. Procession des *Cori* et des *Misteri*. Le soir, toutes les lumières de la ville s'éteignent pour une spectaculaire procession aux torches. D'autres manifestations les Jeudi et Vendredi saints.

## DANS LES ENVIRONS DE CASTELSARDO

¶¶ ***Chiesa Nostra Signora di Tergu :*** *à **Tergu,** à env 6 km (par Lu Bagnu).* En marge du village, adorable petite église du XIIe s, présentant une façade particulièrement élaborée. Noter ces colonnettes toutes blanches zigzaguant joliment sur la pierre volcanique rouge. Rose finement ciselée. Intérieur d'une certaine sobriété, quelques pilastres seulement. Longue et haute nef, transept plus tardif. Grand retable en bois verni orné de peintures et d'une *Vierge à l'Enfant* en marbre.

¶ ***Roccia dell'Elefante :*** *à env 5 km de **Castelsardo,** sur la SS 134, vers Sedini.* En bord de route, une curiosité de la nature, un énorme bloc de trachyte sculpté par le vent et évoquant remarquablement la forme d'un éléphant.

¶¶ ***Sedini :*** pittoresque village proposant *Sant'Andrea,* son église paroissiale au joli portail, et la *domus Sa Rocca,* une intéressante petite nécropole prénuragique.

Si vous avez un peu de temps, à 3 km vers le sud-ouest, arrêtez-vous à la petite église *San Pancrazio du Nusri*.

Et puis d'autres intéressantes églises à voir dans le coin : à ***Bulzi,*** l'église *San Sebastiano* (si elle est ouverte) possède une rare *Déposition* en bois ciselé du XIIIe s. À quelques kilomètres, l'église ***San Pietro di Simbranos,*** un de nos coups de cœur. Dans un charmant environnement bucolique, admirez cette façade de style pisan totalement harmonieuse, ce jeu puissant de lignes, l'équilibre des arcatures, l'alternance bien rythmée des bandes de calcaire blanc et de trachyte noir.

Enfin, vers l'est, le pittoresque village de pêcheurs d'***Isola Rossa,*** au pied d'une tour aragonaise du XVIe s. Environs encore préservés et de belles plages dans le prolongement du village, suivies de criques sablonneuses entrecoupées de rochers. Idéal pour les familles.

# LA GALLURA

**Sardaigne cachée et éternelle ! L'homme moderne n'a pas encore abîmé la Gallura intérieure de sa lourde main maladroite ! Au nord-est de l'île, entre Sassari, Olbia, la costa Smeralda et l'archipel des îles de La Maddalena, s'étend cette région intérieure méconnue, retirée du reste du monde, retranchée dans des monts granitiques aux formes tarabiscotées, des oliveraies centenaires où Homère se sentirait à l'aise, et de magnifiques forêts de chênes-lièges qui donnent les meilleurs bouchons d'Italie.**
**Si Olbia et Santa Teresa di Gallura en sont les portes d'entrée maritime et aérienne, Tempio Pausania en serait le cœur tranquille. Austère plus que balnéaire, rustique plus que médiatique, heureux plus que prétentieux, définitivement beau, authentique et attachant, au physique comme au caractère, cet arrière-pays de la Gallura n'a pas encore vendu son âme au diable de la promotion et de l'urbanisme. Si les géographes de l'Antiquité grecque revenaient y faire un tour, ils pourraient retrouver, ici ou là, des paysages intemporels, comme à l'époque de Pausanias le Périégète (II^e^ s apr. J.-C.), qui évoqua la Sardaigne dans le livre X de sa *Description de la Grèce.***

## OLBIA (07026) 50 150 hab.

**Olbia ! Heureux celui qui y débarque car son nom signifie « bonheur »... en grec. Vous n'êtes pas en Grèce mais en Italie. Pour la plupart des vacanciers européens, la Sardaigne c'est d'abord l'aéroport d'Olbia, porte d'entrée aérienne (au nord-est) la plus importante de l'île. Des centaines de milliers de passagers y transitent en été avant de rejoindre les plages aux eaux turquoise de la costa Smeralda et du littoral oriental. Ils y passent sans voir la ville d'Olbia, filant directement vers leur hôtel au bord de la mer. Il est vrai que la ville n'est pas très attrayante au premier contact bien qu'elle soit située au fond d'une grande baie bien abritée, loin des plages.**
**C'est un grand port depuis l'époque romaine, et non une station balnéaire. Pourtant, la petite capitale de la province de Gallura cache un centre ancien vivant et agréable, bien conservé et à taille humaine. On peut s'y promener les soirs d'été, au fil des rues animées, s'asseoir à une terrasse de café ou de restaurant, sur une des deux charmantes places au cœur de la ville : la piazza Matteotti et la piazza Regina Margherita.**

### UN PEU D'HISTOIRE

Dans le livre X de sa *Description de la Grèce,* l'écrivain-voyageur Pausanias, dit le Périégète (II^e^ s apr. J.-C.), parle d'une « peuplade d'Ibériens qui fut suivie d'une autre commandée par Iolas et composée de Thespiens, auxquels s'étaient joints

NORD
CORSE
Bonifacio
Bocche di
Spiaggia di Rena Bianca
Santa Teresa di Gallura
Spiaggia Rena di Levante
Cala Spinosa
Capo Testa
Cala Grande
Spiaggia di Rena di Ponente
SP 90
Vignola Mare
Aglientu
Spiaggia Li Cossi
Spiaggia di Tinnari
Costa Paradiso
Costa Paradiso
Tinnari
Isola Rossa
I. Rossa
PORTO TORRES, SASSARI
SP 90
SP 10
Valle della Luna
Luras
Aggius
Calangianus
Nuraghe Majori
Spiaggia di Lu Bagnu
Cala Marina
Castelsardo
SS 200
Lu Bagnu
SS 134
SP 27
SS 127
SP 13
Tempio Pausania
Vallicciola
Punta Balistre
Sedini
SS 127
SS 392
GALLURA
SS 127
0 5 10 km

## LA RÉGION NORD-EST

quelques peuples de l'Attique... Ils fondèrent les villes d'Olbie et d'Agylé. Cette dernière fut ainsi nommée par les Athéniens, soit du nom de l'une de leurs tribus, soit du nom d'Agyléus, un des chefs de la colonie... ». *Olbie (Olbius)* signifie « heureux » en grec ancien, d'où dérive le nom d'Olbia. Elle a aussi de lointaines origines phéniciennes (VIe s av. J.-C.). Ce fut ensuite une ville carthaginoise, puis un important centre stratégique occupé par les Romains. Les légions romaines venues de la péninsule stationnaient dans la baie d'Olbia, site bien abrité des vents marins, un port idéal pour les galères. Avec les invasions des Vandales, la ville subit un grave déclin, qui dura jusqu'au haut Moyen Âge.
Après l'an 1000, c'est le renouveau. Au XIe s, Olbia appartient au giudicato di Gallura. La cité maritime est alors connue sous le nom de « Civita » et se présente comme un port fortifié et bien surveillé. La petite capitale de la Gallura s'est appelée Terranova-Pausanias jusqu'en 1939. Aujourd'hui, elle a repris son nom d'origine grecque, Olbia.

## Arriver – Quitter

### En avion

✈ ***Aeroporto Olbia costa Smeralda*** *(hors plan par B2)* **:** *à 5 km au sud-est d'Olbia. ☎ 078-956-34-00. • geasar.it •* Le plus grand aéroport et le plus moderne de Sardaigne. On y trouve au moins un distributeur automatique, les loueurs de voitures, des commerces et boutiques... Ne manquez pas d'admirer le superbe voilier de course *Azzurra* (sponsorisé par le yacht-club de la costa Smeralda), qui remporta en 1983 la Coupe de l'America *(America Cup).* Il est exposé sur un morceau de gazon à l'extérieur du terminal, à droite en sortant de celui-ci. Un beau trophée maritime sarde dédié à la victoire.
– La plupart des compagnies européennes y sont accueillies, qu'elles soient régulières ou à bas coût *(low-cost).* Destinations : Paris, Nice, Toulouse, Lyon, Lourdes, Genève, Bruxelles, et la plupart des grandes villes d'Italie, ainsi que des capitales européennes.

■ ***Meridiana :*** *• meridiana.it •* Vols au départ de Paris-Roissy (terminal 3) et de Nice.
■ ***Easyjet :*** *• easyjet.com •* Vols *low-cost,* surtout en été, Paris (Orly)-Olbia, Mulhouse (Bâle)-Olbia, Lyon-Olbia.

– ***Arrivée à l'aéroport :*** pour gagner le centre-ville, prendre le bus local no 2, qui circule ttes les 30 mn 7h30-20h. En taxi, compter env 15 €. Durée : 10-15 mn.
➢ ***Bus depuis l'aéroport :*** des départs réguliers de bus en été depuis l'aéroport pour ***Nuoro, Arzachena, Palau, Santa Teresa di Gallura, Budoni, San Teodoro, Oristano, Cagliari.*** Plusieurs compagnies assurent ce service : *ARST, Autolinee Turmo Travel, Deplano, Nicos Group...*

### En bateau

***Stazione maritima isola Bianca*** *(gare maritime ; hors plan par B2)* **:** *☎ 078-920-41-79. • olbiagolfoaranci.it • La gare maritime se trouve sur l'île d'Isola Bianca, reliée à la ville par une chaussée de 1 km.* Les grandes compagnies y ont un comptoir d'information et de vente. Bateaux de/pour ***Gênes, Livourne, Civitavecchia, Piombino.***

■ ***Grandi Navi Veloci :*** *☎ 010-209-45-91. • gnv.it •*
■ ***Moby Lines :*** *☎ 199-303-040. • mobylines.it •*
■ ***Tirrenia :*** *☎ 892-123. • tirrenia.it •* Dessert aussi Arbatax (côte est de la Sardaigne).
■ ***SNAV :*** *☎ 078-920-00-84. • snav.it •*

– ***Da diporto*** *(port de plaisance)* **:** capitainerie. *☎ 078-933-520. • marinadiportisco.com •*

### En train

***Stazione ferroviaria*** *(gare ferroviaire ; plan A1)* **:** *via Giacomo Pala, 10. ☎ 078-922-456. • ferroviedellostato.it •*
➢ ***De/pour Golfo Aranci :*** 7 trains/j. Durée : env 20 mn. Arrêt à Rudalza et Marinella.
➢ ***De/pour Macomer :*** 1 train/j. Durée : 1h45.

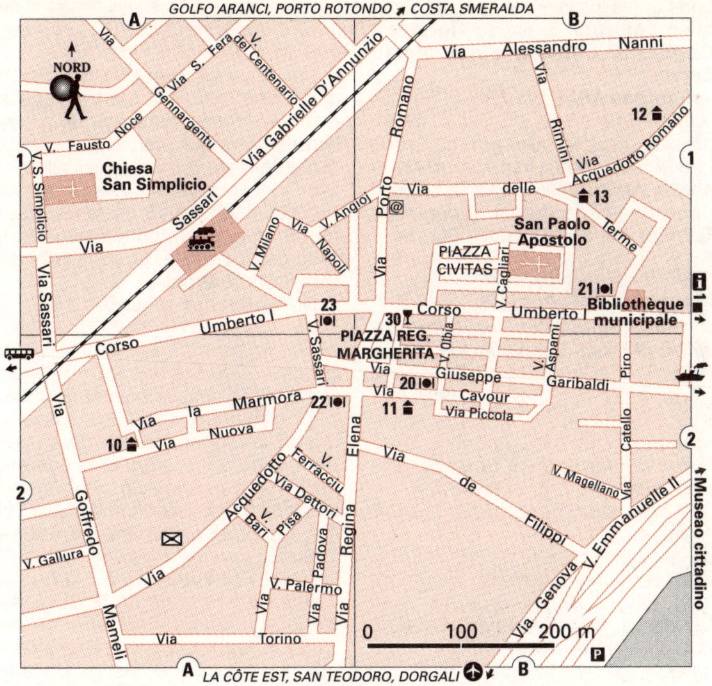


## OLBIA

### Adresses utiles

- Ufficio del turismo e punto informazione turistico
- @ Internet Inter Smeraldo
- 1 Banca di Sassari

### Où dormir ?

- **10** B & B Janas
- **11** Hotel Cavour
- **12** Hotel For You
- **13** Locanda del Conte Mameli

### Où manger ?

- **20** Da Paolo
- **21** Ristorante Antica Trattoria
- **22** Ristorante Officina del Gusto
- **23** Gallura

### Où boire un verre ?

- **30** Caffè Enoteca Cosimino

➢ ***De/pour Sassari :*** 4 trains/j. 6h35-19h25. Durée : un peu moins de 2h.

➢ ***De/pour Porto Torres*** *(port maritime)* **:** 2 trains/j. Passe par Sassari. Durée : env 2h30.

➢ ***De/pour Cagliari :*** 2 trains/j. Durée : env 4h. Il passe par Ozieri, Macomer et Oristano.

## En bus

***Stazione di autolinee*** *(gare routière ; hors plan par A2)* **:** *corso Umberto I, 168.* ☎ *0789-555-30-04.*

➢ ***De/pour Porto Rotondo :*** avec la compagnie *Autolinee Aspo.* ☎ *800-191-847.* ● *aspo.it* ● Bus réguliers, ligne n° 5. également avec les bus *ARST.* à vrai dire, peu de touristes se rendent vers cette luxueuse station en bus...

➢ ***De/pour les stations de la costa Smeralda :*** avec la compagnie *Autolinee Sunlinos. Via Pozzo, 23.* ☎ *078-950-885.* Départs quotidiens pour les ports et les localités de la costa Smeralda : ***Marinella, Porto Rotondo, Cugnana, Baia Sardinia, Porto Cervo...***

– ***Autolinee ARST :*** *☎ 078-921-187 ou 800-865-042.* • *arst.sardegna.it* • Nombreux bus pour les villes de la côte et de l'intérieur : vers le nord pour ***Arzachena, Palau*** (accès aux îles de La Maddalena), vers le sud pour ***Budoni, San Teodoro, Siniscola, Orosei, Dorgali.***

## Adresses utiles

ℹ ***Ufficio informazioni turistiche provincia di Olbia-Tempio*** *(hors plan par B1)* ***:*** *via A. Nanni, 17/19. ☎ 0789-55-77-32.* • *turismo@provincia.olbia-tempio.it* • *En été, tlj 8h-20h ; en hiver, lun-ven 8h-14h, 15h-18h.*

ℹ ***Punto informazione turistico*** *(hors plan par B1)* ***:*** *corso Umberto I. ☎ 0789-52-104.* • *olbiaturismo.it* • *Sur la place, en face du bâtiment abritant les bureaux de la mairie. Juil-août, tlj 8h30-22h ou 23h ; avr-juin et sept-oct, 8h30-13h, 16h-19h.*

@ ***Internet Inter Smeraldo*** *(plan B1)* ***:*** *via Porto Romano, 8 B. Tlj sf dim 9h45-20h30.*

✉ ***Ufficia postale*** *(poste ; plan A2)* ***:*** *via Acquedotto, 5/7. ☎ 0789-20-74-43.*

■ ***Banca di Sassari*** *(hors plan par B1,* ***1****)* ***:*** *corso Umberto I. ☎ 0789-27-461.*

■ ***Farmacia :*** *farmacia Etzi, viale Aldo Moro, 68. ☎ 0789-58-294.*

■ ***Polizia comunale :*** *corso Umberto I. ☎ 0789-52-002.*

– ***Parcheggio :*** *2 parkings gratuits près du port touristique, proches l'un de l'autre, sur le corso Umberto I. Au bout de la via A. Nanni, un autre parking à moitié payant.*

### Location de voitures

■ ***Avis :*** *à l'aéroport. ☎ 0789-69-540.*

■ ***Hertz :*** *à l'aéroport. ☎ 0789-66-024.*

■ ***Eurorent :*** *à l'aéroport. ☎ 0789-68-524.*



## Où dormir ?

### De bon marché à prix moyens

🏠 ***B & B Janas*** *(plan A2,* ***10****)* ***:*** *via Lamarmora, 61. 📱 339-109-28-36.* • *affittacameremerejanas@tiscali.it* • *janasaffittacamere.com* • *Doubles 55-90 € selon saison, petit déj inclus. Wifi. Remise de 10 % sur la chambre sur présentation de ce guide, sf en août.* À 2 mn à pied de la piazza Matteotti, dans une rue calme bordée de maisons anciennes. Cette demeure-ci est une des plus charmantes. On y est reçu par une dame très aimable. Seulement 3 chambres mais toutes jolies, personnalisées, bien décorées, dont une qui donne sur les citronniers du jardin.

🏠 ***Hotel Cavour*** *(plan B2,* ***11****)* ***:*** *via Cavour, 22. ☎ 0789-20-40-33.* • *hotelcavour@tiscalinet.it* • *cavourhotel.it* • *Doubles 75-90 € selon saison, petit déj inclus. Wifi.* Central et bien situé, à côté des 2 places animées du cœur historique d'Olbia. Chambres à la déco classique et de bon confort. Elles donnent sur la rue (calme la nuit) ; mais il vaut mieux demander une chambre dans les étages élevés (plus de lumière). Accueil avenant.

🏠 ***Hotel For You*** *(plan B1,* ***12****)* ***:*** *via Acquedotto Romano, 9. ☎ 0789-20-00-56.* • *info@hotelforyou.it* • *hotelforyou.it* • *Doubles 105-140 € selon saison, petit déj-buffet inclus.* Dans le cœur d'Olbia, un hôtel neuf et moderne, au débouché d'une rue ancienne, à 5 mn à pied de la place centrale. Chambres de bon confort avec une décoration standard, mais pas désagréable. Vue sur la rue et les petites maisons du quartier.

### De plus chic à très chic

🏠 ***Locanda del Conte Mameli*** *(plan B1,* ***13****)* ***:*** *via delle Terme, 8. ☎ 0789-23-008.* • *info@lalocandadelcontemameli.com* • *lalocandadelcontemameli.com* • *Fermé 15 j. en déc. Doubles env 150-300 € selon saison. Wifi.* Petit palais discret au détour des ruelles du centre, transformé en un luxueux hôtel de charme. Murs de pierre, décoration soignée et de bon goût, meubles anciens, chambres de caractère et de style. L'hôtel idéal pour des amoureux romantiques qui ne cherchent ni l'esbroufe ni la frime, mais le calme et la classe en pleine ville. Terrasse sur le toit.

## Où manger ?

### De bon marché à prix moyens

🍴 ***Ristorante Antica Trattoria*** *(plan B1, **21**) : via delle Terme, 1 A. ☎ 0789-24-053. • anticatrattoriaolbia@tiscali.it • anticatrattoriaolbia.com • Tlj sf lun jusqu'à 23h. Buffet env 8 € ; menu 15 €.* Un restaurant qui existe depuis très longtemps, connu et apprécié des habitants d'Olbia. La formule buffet, économique, peut suffire à un repas. Cuisine sarde traditionnelle. Service de bon niveau et accueil souriant. En été, on peut manger sur la grande terrasse.

🍴 ***Da Paolo*** *(plan B2, **20**) : via Cavour, 17, et via Garibaldi, 18. ☎ 0789-21-675. Tlj sf dim. Congés en nov. Repas 25-30 €. Digestif offert sur présentation de ce guide.* Au bord d'une rue pavée du centre, *Da Paolo* se cache dans une vieille maison en pierre qui possède 2 entrées. On s'y sent bien, et le service est attentionné. C'est surtout la cuisine savoureuse et soignée qui nous a enchantés. Un très bon rapport qualité-prix-accueil.

🍴 ***Ristorante Officina del Gusto*** *(plan A2, **22**) : piazza Matteotti, 1. ☎ 0789-28-701. Tlj mais slt le soir après 19h. Plats 10-20 € ; repas env 30-40 €.* Quel emplacement idéal ! Ce resto donne sur une belle place bercée par le glouglou d'une fontaine. Si on ne tient pas à s'attabler dans la salle, un petit bouquet d'oliviers accueille une terrasse à l'extérieur. C'est charmant pour un dîner estival. Les plats sont goûteux : cuisine classique italienne et sarde bien préparée.

### Plus chic

🍴 ***Gallura*** *(plan A1, **23**) : corso Umberto I, 145 (angle avec via Sassari). ☎ 0789-24-648. Tlj sf lun. Fermé 20 déc-6 janv. Compter env 40 €.* C'est le meilleur restaurant d'Olbia mais aussi le plus cher. Cuisine sarde savoureuse et élaborée avec le plus grand soin pour des plats inventifs et raffinés.

## Où boire un verre ?

🍷 ***Caffè Enoteca Cosimino*** *(plan B1, **30**) : piazza Regina Margherita, 3. ☎ 0789-21-001. Ouv tard.* Sur la jolie place centrale et ombragée, toujours très animée. Le matin pour un café *espresso* ou le soir pour un verre de vin sarde avant la nuit, *Cosimino* est un endroit où il est agréable de faire une pause. La liste des vins est impressionnante, demander un verre de *vermentino*, le vin local de la Gallura.

## À voir

***Centro storico*** *(centre historique) :* bien que l'aspect extérieur de la ville ne soit pas très séduisant, le centre ancien a gardé du charme et du caractère car il est habité à longueur d'année. On ne s'en doute pas du tout en arrivant mais Olbia abrite un vrai centre-ville, patiné par le temps et vivant été comme hiver. Plusieurs rues étroites et ruelles conduisent à deux places adjacentes, cœur de l'animation : la piazza Matteotti et la piazza Regina Margherita. Autour de ce point central partent plusieurs voies commerçantes qui permettent de faire le tour de la ville facilement, et à pied.

***Chiesa San Simplicio*** *(plan A1) : via San Simplicio. Ouv 7h30-13h, 15h30-18h (19h en été). Entrée gratuite.* Voici un bel édifice roman des XI^e^ et XII^e^ s, en granit gris, typique de la région de la Gallura.

***Museo cittadino*** *(musée de la Ville ; hors plan par B2) : isolotto di Pedone. ☎ 0789-55-77-32 (office de tourisme). Tlj sf mer en été 10h-13h, 18h-21h30 ; le reste de l'année, 9h30-13h, 17h30-20h30.* Un ancien îlot abandonné et transformé en musée, le tout ayant été conçu par un architecte contemporain (Vanni Macciocco). Y sont exposés les restes des épaves de navires de l'époque romaine, découvertes en 1999 pendant la construction du tunnel sous-marin du port d'Olbia.

## DANS LES ENVIRONS D'OLBIA

***Golfo Aranci :*** *à 18 km au nord-est d'Olbia.* Dans une baie en forme de croissant, posée au pied d'une longue pointe rocheuse (terminée par le capo Figari), Golfo Aranci est l'anti-Porto Rotondo par sa simplicité et sa modestie balnéaire. Un petit train la relie à Olbia. La plage de Terza Spiaggia se trouve dans la ville (qui en compte cinq au total), ce qui simplifie bien les choses pour les vacanciers. Il n'y a rien à voir de particulier, il y a peu d'hôtels, mais la vie s'y écoule au fil des vagues et des saisons, dans un contexte tranquille. Peut être un bon point de chute à prix sages, à une quinzaine de kilomètres de la luxueuse Porto Rotondo.

***Hotel Patti :*** *via C. Colombo, 10, 07020* ***Golfo Aranci.*** *☎ 0789-61-40-00. • hotelpatti@hotelpatti.it • hotelpatti.it • Doubles 70-120 € selon saison, avec petit déj.* Situé dans une rue calme, à 200 m de la plage. Modeste mais sympathique petit hôtel tenu par un homme jovial et attentif aux détails. Chambres propres et confortables.

***Ristorante La Spigola :*** *via C. Colombo, 19, 07020* ***Golfo Aranci.*** *☎ 0789-46-286. • rimopisa59@libero.it • Mai-oct. Repas env 20 €.* Sur la plage du village, les pieds dans l'eau, avec quelques parasols plantés dans le sable et une tablette pour poser son *espresso* après le dessert... Voici un restaurant tout simple, bordé par un grand parking, où l'on sert la cuisine sarde (terre et mer) de base : pizzas, *pasta*... poissons. Sans prétention, bien situé et bon.

# SANTA TERESA DI GALLURA (07028) 4 159 hab.

**À l'extrémité nord-est de la Sardaigne, Santa Teresa di Gallura est une sorte de promontoire escarpé face aux bouches de Bonifacio. Par beau temps, la côte sud de la Corse et les falaises de cette ville semblent si proches qu'on dirait que les deux îles vont finir par se toucher. Il y a des millions d'années, c'est ici que la Sardaigne était unie à la Corse en une seule et même île. L'histoire les a séparées à cet endroit mais elles restent très proches géographiquement... bien que différentes culturellement.**
**À la fois port et station balnéaire, vide en hiver et noire de monde en été, la ville présente un plan rectiligne et régulier, héritage de la maison de Savoie. Quand celle-ci régnait au XIXe s sur la Sardaigne, elle fit reconstruire la cité en lui donnant son visage actuel. Les rues se coupent à angle droit et quadrillent la ville autour de la place centrale, la piazza Vittorio Emanuele I.**

## Arriver – Quitter

### En bateau

➢ ***De/pour Bonifacio*** *(Corse)* **:** 3 liaisons/j. de/pour Bonifacio (Corse) avec la compagnie *Saremar (☎ 0789-75-41-56. • saremar.it •).* Entre oct et mi-mars, slt 2 départs le w-e. La compagnie *Moby Lines (☎ 0800-91-40-22 ; • mobylines.it •)* assure aussi la liaison fin mars-fin sept à raison de 4 départs/j. Les bateaux embarquent passagers et voitures. Compter env 50-90 € le billet aller pour 1 adulte et 1 voiture, tarifs variables selon saison, taille et catégorie du véhicule. Durée de la traversée : 50 mn.

### En bus

***Stazione di autolinee*** *(gare routière)* **:** *via Eleonora d'Arborea, près de* *la poste. À 300 m env au sud de la place centrale (piazza San Vittorio).* Les bus *ARST* assurent des liaisons régulières avec les principales villes du nord de la Sardaigne.

➢ ***De/pour les plages des environs :*** en été slt, liaisons en bus avec la compagnie *Sardabus*. 5-6 navettes/j. entre Santa Teresa et les plages de Santa Reparata, capo Testa et La Marmorata. Ces bus effectuent une rotation en boucle (30 mn) entre ces plages.

➢ ***De/pour Arzachena :*** 5 bus/j. Durée : 1h.

➢ ***De/pour Olbia :*** 5 bus/j. Durée : 1h30. En été, la compagnie *Turmo Travel* dessert 6 fois/j. l'aéroport d'Olbia. Ces bus passent par Palau et Arzachena.

➢ ***De/pour Castelsardo :*** 2 bus/j. Durée : 1h15.

➢ ***De/pour Sassari :*** 3 bus/j. Durée : 2h30.

➢ ***De/pour Cagliari :*** bus de la compagnie *Turmo Travel (☎ 0789-21-487. • gruppoturmotravel.com •).* Durée : 6h15.

➢ ***De/pour Porto Cervo*** *(Costa Smeralda)* **:** avec la compagnie *Caramelli,* en été slt. *(☎ 0789-67-06-13.)* Durée : 1h15.

## Adresses utiles

🛈 ***Ufficio informazioni turistiche di Santa Teresa di Gallura*** *(office de tourisme)* **:** *piazza Vittorio Emanuele I, 24. ☎ 0789-75-41-27. • turismo@comunesantateresagallura.it • comunesantateresagallura.it • Tlj 9h-20h.*

✉ ***Ufficio postale*** *(poste)* **:** *via Eleonora d'Arborea. Lun-sam 8h-13h15.* Fournit un plan de la ville et de la Gallura, la liste des hébergements (hôtels, pensions, appartements à louer, *agriturismi*), et des brochures sur les plages, les activités sportives (plongée, planche à voile...) et balnéaires.

■ ***Banco di Sassari :*** *via XX Settembre, 21. ☎ 0789-75-43-96.* Distributeur automatique de billets.

@ ***Internet :*** ***Happy Phone,*** *via Imbriani, 1.* ***Bar Sport,*** *via Mazzini, 7. Tlj 6h-minuit.*

■ ***Autonoleggio*** *(location de voitures)* **:** *il y a 7 agences en ville, dont* ***Avis*** *(☎ 0789-75-49-06),* ***Europcar*** *(☎ 0789-75-26-76) et* ***Maggiore Budget*** *(☎ 078-975-44-64).*

## Où dormir ?

⌂ ***B & B Domus de Janas :*** *via Carlo Felice, 20. 📱 (+ 39) 338-499-02-21. • info@bbdomusdejanas.it • bbdomusdejanas.it • Mai-oct. Doubles 50-120 € selon saison, petit déj inclus.* Tout est charmant et engageant dans cette belle maison tenue par un adorable couple d'artistes qui enseigne l'italien. C'est fleuri, coquet, douillet et très joliment décoré, avec plein d'objets, de meubles, de peintures, qui personnalisent et donnent un vrai caractère aux chambres. Sur le toit, une mignonne et minuscule terrasse pour musarder au soleil.

⌂ ***B & B La Terrazza Lilly :*** *via Bonifacio (angle avec la via Sonnino). ☎ 0789-75-48-59. • info@terrazzalilly.com • terrazzalilly.com • Mai-oct. Doubles 80-130 € selon saison. CB refusées. Internet.* Une petite rue calme où se cache une belle maison de famille, enfouie dans la végétation d'un jardin derrière des murs discrets. Accueil jovial d'une dame charmante et élégante. Chambres jolies et confortables. Agréable terrasse pour prendre le petit déjeuner, au-dessus d'une crique rocheuse.

⌂ ***Hotel Moderno :*** *via Umberto I, 39. ☎ 0789-75-42-33. • modernoweb@tiscali.it • modernohotel.eu • Mai-oct. Doubles 62-110 € selon confort et saison, petit déj inclus.* On est reçu par un couple charmant et attentif. Une maison ancienne rénovée avec des murs de pierre et des chambres claires, gaies et fort bien aménagées, décorées avec soin. Les fenêtres donnent sur les rues du quartier. Demander une chambre au 2e étage (plus claires, plus calmes).

⌂ I●I ***Hotel-ristorante Marinaro :*** *via G. M. Angioy, 48. ☎ 0789-75-41-12. • info@hotelmarinaro.it • hotelmarinaro.it • Fermé de nov à fév. Doubles 65-140 € selon saison, petit déj inclus.* Des murs jaunes en façade et des chambres couleur vert olive dans les tons pastel. Cet hôtel installé dans une belle demeure ancienne a de nombreuses qualités : son emplacement, son caractère et son bon rapport qualité-prix. Bon confort. Fait aussi resto : cuisine sarde soignée.

## Où dormir dans les environs ?

**Camping La Liccia :** *07028 Santa Teresa di Gallura. ☎ 0789-75-51-90. • info@campinglaliccia.com • campinglaliccia.com • Compter 17-26 €/j. pour 2 pers, voiture et emplacement pour la tente compris. Bungalows 37-100 €/j. pour 2 pers selon confort et saison. Ouv 12 mai-30 sept.* Voilà un vaste camping situé dans une belle pinède étendue qui descend jusqu'au bord de la mer. Emplacements ombragés pour les tentes, les camping-cars et les caravanes. Bien équipé. Belle plage bordée par un bois de pins et le maquis.

**Camping-village Saragosa :** *pineta di Vignola Mare, 07020* ***Aglientu.*** *☎ 079-602-077. • info@campingsaragosa.it • campingsaragosa.it • Compter 44-63 €/j. pour 2 pers, 1 voiture et emplacement avec électricité. Bungalows confortables et bien équipés 46-112 € selon confort et saison.* À l'ombre d'une pinède de 10 ha, en bordure d'une grande plage de sable. Un grand camping aux normes. Sanitaires et lave-linge, épicerie, restaurant-pizzeria, école de plongée, tennis...

**Agriturismo La Saltara :** *localita* ***Saltara,*** *07028 Santa Teresa di Gallura. ☎ 0789-75-55-97. 339-132-67-13. • info@agriturismosaltara.it • agriturismosaltara.it • Fermé d'oct à avr. Chambres 70-160 € selon saison pour 2 pers. Wifi. Au resto, apéritif maison ou digestif offert sur présentation de ce guide.* Très belle ferme-auberge dans les terres, tout près de la mer. « À la rencontre de la terre et de la mer », tel est le style de cette bonne adresse. On dort dans des bungalows en bois nichés dans un sous-bois de chênes verts, tous bien équipés et joliment décorés. Savoureuse et copieuse cuisine de la ferme avec des produits sains et naturels de la terre de Gallura. Excellent accueil.

## Où manger ? Où manger une pizza ?

Plusieurs cafés-restaurants avec terrasse sur la piazza San Vittorio. Très touristique, et souvent plein de monde en été.

**Azzurra :** *via dei Porto, 19. ☎ 0789-75-55-55. En saison, ouv tlj. Pizza env 8 € ; plats 9-15 €.* Un peu à l'écart du centre, dans une rue calme. On le remarque à sa terrasse et à salle intérieure peintes en blanc et bleu. Une bonne adresse où l'on sert de la cuisine sarde élaborée avec soin. Savoureuses pizzas. Accueil jovial et service diligent.

**Pizzeria Balajana :** *piazza Villa Marina. 348-813-84-72. • pizzeria.balajana@yahoo.it • Pizzas 8-12 €. Fermé en mars et nov. Apéritif maison sans alcool offert sur présentation de ce guide.* Les pizzas sont si copieuses qu'une pour 2 suffit largement. La carte affiche les plats habituels de la cuisine sarde traditionnelle de la Gallura avec la famille savoureuse des *antipasti* et des pâtes. On peut manger dans la salle ou en terrasse. Là encore, très bon accueil.

– On recommande aussi les restaurants ***Berimbau, Lungoni*** et ***Il Chiostro*** (au port), bien qu'ils ne soient pas dans le centre.

# Les plages à Santa Teresa et dans les environs

***Spiaggia di Rena Bianca :*** *dans la ville même de Santa Teresa, donc facilement accessible à pied.* Propre, protégée et bien entretenue, elle a reçu le label « Drapeau Bleu » d'Europe en 1987. Hélas, beaucoup trop de monde en été...

***Spiaggia Rena di Ponente :*** *à 3 km de la station en direction de capo Testa.* La plage (sable fin et eaux turquoise) est étendue le long d'un isthme étroit qui relie la terre ferme à la péninsule de capo Testa.

***Spiaggia dei Graniti :*** *à 3,7 km slt de la station balnéaire, en direction de capo Testa.* Il faut passer l'isthme, laisser à gauche la plage de Rena di Ponente, puis tourner à droite. Comme son nom l'indique, les rochers de granit autour de la plage sont souvent couverts de plantes méditerranéennes et de maquis.

**Capo Testa :** *à 5 km à l'ouest de Santa Teresa di Gallura.* Très belle route pour y aller, qui passe par les baies de Colba et de Santa Reparata. Ce cap rocheux est rattaché à la terre par une maigre bande de terre et de sable (plages). La côte abrite les restes des carrières où les Romains se procurèrent le granit pour la construction des colonnes du Panthéon à Rome.

**Spiaggia di cala Spinosa :** *à 5 km à l'ouest de la station de Santa Teresa di Gallura, au capo Testa.* La route se termine sur un parking près d'un phare. De là, emprunter un sentier qui descend à la plage, encastrée entre des blocs rocheux.

**Spiaggia di cala Francese :** *près de capo Testa.* Attention, le sentier qui y descend est raide. Petite et modeste plage entourée comme la cala Spinosa de gros rochers granitiques.

**Spiaggia di Santa Reparata :** *de Santa Teresa, direction capo Testa. Suivre la route sur 2 km et tourner à gauche. C'est indiqué.* Plage de sable et de rochers, entourée de quelques constructions assez disgracieuses.

**Spiaggia La Licciola :** *à env 12 km à l'est de Santa Teresa di Gallura, par la route de Palau (SS 133), puis prendre une route sur la gauche, c'est indiqué : « Village touristique de Valle dell'Erica ».* Le maquis sarde couvre les flancs d'une douce colline qui glisse vers deux plages de sable hérissées de rochers. Il y a un grand parking et on peut faire de la plongée.

**Porto Pozzo :** *à 13 km au sud de Santa Teresa di Gallura, sur la route de Palau.* Certains amateurs férus de mythologie grecque y ont vu le port des Lestrygons, cette farouche peuplade décrite par Homère dans l'*Odyssée* (chant 10) et qu'affronte Ulysse. Mais la topographie plate et ouverte de Porto Pozzo ne correspond pas du tout avec la description d'Homère, qui évoque « une double falaise à pic et sans coupure... » et deux caps allongés qui gardent l'entrée du port, en étranglant sa bouche... Il s'agirait plutôt de Bonifacio en Corse.

**Spiaggia La Marmorata :** *à env 8 km à l'est de Santa Teresa di Gallura. On y accède par la route de Palau (SS 133).* On passe par le village de La Ficaccia, puis continuer vers La Marmorata, qui se trouve à 1,4 km plus loin. Aller jusqu'au village touristique de La Marmorata, et prendre à droite un chemin qui mène à cette plage.

## D'autres plages sur la route de Castelsardo

**Spiaggia di Rena Majori :** *à env 8 km au sud de Santa Teresa di Gallura, la route SP 90 continue vers Castelsardo.* Hormis le village-vacances de Rena Majori moderne, verrue touristique dans le paysage de la Gallura, et quelques beaux campings nichés dans les sous-bois, il n'y a rien d'autre. Il s'agit d'une côte sauvage et naturelle, où d'immenses pinèdes forment une longue « ligne verte » en longeant le littoral et ses belles plages aux eaux turquoise, sur des dizaines de kilomètres. Au pied des collines couvertes de maquis sarde, voici une côte peu connue qui semble encore bien protégée des diables de l'urbanisme et des démons de l'immobilier. Ici, un seul parfum s'impose qui pourrait s'appeler : senteur de pin de la Gallura.

**Spiaggia di Rena di Matteu :** *en venant de Santa Teresa di Gallura par la route SP 90, à env 9 km, un panneau l'indique sur la droite. Accès à pied par un sentier.* Grande et belle plage de sable bordée par le maquis et les pins, dans le prolongement et dans le même style que Rena Majori.

**Spiaggia di cala Pischina et La Piana :** *situées autour de la pointe rocheuse de monte Russu, à env 12 km (cala Pischina) et 15 km (La Piana) au sud de Santa Teresa, par la route SP 90 qui longe le littoral en direction de Castelsardo.* Plage de sable et de rochers dans un paysage vierge de toute construction. On imagine à quoi pouvait ressembler la côte de la Sardaigne à l'époque de Garibaldi, avant que l'expression « promotion immobilière » existe...

***Spiaggia Lu Litarroni :*** *à 16 km env au sud de Santa Teresa di Gallura, et à 5 km env au nord de Vignola Mare. Sur la route principale SP 90, un panneau l'indique.* On y arrive à pied après avoir laissé son véhicule au parking. C'est une joie écologique de découvrir cette belle plage sauvage en sortant d'une vaste pinède ombragée et protégée.

***Spiaggia di Vignola :*** *c'est la plage principale de la station balnéaire de Vignola Mare, à 20 km au sud de Santa Teresa di Gallura.* Une tour ruinée monte la garde sur la petite pointe qui ferme la plage.

***Spiaggia di Li Cossi :*** *à env 13 km au sud de Vignola Mare, et à 34 km de Santa Teresa di Gallura, sur la route SP 90, en direction de Castelsardo, puis entrer dans le village en direction du port. En venant du nord et de Vignola Mare, prendre une route à droite, vers l'hôtel* Li Rosi Marini. Nous voici au cœur de la ***costa Paradiso.*** Un beau paradis fragile aujourd'hui à portée de tous ! Pour atteindre cette minuscule crique sauvage et rocailleuse, il faut laisser sa voiture au bout du chemin et continuer à pied. Un miroir d'eau turquoise dans un écrin de granit rose. De cet endroit préservé et intimiste, un sentier mène à la plage voisine de ***Tinnari,*** considérée comme une des plus belles de Sardaigne et à celle de ***Porto Leccio,*** la plus solitaire de cette côte.

# TEMPIO PAUSANIA (07029) 40 000 hab.

**Loin du tintamarre et de l'agitation de la costa Smeralda, au cœur des monts de la Gallura, Tempio Pausania semble regarder avec prudence le reste du monde. Au sommet de sa montagnette, cette petite ville solitaire, retranchée et fière de l'être, paraît plus sérieuse qu'orgueilleuse, à l'image de ses maisons de granit gris et de ses rues patinées par le temps. Entre un village du sud de la Corse et Tempio Pausania, la ressemblance est frappante, le cousinage évident. Animée par une vraie vie locale, la petite capitale administrative de la Gallura, austère et discrète, n'a rien à offrir de spectaculaire aux voyageurs sinon son authenticité et cet arrière-pays, couvert de forêts de chênes-lièges qui entourent comme une splendide écharpe verte les innombrables chaos granitiques éparpillés dans la campagne.**

## UN PEU D'HISTOIRE

D'où vient ce nom étrange : Tempio Pausania ? Le temple de Pausanias ? Non. On sait seulement que Pausanias, dit le Périégète, fut le plus grand voyageur de l'Antiquité grecque avec Hérodote. Il a beaucoup voyagé (en Grèce, Italie, Afrique et Asie) et écrit une *Description de la Grèce* en 10 livres, contenant une liste détaillée et précise des sites et itinéraires. Une sorte de *Guide du routard* antique ! Cet explorateur a-t-il exploré la Sardaigne et visité la Gallura où il aurait laissé une part de son nom ?
Une chose est sûre, Pausanias parle de la Sardaigne et de ses origines dans son *Livre X.* Il se fixa à Rome où il est mort vers l'an 180 apr. J.-C. Le mystère de la toponymie de cette ville demeure toujours entier. Fondée par les Romains au IIe s apr. J.-C., la colonie se développa ensuite du temps des Espagnols et de la maison de Savoie, pour devenir aujourd'hui un petit centre administratif et commercial, au cœur d'une région dépeuplée.

## Arriver – Quitter

➢ ***Par la route :*** Tempio Pausania se trouve à 70 km à l'est de Sassari, à 44 km à l'ouest d'Olbia et à environ une soixantaine au sud de Santa Teresa di Gallura. D'Olbia, suivre une très belle et sinueuse route de montagne qui passe par les villages de Tetti et de Calangianus. Une possibilité au départ de Santa Teresa di Gallura, la N 133 qui passe par Luogosanto. Mais notre route « coup de cœur » pour monter à Tempio reste celle qui part de Santa Teresa di Gallura. Elle longe d'abord la côte nord bordée de grandes et magnifiques pinèdes jusqu'à Vignola Mare, à 20 km au sud de Santa Teresa.
De cette petite station, tourner à gauche, et prendre une route (en très bon état) qui passe par Aglientu et grimpe jusqu'à Aggius et Tempio Pausania, traversant le maquis de la Gallura et les paysages dépeuplés de cet arrière-pays couvert de pins, d'oliviers, et surtout de forêts de chênes-lièges. Une route de rêve, en somme, qui débute dans le bleu turquoise de la mer éclatante et se termine dans le vert naturel des chênes et le gris-rose des chaos de granit aux formes étranges.
➢ ***À bord du Trenino verde :*** le charmant *Trenino verde* relie Palau (sur la côte) à Tempio Pausania 25 juin-5 sept. 2 départs/j. Durée : 1h45. Billet : env 12 €. Merveilleux voyage ferroviaire sur une voie étroite qui grimpe en sinuant entre les monts de la Gallura.

## Adresses utiles

**Ufficio del turismo :** *piazza Mercato, 3. ☎ 079-639-00-80. • commune.tempopausania.ss.it • Sur la place principale (mairie). Lun-ven 10h-13h, 16h-19h ; sam 10h-13h.* Doc et carte de la Gallura, infos sur les randonnées, les hébergements en *agriturismo,* les sites nuragiques... Personnel efficace et polyglotte.
■ **Pro Loco :** *piazza Gallura, 2. ☎ 079-631-273. Lun-ven 10h-13h, 16h-19h ; sam 10h-13h.* Association qui informe et aide les touristes dans leurs recherches. Bon accueil. Plein d'infos sur les randonnées dans la Gallura.
■ **Banco San Paolo :** *piazza Gallura, 2.* Une des banques du centre-ville. Distributeur automatique d'argent.
✉ **Ufficio postale :** *largo A. de Gasperi. Lun-ven 8h-18h50 ; sam 8h-13h15.*

## Où dormir ?

**Petit Hotel :** *largo A. de Gasperi, 9/11. ☎ 079-631-134. • petit-hotel@tiscali.it • petit-hotel.it • Doubles 60-95 €.* À l'entrée de la ville de Tempio, un petit hôtel, comme son nom l'indique, moderne mais à taille humaine, avec des chambres fonctionnelles et impeccables. Pour des nuits plus rustiques ou romantiques, dirigez-vous vers les fermes-auberges et optez pour la formule *agriturismo.*
**Agriturismo Il Muto di Gallura :** *localita Fraiga, 07020* ***Aggius.*** *☎ 079-620-559. • info@mutodigallura.com • mutodigallura.com • Double 96 €, avec petit déj. Repas env 30 €.* Au sommet d'une petite colline, dans un étrange et superbe paysage de gros chaos granitiques émergeant du maquis, voici la plus authentique ferme-auberge de la Gallura et sans doute du nord de la Sardaigne. Confortables et belles chambres, dans la maison principale ou dans des maisonnettes de pierre sous les arbres du jardin. Décoration sobre et rustique, chaleureuse. Repas copieux et savoureux, à base de produits de la ferme, sains et naturels. Accueil jovial.
**Agriturismo L'Agnata di De André :** *localita* ***Agnata.*** *☎ 079-671-384. • agnata@tiscali.it • agnata.it • Doubles env 70-90 €, petit déj inclus. Repas env 30 €.* Une merveille d'*agriturismo* au cœur de la Gallura ! Fabrizio de André, le propriétaire, a racheté une ruine dans les années 1960 qu'il a retapée pour la transformer en une superbe et chaleureuse maison d'hôtes, en pleine campagne. Entourée d'un jardin et bordée d'une superbe piscine, la maison couverte de plantes grimpantes abrite des chambres belles et confortables, arrangées avec soin. Vue sur le jardin et la campagne. Cuisine du terroir.

## Où manger ?

**Museum Ristorante Bar Gelateria :** *piazza Gallura, 27. ☎ 079-671-083. Sur la place centrale, près de la mairie et de l'office de tourisme. Tlj. Menu 15 €.* Agréable terrasse pour déjeuner ou salle intérieure pour déguster les pâtisseries de la maison. Sert aussi du vin au verre.

**Trattoria Gallurese :** *via Novara, 2. ☎ 079-639-30-12. Menu env 15 € ; repas 20-25 €. Congés : 15 j. en janv. Digestif offert sur présentation de ce guide.* On parle un peu le français dans ce petit restaurant discret et sans prétention. Il sert de la savoureuse cuisine de la Gallura comme ces escargots piquants *(lumache piccanti)* ou cet agneau à la galluraise *(pecora alla gallurese).*

## À voir

**Duomo :** construit au XVe s, comme l'attestent son portail et son clocher. En face se dresse l'oratoire du Rosario, décoré de motifs du roman tardif et du XVIIIe s.

– Installé dans les murs de l'ancien couvent des pères piaristes, le ***museo Bernardo De Muro*** expose des costumes de scène, des objets personnels et des documents relatifs à la vie du grand ténor Bernardo De Muro (1881-1955), originaire de Tempio.

## DANS LES ENVIRONS DE TEMPIO PAUSANIA

**Nuraghe Majori :** *à 2 km au nord de Tempio Pausania, par la SS 133. Accès indiqué par des panneaux. Tlj 9h-19h. Billet : 2,50 €.* Ce site nuragique se cache au cœur d'une forêt de chênes-lièges. Plus grand que les autres sites de la Gallura, il se compose de deux salles circulaires et d'une troisième, adjacente, accessible par une rampe. Jolie vue du sommet des ruines.

**Aggius :** *à 8 km à l'ouest de Tempio Pausania, par une bonne route asphaltée.* Ce gros bourg aux maisons de granit gris s'adosse au versant sud d'un chaos rocheux aux formes ciselées par la fantaisie du vent et de la pluie. À Aggius, vous avez sous les yeux un des plus beaux paysages de la Gallura intérieure. Bienvenue à Granit-ville ! Les Bretons aimeront ce lieu. Allez d'abord boire un verre *Chez Gege (via Roma, 84 ; ☎ 079-621-022 ; à droite dans la rue principale en venant de Tempio Pausania, non loin de l'église).* Ce bon bistrot de village sert des *panini,* du café *espresso* et du vin de Gallura. Après *Gege,* on peut aller visiter le petit *Museo etnografico Olivia Carta Cannas (via Monti di lizu, 6 ; ☎ 079-621-029 ; de mi-mai à mi-oct, tlj 10h-13h, 15h-20h30).* De beaux tapis (spécialité du village depuis 1900) et des métiers à tisser y sont exposés. Outre les tapis, les chants polyphoniques sardes ont rendu célèbre Aggius, comme Bitti dans la Barbagia.

### BOUCHONS CHINOIS

*Les bouteilles des nouveaux vins chinois sont souvent fermées avec des bouchons en liège de Sardaigne, et le liège vient de Gallura ! Un nouveau débouché qui s'ajoute au marché italien, déjà établi : 90 % des bouchons utilisés en Italie proviennent des forêts de chênes-lièges de la région de Tempio Pausania. Un chêne-liège pousse jusqu'à l'âge de 25-30 ans. On enlève de l'arbre une première couche de liège, poreuse et souple, sans valeur, puis on attend quelques années avant l'écorçage définitif. Quand un chêne-liège a été écorcé, c'est comme un mouton après la tonte... son tronc est à nu, montrant une couleur ocre qui tire sur le rouge.*

**Valle della Luna :** *à 3 km env au nord d'Aggius, en direction de Trinita d'Agultu.* Superbe vallée sauvage ponctuée de gros blocs de rochers granitiques, avec des oliviers et des chênes-lièges qui tapissent les versants des monts environnants. Belle promenade à pied ou à bicyclette.

**Monte Limbara :** *à 17 km au sud de Tempio Pausania.* La route sinueuse traverse de très beaux paysages typiques de la Gallura, avec des blocs de granit, des bois de pins et des forêts de chênes verts. Au sommet de cette montagne (1 359 m) se dresse une antenne des télécommunications. Le voyageur communique avec un somptueux paysage, récompensé de son effort par une vue extraordinaire sur la Gallura et le nord-est de l'île. Nombreuses randonnées possibles dans la région. Se renseigner auprès de l'office de tourisme de Tempio Pausania.

# PALAU

(07020) 4 000 hab.

**À 40 km au nord d'Olbia et 25 km de Santa Teresa di Gallura, au fond d'une baie abritée, Palau est le principal port d'embarquement vers l'archipel des îles de La Maddalena. Même s'il ressemble à une station balnéaire en raison du site exceptionnel, c'est d'abord un port actif et animé qui vit au rythme des allées et venues des bateaux pour les îles. Il n'y a pas grand-chose à voir ou à faire en ville et peu d'intérêt à y dormir. Quelques belles plages dans les environs.**

## Arriver – Quitter

### En bus

**Terminal des bus :** *le point de départ et d'arrivée des bus se trouve sur le port de Palau, d'où partent les bateaux pour les îles de La Maddalena.* On achète les billets à bord du bus.

➢ ***De/pour Olbia et Santa Teresa di Gallura :*** les bus *ARST* relient Olbia à Palau (durée : 1h15) à raison de 8 bus/j. en moyenne selon saison. Il y a aussi une liaison régulière Palau-Santa Teresa di Gallura. Durée : 1h.

➢ ***De/pour les sites balnéaires*** autour de Palau : en été slt, de mi-juin à mi-sept, les bus de la compagnie *Nicos-Caramelli* desservent les localités et les plages de ***Porto Pollo*** (7 km de Palau, site connu des véliplanchistes), ***capo d'Orso, Porto Corvo*** et ***isola dei Gabbiani.***

## Adresse utile

**Ufficio del turismo :** *palazzo Fresi, piazza Fresi. ☎ 0789-70-70-25. • palau.it • En saison, tlj 9h-13h, 16h30-19h30.* Accueillant et bien documenté. Cartes, plans, brochures sur la ville et ses environs, en particulier les îles de La Maddalena. Infos sur les hôtels, les clubs de plongée et les possibilités importantes d'excursions en mer sur des Zodiac ou des bateaux à moteur (voile et moteur).

## Où manger ?

**Black and White :** *via Nazionale, 40. ☎ 0789-70-83-63. Panini ou salade 4-5 €.* Pour manger sur le pouce, à prix très doux, voici l'adresse ! Il s'agit d'une *paninoteca,* c'est-à-dire d'une sandwicherie italienne. Une vingtaine de *panini,* tous différents, portant des noms évocateurs : Maradona, Zola, Casanova... Située dans la rue principale, dans un décor noir et blanc, c'est simple, propre, et accueillant. Fait aussi bar à vins.

**Ristorante da Robertino :** *via Nazionale, 20. ☎ 0789-70-96-10. À 400 m du port, dans la rue principale. Fév-15 nov. Repas 40-50 €.* Le meilleur restaurant de Palau. Les prix sont justifiés pour la qualité des plats servis comme ces spaghettis aux *tellines* ou à la langouste, et bien sûr ces poissons préparés selon l'inspiration du chef. Ici on élabore une cuisine de la mer, fine, fraîche et goûteuse. Bon service.

## À voir. À faire à Palau et dans les environs

**Spiaggia dell'Isolotto :** *étendue de sable et de rochers, à droite du port touristique de Palau.* Gros avantage, il y a une grande pinède derrière la plage.

**Capo d'Orso :** *à 2 km à l'ouest de Palau, par la route du littoral.* Déchiqueté et ciselé par la mer et les vents, le cap de l'Ours doit son nom à un grand rocher dont la silhouette évoque un ours...

**Spiaggia di cala Capra :** *à env 4 km de Palau par la route SP 123. Prendre la direction de l'hôtel* Capo d'Orso *(panneau indicateur), continuer tt droit sur env 700 m, la route s'arrête, on termine le chemin à pied.* Petite et modeste plage adossée à une sorte de village de vacances de tuiles rouges, noyé dans le maquis. Petit port tout mignon au bout de la plage de sable.

**Spiaggia Rada di Mezzoschifo :** *de Palau, prendre la direction ouest par la rue Nazionale. Faire 500 m env, tourner à droite dans la rue Sciumara, et continuer encore 800 m env jusqu'à un parking.* Petite plage de sable de forme curviligne, au bord d'un paysage peu construit.

**Spiaggia di Porto Rafael :** *à env 4 km au nord de Palau.* Petite plage intimiste encastrée dans une crique rocheuse, avec quelques belles villas dans le maquis et les buissons parfumés.

**Spiaggia di Porto Puddu (Porto Pollo) :** *à env 7 km au nord-ouest de Palau, en direction de Santa Maria di Gallura par la route SS 133. Après env 4,3 km, tourner à droite pour Porto Pollo. Continuer tt droit jusqu'au parking.* Plage équipée mais peu ombragée, car le vent y souffle si fort que les pauvres arbustes ont du mal à pousser... En revanche, les jeunes véliplanchistes s'en donnent à cœur joie, car la plage de Porto Pollo constitue un des grands spots de Sardaigne pour la planche à voile.

### ÊTRE DANS LE VENT SARDE

*Il y a six sortes de vents en Sardaigne. Il est bon de les connaître pour prévoir le temps qu'il va faire... Le grécale, frais même en été, souffle du nord-est. Le levant vient de l'est et apporte toujours de l'air frais et humide. Le mistral (nord-ouest) est fort et puissant tandis que le vent d'ouest apporte de la pluie. Le sirocco, venu du désert d'Afrique, est chaud et sec, et la tramontane (du nord) souffle le froid et le frais. Grâce à ces vents, de nombreuses courses de voiliers se déroulent chaque année au nord-est de la Sardaigne.*

## LES ÎLES DE LA MADDALENA (ARCIPELAGO DI LA MADDALENA)

(07020) 11 500 hab.

**À l'extrémité nord-est de l'île de Sardaigne, près des bouches de Bonifacio (Corse), les îles de La Maddalena constituent de magnifiques témoins rocheux sculptés et érodés par les vents, les derniers lambeaux de granit rose et de porphyre de ce qui unissait la Sardaigne et la Corse il y a des millions d'années. En se détachant l'une de l'autre, ces deux grandes îles ont laissé en pleine mer cet étrange émiettement géographique et géologique formant** ***l'arcipe-***

***lago di La Maddalena.* L'archipel est composé en effet d'une soixantaine d'îlots rocheux de toutes les tailles et de sept grandes îles. Parmi les plus importantes, isola Maddalena (la plus habitée, la plus visitée) et isola Caprera (maison et tombe de Garibaldi). Autrefois séparées par un bras de mer, elles sont aujourd'hui reliées par un pont qui permet de passer facilement en voiture d'une île à l'autre.**
**Déclaré parc national depuis 1996 sous le nom de *parco nazionale dell'arcipelago di La Maddalena,* l'archipel est protégé par des lois strictes destinées à limiter l'urbanisme sauvage et à sauvegarder la faune et la flore. Des cormorans huppés, des goélands, des puffins cendrés et des hirondelles de mer font leurs nids dans les anfractuosités des rochers aux formes découpées. Même si le tour de l'île principale (isola Maddalena) peut se faire facilement en voiture (environ 20 km), la meilleure façon de découvrir le reste de cet archipel reste la marche à pied ou, mieux encore, le bateau de location (excursions organisées au départ de Palau ou du port de La Maddalena).**

## UN PEU D'HISTOIRE

À l'époque romaine, ces îles s'appelaient les Cunnicularìae ou « îles du Lapin ». Au départ, il y avait un petit port de pêche au fond de la cala Gavetta. En 1770, le village devint une petite ville et reçut le titre de capitale de l'île de La Maddalena. Le site du détroit entre la Sardaigne et la Corse est depuis l'époque romaine un site hautement stratégique, à la limite des eaux territoriales de la France et de l'Italie. En 1793, Napoléon poursuivi par sa « bête noire », l'amiral anglais Nelson, essaya en vain de prendre La Maddalena. La ville fut bombardée, mais elle résista à l'envahisseur français. L'actuel musée Diocesano, attenant à la mairie *(municipio),* conserve une bombe française datant de cette tentative napoléonienne de conquête de la Sardaigne ainsi que des candélabres offerts à la population locale par l'amiral Nelson. C'est encore pour des raisons défensives et historiques qu'en 1887 l'archipel de La Maddalena tout entier fut transformé en base navale par les souverains de la maison de Savoie. Ils en firent une sorte de place forte maritime, un fer de lance dressé à la pointe nord de la Sardaigne, face à la Corse. Ces bons princes firent construire sur le plus haut sommet de l'île (la Guardia Vecchia) le fort de San Vittorio, qui abrite aujourd'hui un phare. En 1973, l'armée américaine installa dans l'archipel une base navale qui fonctionna pendant 35 ans, jusqu'à sa fermeture en janvier 2008. L'US Navy partie, il reste toujours sur l'île le quartier général de la marine régionale (italienne) de Sardaigne.

## Arriver – Quitter

Les îles de La Maddalena ne sont accessibles que par bateau (ferry) au départ du port de Palau situé à 40 km au nord d'Olbia par la route SS 125, et à 25 km au sud-est de Santa Teresa di Gallura.

### En bateau

➢ ***De/pour La Maddalena :*** 3 compagnies de ferries assurent le transport des passagers et des voitures, entre le port de Palau et La Maddalena, dans les 2 sens. Durée de la traversée : 20 mn. Billet aller-retour : env 30-35 €/pers (véhicule inclus). Elles proposent à peu près les mêmes services et tarifs.

■ ***Delcomar :*** ☎ 0789-73-90-88. • delcomar.it • Assure la liaison tlj, ttes les heures 8h15-minuit, plus 4 bateaux dans la nuit. Dans le sens La Maddalena-Palau, même fréquence 8h45-5h30.

■ ***EnerMar :*** ☎ 0789-70-84-84. • enermar.it • Départs ttes les 30 mn 6h15-23h45. Dans le sens La Maddalena-Palau, bateaux 5h45-23h.

■ ***Saremar :*** ☎ 892-123.

## Adresses utiles

ℹ ***Ufficio informazioni turistiche La Maddalena*** *(office de tourisme) :* piazza

*Barone des Geneys, 07024 La Maddalena. ☎ 0789-73-63-21. • turismo@comunelamaddalena.it • comune.lamaddalena.ot.it • Lun-ven 9h-13h, plus l'ap-m lun et mer.*

■ ***Ente Parco Arcipelago di La Maddalena*** *(parc national de l'archipel de La Maddalena)* **:** *via Giulio Cesare, 7. ☎ 0789-79-02-11. • info@lamaddalenapark.org • lamaddalenapark.it • Lun-ven 10h-12h, 16h-17h.* Ce bureau délivre s'il le faut les permis spéciaux de pêche, de navigation de plaisance et de plongée.

✉ ***Ufficio postale :*** *piazza Umberto I. ☎ 0789-79-09-00.*

■ ***Banco di Sassari :*** *via XX Settembre, 34.* Plusieurs autres banques dans le centre, équipées de distributeurs de billets.

## Où dormir ? Où manger ?

### Bon marché

⛺ ***Villagio Camping Maddalena :*** *località* ***Moneta,*** *via G. Mary. ☎ 0789-72-80-51. • info@campingmaddalena.it • campingmaddalena.it • Le camping se trouve à env 2,5 km à l'est de la ville de La Maddalena. Prendre la direction de l'île Caprera et tourner à gauche à la hauteur du village de Moneta. Continuer vers la cala Peticchia, anse abritée où l'on peut se baigner. Juin-sept. Compter 22-30 €/j. pour 2 pers. Bungalows 60-80 €/j. selon saison.* Sur une butte calme et agréable avec quelques arbres qui donnent de l'ombre, équipements et sanitaires corrects.

### Prix moyens

🏠 ***B & B Petite Maison :*** *via Livenza, 7. ☎ 0789-73-84-32. 📱 340-646-37-22. • petitmaison.net • Tte l'année. Congés : janv-fév. Doubles 70-110 € selon saison, petit déj inclus.* Voici une jolie maison dans un jardin fleuri et calme. Accueil aimable des propriétaires, Lin qui pratique la peinture, et Miriam, une ex-danseuse d'origine néerlandaise. Décoration intérieure raffinée et personnalisée : peintures de Lin, belles couleurs chaudes, vieux meubles peints, nombreux détails de style. Copieux et délicieux petit déjeuner.

🏠 ***B & B Margherita :*** *via R. Margherita, vic A n. 3. 📱 329-612-98-42. • bed-and-breakfast.it • Doubles 30-100 € selon saison, petit déj inclus.* Dans la vieille ville de La Maddalena, 3 chambres agréables, claires et bien arrangées. Terrasse panoramique sur le toit, pour profiter du soleil. Accueil jovial.

🏠 ***Hotel Delle Isole :*** *via Principe Amadeo, 19, 07024 La Maddalena. ☎ 0789-73-70-80. • info@hoteldelleisole.it • hoteldelleisole.it • Congés en nov. Doubles 75-155 € selon saison. Remise de 10 % sur le prix de la chambre en basse saison sur présentation de ce guide.* Non loin du centre-ville, entouré de végétation, un petit hôtel avec des chambres confortables et claires. Les plus chères ont une vue plus dégagée (sur la mer ou sur les collines à l'arrière). Bar très agréable sur une terrasse lumineuse.

🍽 🍕 ***Ristorante Perla Blu :*** *piazza Barone des Geneys, porto di cala Gavetta, 07024 La Maddalena. ☎ 0789-73-53-73. Tlj en saison jusqu'à 22h30 et souvent plus tard. Fermé en janv et fév. Menus 18-30 €. Digestif offert sur présentation de ce guide.* Spécialités sardes de la Gallura, et pizzas copieuses. De la terrasse, jolie vue sur le port.

🍽 🍷 ***Ristorante-Bar Garibaldi :*** *piazza Garibaldi, 8/9. ☎ 0789-73-70-03. • ristorantegrancaffegaribaldi.com • Tlj jusqu'à minuit. Compter 15-20 €.* Cette grande brasserie est le plus vieil établissement de la ville. Sa terrasse donne sur la place de la mairie, toujours animée et très agréable. On y sert à boire et à manger (plats sardes traditionnels à prix doux).

## À voir

🚶 ***Museo Diocesano :*** *via Baron Manno. Situé derrière la chiesa Santa Maria Maddalena. Mai-sept, mar-dim 10h-12h30, 15h30-20h ; oct-avr, 10h-12h, 15h-19h. Entrée : 2 €.* Collection d'objets religieux.

## LES ÎLES DE LA MADDALENA

**Museo archeologico navale Nino Lamboglia :** localita **Mongiardino.** ☎ 078-979-06-33. *Ouv sur rdv slt 9h30-12h30, 15h30-18h30. Entrée gratuite.* Menacé de fermeture par les restrictions budgétaires berlusconiennes... Il abrite des vestiges trouvés lors de fouilles sous-marines dans l'archipel de La Maddalena. Parmi les trésors découverts au fond de la mer, on peut admirer le chargement d'un bateau romain qui fit naufrage près de l'île de Spargi, vers 120 av. J.-C. Amphores, céramiques à usage domestique, colliers, etc. Le bateau a été reconstitué à l'identique.

**Isola Caprera :** une merveille naturelle reliée à l'île principale de La Maddalena par un pont de 600 m. Par sa surface (près de 16 km$^2$), Caprera est la deuxième plus grande des îles de l'archipel, c'est aussi la plus belle, la plus renommée. Il s'agit d'une sorte de grande galette de falaises et de rochers, couverte de pinèdes et de maquis sarde (myrtes, lentisques, arbousiers), avec des côtes très découpées, formant une bordure irrégulière de plages de sable et de pointes rocheuses. Vers le nord-est de l'île, une grosse falaise tombe dans la mer, tandis qu'ailleurs les collines déclinent doucement vers le littoral inhabité. Une petite route asphaltée la traverse du nord au sud, qui se ramifie par endroits en chemins et sentiers menant vers les plages et les anses secrètes de la côte, la mieux cachée de toutes étant la *cala Coticcio*... très difficile d'accès.

*** ***Compendio Garibaldino di Caprera*** *(maison et tombeau de Garibaldi)* **:** *sur l'île de Caprera. L'accès est très bien indiqué, impossible de se tromper. • compendiogaribaldino.it • Tlj sf lun 9h-20h. Billet : 5 € ; réduc ; gratuit pour les plus de 65 ans et les moins de 18 ans. Visite guidée en italien. Brochure en français. Grand parking à l'entrée près du bar qui vend quelques souvenirs. La billetterie est située dans une maisonnette près de la maison principale.*
C'est dans ce merveilleux paysage de Sardaigne que Garibaldi, héros de l'indépendance italienne, passa les 25 dernières années, après avoir dirigé en Europe et en Amérique du Sud ses nombreuses batailles pour la liberté. En passant par la cour intérieure du domaine, on peut voir un pin vieux de 143 ans qui fut planté lors de la naissance de Clelia, un des huit enfants que Garibaldi eut de ses trois femmes successives. Le visiteur admire d'abord l'écurie du maître abritant la pierre tombale de Marsala, le cheval auquel Garibaldi était resté très attaché. La maison principale (la casa Blanca), richement meublée, est remplie par les souvenirs de Garibaldi. Tableaux, peintures, dessins, lettres, documents et meubles d'époque, objets lui ayant appartenu, tout est fait ici pour garder la mémoire vive de cet homme d'exception comme sa chemise rouge, ses lunettes ou ce drapeau de la guerre d'Indépendance du Pérou à laquelle il participa. On visite aussi les chambres de ses enfants Manlio et Clelia, la cuisine, la salle de séjour, le bureau. Remarquez les disques en carton de l'époque et le petit orgue à manivelle, preuve que Garibaldi aimait la musique.
Garibaldi s'était réfugié sur l'île de Caprera en 1849, après la chute de la République romaine. En 1855, suite à la mort de sa femme Anita, il acheta une partie de l'île et s'y installa définitivement en 1857 jusqu'à la fin de sa vie. Sa santé déclina (arthrite), et il passa ses dernières années dans un fauteuil roulant inclinable offert par la ville de Milan. Garibaldi y est mort le 2 juin 1882. La chambre mortuaire du grand homme abrite encore son lit, près d'une fenêtre orientée vers le nord, en direction de Nice, où il était né le 4 juillet 1807 dans une famille de marins...
Tout près de la maison, un sentier ombragé par des pins conduit au charmant petit ***cimitero familiare*** *(cimetière familial)* qui compte sept tombes. La ***tomba de Garibaldi*** est une sorte de sarcophage en granit brut ne portant ni croix ni symbole religieux, car il était anticlérical et franc-maçon. Le « héros des deux mondes » qui s'était battu en Europe et en Amérique du Sud avait demandé à être incinéré mais, à cette époque, la crémation était illégale en Italie. Son corps fut embaumé avant d'être placé dans ce tombeau en granit. Les autres tombes à côté sont celles de sa femme Francesca et de cinq de ses enfants, dont Clelia, Rosa, Manlio. Attenant au cimetière, un hangar abrite deux bateaux dont celui qui fut offert à Garibaldi en 1860 par la Marine sarde. C'est à bord qu'il se rendait à La Maddalena depuis Caprera, car à l'époque le pont n'existait pas.
Aujourd'hui, le conservateur du domaine n'est autre que le descendant direct de Garibaldi. Comme lui, il s'appelle Giuseppe Garibaldi, mais il n'est pas impliqué dans la politique. C'est un homme d'affaires actif dans le pétrole et les hydrocarbures. Il est la seule personne autorisée par l'État italien à résider une partie de l'année sur le site.

## GARIBALDI ET LA FRANCE

*Pendant la guerre franco-allemande de 1870, Gambetta appelle à l'aide Garibaldi. Âgé de 63 ans, le héros de l'indépendance italienne accepte et quitte son refuge de Caprera pour s'engager aux côtés de la France. À la tête d'un bataillon de 10 000 tirailleurs français de l'armée des Vosges, aidé de ses deux fils Ricciotti et Menotti, Garibaldi se bat comme un diable en Bourgogne et remporte une belle victoire à Dijon. La guerre finie, il devient député français de la Côte-d'Or sans avoir été candidat ! Mais il est vite rattrapé par son prestige. Le 24 mars 1871, alors qu'il se repose sur l'île de Caprera, les insurgés de la Commune de Paris lui demandent de prendre la tête de leur mouvement ; mais le héros, trop fatigué, décline leur offre.*

# Les plages

## Isola Maddalena

**Spiaggia Spalmatore :** *de La Maddalena, direction le nord de l'île, par la route côtière SP 91. Compter env 5 km avt d'arriver sur cette plage au pied d'un rebord rocheux planté de maquis et de buissons.* Sable et petits rochers, en contrebas d'une colline qui s'appelle Guardia del Turco (la « garde du Turc »...).

**Spiaggia di cala Lunga :** *à env 2 km au nord de la plage Spalmatore, par la route SP 91. Suivre le panneau qui indique à droite « Porto Massimo ».* C'est en effet un petit port bien abrité au pied d'une pointe rocheuse. La plage se trouve près du port.

**Spiaggia monte di Rena :** *toujours par la route SP 91, en direction de l'ouest, près de 1,6 km après cala Lunga. Un panneau l'indique sur la droite. Parking.* Plage de sable de taille modeste mais agréable.

**Spiaggia Bassa Trinita (Baia Trinita) :** *sur la côte ouest de l'isola Maddalena. À 2 km env au sud de monte di Rena, quand on vient de cette plage.* Les collines rocheuses couvertes de maquis descendent jusqu'à cette petite plage de sable où la nature a éparpillé quelques gros rochers granitiques.

## Isola Caprera

**Spiaggia di cala Portese :** *du port de La Maddelena, juste après le pont qui accède à l'île de Caprera, tourner à droite en direction de Stagnali. Faire 2 km sur la route vers punta Rossa.* On atteint cette plage située au bord de l'isthme « dei Due Mari » (isthme « des Deux Mers »). Sable fin et eaux turquoise.

**Spiaggia del Relitto :** *continuer env 800 m après cala Portese. Quand on voit un vieux bâtiment, tourner à gauche.* Cette plage de sable blanc et fin compte parmi les plus belles de la côte est de Caprera. En forme de croissant de lune, elle conserve les restes ensablés d'un navire échoué qui transportait autrefois du charbon. Un peu plus loin que cette plage del Relitto, un sentier mène à la plage de cala Andreanna aux eaux transparentes.

## LES AUTRES ÎLES DE L'ARCHIPEL

**Isola Santo Stefano :** *le ferry de Palau la longe en allant vers La Maddalena.* Elle est connue pour sa plage del Pesce qui abrite un village de vacances. Construite au XVIII^e^ s dans un but militaire et stratégique, la forteresse Santo Stefano, également appelée « fort Napoléon », domine l'île.

**Isola Spargi :** *à l'ouest de La Maddalena. Accessible slt en bateau.* À peine 2 km de large. Cette île inhabitée, rocheuse et découpée, cache quelques belles criques dont la cala Corsara où un navire romain fit naufrage vers 120 av. J.-C., comme le prouvent les pièces romaines retrouvées dans le fond de la mer, aujourd'hui exposées au Musée naval de La Maddalena. D'autres criques sauvages et désertes abritant de ravissantes petites plages : cala Soraia, cala Granara, cala Conneri (quel nom flatteur !).

**Isola Budelli :** le cinéaste Antonioni y tourna en 1964 des scènes de son film *Deserto Rosso,* ce qui rendit célèbre la plage rose *(spiaggia Rosa),* aujourd'hui sévèrement protégée en raison de son environnement exceptionnel. Il est interdit de se baigner sur cette plage, de se promener, ou même de marcher sur son sable rose dont la particularité est d'être composé de nombreux morceaux de corail, de fragments de coquillages, d'éclats de roche granitique. Les bateaux ne peuvent pas s'en approcher et ont interdiction d'y jeter l'ancre. On peut se baigner aux alentours, dans les criques de cala Piatto et cala Cisternone, et y pratiquer la plongée dans des eaux transparentes de couleur bleu turquoise. Des cactus poussent sur les rivages de l'île, accentuant son aspect désertique.

**_Isola Razzoli :_** *une autre île sauvage et inhabitée de l'archipel, entre l'île de Budelli et Santa Maria. Accessible slt par la mer, comme ses voisines.* La côte très découpée dévoile quelques belles criques comme cala Lunga, cala Cappello et cala Occidentale, délicieuse et isolée. On est arrivé au bout du monde !

# LA CÔTE NORD-EST

## LA COSTA SMERALDA

Au nord-est de la Sardaigne, la costa Smeralda représente un tout petit tronçon du littoral sarde, étiré entre le golfe di Cugnana (à 17 km au nord d'Olbia) jusqu'au golfo di Arzachena. Soit une soixantaine de kilomètres en tout. Ce n'est presque rien en termes géographiques, mais c'est énorme sur le plan économique. Petit morceau sur la carte, grande influence dans les têtes ! Dans la presse people, la Sardaigne est connue comme un lieu à la mode, grâce à cette côte « médiatique » et aux deux villages-marinas fréquentés par la jet-set : Porto Cervo et Porto Rotondo. Trop souvent, et à tort, on assimile l'île à cette minuscule enclave devenue le rendez-vous des têtes couronnées, des milliardaires et des stars du show-biz. Trompeuse illusion ! La costa Smeralda est une incroyable machine à faire de l'argent, mais elle est réservée à une élite fortunée, pas aux routards. Beaucoup trop chère, pas vraiment accueillante et résolument artificielle, c'est l'anti-*Guide du routard* par excellence !

À dire vrai, devant pareil amoncellement de richesses, de luxe et d'argent, elle devrait plutôt s'appeler la costa del Oro. Porto Cervo en est la capitale, le cœur, le moteur, la vitrine étincelante et parfois irréelle. À une trentaine de kilomètres au sud, Porto Rotondo, sa sœur jumelle, est à ranger aussi dans la rubrique « bling-bling, dorures et paillettes ». L'argent y est roi. Magnats de la finance et de la mode, nouveaux riches russes, *beautiful people,* mannequins et acteurs, c'est tout le *who's who* des célébrités qui s'y retrouve en été, suivis et guettés par des paparazzis... À cette liste s'ajoutent les personnalités du monde politique, dont Silvio Berlusconi qui possède une somptueuse villa à Porto Rotondo.

La costa Smeralda se trouve bel et bien en Sardaigne, mais cette excroissance dorée du littoral reste inaccessible au commun des mortels. Elle semble parfois appartenir à un autre continent détaché des réalités terrestres... Beaucoup admettent que cette côte est devenue la « plus puissante pompe à fric » de l'île, qu'elle est un moteur pour l'économie locale mais le cœur n'y est pas, car cette richesse manque souvent d'âme. Une majorité des Sardes ne s'y reconnaissent pas, s'y sentent des étrangers, et préfèrent se détourner de l'arrogance de ce monde artificiel. Pour eux, la costa Smeralda n'est pas la Sardaigne.

### UN PEU D'HISTOIRE

Au début des années 1960, les plages de cette côte nord-est étaient habitées uniquement par des troupeaux de moutons, des vaches et des moustiques. En 1961, un jeune homme ambitieux diplômé de Harvard, le prince Karim Aga Khan (né en 1936), n'a que 25 ans mais il est déjà milliardaire. Héritier du sultan Mohamed Shah, chef

spirituel de l'obédience chiite des Ismaéliens (ils sont environ 10 millions dans le monde), l'Aga Khan descend curieusement du prophète Mahomet et du roi de France Saint Louis... Il cherche alors un pied-à-terre méditerranéen, non pas pour prophétiser ni rendre la justice sous un chêne, mais afin de pratiquer sa passion du yachting. On lui avait parlé de la Gallura, au nord de la Sardaigne. Pour l'équivalent de 18 000 € d'aujourd'hui, il se retrouve propriétaire de 3 000 ha de littoral.
Le comble, il achète sans avoir vu les lieux. Il nomme alors son morceau de territoire sarde « costa Smeralda » (« côte d'émeraude »), en raison de la limpidité remarquable des eaux et de la couleur vert-bleu turquoise de la mer. Il fonde la société immobilière *Consorzio Costa Smeralda,* et s'associe à un groupe d'investisseurs. L'aventure commence. Des hôtels de luxe et des résidences de grand standing sortent de terre sous l'œil incrédule des bergers. Certains font fortune en vendant leurs parcelles. Porto Cervo est née. C'est un succès financier. La jet-set, le gotha et les têtes couronnées y débarquent en vacances. De riches Italiens et Européens suivent le mouvement. L'année suivante, en 1962, les mêmes promoteurs créent Porto Rotondo, luxueux port de plaisance à l'image des plus beaux ports de la Côte d'Azur.
Les très riches ont parfois très bon goût. Pour éviter une urbanisation sauvage du littoral, à Porto Cervo comme à Porto Rotondo, les constructeurs ont fait appel à des architectes et designers de talent. Des règles strictes prévoyaient que les câbles électriques soient enterrés et les publicités bannies du paysage. Des matériaux traditionnels ont été choisis, par souci d'intégration dans le paysage sarde : pierre locale, galets, tuiles romaines et brique. Pas de hautes constructions, ni de bétonnage anarchique comme aux Baléares, le littoral de la costa Smeralda n'est pas défiguré, il est bien construit.

## PORTO CERVO (07020)

**Rendez-vous préféré de la jet-set européenne, excroissance italienne de Saint-Tropez, Porto Cervo, à 40 km au nord-est d'Olbia, est la station balnéaire la plus « chic et choc » de la Méditerranée, devant Marbella en Espagne. Tout a commencé en 1962, quand le consortium du prince Karim Aga Khan IV demanda à l'architecte italien Luigi Vietti de concevoir un village-marina de style néoméditerranéen avec des maisons et des résidences aux formes douces et arrondies, des murs tantôt blanchis à la chaux, tantôt couleur terre de Sienne, des balcons ensoleillés, des portiques et des terrasses carrelées et colorées, enfouies dans les buissons de bougainvillées, lentisques et myrtes...**
**Un port fut aménagé dans une baie bien abritée qui accueille toujours les plus beaux yachts du monde, dont certains ont même une plate-forme pour leur hélicoptère privé. Les tarifs de l'hôtellerie et de la restauration sont à l'image de la station et des hélicoptères : ils décollent vite. Ainsi, on peut payer 12 € un café en terrasse en plein mois d'août. Les pizzas atteignent 25 €, un repas moyen coûte 40 à 50 €. Le luxe ignore la crise économique : ici, le mot « crise » est presque grossier... Les chambres d'hôtel affichent des prix astronomiques. À l'hôtel *Cala di Volpe,* par exemple, une chambre double coûte de 1 025 à 2 690 € la nuit selon la saison. Il fut dessiné en 1963 par l'architecte français Jacques Couëlle, inspiré par le style des villages de pêcheurs. Aujourd'hui, ce luxueux établissement a été repris par Tom Barrack, un milliardaire américain de l'immobilier. Il reçoit toujours les têtes couronnées et le gotha du monde entier.**
**À Porto Cervo, la vie nocturne est aussi intense que la vie diurne, comme le prouvent les tarifs de stationnement dans les parkings, plus élevés la nuit que**

le jour ! La nuit, tous les chats sont gris dit-on, mais à Porto Cervo ils brillent et étincellent ! N'importe qui n'entre pas au *Billionaire,* la discothèque la plus folle et la plus branchée de la costa Smeralda. Son propriétaire, le sémillant homme d'affaires Flavio Briatore, ex-patron de l'écurie Renault de Formule 1, est un Don Juan réputé pour ses multiples conquêtes féminines. Flavio a donné ses ordres, il ne laisse passer que les visiteurs riches et célèbres. On y croise parfois Paris Hilton, Naomi Campbell et bien d'autres étoiles de la mode et du show-biz...



## PORTO ROTONDO

(07026)

À une quinzaine de kilomètres au nord d'Olbia, et une trentaine au sud de Porto Cervo, Porto Rotondo a jailli de terre en 1963, sous l'impulsion du consortium immobilier de l'Aga Khan. Rien n'a été laissé au hasard. Tout a été soigneusement planifié. Les architectes ont voulu respecter le site exceptionnel, décidant de ne construire que des bâtiments bas et de n'utiliser que des végétaux locaux. Pins, peupliers et eucalyptus furent bannis car ils n'auraient pas pu se mêler aux arbousiers, myrtes, lentisques, lauriers-roses et mimosas. À cet endroit de la carte, la côte rocheuse, très découpée et ciselée, alterne les criques et les plages aux eaux turquoise, nichées entre les pointes couvertes de maquis. Le site est particulièrement beau, mais fragile. L'urbanisme de ces 30 dernières années a bouleversé le paysage sarde sans toutefois le défigurer. Comme à Porto Cervo, de nombreux hôtels 5 étoiles et une ribambelle de luxueuses villas se cachent sur les douces collines, derrière de hauts murs de pierre, couverts de bougainvillées, loin des regards indiscrets.

Comme à Porto Cervo, ce grand complexe touristique et portuaire attire une clientèle huppée qui profite de la proximité des plages, des grandes marques à la mode et de l'animation nocturne. Le quai de Porto Rotondo et la piazetta San Marco sont bordés de boutiques de mode et de haute couture. Les stylistes les plus célèbres y ont pignon sur rue : *Prada, Gucci, Armani, Versace...* Les prix très élevés des hôtels et des restaurants dissuadent les voyageurs et vacanciers à petit budget. Le tourisme de masse n'y est pas bienvenu. Ici aussi l'argent est roi. La saison touristique, très courte, commence vers la mi-juin et se termine à la mi-septembre. En juillet et août, on se bouscule dans les rues et sur les quais de la marina pour admirer les somptueux yachts. Le reste de l'année, Porto Rotondo est très calme, quasi déserte... Sauf quand l'immarcescible (synonyme : qui ne vieillit pas, qui ne se flétrit pas...) Berlusconi débarque avec sa horde d'admiratrices (voir encadré)...

### BERLUSCOLAND

*En décembre 2007, une cinquantaine de jeunes femmes, pour la plupart issues du monde du show-biz, ont été convoyées par charter* (Love plane) *vers Porto Rotondo pour animer le réveillon de Berlusconi. La fête s'est déroulée dans la villa Certosa, une luxueuse résidence au bord de la mer, entourée d'un parc de 100 ha. Cette maison est à Berlusconi ce que Neverland était à Michael Jackson. Elle abrite des thermes, un amphithéâtre en plein air, un lac avec 1 200 palmiers, un jardin de 2 500 cactus, un faux volcan, un « potager de santé », une cascade canadienne, et même une pizzeria et un glacier.*

## Les plages

**Spiaggia Marinella :** *depuis Olbia, suivre sur env 7 km la route SS 125 en direction de Palau (nord de la Gallura). Au panneau indiquant « Golfo di Marinella » sur la droite, continuer sur la route SP 16, env 8 km.* Elle était autrefois sauvage et vierge, aujourd'hui c'est une plage de sable, urbanisée sur une bonne partie de sa longueur.

**Spiaggia Liscia Ruja :** *d'Olbia, direction Porto Cervo. Une fois sur la route SP 94, faire 8 km et tourner à droite pour cala di Volpe-Capriccioli (endroit réputé pour le luxueux hôtel du même nom). Suivre cette route SP 160. La route asphaltée s'arrête et un chemin de terre mène après 2 km à la spiaggia Liscia Ruja, de sable fin. Parking payant.*

**Spiaggia Capriccioli :** *voisine de la plage Liscia Ruja.*

**Spiaggie di Pevero et de cala Granu :** *ces 2 plages de sable sont proches de Porto Cervo. Pevero se trouve dans une petite baie à 2 km au sud de Porto Cervo en allant vers Abbiadori. Pour aller à cala Granu (à 2 km env au nord de Porto Cervo), rejoindre Liscia di Vacca, puis tourner à droite vers capo Ferro. C'est indiqué.*

## DANS LES ENVIRONS DE PORTO ROTONDO

**Arzachena :** *à 20 km à l'ouest de Porto Cervo, sur la route de Santa Teresa di Gallura.* Une petite ville perchée au sommet d'une colline d'où l'on a une jolie vue sur la région. Rien à signaler, sauf deux beaux sites nuragiques dans les environs.

**Tomba dei Giganti di Lu Coddhu Vecchiu** (tombeau des Géants) **:** *d'Arzachena, route SS 427 vers Sant'Antonio di Gallura. Après 3 km, tourner à droite vers Luogosanto. Continuer sur 2 km env. Puis à gauche vers Capichera. La route s'arrête à quelques centaines de mètres plus loin et un sentier mène au site.* C'est probablement un des plus beaux sites nuragiques de l'île. Il renferme une des plus anciennes allées couvertes de Sardaigne (tombe datée de 1800-1600 av. J.-C.). C'est un tombeau-galerie. Un menhir haut de 4 m domine la structure sous laquelle se glisse un couloir de 13 m de long.

**Tomba dei Giganti di Li Loighi :** *d'Arzachena, suivre la route SS 125, en direction du nord-ouest, puis la petite route SP 115 vers Bassacutena. Après 5,5 km, tourner à gauche. 2 km plus loin se trouve la tombe.* À l'origine, ce site était recouvert par un tumulus de terre et de pierrailles. La tombe, datée de 1800-1600 av. J.-C., retient l'attention par ses dimensions : 27 m de long.

### Où dormir ? Où manger dans l'arrière-pays ?

**B & B Lu Pastruccialeddu :** *07021 Arzachena. ☎ 0789-81-777. • info@pastruccialeddu.com • pastruccialeddu.com • À moins de 2 km du centre d'Arzachena. Chambres 75-120 € selon saison, avec petit déj. Internet.* Parmi des bouquets d'oliviers et de chênes, des buissons de myrtes, de pistachiers et d'arbousiers, une ancienne ferme avec une grande maison rustique, tout en pierre du pays, avec autour un jardin équipé d'une délicieuse piscine. Propriétaires charmants et accueillants qui parlent le français et l'anglais. Chambres impeccables et bien arrangées. Petit déj copieux. Notre coup de cœur dans l'arrière-pays de la costa Smeralda.

**Hotel Turismo Rurale Monti Tundu :** *localita* ***Casagliana,*** *route SS 125, Olbia-Arzachena-Palau. ☎ 0789-61-30-72. • info@montitundu.it • montitundu.it • Chambres 70-120 € selon saison, petit déj inclus. Repas env 30 €.* Cette grande ferme isolée et tranquille, avec des chambres propres et confortables (elles donnent sur le jardin et le maquis), fait aussi restaurant. À la table d'hôtes, l'heureux et généreux cuisinier sert une cuisine paysanne savoureuse et copieuse. Charcuterie, olives, fromages, fruits, miel, vins et liqueurs : tout est local et authentique, comme l'accueil.

**Agriturismo Muru Alvata :** *à San Pantaleo. ☎ 0789-65-412. • pietroscampuddu@live.it • agriturismomurualvata.com • À 1 km au sud de San Pantaleo, sur la gauche en direction d'Olbia. Double 60 €. Repas 20-30 €.* Cachée au sommet d'une butte rocheuse qui domine toute la région, cette ferme-auberge loue aussi des chambres bien arrangées dans un bâtiment séparé de la maison principale (à 5 mn à pied). La décoration soignée et sobre, la vue depuis le balcon, le calme et les prix raisonnables en font une très bonne adresse pour ceux qui veulent être à la campagne sans être trop loin des stations de Porto Cervo et Porto Rotondo. Bon accueil paysan. Cuisine du terroir, copieuse, à base de produits de la ferme.



## LA CÔTE EST ENTRE OLBIA ET DORGALI (SUPRAMONTE)

**Spiaggia di capo Coda di Cavallo :** *à 25 km au sud-est d'Olbia par la route SS 125. Quitter cette grande route 10 km avt San Teodoro et prendre à gauche la route du capo Coda di Cavallo. La route goudronnée s'arrête après le Villaggio Est capo Coda Cavallo. Il faut marcher sur une piste qui descend jusqu'à la plage.*

**Spiaggia Brandinchi :** *à env 4 km à l'ouest de la plage de capo Coda Cavallo et à une douzaine de km au nord de San Teodoro, direction Olbia, par la route SS 125. Le chemin de terre se termine à un parking, comme c'est souvent le cas.* La transparence des eaux et leur couleur turquoise lui ont valu le surnom de « Tahiti Beach ». La silhouette de l'île de Tavolara, magnifique masse rocheuse émergeant des flots, évoque plus ou moins un îlot polynésien. Au sud de l'anse de Brandinchi, on peut se mettre à l'ombre d'une vaste pinède, ce qui n'est pas un luxe en été...

**Spiaggia La Cinta :** *à 2 km au nord de San Teodoro.* C'est sans doute la plus curieuse plage de la région de San Teodoro. Elle forme un long arc de cercle évasé, mince bande de terre et de sable étirée entre la mer et une importante zone humide fréquentée par les oiseaux migrateurs.

**San Teodoro :** *à une trentaine de km au sud d'Olbia, dans un secteur appelé historiquement « Les Baronnies ».* Une station balnéaire étendue sur une côte où l'industrie touristique a transformé le paysage, sans toutefois le défigurer. Liste interminable d'hôtels et de restaurants à tous les prix. « C'est étrange comme ce littoral échappe à notre monde actuel », se réjouissait D. H. Lawrence en 1921. Il serait bien contrarié aujourd'hui...

➢ **Entre San Teodoro et Posada :** côte peu intéressante, plate et sans attrait particulier. **Budoni** est une station balnéaire un peu plus grosse que les autres, vouée au tourisme de masse. La plage de cala di Budoni, longue de 4 km, est facilement accessible et possède la particularité de changer de nom du nord au sud : *I Salineddi, Salamaghe, Lido del Sole* et *Sa Capannizza.*

**Club Marmara Sardegna :** *à 4 km de Budoni et 8 km de San Teodoro. Résas : ☎ 0892-161-161 (0,34 €/mn). • marmara.com • Avr-oct. Selon la saison, 449-999 € tout compris.* Petits bungalows de style local, bien au calme, au cœur d'un agréable parc. Belle vue sur la mer et la pinède. Chambres tout confort et adaptées pour les familles. Nombreuses animations, clubs enfants et ados durant les vacances scolaires. Sur place, 3 piscines et un court de tennis, et il y a même un petit train gratuit pour se rendre à la plage.

***Framissima Agrustos :** à **Budoni.** Résas : ☎ 0826-46-37-27 (0,15 €/mn). • fram.fr • Mai-sept. À partir de 690 € tout compris.* Petites maisons méditerranéennes disséminées dans un jardin fleuri. Chambres dans les tons pastel avec petit patio. Pour aller à la plage aménagée avec parasols et transats, il suffit de traverser la pinède. Sur place, piscine, base nautique, court de tennis, et nombreuses animations. Miniclub pour les 4-11 ans et juniorclub pour les 12-16 ans.

***Posada :** à 8 km au nord de Siniscola.* Gros village perché sur une colline dominant la plaine fertile.

***La Caletta :** à une soixantaine de km au sud d'Olbia par la route côtière SS 125, et à 6 km est de Siniscola.* La Caletta est un des rares endroits qui a gardé quelque chose d'un village à taille humaine au bord de la mer. À la fois village, petit port et station balnéaire modeste, l'endroit nous fait penser un peu à Santa Maria Navarrese (près de Tortoli) en moins charmant. Grande ***spiaggia Mar'e Flumene*** (sable fin) en bordure du village.

***Spiaggia di Santa Lucia :** à 5 km au sud de La Caletta.* Grande et belle plage de forme courbe.

***Spiaggia di capo Comino :** de Siniscola, direction Orosei par la route SS 125. Après env 14 km, tourner à gauche à la bifurcation pour capo Comino. Continuer sur 600 m, cette plage est indiquée.* Le site est encore naturel et peu construit.

***Spiaggia Berchida :** de Siniscola, direction Orosei, par la route du littoral SS 125. Faire 18 km env, puis prendre à gauche la direction de Berchida.* La plage, une des plus charmantes de la région, se trouve à près de 4 km plus loin.

***Spiaggia Biderosa :** dans la prolongation sud de la plage de Berchida, à 2 km. En venant d'Orosei, gagner cala Ginepro, puis tourner à droite. Aller jusqu'au bureau de la garde forestière (Ente Foresta) où se vendent les billets d'entrée. Continuer par un chemin de terre jusqu'à Biderosa.* Accès payant et réservé à un certain nombre de visiteurs car la plage, classée au patrimoine naturel, est protégée par un règlement strict. Plus au sud encore, les plages de sable de Sa Curcurica et de cala Liberotto.

***Orosei :** à 81 km au sud d'Olbia et 21 km au nord-est de Dorgali, sur la route Olbia-Dorgali.* Voici la plaine littorale, traversée par une route qui ondule doucement en longeant la mer. « Petite ville perdue, délabrée, écrasée de soleil, non loin de la mer... Terre sauvage aux sombres buissons, terre exposée au ciel, livrée au soleil et à la mer... Qu'il est étonnant cet Orosei... et pourtant on nous y a refusé une croûte de pain ! La malaria doit y sévir... il serait infernal d'être obligé d'y passer un mois... » Ces remarques de D. H. Lawrence, écrivain britannique, datent de 1921. Hormis le site, tout a changé ! Il n'y a plus de malaria depuis 1945. De nombreux hôtels et restaurants accueillent les voyageurs et les estivants, qui ne se sentent pas en enfer mais plutôt au paradis. On y vient pour la plage, pas pour le tourisme culturel.

– Peu de choses à voir hormis la *tour carrée pisane* de l'église Sant'Antonio Abate et le petit *museo Guiso (via Muso, 2 ; juil-15 sept, tlj sf lun 9h30-12h30, 17h-22h).* Il abrite une belle collection de théâtres miniaturisés datant du XVIII^e s ainsi que des costumes.

***Marina di Orosei :** à 2 km est d'Orosei.* C'est le port et la plage d'Orosei, au débouché d'une sorte de delta marécageux qui se termine dans la mer.

***Galtelli :** à 4 km ouest d'Orosei sur la route de Nuoro.* Voir la *cathédrale romane San Pietro* avec ses fresques byzantines, et le *Museo etnografico Sa Domo de Marras (via Garibaldi, 12 ; mars-oct, tlj sf lun 9h-13h, 16h-20h ; entrée : 3 €).*

# LE CENTRE

## LA BARBAGIA

« Un paysage primordial encore presque pur de traces humaines : murailles de rochers, édifices étranges, colonnes naturelles, amas de pierres qui semblaient des monuments de la préhistoire... » Ces lignes de Grazia Deledda, écrivain sarde originaire de Nuoro et prix Nobel de littérature en 1926, n'ont pas vieilli. La Barbagia reste le noyau dur et granitique de la Sardaigne, une forteresse géographique, au physique comme au moral. Cette contrée montagneuse et isolée, battue par les vents d'hiver et chauffée par le soleil d'été, a évolué moins vite que les régions du littoral. Son isolement l'a retardée sur le plan économique, mais son éloignement l'a sauvée sur le plan identitaire. Conservatoire des plus vieilles traditions culturelles de la Sardaigne, la Barbagia n'a pas vendu son âme au diable de l'uniformisation et du bling-bling. Elle s'appuie sur une histoire qui a commencé très tôt et très loin de la mer, autour de mystérieux peuples nuragiques (la plus vieille civilisation connue en Sardaigne), dans des sites isolés, au sein d'une nature sauvage, comme à Tiscali ou à Su Tempiesu.

Les habitants actuels de la région en sont probablement les héritiers, devenus bergers et pâtres, viticulteurs, ramasseurs d'olives ou récolteurs d'écorce de chêne-liège, l'arbre roi. Longtemps rebelle aux lois de l'État italien, fière et insoumise, cette région a aussi servi de refuge et de cache à de nombreux bandits d'honneur et repris de justice. Les scènes de vendetta y étaient encore nombreuses au XIX$^{e}$ s, comme en Corse, sa voisine. Attachés par le cœur à leurs terres et à leur maquis, les gens d'ici se sont toujours méfiés de l'extérieur, se repliant sur eux-mêmes en cas de danger. Cela explique l'absence d'habitat dispersé. Il y a peu de hameaux mais des petites villes où se concentrent les populations. Pour se sentir moins solitaires et plus solidaires au sein de ces montagnes redoutables, il valait mieux se regrouper et non s'éparpiller, d'où la présence de grosses bourgades d'altitude, la principale étant Nuoro, perchée sur sa crête, ou encore Bitti, Mamoiada, Burgos, Fonni, Sogorno... Ajoutons à cela le problème de l'eau, qui se fait parfois rare...

Barbagia ! Ce nom ne vient pas d'une barbe à papa mais du mot latin *Barbaria* utilisé par les Romains pour désigner les barbares (ceux qui ne parlent pas latin) vivant à l'intérieur de l'île. Aucun envahisseur ne s'est risqué à prendre la Barbagia, ni par la ruse ni par la force. Trop loin, trop inaccessible, trop farouche ! Du coup, cette haute région que les Romains n'ont jamais pu conquérir a été oubliée par l'histoire.

Aujourd'hui encore, les routes sont sinueuses, les trajets longs, les flancs des montagnes escarpés, les horizons accidentés. Par monts et par vaux, la Barbagia a quelques secrets bien cachés à révéler. Elle est l'âme, l'autre visage de la Sardaigne, si différente, voire presque opposée à l'orgueilleuse et luxueuse costa Smeralda...

# NUORO

(08100) 38 000 hab.

**Au premier abord, la ville n'attire que par son site géographique, et très peu par son centre historique dispersé et austère. Le voyageur cherche en vain un endroit où poser son sac et ne le trouve pas. Nuoro s'est développée au sommet d'une ligne de crêtes, c'est une ville haut perchée, suspendue entre ciel et terre, et dominée par le monte Ortobene. Elle a longtemps vécu en retrait de l'agitation du monde contemporain, retranchée sur son perchoir, loin des lumières du modernisme. Une ville isolée, dans une île déjà isolée ! Sa solitude l'a laissée libre d'agir à sa guise mais l'a retardée dans son développement. Cet isolement lui a permis néanmoins de maintenir fermement sa culture et ses traditions. Le grand intérêt de Nuoro réside dans la qualité humaine et la sympathie de ses habitants, attachés plus qu'ailleurs à leur région.**

## UN PEU D'HISTOIRE

Le site est fréquenté depuis la préhistoire. Il dépendait au Moyen Âge du « giudicato de Torres » et s'appelait Noguro. L'endroit devint le domaine de nombreux feudataires (puissants propriétaires féodaux) espagnols. Au fil des siècles, les habitants de la Barbagia s'y installèrent car l'endroit était facile à défendre, pour son site imprenable. En 1746, le préfet piémontais, De Viry, qualifiait la ville de « repaire de bandits et d'assassins ». Un décret fut adopté en 1806 qui mettait un terme à l'exploitation collective des terres agricoles, une vielle tradition pastorale de Nuoro. Cette décision provoqua une émeute populaire, connue sous le nom de Su Connottu.

Au début du XX$^{e}$ s, Nuoro, patrie d'écrivains engagés politiquement, devint la capitale culturelle de l'île. Elle fut parfois surnommée « l'Athènes sarde » en raison de la présence de grands artistes comme Grazia Deledda, prix Nobel de littérature en 1926. Cette année-là justement, Nuoro acquit le statut de chef-lieu de la province. Aujourd'hui, elle est le cœur administratif, commercial et culturel du centre de l'île.

### ATTENTION, FROMAGE GLUANT !

*Selon le livre* Guinness des records, *le* casu marzu *est considéré comme le fromage le plus dangereux du monde ! Produit dans les montagnes de Sardaigne à base de lait de brebis, il s'apparente à une glue visqueuse et puante qui irrite la langue... Il s'agit d'un fromage « pourri », connu pour être infesté de larves vivantes, introduites volontairement par l'artisan fromager au moment de la fabrication. De ce fait, le* casu marzu, *déclaré produit contaminé, est interdit de commercialisation en Italie. On peut le trouver au marché noir, vendu beaucoup plus cher que le classique* pecorino. *Certains amateurs l'apprécient...*

## Arriver – Quitter

### En bus

🚌 ***Stazione di autolinee*** *(gare routière ; hors plan par A2)* **:** viale Sardegna.
– ***Autobus régionaux ARST :*** ☎ 800-865-042. • arst.sardegna.it •

➢ ***De/pour Oliena :*** bus réguliers. Durée : 20 mn.

➢ ***De/pour Orgosolo :*** bus réguliers. Durée : 35 mn.

➢ ***De/pour Dorgali :*** env 6 bus/j. Durée : 45 mn.

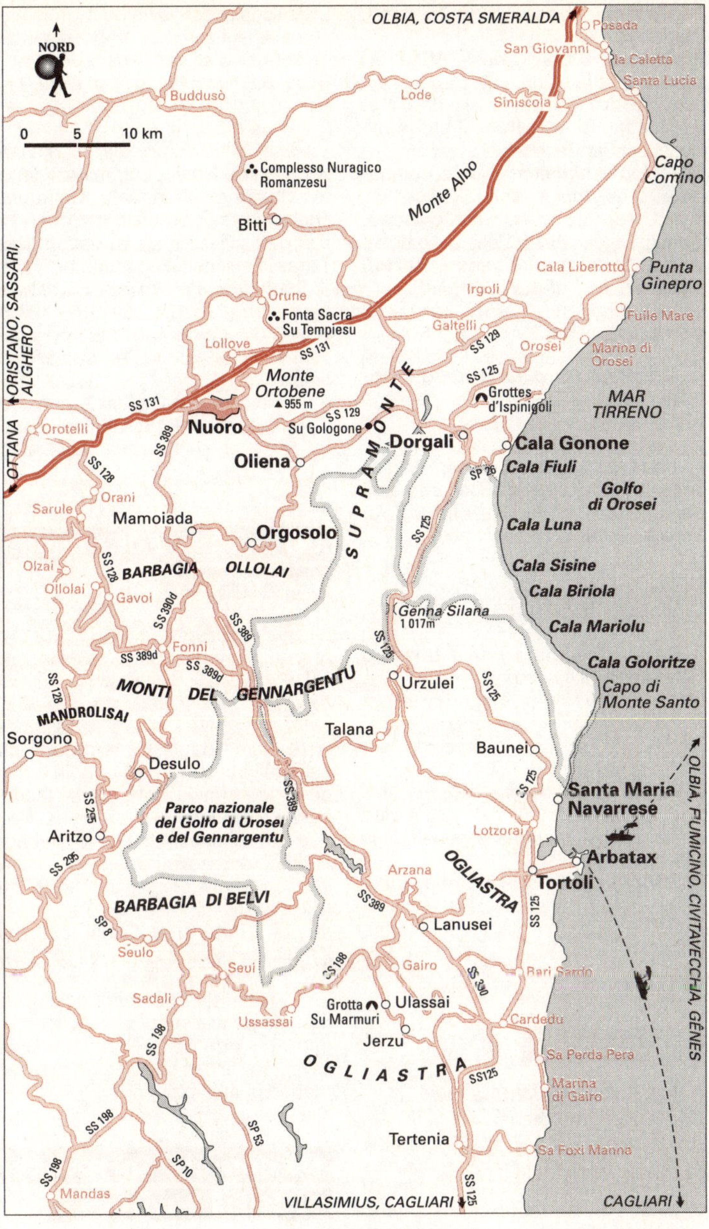
NORD
0 5 10 km
OLBIA, COSTA SMERALDA
Posada
San Giovanni
la Caletta
Santa Lucia
Buddusò
Lode
Siniscola
Capo Comino
Complesso Nuragico Romanzesu
Monte Albo
Bitti
Cala Liberotto
Punta Ginepro
Irgoli
Orune
Fonta Sacra Su Tempiesu
Fuile Mare
Galtellì
Lollove
SS 131
SS 129
Orosei
Marina di Orosei
Monte Ortobene 955 m
SS 125
Grottes d'Ispinigoli
MAR TIRRENO
ORISTANO, SASSARI, ALGHERO
OTTANA
Orotelli
Nuoro
SS 389
SS 129
Su Gologone
SUPRAMONTE
Dorgali
Cala Gonone
Cala Fiuli
Oliena
SP 26
SS 128
Orani
Golfo di Orosei
Sarule
Mamoiada
Orgosolo
SS 125
Cala Luna
Olzai
SS 128
BARBAGIA OLLOLAI
Cala Sisine
Ollolai
Gavoi
Cala Biriola
SS 390d
Genna Silana 1 017 m
SS 389
Cala Mariolu
SS 125
SS 389d
Fonni
SS 389d
Cala Goloritze
SS 128
Urzulei
SS125
MONTI DEL GENNARGENTU
Capo di Monte Santo
MANDROLISAI
Sorgono
Talana
Baunei
Desulo
SS 389
SS 125
Santa Maria Navarresé
OLBIA, FIUMICINO, CIVITAVECCHIA, GÊNES
SS 295
Parco nazionale del Golfo di Orosei e del Gennargentu
Lotzorai
Aritzo
OGLIASTRA
Arbatax
SS 295
Tortolì
Arzana
BARBAGIA DI BELVI
SS 389
SS 125
SP 8
Lanusei
Seulo
SS 198
Gairo
SS 390
Bari Sardo
Seui
Sadali
Grotta Su Marmuri
Ulassai
Ussassai
Cardedu
Jerzu
SS 198
OGLIASTRA
Sa Perda Pera
SS125
Marina di Gairo
SS 198
SP 53
Tertenia
SP 10
Sa Foxi Manna
SS 198
Mandas
VILLASIMIUS, CAGLIARI
SS 125
CAGLIARI
LA BARBAGIA

LA BARBAGIA

➢ ***De/pour Orosei :*** env 10 bus/j. Durée : 1h.
➢ ***De/pour Olbia :*** 1 bus/j. *ARST.* Un autre bus de la compagnie *Deplano* qui relie Nuoro à l'aéroport d'Olbia. 5 départs/j. Durée : 1h45. Il passe par Budoni et San Teodoro.
➢ ***De/pour Alghero :*** avec la compagnie *Redentours.* ☎ *0784-30-325.* • *edentours.com* • En moyenne, 3 bus/j. Durée : 2h15. Résa obligatoire.
➢ Bus aussi ***pour Sassari, Tortoli (Arbatax), La Caletta*** et ***Cagliari.***

## En train

***Stazione ferroviaria*** *(gare ferroviaire ; hors plan par A2) : à l'ouest de la ville, à l'angle de la via Lamarmora et de la via G. Ciusa Romagna.* Nuoro est relié à la gare de Macomer, la gare la plus importante de la région. De cette gare partent des trains *Trenitalia* pour Cagliari. Durée du trajet : 3h30.

## Adresses utiles

***Ente provinciale per il turismo*** *(office de tourisme ; plan A1) : piazza Italia, 19.* ☎ *0784-30-083.* • *turismo@provincia.nuoro.it* • *Juin-sept, tlj 8h30-13h30, 15h-19h.* Bien fourni en doc sur Nuoro et sa région.
■ ***Banco di Sardegna :*** *corso Garibaldi, 90.* Distributeur automatique de billets. Plusieurs autres banques dans le centre.
✉ ***Ufficio postale principale*** *(plan A2) : piazza F. Crispi. Lun-ven 8h-18h50 ; sam 8h-13h.*
■ ***Polizia :*** *viale Europa.* ☎ *0784-32-100.*

## Où dormir ?

***B & B Casa Valentina*** *(plan B1-2,* ***10****) : via Alberto Mario, 31.* ☎ *0784-37-663.* *320-81-29-874.* • *B.B.frogvale@olive.it* • *davalentina.com* • *Doubles 60-70 €, petit déj inclus. Wifi. Remise de 10 % sur présentation de ce guide.* Chambres coquettes et joliment décorées. Notre préférée est la « Graziana » dans les tons bleu et blanc, avec son petit escalier et son vieux bahut en bois. La maison possède un petit jardin bien agréable et fleuri. Les propriétaires ont du goût, cela se voit dans la déco.

***B & B Silvia e Paolo*** *(plan A-B2,* ***11****) : corso Garibaldi, 58.* ☎ *0784-31-280.* • *info@silviaepaolo.it* • *silviaepaolo.it* • *Doubles 50-60 €, petit déj inclus.* Dans le centre de Nuoro, une maison tenue par des gens charmants. Chambres confortables et propres, sans décoration particulière, mais bien arrangées. Terrasse extérieure pour prendre l'air.

***B & B Nughe'e'Oro*** *(plan B2,* ***12****) : via Matteotti, 14.* ☎ *0784-182-32-55.* *340-805-27-69.* • *nugheoro@gmail.com* • *nugheoro.it* • *Tte l'année. Doubles 60-70 €, petit déj inclus. Wifi.* À 100 m du corso Garibaldi, donc très bien placé. Accueil jovial. 7 chambres modernes et confortables au 6e étage d'un vieux palais.

## Où manger ? Où manger une pizza ?

***Il Rifugio*** *(plan B3,* ***20****) : via Antonio Mereu, 28-36.* ☎ *0784-23-23-55.* • *info@trattoriarifugio.com* • *trattoriarifugio.it* • *Tlj sf mer. Pizza max 10 € ; repas env 30-35 €.* Au cœur de la ville, un restaurant de cuisine sarde traditionnelle qui pratique aussi la « philosophie de la dégustation lente » *(slow food)* à base de produits naturels sains. On y déguste les spécialités de la Barbagia et des pizzas savoureuses, faites avec soin. Salle agréablement arrangée. Service diligent.

***Ristorante Ciusa*** *(plan B1,* ***21****) : viale Franceso Ciusa, 53.* ☎ *0784-25-70-52. Pizza env 8 € ; repas env 30-50 €.* En lisière du *centro storico,* une trattoria populaire qui sert de la bonne cuisine sarde de la Barbagia. C'est savoureux et très copieux. Un excellent rapport qualité-prix.

## Où dormir ? Où manger dans les environs ?

***B & B Casa Solotti :*** *localita* ***Monte Ortobene,*** *08100 Nuoro.* ☎ *0784-33-954.* • *casasolotti@hotmail.com* • *casa*

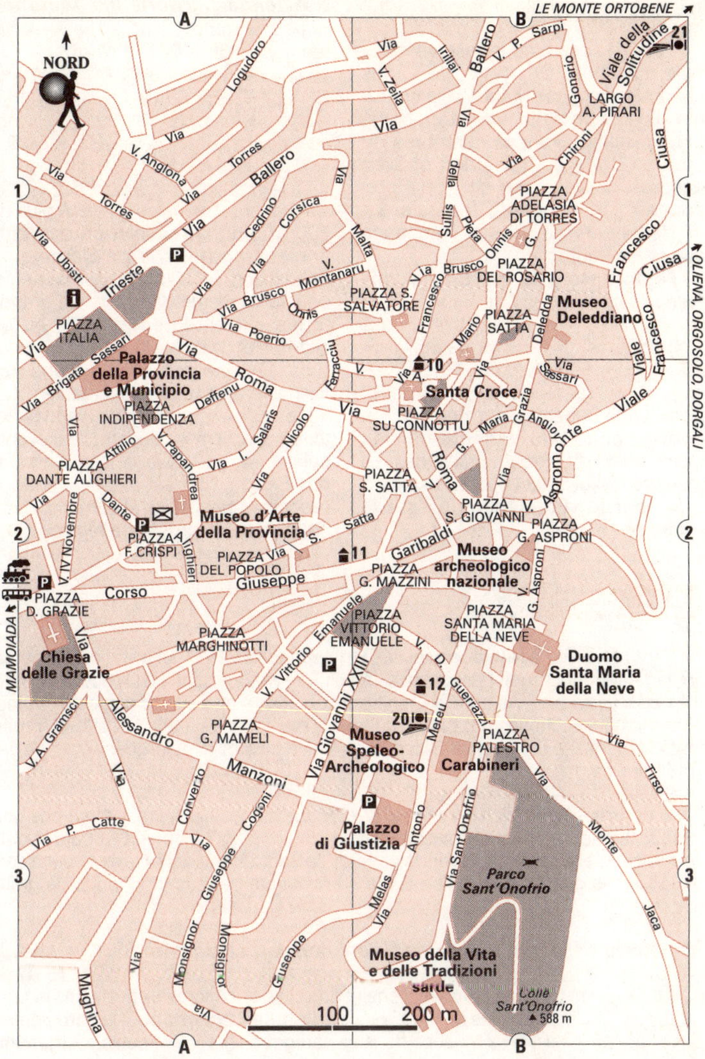


## NUORO

■ **Adresse utile**

🛈 Ente provinciale per il turisme

**Où dormir ?**

**10** B & B Casa Valentina
**11** B & B Silvia e Paolo
**12** B & B Nughe'e'Oro

**Où manger ? Où manger une pizza ?**

**20** Il Rifugio
**21** Ristorante Ciusa

*solotti.it • Congés du 15 nov au 15 déc. Doubles 55-70 €, petit déj inclus. Internet, wifi.* Au cœur de la réserve naturelle du monte Ortobene, parmi les chênes-lièges, une grande villa entourée d'un jardin verdoyant et ombragé avec piscine. Grandes chambres ou studios, tous confortables et bien décorés, pouvant recevoir 1 ou 4 personnes. On y parle le français. La meilleure adresse dans la campagne autour de Nuoro.

**Ristorante-pizzeria Su Redentore :** *localita* ***Monte Ortobene,*** *08100 Nuoro. ☎ 0784-37-964. Mieux vaut téléphoner avt de grimper là-haut, pour réserver et vérifier les horaires d'ouverture. Plats 10-15 € ; repas 20-30 €.* Dans cette auberge haut perchée, on confectionne une honnête cuisine locale. Plats du terroir à prix sages. Le restaurant vaut autant pour ses saveurs que pour la vue magnifique sur la Barbagia.

**Azienda Agrituristica Testone :** *localita* ***Testone,*** *plateau di Sa Serra, via Verdi, 47, Bitti, 08100 Nuoro. Sur la commune de Bitti, à 25 km de Nuoro. ☎ 0784-23-05-39. 📱 329-41-15-168. • agriturismotestone@tiscali.it • agriturismotestone.com • Doubles 76-90 € selon saison, avec petit déj. 10 % sur le prix de la chambre à partir de la 4e nuit sur présentation de ce guide.* À plus de 700 m d'altitude, voici un des plus anciens *agriturismi* de Sardaigne. Sebastiano Secchi est un des pionniers de l'agritourisme dans l'île. Sa grande ferme est entourée par 350 ha de champs et de bois. On y élève les moutons, les chèvres, les cochons, les vaches et les chevaux. Le caractère rustique chic des chambres, le grand réfectoire superbement décoré, l'excellente cuisine sarde traditionnelle, l'accueil des Secchi, tout est réussi ! Vente de produits locaux sains et naturels. Notre coup de cœur dans cette région.

## À voir

« Il n'y a rien à voir à Nuoro, écrivait D. H. Lawrence en 1921, et à vrai dire, c'est un soulagement pour moi. Les choses « à voir » m'assomment. Heureuse la ville qui n'a rien à faire voir. » Aujourd'hui, soit près de 90 ans après le passage de l'auteur britannique, les choses ont bien changé. La municipalité a fait des efforts importants pour mettre en valeur la ville, notamment à travers le remarquable musée des Traditions sardes.

***Le centre ancien :*** la ville est assez étendue sur les hauteurs. Il n'est pas toujours facile de s'y orienter, à moins d'avoir un bon plan. Le corso Garibaldi monte vers le quartier San Pietro et vers la cathédrale Santa Maria delle Neve. Cœur animé de la ville, la piazza Sebastiano Satta se distingue par ses gros blocs de granit érigés en 1976.

***Museo della Vita e delle tradizioni popolari sarde*** (plan B3) **:** *via Antonio Mereu, 56. ☎ 0784-25-70-35. Juin-sept, tlj 9h-20h ; oct-mai, tlj 9h-13h, 15h-19h. Entrée libre.* Un très beau musée, riche et complet, consacré aux traditions et coutumes sardes. Il abrite près de 8 000 pièces, ce qui est énorme pour la Sardaigne et en fait un des plus beaux musées dans sa catégorie : meubles, outils, instruments de musique, métiers à tisser, bijoux en argent, tapis... Près de 80 mannequins dans le hall principal démontrent la variété incroyable des costumes et des coiffes villageoises de l'île. Noter les beaux foulards de femme d'Oliena ou les robes d'Orgosolo. Sont présentées aussi les fêtes les plus remarquables de l'île, comme celle des Mamuthones. Elle se déroule chaque année à Mamoiada et voit défiler des habitants portant des peaux de mouton, le visage dissimulé derrière des masques étranges et lugubres.

***Museo d'Arte della provincia di Nuoro*** (MAN ; plan A2) **:** *via Sebastiano Satta, 27. ☎ 0784-25-21-10. • museoman.it • Tlj sf lun 10h-13h, 16h-20h30. Billet : 3 € ; réduc. Visites guidées gratuites en italien slt.* Dans une maison du XIXe s, c'est le seul vrai musée d'Art contemporain de Sardaigne. Il abrite les œuvres des meilleurs peintres sardes du XX$^{e}$ s comme Francesco Ciusa, Antonio Ballero ou Mauro Banca.

**Piazza Satta** *(plan B1)* **:** la via Satta conduit à cette place, qui borde la partie la plus ancienne de la ville. Elle est dédiée au poète Sebastiano Satta (1867-1914). Né dans une des maisons de la place, il était surnommé le « chantre de la Sardaigne ». Cette place a été réaménagée et embellie : pavage en granit, maisons blanchies à la chaux, sculptures en granit portant des scènes en bronze illustrant la vie du poète.

**Museo Deleddiano** *(maison natale de Grazia Deledda ; plan B1)* **:** *via Grazia Deledda, 42. ☎ 0784-25-80-88. Mi-juin à mi-sept, tlj 9h-20h ; mi-sept à mi-juin, tlj sf lun 9h-13h, 15h-19h. Entrée libre. Doc en italien slt.*
Lauréate du prix Nobel de littérature en 1926, Grazia Deledda (1871-1936) est l'écrivain qui a le mieux saisi et décrit l'âpre beauté pastorale de l'âme sarde. Elle passa les 29 premières années de sa vie à Nuoro, puis elle quitta la Sardaigne pour vivre à Rome où elle resta durant 36 ans. Décédée à 65 ans, elle fut ramenée dans sa ville natale pour être enterrée dans la petite chapelle della Solitudine, à la sortie de la ville, sur la route du monte Ortobene.
Sa maison-musée est très bien conçue, avec des salles claires et bien arrangées, exposant des objets liés à sa vie de romancière (photos de famille, stylos, lettres...). La partie la plus intéressante évoque son prix Nobel où l'on voit cette femme sarde, tenace et fière, entourée par l'imposant et austère jury d'Oslo. Son univers romanesque n'a rien de cosmopolite car l'action de ses romans se situe exclusivement dans la Barbagia, la région de Nuoro. Ses livres les plus connus sont *Portolu* (1900), *Cenere* (1903) et *Canne al Vento* (1913).

LA BARBAGIA

**Museo nazionale archeologico** *(plan B2)* **:** *via Manno, 1. ☎ 0784-31-688. • museoarcheologiconuoro.it • Mar et jeu 9h-13h, 15h-17h ; mer et ven-sam 9h-13h. Entrée libre.* Il renferme à la fois des collections d'objets trouvés lors de fouilles archéologiques (sites nuragiques surtout) et un nombre important de fossiles. Parmi les raretés, un squelette de Prolagus Sardus, ancêtre du lièvre et les restes d'une loutre géante *(lontra gigante)*. Voir aussi les menhirs sculptés de Laconi datant de l'âge du bronze.

**Cattedrale Santa Maria della Neve** *(plan B2)* **:** *piazza Santa Maria della Neve.* On l'appelle aussi *duomo*. Cette grande église rose du XIX$^{e}$ s, de style néoclassique et massif, est dédiée à la *Madonna della Neve* (Vierge de la Neige). À l'origine, le pape Liberius (qui vécut au IV$^{e}$ s) aurait eu une vision où la Vierge Marie lui serait apparue. Elle lui demanda de bâtir, non pas une station de ski, mais une église sur le lieu même où la neige tomberait le lendemain... La neige tomba effectivement le lendemain matin et le pape fit élever à Rome la basilique Santa Maria Maggiore. Ainsi s'est répandu le culte de la Madone des Neiges à travers l'Italie, pays qui compte environ 300 églises consacrées à cette Vierge qui aimait la neige.

## DANS LES ENVIRONS DE NUORO

### AU NORD ET À L'EST

**Monte Ortobene :** *à 7 km au nord-est de Nuoro.* Cette haute montagne granitique, haute de 995 m, domine le paysage de Nuoro de sa silhouette massive. Elle est très chère au cœur des habitants de la région. Une superbe route sinueuse y grimpe, traversant la réserve naturelle du monte Ortobene, vaste forêt de chênes-lièges (en majorité), de houx, de pins, de sapins et de peupliers. Ces arbres couvrent la montagne de la tête au pied comme un immense manteau de verdure, préservé de toute urbanisation. Au sommet du mont, la vue est superbe. Les nuits d'été, c'est encore plus beau. On aperçoit dans la vallée les lumières d'Oliena qui scintillent sous les étoiles. Au sommet également, une statue du Christ Redentore, érigée en 1901 à la demande du pape Léon XIII. Celui-ci souhaitait que soit élevé en

Italie 19 statues du Christ, pour symboliser 19 siècles de christianisme. Chaque année, le 29 août, lors de la sagra del Redentore (fête du Rédempteur), les fidèles et les pèlerins s'y rassemblent, vêtus de costumes à l'ancienne.

**Fonta sacra Su Tempiesu** *(site nuragique Su Tempiesu) : à* ***Orune,*** *à 29 km au nord-est de Nuoro par la SS 131 en direction de Bitti. Depuis Orune, prendre une piste en mauvais état qui conduit au site. De la billetterie à l'entrée du site, continuer à pied par un sentier long de 800 m.* Ce site date de 1600 av. J.-C. Après des siècles d'oubli, il a été découvert en 1953 et restauré à partir de 1983. Le monument est bâti en files régulières avec des pierres de taille en trachyte. Il est composé d'un vestibule couvert par deux arcs monolithiques, d'un escalier et d'une chambre qui renferme la source. Un petit canal creusé dans la roche permet à l'eau de s'écouler jusqu'au puits sacré. Un endroit étonnant.



**Necropoli di Sas Concas :** *à env 7 km au nord d'Oniferi, et 15 km à l'ouest de Nuoro. De Nuoro, prendre la N 131, sortir à droite et direction la gare ferroviaire d'Oniferi, par la route N 129.* Cette nécropole est constituée de 15 « domus de Janas » d'époque néolithique, articulées sur plusieurs cellules. Une série de pétroglyphes renversés ont été sculptés sur les parois de ces cellules.

**Bitti :** *à 46 km au nord de Nuoro, par la route SS 389.* Ce village (3 800 habitants) de pâtres et de bergers est connu dans toute l'Europe musicale grâce aux chants polyphoniques sardes interprétés par les Tenores de Bitti. Ce groupe est composé d'une basse, d'un ténor, d'un contre-alto et d'un baryton. Les linguistes aussi s'intéressent à Bitti. Selon eux, le dialecte local est celui qui s'apparenterait le plus au latin. On peut y visiter le ***museo della Civilta contadina e pastorale*** *(via G. Mameli ; ☎ 0784-41-43-14 ; mai-août, tlj sf lun, mar soir et jeu soir 9h30-12h30, 15h30-18h30 ; billet combiné avec le site nuragique de Romanzesu : 3,60 €).* Un autre petit musée consacré aux chants traditionnels sardes : ***Museo multimedia del Canto A Tenore*** *(mêmes horaires et billet que le précédent).*

– Tous les ans, le 24 avril, se déroule à Bitti la fête *Cavalcata in Costume* (chevauchée costumée), en l'honneur de saint Georges. Les hommes portent sur leurs épaules la statue du saint tandis qu'un long et beau cortège réunit de nombreux cavaliers costumés. Une autre fête traditionnelle costumée se déroule le 30 septembre de chaque année, en hommage à Nostra Signora del Miracolo (Notre-Dame-du-Miracle).

## AU SUD

**Le Mandrolisai :** *à env 75 km au sud de Nuoro par la route SS 128 ou SS 389.* Nous voici au cœur de la Sardaigne, dans un terroir reculé et isolé, au nom étrange (Mandrolisai). C'est vraiment le centre géographique de l'île. Cagliari, Olbia, Alghero et la mer semblent si lointaines ! Ce sont des paysages rudes de hautes terres vouées à l'élevage et à la viticulture (le vin du Mandrolisai est réputé). De belles routes étroites et sinueuses conduisent à ***Sorgono,*** gros bourg montagnard où l'écrivain britannique D. H. Lawrence passa en 1921. Il consacra à ce village perdu un chapitre très caustique, mi-figue mi-raisin, dans son livre *Sardaigne et Méditerranée* (Gallimard). Son impression fut d'abord bonne : « Charmante Sorgono... nichée merveilleusement parmi les vergers boisés... et les clairières de chênes adolescents... », mais hélas il n'y trouva que des mines patibulaires, un accueil médiocre et une auberge misérable où il manqua crever de faim... Il en repartit dépité, et amer, en bus, vers Nuoro... une déconvenue de routard en somme ! Heureusement, Sorgono aujourd'hui n'a plus rien à voir avec cette image péjorative. Il suffit de s'attabler au restaurant *Da Nino,* corso IV Novembre, 26, et de goûter à sa savoureuse cuisine, pour comprendre que la situation a bien changé depuis Lawrence ! Sur la route de Nuoro, le village d'***Ovodda*** (1 732 habitants), à 21 km au nord de Sorgono, possède une particularité. Avec l'île d'Okinawa (Japon), il détient le record mondial de la longévité humaine. On y trouve plus de centenaires que la norme. Les hommes paraissent avoir 50 ans quand ils en ont 70. Bien qu'ils mangent de la viande, les Ovoddesi (les habitants d'Ovodda) ne comptent pas les calories, et les hommes vivent aussi vieux que les femmes, ce qui est rare. Intrigués par ce phénomène, les spécialistes ont constaté que, même expatriés, ayant changé d'alimentation et de mode de vie, ils vivent toujours aussi vieux. Quel est leur secret alors (voir encadré) ?

Plus au sud du Mandrolisai, sur le flanc du Gennargentu, à 800-900 m d'altitude, les villages de ***Tonara*** et de ***Desulo*** sont le berceau du délicieux nougat sarde (*torrone* en italien). Celui-ci est fabriqué à base d'amandes, de noix, de noisettes, et parfumé au miel.

### LE GÈNE DE LA LONGÉVITÉ

*Les mariages consanguins ont souvent des effets négatifs sur la descendance humaine et ne favorisent pas la longévité. Or, au village d'Ovodda, c'est le contraire : pendant des siècles les gens se sont mariés entre eux et on y vit très, très vieux encore aujourd'hui. Les biogénéticiens ont une explication. Ovodda a longtemps vécu replié dans les montagnes, isolé du reste du monde, ce qui a entraîné les unions consanguines. Il se peut qu'un « pool » génétique favorable ait été créé par l'évolution et qu'il ait été préservé par l'isolement. Mais on n'arrive pas encore à identifier ce « pool » favorable à la longévité. Un phénomène unique au monde !*

À 15 km au sud de Tonara, le village d'***Aritzo*** offre deux singularités. Primo : à l'époque de la domination aragonaise, il était autogéré par ses habitants. Secundo : il faisait autrefois commerce de neige. Les habitants ramassaient la neige en hiver pour la vendre en été à prix d'or. Elle était emballée dans des caisses entourées de paille et acheminée aux quatre coins de l'île.

***Tomba dei Giganti*** *(site archéologique de* ***Gremanu*** *ou* ***Madau****)* **:** *à 3 km env au sud de Nuoro par la route Nuoro-Lanusei, et à 13 km à l'est du village de Fonni. De Fonni, prendre la route SS 389 vers Lanusei. À l'intersection pour Pratobello, après le pont, tourner à gauche et suivre la route SP 2, parallèle à la SS 389.* C'est plus loin sur la gauche, mais le complexe a éparpillé ses sanctuaires sur plusieurs kilomètres (nuraghe Dronnoro et nuraghe Logomache). Il date des XIII^e^ et XIV^e^ s av. J.-C. et consiste en un village de huttes, abritant quatre tombes de géants entourées de temples avec fontaines consacrées au culte des eaux.

## LE SUPRAMONTE

**Le « super mont », le mont « au-delà des monts », tel apparaît le Supramonte, vaste massif calcaire encastré comme un modeste terroir dans le grand Gennargentu. Voici le royaume des ravins abrupts, des pics escarpés, des rocs ciselés par l'érosion, le domaine de prédilection des chênes et des oliviers, ces arbres séculaires et résistants qui sont un peu à l'image des habitants de cette région, fiers et rudes. Les villages d'Oliena, Orgosolo (peintures murales) et Dorgali ponctuent les petites routes sinueuses du Supramonte et valent, comme on dit, plus qu'un détour, un séjour. Les randonneurs s'adonneront à leur activité favorite sur des sentiers, au sein d'une nature sauvage et vierge où l'on croise encore, dans les sous-bois, des moutons, des ânes, des chèvres et parfois des sangliers.**

**Les chalets forestiers (Su Pinettu) en gros rondins de bois, les enclos pour les troupeaux, les bergeries isolées à flanc de montagne, le glouglou enchanteur de la mystérieuse source de Su Gologone (une merveille), la vallée de Lanaitho et ses nuits étoilées sous un silence apaisant : tout incite à explorer pas à**

**pas le Supramonte et ses richesses naturelles, loin du vacarme des villes. Rien de tel que la marche à pied pour découvrir cette région qui tourne le dos à la mer (elle est pourtant toute proche), rien de plus beau que d'accéder au site nuragique de Tiscali... par un chemin parfumé aux senteurs du maquis sarde.**



## ORGOSOLO (08025) 4 800 hab.

**Perché dans les monts de la Barbagia, sur le flanc nord du massif du Gennargentu, à une vingtaine de kilomètres au sud de Nuoro, ce village de l'arrière-pays se tient aux confins du Supramonte. Orgosolo a souvent été comparé à une forteresse géographique imprenable. Gens fiers de leurs origines pastorales et de leurs traditions, les habitants ont pendant longtemps été assimilés à des hors-la-loi. Dans son film *Bandits à Orgosolo,* Vittorio de Seta a dépeint dans les années 1960 la vie âpre de ces fils de bergers, endurcis par leur isolement, et leur défiance vis-à-vis de l'État. Ainsi est née cette image de village de rebelles qui lui colle toujours à la peau. Les gens d'Orgosolo se sont adaptés au monde moderne sans perdre leur personnalité et en conservant un esprit indépendant et créatif, comme le prouvent les innombrables peintures murales qui donnent à Orgosolo son caractère unique.**

### LES PEINTURES MURALES D'ORGOSOLO

Les peintures murales d'Orgosolo constituent un phénomène social, artistique et politique unique en Italie. Tout a commencé au XIX^e^ s. Les habitants d'Orgosolo, esprits de bergers fiers et libres, ne voulaient pas se soumettre aux lois policières du gouvernement de la nouvelle Italie unifiée. Réfractaires, solidaires, solitaires, ils donnèrent du fil à retordre à la police italienne. Ne dit-on pas aussi qu'Orgosolo était un repaire de bandits d'honneur sardes réputés imprenables ? Le passé explique souvent le présent. Les rebelles d'hier ne sont plus des bandits cachés dans le maquis ou des kidnappeurs, mais des citoyens d'aujourd'hui animés par une forte conscience politique et sociale. Ne dit-on pas en plaisantant que si Berlusconi décidait de venir à Orgosolo, il serait accueilli à coups de pierres, preuve de la détermination morale et politique de ce gros village du Supramonte ? Voilà la personnalité morale d'Orgosolo résumée en quelques mots.

L'histoire des peintures murales débute en 1969. Cette année-là, le gouvernement italien décida, sans demander l'avis des habitants, d'implanter un grand camp d'entraînement militaire sur des milliers d'hectares, près d'Orgosolo. Les habitants refusèrent ce projet et s'organisèrent pour en empêcher la réalisation. Un mouvement de contestation se mit alors en place, uni et solidaire, mais non violent. La lutte fut longue et difficile. Pour exprimer leur mécontentement et leur hostilité à l'implantation du camp, des anarchistes venus de Milan, associés à des artistes locaux autodidactes, commencèrent à peindre des slogans politiques sur les murs des maisons d'Orgosolo. Les slogans révolutionnaires et libertaires furent de plus en plus nombreux, inscrits dans de vastes et belles peintures murales. Ainsi débuta le phénomène des murs peints de cette ville. L'hostilité et la ténacité des habitants dans le combat finirent par être victorieuses et le projet de camp militaire fut annulé.

En 1975, un professeur originaire de Sienne eut l'idée de demander aux artistes locaux (des volontaires non payés) de réaliser des peintures murales pour célébrer le 30^e^ anniversaire de la libération de l'Italie en 1945. Les volontaires reprirent leurs pinceaux et couvrirent les murs de nouvelles fresques, de plus en plus éclatantes et étonnantes, de plus en plus originales et insolites, de plus en plus ironiques et drôles. Depuis cette époque, le mouvement muraliste d'Orgosolo a pris une telle ampleur que la ville figure maintenant comme une cité emblématique de cet art populaire en Italie et dans toute l'Europe. Les thèmes sont très liés à la politique locale, nationale et à l'actualité internationale. Le principe est de ne jamais les restaurer. La peinture murale peut perdre de son éclat en vieillissant, mais son génie traverse les âges.

## Adresses utiles

✉ ***Ufficio postale :*** *via Locoe, 1.*
■ ***Consorzio turistico Supramonte :*** ☎ *334-813-39-26.* Association locale regroupant plusieurs partenaires travaillant dans le tourisme régional. Propose des excursions et des visites guidées à Orgosolo et dans la montagne.

## Où dormir ? Où manger ?

***Hotel-ristorante Sa'e Janna :*** *via Emilio Lussu, 17.* ☎ *0784-40-24-37.* • *grmarro@tin.it* • *web.tiscalinet.it/saejana* • *Au bout du corso Repubblica, à la sortie du village, par la via Nuoro. Tte l'année. Doubles 64-72 €.* Une bonne auberge un peu à l'écart du centre, dans une grande bâtisse moderne qui abrite aussi un restaurant-pizzeria. Chambres de bon confort, propres et bien tenues. Cuisine locale du terroir, bien faite et à prix sages.

***Ristorante-Pizzeria Il Portico :*** *via Giovanni XXIII.* ☎ *0784-40-29-29.* • *info@barbagia2000.it* • *barbagia2000.it* • *Au niveau du corso Repubblica, 91, au-dessus d'une peinture murale montrant la Révolution française. Congés en nov. Menu 15 € ; carte 20-30 €. Digestif offert sur présentation de ce guide.* Au sous-sol, un bar à bière *(birreria)* qui ouvre sur la rue. Cuisine sarde bien mijotée et à prix doux. Organise aussi des excursions dans le Gennargentu, avec repas montagnard dans des bergeries.



## À voir

***Pitture murali d'Orgosolo*** *(peintures murales)* **:** elles ornent les murs des maisons et des immeubles du corso Repubblica, axe principal de la ville, et quelques petites rues et ruelles adjacentes. Les thèmes de ces peintures sont très variés. Parmi celles-ci, on peut voir notamment des scènes de la vie des bergers sardes, un éloge de la boisson, un hommage à la lutte des bergers pour conserver leurs terres, une peinture sur l'écroulement du mythe communiste à Tien an Men (Chine), une autre sur la guerre civile espagnole, le bicentenaire de la Révolution française, les souffrances du peuple vietnamien pendant la guerre...

***Tramas de Seda :*** *via Mercato, 3.* ☎ *0784-40-32-07.* Un petit musée consacré à l'élevage des vers à soie. Plus qu'un musée à vrai dire, car il s'agit d'un atelier en activité où le propriétaire maintient cette vieille tradition pratiquée par les femmes d'Orgosolo.

## DANS LES ENVIRONS D'ORGOSOLO

***Mamoiada :*** *à 11 km à l'ouest d'Orgosolo par une jolie route sinueuse et à 17 km au sud de Nuoro.* Au pied des monts de la Barbagia di Ollolai, pays de bergers et de troupeaux, ce gros bourg est réputé pour les masques sombres et menaçants des Mamuthones, portés par les habitants lors de la fête de San'Antonio Abate, le 17 janvier, le dimanche de carnaval et surtout le jour du Mardi gras, pendant le carnaval le plus coloré et animé de la Barbagia.

# OLIENA

(08025) 8 000 hab.

**L'arrivée de nuit par la route de Nuoro est une vision étonnante. Les lumières de la ville haut perchée brillent au pied de la masse blanche et abrupte du Supramonte. À une quinzaine de kilomètres au sud-est de Nuoro, adossé aux flancs de la montagne de la Foresta di Maccione, Oliena est un des cœurs battants des traditions du Supramonte. Dans cette ville dynamique, véritable petit conservatoire artisanal du Supramonte, des artisans fabriquent des vêtements traditionnels, des châles brodés de soie et d'or, des bijoux en filigrane. C'est aussi un des lieux de production du vin *cannonau*, comme le prouvent les vignobles plantés autour de la ville.**

### POUR L'AMOUR DES OLIVES

*L'huile d'olive Su Gremanu, produite par les oliveraies d'Oliena, est considérée comme une des meilleures d'Italie. En 2009, elle a été récompensée par le premier prix national. L'Italie est le pays qui produit et consomme le plus d'huile d'olive au monde. Selon les médecins spécialistes, l'huile d'olive prévient les maladies cardiovasculaires. Cela peut être une des explications possibles à la longévité remarquable des habitants de certains villages de montagne de l'Ogliastra et de la Barbagia (Ovodda).*

## UN PEU D'HISTOIRE

Les historiens se disputent sur l'origine de son nom. Viendrait-il d'un groupe de Troyens qui aurait fui l'île d'Ilios (Grèce) ? Viendrait-il plus simplement du mot *olio d'oliva* (huile d'olive), qui serait devenu par altération Oliena ? Certaines maisons sont encore peintes à la chaux, souvenir de la Grèce antique ?

## Adresse utile

■ ***To Trek Centro Escursioni :*** *via Don Sturzo, 25. ☎ 287-144. • info@totrek.com* • Excursions en véhicule tout terrain dans le Gennargentu et le Supramonte. Randonnées guidées vers les sites de Tiscali, canyon di Gorroppu, punta Corrasi (sommet du Supramonte), golfe d'Orosei...

## Où dormir ? Où manger ?

***B & B Su Cunfortu :*** *via Alberto Calamida, 2. ☎ 0784-28-75-57. 349-139-2583. • sucunfortu@yahoo.it • Doubles 50-55 € selon confort (avec ou sans sdb), petit déj inclus. Congés en janv, fév et 1re sem de juil.* En pleine ville, une maison récente tenue par la charmante et accueillante Immacolada Carai, professeur de français au lycée d'Oliena. Les chambres sont sans prétention mais impeccablement tenues. Au petit déjeuner, Mme Carai sert des confitures maison !

***Hotel-ristorante Cikappa :*** *corso Martin Luther King, 2/4. ☎ 0784-28-80-24. • ci.kappa@tiscalinet.it • cikappa.it • Double 70 €, petit déj inclus. Repas 25-35 €. Internet. Digestif offert sur présentation de ce guide.* Au cœur de cette petite ville, un hôtel-bar-restaurant de bon rapport qualité-prix. Chambres propres et décorées façon *Ikea*. Au restaurant, on sert de la cuisine sarde du Gennargentu avec toutes les spécialités mais aussi des pizzas copieuses. Au bar, demandez la fameuse et rare bière locale sarde : la *Birs*. Accueil aimable.

***Hotel-ristorante Coop Turistica Enis :*** *localita **Monte Maccione**. ☎ 0784-28-83-63. • coopenis@tiscali.*

*it • coopenis.it • Pdt la saison hivernale, sur résa slt. Doubles 66-80 € selon saison, petit déj inclus. Menus 21-35 €. Wifi. Digestif offert sur présentation de ce guide.* Dans une forêt de chênes, une auberge gérée par une coopérative et tenue comme un bon établissement rural de caractère. Chambres simples et propres, avec tout le confort, sans décoration spéciale. Certaines ont une terrasse avec une jolie vue sur les bois et le mont Maccione. Possibilité aussi de camping sous les arbres (sommaire mais écolo).

**Ristorante Masiloghi :** *via Galiani, 68. ☎ 0784-28-56-96. • info@masiloghi.it • masiloghi.it • Tlj (sf mar en hiver) 12h-23h45. Congés : 20 janv-10 fév. Repas 25-35 €. Digestif offert sur présentation de ce guide.* La meilleure adresse d'Oliena. Une belle maison aux murs blanc et bleu, qui attire le regard et donne envie de s'arrêter. Jolie salle à manger où l'on est accueilli avec jovialité par des personnes aimables et attentionnées. Cuisine sarde évolutive et imaginative où se marient la tradition et l'invention. Belle carte des vins. Organise aussi des expositions, spectacles, excursions.

***Ristorante Pighetti :*** *via Galiani. ☎ 0784-28-61-12. • pighettiristorante@tiscali.it • pighetti.it • Menu 15 €. Carte 20-25 €.* Les propriétaires, la famille Piga, descendent d'un très vieux roi maure, ce qui explique la présence sur leur blason de 4 têtes de Maures. Un des ancêtres, Salvatore Piga, était l'écuyer du roi Charles Emmanuel Ier de Savoie. Cette famille noble, simple et rustique, s'est adaptée au monde moderne. Leur restaurant est une grande salle simple et sobre, mais très bien tenue. On y sert une goûteuse cuisine locale, des plats bien confectionnés et de savoureuses pizzas.



## À voir

***À pied dans la ville :*** ruelles pavées, arcades voûtées et passages secrets, maisons patinées par le temps et églises discrètes, on peut découvrir la personnalité d'Oliena à pied. Le quartier de Sa Maddalena est celui qui a le mieux conservé son authenticité. Parmi les églises les plus remarquables, celle de Santa Croce, qui serait la plus ancienne. Le collège jésuite, sur le corso Vittorio Emanuele II, prouve l'influence de cet ordre religieux dans la région. Les jésuites ont contribué au XVIIIe s au développement économique et social d'Oliena, en encourageant la viticulture et l'élevage des vers à soie.

***Cortes apertas*** *(maisons avec des cours ouvertes)* **:** c'est une des particularités de la ville. Plusieurs maisons anciennes sont aménagées autour de cours, avec des escaliers extérieurs, des pergolas et des intérieurs colorés.

***Laboratorio artigiano Ricamatrice*** *(atelier artisanal)* **:** *chez Susanna Piga, via S. Farina, 8. 340-358-19-98. Tlj, au rythme du lever et du coucher du soleil.* La charmante Susana Piga est une des dernières brodeuses à la main de Sardaigne. Elle a appris ce métier à l'âge de 18 ans auprès des vieilles dames détentrices de la tradition de la couture sarde. Dans sa petite maison, elle confectionne des foulards et fichus traditionnels, des taies d'oreiller *(cuscini)*, des dessous en velours à glisser sous la selle des chevaux *(sotosella)*, des châles *(scialli)* frangés, cousus avec de la soie et du fil d'or, aux couleurs chatoyantes. Et aussi de petits sacs à main en cuir, en tissu ou en peau. Elle ne parle que l'italien mais se fera un plaisir de vous recevoir.

## Fêtes

– ***S'Incontru :*** *le dimanche de Pâques.* Célébration également prétexte à des défilés et processions.
– ***Festa di San Lussorio :*** *chaque année le 21 août.* La ville est animée par de grands défilés et processions.

## DANS LES ENVIRONS D'OLIENA

### SU GOLOGONE

À 8 km à l'est d'Oliena, Su Gologone est la plus grande source d'eau naturelle de Sardaigne. Un îlot de fraîcheur dans un paysage d'aridité estivale, entouré de monts et de vallées vierges de toute construction. La commune d'Oliena a fait un effort remarquable d'aménagement de l'espace pour l'ouvrir au tourisme vert et aux randonneurs. Après avoir parcouru un labyrinthe interminable de galeries et de boyaux souterrains, sous les montagnes calcaires du Supramonte, l'eau jaillit de cette masse impressionnante. Elle forme une petite cascade de fraîcheur en été mais, en hiver, elle gronde comme un torrent glacial et redoutable. Le débit moyen peut alors atteindre 500 l/s. En période de crues, celui-ci monte à 10 000 l/s. Le plus étonnant n'est pas là, mais dans le fait que personne ne connaît exactement les origines et la profondeur de cette étrange source...

#### Adresses utiles

■ ***Gestur-Sardegna :*** *08025 Oliena.* ☐ *349-508-27-66 ou 348-604-03-95.* • *info@gestursardegna.com* • *gestursardegna.com* • *Demandez le jovial Pasquale, qui parle un peu le français.* Informations sur les possibilités d'hébergement dans les refuges de randonneurs du Supramonte, et notamment celui de la *Casa Buddurai* (voir plus loin). Organise des randonnées guidées aux sites nuragiques de Sa Sedda'e Sos Carros et de Tiscali.

■ ***Escursioni con guida*** *(randonnées avec guide) : contacter Salvatore Puddu, dans son chalet (voir plus loin).* ☐ *328-564-99-83.* • *lefonti@hotmail.it* • *Compter 20-30 €/pers.* C'est un homme jovial et un excellent guide francophone. Il pourra vous conduire sur les sentiers du Supramonte, dans la vallée di Lanaitho jusqu'au site nuragique de Tiscali. Durée : environ 1h30. Difficulté moyenne.

#### Où dormir ? Où manger ?

##### De bon marché à prix moyens

I●I ***Chalet de Salvatore Puddu :*** ***Su Gologone,*** *08025 Oliena.* ☐ *328-564-99-83. Mi-mars à fin nov. Plats 6-12 €.* Il s'agit d'un petit chalet en bois à l'ombre des eucalyptus, au bord de la rivière. Sympathique et dynamique, Salvatore parle couramment le français. Il vend des paninis, sert du café *espresso*, des plats de charcuterie avec du pain mais pas de pâtes. Dites-lui bonjour de notre part.

⛺ 🏠 I●I ***Casa Buddurai (rifugio di Lanaitho) :*** *infos et résas des nuitées dans le refuge auprès de Gestur-Sardegna, 08025 Oliena.* ☐ *349-508-27-66. Demandez Pasquale :* ☐ *348-604-03-95.* • *info@gestursardegna.com* • *gestursardegna.com* • *Site ouv avr-oct, tlj 9h-18h. Compter 30 €/pers.* Au fond de la vallée, loin de toute agitation, ce refuge ressemble à une sorte de grande bergerie moderne et écolo. Le paysage autour est magnifique, ombragé et d'un calme royal. La *Casa Buddurai* abrite des chambres impeccables et propres, où les randonneurs peuvent passer la nuit. On peut aussi y camper mais c'est moins propre. Repas possible sur commande.

🏠 I●I ***Azienda agrituristica Guthiddai :*** *d'Oliena, faire env 5 km en direction de Dorgali, puis tourner à droite vers Su Gologone, c'est indiqué un peu plus loin à droite.* ☎ *0784-28-60-17 ou 73-35.* • *agriturismoguthiddai@tiscali.it* • *agriturismoguthiddai.com* • *Mars-nov. Doubles env 70-90 € selon saison, petit déj inclus. Repas 20-30 €.* Une belle maison blanc et bleu aux couleurs du Grand Sud, dans une oliveraie au pied des montagnes du Supramonte. Chambres coquettes disposées autour d'une cour intérieure ensoleillée, qui évoque un patio de maison espagnole. Copieuse cuisine du terroir élaborée à partir des produits régionaux. Une bonne adresse.

##### Très chic

🏠 I●I ***Hotel-ristorante Su Gologone :*** ***Su Gologone,*** *08025 Oliena.* ☎ *0784-*

*28-75-12. • gologone@tin.it • sugologone.it • À 6 km à l'est d'Oliena en allant vers Dorgali, tourner à droite vers Su Gologone. C'est un peu plus loin à droite, et bien indiqué. Fermé du 10 nov au 20 mars. Doubles 140-430 €. Repas 35-55 €. Apéritif maison offert sur présentation de ce guide.* Le plus bel hôtel du Supramonte, et peut-être du nord de la Sardaigne. Hôtel de charme luxueux qui évoque une hacienda d'Amérique latine. L'intérieur a été arrangé comme une galerie d'art par une propriétaire artiste et grande collectionneuse d'œuvres. Chambres superbes, très agréables et confortables, où l'on sent bien le supplément d'âme de cette maison exceptionnelle. Fait aussi restaurant : là encore rien que du beau, du vrai et du bon goût dans la savoureuse cuisine du chef. Piscine, spa dans le jardin.



## À voir. À faire

**Sorgenti Su Gologone** *(grotte souterraine de Su Gologone)* **:** *au terminus de la route se trouvent un parking, quelques kiosques en bois et la billetterie. Avr-oct, ouv tlj. Billet : 2 € ; réduc.*
Un sentier sous un bosquet d'eucalyptus conduit en 5 mn au bord de la résurgence, c'est-à-dire à l'endroit même où l'eau souterraine sort des ténèbres du Supramonte sous forme de cascade. Les sources de Su Gologone ne se voient pas de l'extérieur car elles se cachent à plus de 103 m sous le niveau de la mer, et on ne sait pas où exactement !
Le site attire depuis longtemps les spéléologues italiens et européens, tous subjugués par ce phénomène naturel exceptionnel. Plusieurs expéditions ont eu lieu. Tous les ans, des plongeurs audacieux s'aventurent dans les profondeurs abyssales de la montagne à la recherche du point de départ de la source. En 2010, l'Italien Alberto Cavedon a atteint la profondeur de 135 m. C'est un record, mais il n'a toujours pas trouvé le fond. Au cours de cette expédition, un cameraman est mort. Les entrailles du Supramonte peuvent dévorer les hommes, qu'ils soient prudents ou imprudents.

## *LA VALLÉE DE LANAITHO (VALLE DI LANAITHO)*

Une longue (8 km) et profonde vallée qui forme une sorte de vaste échancrure dans le massif calcaire karstique du Supramonte. On y accède par un chemin de terre au départ de Su Gologone. En continuant jusqu'au bout de la vallée, on peut poursuivre à pied le sentier qui conduit au site nuragique de Tiscali et à celui de Sa Sedda'e Sos Carros. C'est une des plus belles manières d'accéder à ces sites. Mieux vaut s'inscrire à une randonnée guidée car on peut se perdre.

**Villagio nuragico Sa Sedda'e Sos Carros** *(site nuragique)* **:** *à 300 m au nord de la Casa Buddurai (voir « Où dormir ? Où manger ? » à Su Gologone ci-avant). Tlj 9h30-16h30. Billet : 3 €.* Ce site nuragique date de 1300 à 900 av. J.-C. On peut y observer les restes d'un temple circulaire en grosses pierres taillées. Un ingénieux système d'écoulement des eaux dans un puits sacré était destiné à l'approvisionnement en eau aussi bien qu'à un culte religieux.

### *Le site nuragique de Tiscali*

Niché dans le fond d'un gouffre, au terminus de la vallée de Lanaitho, au cœur du massif du Supramonte, le site nuragique de Tiscali est le plus beau site préhistorique de Sardaigne, et certains prétendent de Méditerranée. Il date du IIe millénaire avant l'ère chrétienne. À cet endroit-là, la montagne de calcaire tendre a été creusée au fil du temps par l'érosion, formant une grande doline karstique, le nom scien-

tifique pour désigner ce gouffre naturel comme on peut en voir dans la région des Causses en France. Arriver à pied à ce site insolite et étrange est un enchantement.
Tiscali fut habité jusqu'à l'époque romaine par le mystérieux peuple nuragique, puis déserté et abandonné. Après des siècles d'oubli, le site n'a été redécouvert qu'au XIXe s, par hasard, par des bûcherons qui travaillaient dans les forêts environnantes. À l'époque, les archéologues arrivaient toujours après les pilleurs de tombes. Résultat : le site a d'abord été vandalisé avant d'être fouillé et préservé. Aujourd'hui c'est le site nuragique le plus visité de Sardaigne. Un témoignage préhistorique exceptionnel.

### FOURNISSEUR D'ACCÈS NURAGIQUE

*Nuragique, informatique, politique, la carrière de Renato Soru emprunte des sentiers insolites ! Né le 6 août 1957 à San Luri, près de Cagliari, il fonde en 1998 la société informatique* Tiscali, *à laquelle il donne le nom du fameux site préhistorique sarde. Devenu un des premiers fournisseurs d'accès Internet en Europe,* Tiscali *est implanté dans 15 pays et constitue un des plus sérieux concurrents européens des multinationales américaines. De 2004 à 2009, Renato Soru, milliardaire, dirige la Région Sardaigne, après avoir été élu à la tête d'une liste de centre gauche. Il est la « bête noire » de Berlusconi.*

## Arriver – Quitter

➢ ***De Dorgali, par la route et à pied :*** de Dorgali, suivre la route SS 125 vers le sud (Tortoli). Après 2,5 km, tourner à gauche, descendre dans la vallée du riu Flumineddu. Au bout de 6,5 km, la route asphaltée s'arrête près d'un petit parking. De là, il faut marcher pdt 2h env (pour les bons marcheurs) avt d'atteindre le site de Tiscali. Compter donc 4h aller-retour. Le sentier est balisé par des marques peintes en rouge. Un conseil : en été, il fait très chaud. Prévoir de l'eau et un chapeau.

➢ ***À pied depuis Su Gologone :*** un sentier mal indiqué, beaucoup plus difficile que l'itinéraire du riu Flumineddu (plus haut). Durée : 1h30 min aller slt. Mieux vaut y aller avec un guide local. Le chemin d'accès débute près de l'hôtel *Su Gologone* (7 km à l'est d'Oliena), juste à la sortie de la route Oliena-Dorgali. Dépasser l'entrée de l'hôtel et tourner à droite peu après, en direction de la vallée di Lanaitho. La route monte, contourne un gros monticule, puis elle continue jusqu'à la grotta Sa Oche, passe près du site de Sa Sedda'e Sos Carros, et traverse la montagne jusqu'au site de Tiscali.

## Adresses et info utiles

– ***Escursioni con guida :*** de nombreuses associations locales ou agences de tourisme proposent cette randonnée accompagnée par un guide sarde compétent. *Compter env 35 €/pers, avec un repas inclus.* Voir aussi *Gestur-Sardegna* et *Salvatore Puddu,* mentionnés plus haut dans la rubrique « Adresses utiles » à Su Gologone.

■ ***Gennargentu escursioni :*** *via Lamormora, 204 A.* ☎ *0784-94-385.* • *gennargentu.it* • Organise des randonnées avec guides locaux dans le Supramonte, et notamment au site nuragique de Tiscali.

■ ***Cooperativa Ghivine :*** *via Lamarmora, 69.* ☎ *0784-96-721.* • *ghivine.com* • Propose des randonnées et des excursions dans la région du Gennargentu et au site de Tiscali : trekking, canyoning, spéléologie.

■ ***Cooperativa Enis :*** ☎ *0784-28-83-63.*

## La visite

¶¶¶ ***Sito nuragico di Tiscali :*** *tlj 9h-19h (17h oct-avr). Entrée : 5 € ; réduc.* On descend à pied dans le gouffre par la partie haute et on a l'impression d'entrer dans une énorme caverne rocheuse. On découvre alors un amalgame de ruines blotties dans la pénombre d'un éboulement rocheux, autour de chênes séculaires. Il faut imaginer, à l'époque nuragique, une série de huttes rondes, en pierre, constituant un hameau de quelques dizaines de familles, vivant comme des reclus dans leur trou perdu... Les toitures étaient en bois de genévrier. La lumière du jour provenait du sommet de la voûte rocheuse. Il n'y avait pas de source. Les habitants recueillaient l'eau coulant des parois rocheuses. Pour en savoir plus, voir la maquette du site qui a été reconstituée et exposée au musée de Cagliari.

# DORGALI

(08022) 8 500 hab.



**À 30 km de Nuoro et à moins de 10 km de la mer (Cala Gonone), sur la route Orientale Sarda (SS 125), Dorgali est un gros bourg sarde typique, installé dans les hauteurs, sur un plateau calcaire couvert d'oliviers et de maquis. C'est un bon point pour rayonner dans la région, entre mer et montagne. Dorgali, c'est l'œil communal qui surveille d'en haut Cala Gonone, son hameau maritime et balnéaire, qui a le petit doigt de pied dans l'eau...**

### L'ARAIGNÉE MÈNE LA DANSE

*En Sardaigne, on appelait* argia *une espèce de tarentule venimeuse. Nombreux sont les paysans qui furent mordus par cette redoutable araignée. Pour guérir ceux qui étaient victimes de sa morsure, la tradition populaire sarde inventa la « danse de l'Argia », pratiquée dans maints villages. C'était non seulement une danse, mais aussi une sorte de rituel gardé secret en raison de son caractère érotique.*

## Adresses utiles

✉ ***Ufficio postale :*** *via Lamarmora, 52. ☎ 0784-94-712.*
@ ***Internet :*** *via Lamarmora, 107. ☎ 0784-96-520.*
■ ***Farmacia di turno :*** *Cipriano, corso Umberto, 13. ☎ 0784-96-101.*
■ ***Polizia municipale*** (police) ***:*** *corso Umberto. ☎ 0784-92-72-17.*
■ ***Cooperativa Ghivine :*** *via Lamarmora, 69. ☎ 0784-96-721. • ghivine.com •* Propose des randonnées et des excursions dans la région du Gennargentu : trekking, canyoning, spéléologie.
■ ***Gennargentu escursioni :*** *via Lamormora, 204 A. ☎ 0784-94-385. • gennargentu.it •* Organise des randonnées avec guides locaux dans le Supramonte, et notamment au site nuragique de Tiscali.

## Où dormir ? Où manger dans les environs ?

***Agriturismo Canales :*** *localita Canales, 08022 Dorgali. ☎ 0784-96-760. 📱 340-565-38-81. • agriturismo.canales@libero.it • canales.it • Fermé de nov à mars. Doubles 60-70 € selon saison, petit déj inclus.* Sur le rebord d'une falaise calcaire dominant une superbe vallée encaissée et un lac artificiel, cette belle maison de pierre jouit d'un site remarquable, loin de l'agitation urbaine. Les chambres se trouvent dans de charmantes maisonnettes enfouies dans le maquis et sous les arbres. Elles sont propres et coquettes, avec tout le confort, et disposent pour certaines d'une petite terrasse d'où la vue sur la vallée est magnifique. Cuisine locale traditionnelle. Excellent accueil.

**Agriturismo S'Ozzastru :** *localita* ***Su Cuddiarvu,*** *route SS 125 (Orientale Sarda), km 212, 08222 Dorgali. 340-416-64-41 ou 347-500-80-96. • info@agriturismosozzastru • agriturismosozzastru.com • Doubles 70-80 €, petit déj inclus. Compter 30 € pour un repas complet. Café ou digestif offert sur présentation de ce guide.* Une ferme-auberge en plein maquis. On dort dans un bâtiment récent et fonctionnel, abritant des chambres spacieuses et bien équipées, jouissant d'une belle vue sur la campagne. Savoureuse et copieuse cuisine de terroir à base de produits de la ferme. Tout est sain, tout est bio, et fait maison. Les enfants aiment aussi voir les moutons, les ânes, les vaches, les cochons et les poules qui vivent à la ferme. Propriétaires très gentils et accueillants.

**Hotel Ristorante Ispinogli :** *localita* ***Ispinigoli,*** *08022 Dorgali. ☎ 0784-95-268. • info@hotelispinigoli.com • hotelispinigoli.com • Pâques-oct. Resto ouv tte l'année, en hiver sur résa. Doubles 75-100 €. Repas 30-35 €.* Un hôtel à taille humaine et bien tenu. Abrite des chambres confortables et calmes, avec jolie vue sur le maquis et les monts. Fait aussi resto : bonne cuisine sarde avec des plats de la mer. La salle à manger, style collectif, manque de caractère mais la terrasse est agréable.



## À voir

**Museo archeologico di Dorgali :** *via Lamarmora. 349-442-55-52. • ghivine@tiscali.it • ghivine.com • Juin-sept, tlj 9h-13h, 16h-19h ; sept-oct, 9h30-13h, 15h30-18h ; janv-mai, 9h-13h, 15h30-18h. Billet : 3 € ; réduc.* Belle collection d'objets trouvés dans les fouilles des sites nuragiques, puniques et romains de la région.

## Fête

– **Festival mondiale del Folklore :** *en août.* Organisé par l'association locale *Tiscali Dorgali*, ce festival célèbre les traditions et la culture de la Sardaigne. Une occasion de ne pas passer la journée à bronzer sur la plage de Cala Gonone.

## DANS LES ENVIRONS DE DORGALI

**Grotta di Ispinigoli :** *à env 5 km au nord-est de Dorgali, par la route d'Orosei (SS 125), bifurcation à droite. Juin-fin sept, tlj 9h-13h, 15h-18h ; Pâques-juin, 9h-12h, 15h-17h ; oct, 10h-12h, 15h-17h. Visites guidées ttes les heures en italien et en anglais. Durée : 40 mn. Entrée : 7,50 € ; réduc.* Elle est bien indiquée. Une grotte impressionnante que l'on atteint en descendant 280 marches, avant d'admirer les séries de stalactites et de stalagmites dont la 4e plus grande du monde, haute de 38 m, sorte de colonne calcaire qui relie le sol à la voûte.

**Sito nuragico di Serra Orrios :** *à env 10 km au nord-ouest de Dorgali, sur la route de Nuoro. ☎ 0784-93-696. C'est indiqué, sur la droite de la route. Visites guidées tlj en été, ttes les heures.* Moins connu que le site de Tiscali, c'est néanmoins un des mieux préservés de Sardaigne. Il date des XIIe et Xe s av. J.-C. Il compte 70 habitations circulaires (en ruine) réparties en six groupes distincts, abritant chacune une cheminée et organisées autour d'un puits. Des petits lieux de culte ont été mis à jour sur le site.

# LE PARC NATIONAL DU GENNARGENTU

**Étendu sur près de 60 000 ha, entre l'Ogliastra (à l'est), la Barbagia (à l'ouest) et la mer Tyrrhénienne, le parc du Gennargentu a été créé afin de protéger la**

nature et l'environnement de cette région montagneuse, considérée comme une des plus belles et sauvages de la Sardaigne. Gennargentu, ce nom de massif montagneux signifie « porte d'argent ». Il se compose grosso modo de deux parties : l'intérieur et la côte. L'intérieur avec des montagnes sauvages, austères et dépeuplées, dont la fameuse punta La Marmora (1 834 m) qui est le point culminant de l'île (accessible à pied, 1h30 de marche). On y trouve quelques villes perchées sur le rebord ouest du massif comme Aritzo et Fonni, reliées entre elles par des routes sinueuses et étroites. L'autre partie du parc se trouve à l'est, c'est le Gennargentu maritime, accolé au Supramonte (gros massif calcaire karstique comme dans le Jura ou en Croatie).
Les montagnes descendent vers la mer et débouchent sur un littoral exceptionnel, découpé par de multiples criques rocheuses, cachant des plages aux eaux bleu turquoise. Aucune route n'y conduit, on y accède seulement en bateau (de Cala Gonone) ou à pied par des sentiers vertigineux. En hiver, le Gennargentu de l'intérieur reçoit de la neige aux périodes les plus froides. Au printemps, les fleurs du maquis apportent la douceur et les parfums du renouveau. En été, c'est la fraîcheur que l'on vient chercher ici, car ailleurs la chaleur est torride. Cette nature intacte constitue un paradis pour les randonneurs, mais il est conseillé de ne pas partir seul à l'aventure. La vie animale du parc se réduit à quelques espèces : moutons, sangliers, mouflons et martres, sans oublier les vautours griffons et les gypaètes barbus, tous difficiles à observer, car ils fuient les hommes et ils ont raison...



## CALA GONONE

(08022) 1 300 hab.

Un des plus remarquables sites naturels du littoral du Supramonte, et sans doute un des mieux préservés des côtes sardes. Nichée au pied d'une immense muraille en calcaire (le rebord oriental du parc national du Gennargentu) érodée et ciselée par les siècles, la petite station balnéaire de Cala Gonone, à moins de 10 km à l'est de Dorgali, est le cœur du golfe d'Orosei, une merveille. Cette portion du littoral en forme d'arc évasé est si belle qu'elle a été parfois surnommée le « Croissant Bleu ». C'est de Cala Gonone que partent les bateaux qui permettent de découvrir, vers le sud, les criques les plus sauvages et les plages les plus étonnantes. En venant de Dorgali (moins de 10 km), ville perchée dans les hautes terres, la route passe d'abord sous un tunnel, et soudain, après l'obscurité, c'est l'éclat d'une ardente lumière qui vous reçoit. On est immédiatement ébloui par la beauté de ce paysage.

### SARDONIQUE SARDINE SARDE !

*Le mot « sardine » vient du latin* sardine *qui signifie « poisson ». En fait, il s'agit d'un petit poisson des eaux sardes que les Romains ont dénommé* sardinia*, ce qui a donné ensuite : sardine ! D'où vient le mot « sardonique » alors ? D'une fleur, la* sardonia herba *(du nom de l'île de Sardaigne) ou renoncule de Sardaigne. Toxique, si on l'ingère, elle a pour propriété de provoquer des rictus au point que l'on a l'impression que le malade rit. Or, c'est une grimace de douleur. De là vient l'expression : un sourire sardonique, pour une personne qui cache de mauvaises intentions.*

Le regard embrasse un panorama exceptionnel à 180°, où les falaises rocheuses et séculaires descendent dans le grand bleu turquoise d'une mer limpide

**et éblouissante, éternellement attirante. De ce perchoir unique, la route dévale vers le bas, en décrivant de nombreux virages au sein d'un maquis planté d'oliviers, et parfumé par les senteurs de ciste, romarin, arbouse et myrte. On arrive enfin au terminus de Cala Gonone avec l'impression d'être arrivé dans une oasis après la traversée du désert. Car ce cul-de-sac est un refuge idéal, un endroit où l'on a envie de s'installer et de mettre les pieds (et plus) dans l'eau.**



## Arriver – Quitter

### En bus

– Achat des billets de bus *ARST* chez ***Edicola Gometz*** *(via Colombi, 13 ; ouv tlj 7h-13h, 16h-19h30).* Départs et arrivées des bus en face de l'office de tourisme. Les horaires exacts des transports publics sont disponibles à l'office de tourisme.

➢ ***De/pour Dorgali :*** 4 bus/j. Durée : 20 mn. 7 bus/j. pdt les j. fériés.

➢ ***De/pour Nuoro :*** 2-3 bus/j., 1 le mat et 1 l'ap-m, et 5 bus/j. pdt les j. fériés. Durée : 1h10.

➢ ***De/pour Olbia :*** de Cala Gonone, il faut prendre un bus pour Dorgali, puis changer. De Dorgali à Olbia, 1 bus/j. en fin d'ap-m (2 bus les j. fériés). Durée : 3h20.

## Adresses utiles

ℹ ***Ufficio informazioni turistiche*** *(office de tourisme)* **:** *viale Bue Marino. ☎ 0784-93-696. À l'écart du centre, mais facile d'y aller à pied. Tlj 9h-13h, 15h-19h.* On y parle le français. Très bien documenté. Plan de la station. Liste des hébergements (hôtels, *B & B...*), restaurants, bars. Infos sur les activités nautiques et sportives (plongée, scooter des mers, kayak, Zodiac, planche à voile, escalade), sur les randonnées (dans la montagne) et les excursions en bateau le long de la côte du golfe d'Orosei.

@ ***Internet :*** *à côté de l'hôtel* San Francisco, *sur la gauche. Tlj sf dim 9h30-12h30, 16h30-20h.*

✉ ***Ufficio postale :*** *via Lamarmora, 52, à* ***Dorgali.*** *☎ 0784-94-712.*

– ***Commerci Città :*** pharmacie, épiceries... mais il y a plus de choix à Dorgali.

## Où dormir ?

### *CAMPING*

⛺ ***Camping Villaggio Calagonone :*** *via Collodi, 1. ☎ 0784-93-165. • camping calagonone.it • Pâques-oct. Pour 2 pers, 1 tente et 1 voiture, 26-40 € la nuit selon saison.* Un bon camping ombragé et bien équipé. Sanitaires propres. Loue aussi des bungalows. Tous les services sur place : épicerie, bar, restaurant, piscine, tennis...

### *BED & BREAKFAST (CHAMBRES CHEZ L'HABITANT)*

🏠 ***B & B Ichnos :*** *via delle Conchiglie, 5. 📱 328-001-40-14. • info@bbichnos.com • bbichnos.com • Doubles 40-70 € selon saison.* Une maison moderne, et banale extérieurement, mais très bien située, à 50 m du bord de mer. Les chambres sont impeccables, et sans prétention au plan du style et de la déco. Mais peu importe, c'est un bon rapport qualité-prix pour cette station balnéaire.

🏠 ***B & B Sos Ozzastros :*** *via Vasco de Gama, 7. ☎ 0784-93-145. • info@homeresort2p.it • homeresort2p.it • Doubles 80-160 € selon saison, petit déj inclus.* Une jolie villa blanche et fleurie, à l'écart de l'agitation. 3 chambres seulement, propres et bien arrangées, avec une salle de bains commune pour 2 d'entre elles. La plus belle profite d'un balcon. Joli salon, terrasse très agréable et ombragée, une bonne adresse. Accueil jovial de la famille Pira.

🏠 ***B & B Chez Moi :*** *viale Bue Marino, 8. ☎ 0784-93-237. • gattomania@tiscali.it • Congés : 10 janv-10 mars. Double 50-70 €.* À l'écart du centre, une grande maison moderne au bord d'une route (attention au bruit). La dame est très accueillante et parle le français. Loue un appartement pour 7 personnes, très lumineux car en plein sud ou une chambre double, située au bout du couloir dans l'appartement habité par la propriétaire. Adresse qui peut dépanner.

*HÔTELS*

## Prix moyens

**Hotel San Francisco :** *via Magellano. ☎ 0784-92-00-30. • info@hotelsfrancisco.com • hotelsfrancisco.com • Tte l'année (un des rares). Doubles 50-140 € selon saison.* Petit hôtel central abritant une vingtaine de chambres simples mais propres et bien équipées. Vue sur les rues du village, car il est un peu en retrait de la mer.

**Hotel La Favorita :** *viale Palmasera, 30. ☎ 0784-93-169. • info@hotelafavorita.it • hotelafavorita.it • Doubles 40-110 € selon saison, avec petit déj.* Petit immeuble de taille raisonnable situé le long de la rue où s'alignent les hôtels. Bon accueil. Chambres simples, confortables et suffisamment équipées, qui donnent sur la mer pour certaines. Fait aussi restaurant-pizzeria. Un bon rapport qualité-prix pour la station.

**Hotel Miramare :** *piazza Giardini, 12. ☎ 0784-93-140. • info@htlmiramare.It • htlmiramare.It • Pâques-oct (resto mai-sept). Doubles env 50-160 € selon saison. Repas 30-40 €.* Grand immeuble des années 1950, rénové, abritant sur 4 étages des chambres avec vue sur la mer (pour la plupart). D'où son nom *Miramare* : il regarde la mer. Demandez-en une au 3e ou au 4e étage, elles sont plus calmes et plus lumineuses encore. Fait aussi resto.

**Hotel Cala Luna :** *lungomare Palmasera, 6. ☎ 0784-93-133. • info@hotelcalaluna • hotelcalaluna.com • Doubles 74-154 € selon saison et vue.* Situé au début de la rue qui longe le front de mer. Une bâtisse moderne couverte de bougainvillées, avec des chambres fonctionnelles équipées de tout le confort. Balcon pour la majorité.

**Hotel Bue Marino :** *via Vespucci, 8. ☎ 0784-92-00-78. • info@hotelbuemarino.it • hotelbuemarino.it • Doubles 60-155 € selon saison et vue, petit déj inclus. Repas 25-35 €.* Le *Bue Marino* est presque le *blue marino,* car le bleu marine est sa couleur préférée, son style propre semble-t-il, ce qui le rend séduisant de prime abord. Il domine la marina remplie de bateaux. L'accueil, la décoration et l'aménagement des chambres, le restaurant panoramique sur le toit : tout est fait ici pour séduire le visiteur. Demandez une chambre côté mer, et dans les étages élevés car la vue (sur le port, la plage et la côte) est superbe.

## Plus chic

**Hotel Costa Dorada :** *lungomare Palmasera, 45. ☎ 0784-93-332. • info@hotelcostadorada.it • hotelcostadorada.it • Doubles 108-390 € selon saison et vue, petit déj inclus. Wifi.* Cet hôtel chic couvert de vigne vierge a su rester à taille humaine, à l'image de la station de Cala Gonone. Les chambres, de grand confort, donnent pour certaines sur le devant (face à la mer). Dans un bâtiment aux murs assaillis par les plantes grimpantes et les bougainvillées se répartissent d'autres chambres, plus calmes et seulement avec vue sur le jardin intérieur. Fait aussi restaurant. Les repas se prennent sur une jolie terrasse couverte.

# Où manger ?

**Ristorante Il Pescatore :** *via Acqua Dolce, 7. ☎ 0784-93-174. Plats 6-15 €.* Voilà encore une bonne auberge de bord de mer, proposant des plats sardes de la terre ou de la mer, c'est selon votre goût. Recettes de poisson ou de terroir, la fraîcheur est assurée et le cuisinier connaît son métier par cœur. Attablez-vous dans la grande salle animée ou bien en terrasse en plein air, c'est un beau perchoir avec vue sur la mer et la marina. On a aimé ce *Pescatore* qui régale ses hôtes. On reviendra. Comme disent les Italiens de cette bonne adresse : *ottimo !*

**Ristorante-pizzeria Al Porto da Simone :** *piazza del Porto, 2. ☎ 0784-93-185. • ristorantealportodasimone.it • Menus 15-20 €. Pour un repas complet, compter 30-35 €.* Au rez-de-chaussée de l'hôtel *Pop,* qui n'a ni le style pop ni le look rock'n'roll, mais c'est un classique dans le style balnéaire. On y sert de délicieuses pizzas et des plats sardes traditionnels, et tout cela à prix sages. Il y a même des plats végétariens, ce qui est rare dans une pizzeria de bord de mer. Bravo Simone !

**Il Cormorano :** *via Vespucci, 6. ☎ 0784-93-601. • cormorano.rist@gmail.com • Juste à droite de l'hôtel Bue Marino, tt près du port. Fermé de nov à mars. Menus 14-24 € ; carte 30 €. Digestif offert sur présentation de ce guide.* Grande salle prolongée par une terrasse ombragée où l'on savoure une bonne cuisine sarde bien mitonnée mais classique. La carte est variée et le service *adagio ma non troppo* (« lent mais pas trop »).

**Pub Roadhouse Blues :** *via Lungomare Palmasera, 28. ☎ 0784-93-187. Tlj en été, jusqu'à 23h et plus. Compter 15 € pour un repas.* Un pub irlandais face à la mer. On peut y boire un verre ou manger. Petite cuisine locale et sans prétention servie sur la terrasse qui donne sur la plage. Demander Enrico, qui parle le français.

On recommande aussi le ***ristorante del hotel Bue Marino,*** aménagé sur le toit de l'hôtel, et jouissant d'une vue admirable.

## Où boire un verre ? Où déguster une bonne glace ?

**Su Recreu :** *piazza Andrea Doria. ☎ 0784-93-135. • su.recreu@tiscali.it • Tlj en été jusqu'à 3h. Fermé du 15 nov au 1er mars. Digestif offert sur présentation de ce guide (à condition d'y manger).* Un bar-resto-*gelateria,* très animé le soir quand la musique salsa berce la salle de ses notes langoureuses. On y sert de succulentes glaces, mais aussi des cocktails cubains préparés par Yoany, barman qui a travaillé à La Havane, au célèbre bar *Bodeguita del Medio.* Une très bonne adresse latino pour les longues soirées d'été.

# À voir

***Museo della Foca Monaca*** *(Centro di educazione ambientale) : viale Bue Marino, 1. 346-036-68-58. • ceafocamonaca.it • Tlj 9h30-12h30, 16h30-23h30.* Il s'agit d'un petit musée consacré à la faune de la région du Supramonte et du Gennargentu. Sanglier, renard, martre, aigle royal, épervier... Le musée s'appelle ainsi en hommage aux phoques, autrefois nombreux sur le littoral de Dorgali, mais aujourd'hui en voie de disparition. La flore locale n'a pas été oubliée : arbousier, myrte, ciste, asphodèle...

# À faire

➢ ***Escursioni in battelo :*** de nombreuses compagnies, basées sur le port de Cala Gonone, proposent des excursions en mer, dans le golfe d'Orosei, le long de la côte. Leurs kiosques et guichets de vente des billets sont alignés les uns à côté des autres. Les compagnies offrent plusieurs possibilités : le simple Zodiac sans skipper *(max 12 pers, env 150 € la journée plus le carburant),* ou le bateau-bus (plus grosse embarcation métallique) qui vous dépose à la plage de votre choix où vous passez la journée avant de revenir. Une autre option est la *croisière-promenade* qui permet d'avoir une idée globale du golfe d'Orosei en une journée. Les bateaux desservent les différentes plages nichées dans les criques sauvages dont la liste figure plus bas. Les tarifs sont à peu près identiques et la concurrence est féroce. *Pour la grotte de Bue Marino : env 17 €/pers ; réduc. Pour cala Luna : env 16-17 €/pers. Pour cala Mariolu : env 26 €. Pour cala Sisine : 18 €. On peut choisir aussi, à la carte, d'aller à Abbinata, cala Biriola, cala Gabbiani, cala Goloritze. Une croisière avec vue d'ensemble coûte 26-35 €/pers.*

Dans la plupart des cas, l'excursion vendue par une agence inclut le transport (aller-retour) et la visite de la grotte de Bue Marino, ainsi que l'entrée du museo de la Foca Monaca. Les départs ont lieu le matin, du port de Cala Gonone. Les retours se font dans l'après-midi, et dans la soirée. La durée de chaque arrêt sur chacune des plages du littoral dépend de l'horaire de départ. Donc mieux vaut partir le plus tôt possible. En été, les fréquences sont importantes. En basse saison, les départs sont moins nombreux.

■ ***Consorzio Trasporti Marittimi :*** *☎ 0784-93-305.* • *calagononecrociere.it* • Flotte de 11 unités, avec une capacité de 60 à 350 passagers. Départs toutes les heures en été.

■ Et aussi : ***Cielomar,*** *kiosque 6.* *☎ 0784-92-00-14.* • *cielomar.it* • ***Malu,*** *kiosque 12.* ***Nonno Pio,*** *kiosque 1.* ***Rent a boat,*** *kiosque 4.* ***Sea Charter Day Cruises,*** *kiosque 13...*

## Les plages au sud de Cala Gonone

***Spiaggia di Palmasera :*** *à la sortie sud de la ville de Cala Gonone. Accessible à pied en suivant le bd Viale del Bue Marino. Après env 500 m, prendre à gauche une petite route qui mène à un parking, juste derrière Palmasera.* De là, possibilité de rejoindre à pied la ***spiaggia de cala Fuili,*** seulement 3,5 km de marche depuis Cala Gonone, ou de s'y rendre en voiture si l'on craint l'insolation ! De cette plage de cala Fuili part le sentier pédestre qui conduit à la plage de cala Luna. Superbe randonnée le long de la mer.

***Grotta del Bue Marino*** *(grotte de Bue Marino)* **:** la « grotte du Bœuf Marin » se visite en bateau. Étendue sur près de 5 km. Le parcours de visite est aménagé sur 1 200 m. Ses concrétions calcaires découpées et ciselées par le temps se reflètent dans les eaux turquoise. Elle fut longtemps le refuge du phoque moine, aujourd'hui en voie d'extinction.

***Spiaggia di cala Luna :*** *accessible slt en bateau depuis Cala Gonone, Santa Maria Navarrese ou Arbatax.* Merveille des merveilles ! Même s'il y a beaucoup de monde en été, le site restera toujours enchanteur : une petite crique aux eaux bleu turquoise et limpides, une plage de sable (fin et plus grossier) enchâssée au pied de parois de rochers calcaires, et à l'arrière des dunes, un bois florissant d'oléandres se réfléchissant sur les eaux d'un petit étang. Plus loin, la montagne est creusée par six petites cavités qui servaient autrefois de refuge aux phoques moines. Aujourd'hui, ce sont les touristes et les baigneurs qui viennent s'y réfugier, fuyant la chaleur torride à l'heure de midi.

***Spiaggia di cala Sisine :*** *accessible slt en bateau depuis Cala Gonone, Santa Maria Navarrese ou Arbatax.* Encore une petite merveille de la nature ! La plage dessine une sorte de triangle encastré entre deux flancs de collines couvertes de maquis, au débouché d'une rivière (à sec en été).

***Spiaggia di cala Biriola :*** *accessible slt en bateau depuis Cala Gonone, Santa Maria Navarrese ou Arbatax.* Même physionomie que ses voisines, mais plus petite et discrète sous sa paroi rocheuse couverte d'un maquis méditerranéen. Un inconvénient, elle est souvent à l'ombre.

***Spiaggia Piscina di Venere :*** un chef-d'œuvre naturel aussi. Très belle, avec des eaux limpides et de gros rochers calcaire immergés.

***Spiaggia di cala Mariolu :*** *accessible slt en bateau depuis Cala Gonone, Santa Maria Navarrese ou Arbatax.* Nichée dans une crique rocheuse dominée par les parois calcaires de la Serra Ovara, cette plage fait partie des escales d'été des nombreux bateaux qui vont et viennent à longueur de journée depuis Cala Gonone.

***Spiaggia di cala dei Gabbiani :*** *accessible par bateau slt ou par un sentier vertigineux et très difficile qui tombe des montagnes calcaires.* Elle est plus vite plongée dans l'ombre que les autres plages.

***Spiaggia di cala Goloritze :*** *en venant par le sud de la côte, c'est la plus proche du capo di monte Santu. Accessible slt en bateau depuis Cala Gonone, Santa Maria Navarrese ou Arbatax.*
Voici une des plus belles criques sauvages de la côte est de la Sardaigne, et selon certains une des plus remarquables de la Méditerranée !
Les Sardes en ont fait une sorte de monument national, un trésor du patrimoine naturel. Entourée par des rochers découpés, dont l'aiguille du mont Caroddi (appréciée des grimpeurs), cette plage est composée de petits cailloux blancs et, s'il n'y a pas trop de baigneurs, elle peut être le lieu de tous les délices de l'été.

# LA ROUTE ENTRE DORGALI ET TORTOLI (L'ORIENTALE SARDA, SS 125)



**Voici la plus belle route (63 km en tout) de la côte est de la Sardaigne. Elle traverse la partie orientale du parc national du Gennargentu, grand espace naturel de protection de l'environnement (à la fois mer et montagne) qui se termine par le Supramonte vers Dorgali. De Dorgali à Santa Maria Navarrese (8 km au nord de Tortoli), l'Orientale Sarda (SS 125) grimpe et descend en tournicotant, virevolte et sinue librement dans des paysages de montagnes rocheuses, de pitons calcaires érodés et dessinés par les siècles, avec des horizons âpres et dépeuplés, et une maigre végétation, une sorte de maquis desséché. Des paysages qui vivent comme les gens, dans le silence et la solitude des hauteurs. C'est très beau, c'est encore sauvage, mais c'est austère. On le voit bien, la main de l'homme sur le Gennargentu a été douce et bienveillante et non dévastatrice et maladroite. Des obsédés du développement à tout prix envisageraient néanmoins de transformer cette très écolo SS 125 en une voie rapide à quatre voies, afin de relier convenablement Cagliari à Olbia. Personne ne donne crédit à leur idée farfelue. Pour l'instant, l'Orientale Sarda reste une bonne deux voies, classique et en très bon état. Elle suffit largement au besoin de la population (très faible...) et des visiteurs (touristes et autres). Orientale Sarda, reste comme tu es et ne change pas !**

## Où dormir ? Où manger ?

***Hotel Silana :*** *Ghenna di Silana. 340-335-14-09 ou 340-139-83-99. • info@hotelsilana.com • hotelsilana.com • Fermé en nov et 2 sem fin janv-début fév. Doubles 60-105 € selon saison, petit déj inclus. Repas 30-35 €. Internet.* Le sympathique Gian Piero, Sarde francophone, et sa charmante épouse Simona reçoivent leurs hôtes avec sourire et plaisir. Leur hôtel, à l'écart de la route, est très bien tenu. Chambres fermées par de grosses portes en vrai bois, avec un espace agréable et bien arrangé, et une vue sur les montagnes. Calme et fraîcheur des nuits d'été quand la côte étouffe sous la canicule... Cuisine locale du Supramonte, très soignée, et bien élaborée... *Silana* : une adresse coup de cœur.

## À voir

***Collo di Genna Silana :*** c'est le point culminant (1 017 m) de cet itinéraire Dorgali-Tortoli par la route Orientale Sarda. Belle randonnée pédestre (facile) depuis le col jusqu'au canyon de Gorropu. Durée : 1h15. Il n'est pas nécessaire d'y aller avec un guide. Renseignements et détails auprès de Gian Piero, patron francophone de l'hôtel *Silana*. *(Voir aussi le site • gorropu.info • ou appeler le 328-897-65-63.)*

**Urzulei :** *à 22 km au nord de Baunei. De la route principale, une petite route s'échappe sur la gauche et y conduit.* Gros bourg étagé sur les versants de la punta Is Gruttas, autrefois reculé et isolé. L'église San Giorgio date du XVe s. Derrière celle-ci commence le sentier San Giorgio B 501 qui mène au Supramonte (11 km, et 3h de marche peu difficile).

**San Pietro di Golgo :** *accessible depuis Baunei par une piste en mauvais état, sinueuse, et rocailleuse, avec des virages en épingle à cheveux.* On y croise des cochons sauvages, métissés noir et rose (hybrides de cochons et de sangliers). Après 6 km, la piste arrive dans un cul-de-sac : le village minuscule de San Pietro (environ 600 m d'altitude). On y trouve le bar *Su Porteddu (☎ 340-275-52-26),* où l'on peut se rafraîchir. Il accueille les campeurs-randonneurs sous les arbres (simple, sommaire mais écolo). Les marcheurs les plus courageux peuvent ensuite entreprendre la descente à pied vers la plage de cala Goloritze et la mer, par des sentiers abrupts. Une belle mais très difficile randonnée.

**Baunei :** *à env 16 km au nord de Tortoli.* C'est le premier village haut perché (480 m) sur la route Orientale Sarda, en venant du sud. Un nid d'aigle surplombant d'un œil distant la douce plaine en contrebas, un village sur un balcon rocheux surveillant la mer lointaine. Baunei n'est-elle pas la commune qui possède le plus grand littoral maritime de Sardaigne ? Le bourg est à l'image des habitants. Ceux-ci étaient autrefois réputés pour leur courage et leur ardeur à la tâche. Dans un vieux dictionnaire historique, il est dit que l'oisiveté est un crime à Baunei. « Dans les champs, on chercherait vainement qui, parmi les hommes ou les femmes, a les mains les plus calleuses... »
On peut aller se rafraîchir au bar *San Pietro,* à 200 m de l'église. Sa terrasse jouit d'une vue remarquable sur la vallée et la plaine.
Tout près de l'église aussi, l'atelier *Sa Brocca* expose et vend des céramiques réalisées et peintes à la main par un jeune artiste du village (prix sages pour la qualité).



# ARBATAX ET TORTOLI (08041) 1 100 et 10 394 hab.

**Tortoli et Arbatax : ces deux villes sont comme deux sœurs siamoises reliées entre elles par un mince cordon ombilical, une route étroite et encombrée en été. L'une ne marche pas sans l'autre. Tortoli vit en hiver tandis que sa sœur vit en été. Tortoli c'est la terre, les monts, le commerce, le carrefour routier. Arbatax c'est la mer, le balnéaire à visage humain, le port d'où partent et arrivent les ferries de Cagliari et de la péninsule italienne, les pins méditerranéens, le maquis et ses senteurs, les plages et les criques noires de monde en juillet-août mais vides hors saison. Pour des vacances, on connaît mieux qu'Arbatax. Mais si vous devez vous y arrêter quand même, voici quelques informations utiles. Par ailleurs, Arbatax peut être une base de quelques jours pour rayonner et découvrir l'Ogliastra et les trésors de l'arrière-pays.**

## Arriver – Quitter

### Par la route

➢ Depuis **Cagliari,** une 4-voies (presque terminée) permet d'arriver à Tortoli en 3h.

### En bus

Infos aux offices de tourisme de Tortoli et Arbatax. • *arst.sardegna.it* •
➢ Les bus *ARST* relient Tortoli à **Cagliari** : 1 bus/j. dans les deux sens ; durée : env 4h.

➢ Autres destinations : ***Santa Maria Navarrese,*** une dizaine de bus/j., durée : 15 mn ; ***Dorgali,*** 1 bus/j. lun-sam, durée : 1h50 ; ***Nuoro,*** 4 bus/j. lun-sam, durée : 2h30.

## En train

➢ ***De/pour Mandas et Cagliari*** avec le *Trenino verde.* • *treninoverde.com* • Le *Trenino verde* est un charmant petit train touristique qui relie Cagliari à Arbatax via Mandas. 13 juil-11 sept, il circule tlj sf mar. Billet aller : env 30 €. Durée totale du voyage : 6h30. En raison des horaires, il n'est pas possible de faire l'aller-retour dans la même journée. La 1re partie du voyage Cagliari (Monserrato)-Mandas (durée 1h20) traverse les collines du Trexenta, parsemées de pins, d'amandiers et d'oliviers, pour rejoindre la région de la Barbaggia di Seui. La partie la plus intéressante et la plus belle est celle qui relie Mandas à Arbatax (durée : env 5h) via Lanusei (région montagneuse et accidentée de l'Ogliastra). La ligne décrit de nombreuses courbes sur les versants des montagnes de l'Ogliastra (l'arrière-pays de Tortoli-Arbatax) et emprunte une multitude de ponts, viaducs et tunnels.

## En bateau

➢ ***De/pour Arbatax :*** liaisons régulières de ferries avec la compagnie *Tirrenia.* • *tirrenia.it* •

➢ ***De/pour Gênes :*** 2 bateaux/sem ; durée : 18h.

➢ ***De/pour Civitavecchia :*** 2 bateaux/sem ; durée : 10h30.

➢ ***De/pour Fiumicino :*** 2 bateaux/sem en été slt ; durée : 4h30.

➢ ***De/pour Cagliari :*** 2 bateaux/sem ; durée : 5h15.

➢ ***De/pour Olbia :*** 2 bateaux/sem ; durée : 4h30.

## En avion

✈ ***Aérodrome :*** *à 1,5 km env au sud de Tortoli,* le petit aérodrome est desservi (en été slt) par des vols charters depuis les villes italiennes (Rome notamment). ☎ *0782-62-43-00.* • *aeroportotortoliarbatax.it* •

## Adresse utile

ℹ ***Info-Point :*** *à **Tortoli,** via Mazzini, 7.* ☎ *0782-62-28-24. À **Arbatax,** via Lungomare, près du port et de la marina.* ☎ *0782-66-76-90. Ces 2 points d'infos touristiques sont ouv juin-sept, tlj 9h-16h.*

## Où dormir ?

Il y a un faible choix d'hôtels bon marché et économiques. Quelques *B & B* dans les quartiers résidentiels de Tortoli ou Arbatax, mais rien de bien intéressant. En revanche, on trouve plusieurs hôtels-clubs le long des plages qui reçoivent des groupes et vendent leurs services par des agences. Ils n'ont pas besoin du *Guide du routard* pour se faire connaître.

⛺ ***Camping villaggio Telis :*** *Baia di Porto Frailis, 08041 **Arbatax.*** ☎ *0782-66-71-40.* • *info@campingtelis.com* • *campingtelis.com* • *Pour 2 adultes, 1 tente et 1 voiture, compter 20-40 €/j. selon saison. Bungalows 490-980 €/sem selon saison.* Camping tout en longueur, au pied d'une colline plantée de pins, en bord de mer avec la plage de Porto Frailis à côté. Le rêve du campeur en Sardaigne ! Emplacements ombragés, sanitaires corrects et très nombreux services : bar, tabac, restaurant, épicerie, discothèque, tennis, ping-pong, école de surf...

🏠 ***B & B Arba'at'ashar :*** *via Sindaco Depau, 2, 08041 **Arbatax.*** ☎ *0782-667-092. Doubles 50-80 € selon saison, petit déj inclus.* Il s'agit d'une maison moderne, de couleur terre de Sienne, et tenue par une famille aimable et hospitalière. Chambres simples et sans prétention, mais propres et calmes. Vue sur le jardin. Difficile de trouver moins cher à Arbatax.

## Où manger ?

|●| 🍕 ***Ristorante-pizzeria Lucitta :*** *localita **Porto Frailis.** À 200 m de la plage et de l'hôtel* Bitta *(4 étoiles). Sur le côté gauche de la route en venant de la mer.*

*Plats 5-8 €.* Délicieuses pizzas, dont certaines sont des spécialités du chef, comme celles faites avec des fromages locaux (la pizza Ogliastrina). En fin de repas, ne pas quitter la table sans avoir goûté au breuvage des dieux sardes : la liqueur de myrte biologique au miel.

**Star 2 :** *via Lungomare, 08041* ***Arbatax.*** *☎ 0782-66-75-03.* Le nom est ridicule, mais l'adresse est pratique. Près du port, au cœur de l'animation estivale, cette pizzeria-*ristorante* propose des plats sardes et surtout de bonnes pizzas au feu de bois. Elle est fréquentée par les touristes et les gens du pays, ce qui est un bon signe.

## Où manger dans les environs ?

***La Peschiera :*** *localita* ***Peschiera San Giovanni,*** *Riva di Ponente. ☎ 0782-66-44-15. Tlj. Repas env 30 €.* Un restaurant qui ne plaira qu'aux amateurs de produits de la mer, car c'est la spécialité de la maison. Le menu est fixe et il change tous les jours. Une bonne table et une cuisine qui suit le rythme des arrivages de poissons. Ce n'est pas un hasard s'il figure dans le club des auberges *slow food* de Sardaigne.

## Les plages dans la région de Tortoli

***Spiaggia di Porto Frailis :*** la plage principale d'Arbatax, dans une petite baie abritée et ensoleillée. Restaurants, hôtels, camping.

***Spiaggia di Lotzorai :*** *à env 6 km au nord de Tortoli. Rejoindre le village de Lotzorai, puis tourner à droite et suivre la rue Is Orrosas pdt 1,2 km jusqu'à la plage.* Longue étendue de sable, au rebord de la plaine littorale.

***Spiaggia di San Gemiliano :*** *depuis Tortoli, direction Arbatax par la route SS 125. Après env 2,3 km, tourner à droite sur le bd Viale San Gemiliano. Continuer encore 1,3 km, puis tourner à droite et suivre le bd Viale d'Annunzio. Tt droit jusqu'à la plage, bien indiquée.*

***Spiaggia Lido di Orri :*** *de Tortoli, des panneaux l'indiquent. Prendre la direction sud, après 4 km env, on arrive sur cette longue plage aménagée.*

***Spiaggia Cea :*** *de Tortoli, prendre au sud la route SS 125 en direction de Bari Sardo. Après env 7 km, tourner à gauche à la bifurcation pour Cea. Continuer cette route sur 4 km.* On arrive à cette plage encadrée par deux pointes rocheuses supportant deux rochers aux formes ciselées et de couleur rougeâtre. On les appelle « Is Scoglius Arrubius ».

***Spiaggia Torre di Bari :*** *à une quinzaine de km au sud de Tortoli par la route SS 125. À Barisardo, tourner à gauche, suivre la route sur env 4 km.* Sur la petite péninsule rocheuse qui coupe en deux parties cette plage se dresse la tour de Bari (XVIIe s). Elle servait naguère à surveiller la côte. La plage borde une plaine basse et cultivée.

***Spiaggia Marina di Cardedu :*** *à une vingtaine de km au sud de Tortoli par la route SS 125. Dans la petite ville de Cardedu, tourner à gauche et continuer la route sur 3 km jusqu'à la Marina de Cardedu.* Voilà une autre longue plage de sable, ombragée par une rangée de petits arbres dans certaines parties.

# SANTA MARIA NAVARRESE (08040)

**À moins de 8 km au nord de Tortoli, sur la route de Baunei et du Supramonte, au pied d'une haute falaise calcaire, ce village semble glisser imperceptible-**

**…nent vers la mer. En été, c'est une petite station balnéaire, très fréquentée mais encore à taille humaine. Rien ne défigure le paysage, pas d'immeubles orgueilleux et prétentieux, et des habitants qui vivent paisiblement au rythme du tourisme et des saisons. Des oliviers centenaires (dont un qui aurait près de 2 000 ans d'âge) entourent la petite église blanche tandis que la plage, située au cœur du village, décrit un joli arc de cercle de petits graviers, bordé par une ligne d'arbres et d'ombrage. Une petite marina prolonge la plage au nord du village, après la pointe. Mieux vaut dormir à Santa Maria Navarrese qu'à Tortoli-Arbatax.**

– Pour tout renseignement : • *santamarianavarrese.com* •

## Où dormir ? Où manger ? Où boire un verre ?

**Hotel-ristorante Plammas :** *viale Plammas, 49. ☎ 0782-61-51-30. • info@hotelplammas.com • hotelplammas.com • Doubles 70-110 € selon saison, petit déj inclus. Repas env 20-25 €.* À 300 m de la plage, légèrement en retrait de l'animation. Cet hôtel de taille moyenne mérite une escale, soit pour dormir soit pour manger. Chambres coquettes, bien aménagées, et calmes. Certaines avec balcon. Le restaurant est réputé comme un des meilleurs rapports qualité-prix de la station.

**Hotel Agugliastra :** *piazza Principessa di Navarra, 27. ☎ 0782-61-50-05. • agugliastra@tiscali.it • hotelagugliastra.it • Avr-oct. Doubles 90-166 € selon saison, petit déj inclus. Repas 20-30 €.* Très bien situé, au cœur du village, à 50 m de la plage. Un café au rez-de-chaussée et des chambres dans les étages, toutes propres et fonctionnelles. Elles n'ont pas beaucoup de caractère mais sont suffisamment confortables. En demander une en hauteur avec balcon et vue sur la mer. Fait aussi restaurant. Cuisine à prix moyens.

**Bar Olivastro :** *via Lungomare Montesanto, 1, spiaggia centrale (plage). ☎ 0782-61-55-13. À la hauteur de l'église du village, sur la droite. C'est indiqué.* Descendre quelques marches pour aller s'attabler à l'ombre des oliviers qui forment ici un bosquet de fraîcheur au bord de l'eau. Bien pour y prendre un verre entre deux baignades. On peut aussi y manger des *panini* (sandwichs) et des petits plats. Cuisine de plage simple et pas chère.

# LE SUD-EST

## L'OGLIASTRA

Au centre-est de la Sardaigne, entre le massif du Gennargentu et la mer Tyrrhénienne, s'étend l'Ogliastra, une des plus remarquables régions montagneuses de cette partie de l'île. La province de l'Ogliastra est toujours peu peuplée ; elle compte 23 communes et environ 59 000 habitants. Les monts de l'intérieur (jusqu'à 1 300 m) du Gennargentu se sont vidés. La main de l'homme n'y a pas laissé de traces, ou très peu. C'est un paysage de chênes verts et rouvres. À plus basse altitude, l'Ogliastra est habité, ce qui le rend plus accessible. Entre 500 et 800 m d'altitude, la vie paraît plus douce que dans les hauteurs : la vigne pousse à Jerzu sur des versants ensoleillés et suffisamment arrosés.

### DES TRUFFES, PAS DES TARTUFFES

*Les forêts de l'Ogliastra (et de Sardaigne) constituent le domaine idéal pour la croissance et la récolte des truffes* (tartufo). *Celles-ci sont classées en cinq catégories, de la moins chère à la plus chère : Scorzone (150 à 200 €/kg), Uncinato, Invernale, Nero di Novicio et Bianco d'Alba (1 000 à 6 000 €/kg). On comprend pourquoi «* il tartufo sardo *» (« la truffe sarde ») s'appelle aussi «* il tubero d'oro *» (« la tubercule en or »). Attention, le* tartufo *est aussi le nom d'un dessert glacé au chocolat. Ne pas confondre !*

Plus bas en descendant vers la mer, c'est le domaine des oliveraies, des amandiers et des figuiers. Juchés sur leurs perchoirs rocheux, accrochés à des flancs de falaises calcaires, les villages de l'Ogliastra dominent fièrement la plaine et le littoral voué aux loisirs balnéaires. Au physique comme au caractère, cette région regarde de loin la mer mais s'attache d'abord à la montagne. On dit que l'Ogliastra possède un nombre élevé de centenaires, car la longévité de ses habitants y est exceptionnelle. Okinawa (Japon) et Ogliastra seraient les deux records de longévité humaine au monde, dit-on ; on n'a pas vérifié, mais on peut voir de très beaux anciens assis sur les bancs au bord de la route. Pour découvrir cet arrière-pays au départ d'Arbatax, une journée suffit.

### Adresse utile

ℹ ***Ufficio informazioni turistiche provincia Ogliastra :*** *via Cedrino, 24, 08048* ***Tortoli.*** ☎ *0782-66-00-00. • turismo@provincia.ogliastra.it • turismo.ogliastra.it • Tlj 8h-14h, plus mer-jeu 15h-18h.* Informations en français ou en anglais. Hébergement, restauration, activités balnéaires et sportives, randonnées dans les montagnes de la province.

## Où dormir ? Où manger ?

***À JERZU** (08041)*

**Albergo Ristorante da Concetta :** *corso Umberto I, 111. ☎ 0782-70-224. • ristorantedaconcetta@tiscali.it • hotelristorantedaconcetta.it • Repas 20-30 €.* Cette petite auberge tire sa beauté de son manque d'ambition. Pour nous, cette belle timide est une excellente adresse de montagne, qui mérite un bon détour. Accueil simple, direct et jovial, dans une salle arrangée comme il faut, pour goûter à une savoureuse cuisine sarde à prix doux. La viande est à l'honneur.



***À ULASSAI** (08040)*

**Hotel Su Marmuri :** *corso Vittorio Emanuele, 20. ☎ 0782-79-003 ou 208-311. • info@hotelsumarmuri.com • hotelsumarmuri.com • Doubles 60-80 € selon saison, petit déj inclus.* On y passerait bien le printemps ou l'automne à lire, à écrire, à rêver, à se promener dans les montagnes pour oublier le tohu-bohu du monde et les bling-bling braillards de la *costa.* Voilà un très bon hôtel qui remplit sa fonction d'héberger ses hôtes mais aussi de bien les renseigner. La réception est ainsi devenue une sorte de centre d'information sur l'Ogliastra. Mieux qu'un office de tourisme ! Chambres propres, confortables, agréables, avec vue superbe sur les monts environnants depuis celles des 2e ou 3e étages.

**Ristorante-bar Su Marmuri Bullicciu :** *grotta di Su Marmuri.. ☎ 0782-79-859. Repas 20-30 €.* Encore un endroit qu'on aime beaucoup. Située près de l'entrée de la grotte du même nom, entourée de falaises calcaires, cette auberge montagnarde est un refuge pour les bienheureux randonneurs. Cheminée, grosses pierres, poutres en bois, le décor rustique et chaleureux annonce une succulente cuisine de l'Ogliastra.

***À LANUSEI** (08045)*

**Hotel-ristorante Belvedere :** *via Umberto I, 22. ☎ 0782-42-184. Double 70 €, petit déj inclus. Repas 20-30 €.* À la sortie de la ville, sur la droite, au bord d'une rue passante, un hôtel accroché au flanc de la colline. Il abrite des chambres calmes côté vallée. Elles sont arrangées et décorées avec soin, et jouissent d'une vue superbe (la mer au loin), sans oublier le confort de base.

# À voir

***Jerzu :*** *à 33 km au sud de Tortoli.* Très belle route sinueuse qui grimpe depuis la plaine. Une bourgade de montagne (3 600 habitants) agrippée à de hautes falaises calcaire, appelées ici les « *tacchi* » (« talons hauts »). Les maisons s'étagent sur plusieurs niveaux. La partie la plus intéressante est la partie basse avec de vieilles maisons plus anciennes que la moyenne du village. L'une des églises de la ville est dédiée à saint Antoine de Padoue (fête le 13 juin). Autour, les vignobles de Jerzu donnent le *cannonau,* le plus connu des vins sardes (10 000 t par an). Des documents prouvent que Jerzu produisait du vin déjà en 1130.

***Ulassai :*** *situé à 200 m au-dessus de Jerzu (3 km plus au nord).* Un village en nid d'aigle qui s'est développé à flanc de montagne dans un superbe paysage de falaises calcaires parsemées de chênes verts. Dans l'ancienne gare ferroviaire *(stazione ferroviaria),* un musée d'Art moderne a ouvert ses portes. Il s'agit de la ***fondazione stazione dell'Arte*** *(museo di Arte contemporanea ; ☎ 0782-78-70-55 ; mai-sept, tlj 9h-21h ; oct-avr, mer-dim 9h-19h).* En hommage à Maria Lai (1919), une artiste locale qui avait vécu à Rome et à Venise. En 1981, elle eut l'idée de demander aux habitants d'Ulassai de relier leur maison à la montagne à l'aide d'un long ruban bleu. Cette manifestation symbolique s'appelait *Legarsi alla montagna* (« se lier à la montagne »).

**Grotta Su Marmuri :** *cooperativa « Su Bullicciu ». ☎ 0782-79-859. Pâques-oct : août, visites à 11h, 13h, 15h, 17h et 18h30 ; mai-juil et sept, à 11h, 14h, 16h et 18h. Visites guidées (min 4 pers) de 1h. Température autour de 10 °C, prévoir donc des vêtements chauds.* Promenade au royaume des ténèbres, dans les entrailles de la terre sarde, creusée de cavités profondes et sombres, hérissée d'une forêt de stalactites et de stalagmites suintant... goutte à goutte... comme si elles avaient l'éternité pour mesurer le temps. Beau, mais toujours un peu étrange de marcher dans un monde souterrain, humide, froid et silencieux.

**Parco archeologico bosco Seleni e monte Tricoli :** *à 5 km au nord d'Ulassai, sur la route de Gairo, sur un col à 1 000 m d'altitude. Tlj sf lun : en été, 10h-13h, 16h-20h. Visites guidées à heure fixe (3 le mat et 4 dans l'ap-m). Billet : 4 € ; réduc.* Si vous avez trop chaud sur les plages de la côte, en plein été cela peut arriver, alors échappez-vous dans la montagne et montez jusqu'au bosco Seleni. Même au mois d'août, la température y est plus fraîche, et l'air plus respirable. Superbe promenade à pied dans les bois de chênes verts du bosco Seleni, qui abrite deux tombeaux de géants ainsi que les vestiges d'un village nuragique. Au crépuscule, avec un peu de chance, possibilité de croiser renards et sangliers. Mais le plus frappant dans ces sous-bois provient de l'alliance des végétaux et des rochers mariés les uns aux autres. Comme par osmose, ils finissent par se ressembler et se confondre... Regardez bien. Certains troncs d'arbres couverts de mousse et de lichens se confondent dans leur aspect avec les rochers voisins qui portent le même revêtement naturel. Étrange et fascinant mimétisme de la nature...

**Monte Armidda :** *à env 8 km au nord de Lanusei. Accès par la SS 198. 📱 380-368-81-98. Visites sur résa slt.* À 1 270 m, au sommet de cette montagne se dresse un observatoire astronomique qui est un des plus importants d'Italie. Pourquoi ici ? Parce que l'air y est plus limpide et moins pollué que nulle part ailleurs. Les nuits sans lune permettent à l'œil nu d'observer deux fois plus d'étoiles dans la voûte céleste que dans le reste du pays. Les télescopes les plus puissants d'Italie y sont installés, fixés vers les étoiles.

**Lanusei :** *à env 20 km au sud-ouest de Tortoli.* Une petite ville de 5 800 habitants à 600 m d'altitude, sur un flanc de montagne. C'était autrefois une ville de cure. Les curistes y venaient chercher le bon air frais des collines et boire l'eau pure des montagnes. Néanmoins, aujourd'hui Lanusei est devenue moins attachante que Jerzu ou Ulassai. On y passe en redescendant vers la côte en venant de Gairo.

## À faire

– **Randonnées, trekking, escalade, canyoning, VTT :** *infos à l'hôtel* Su Marmuri, *à* ***Ulassai*** *(voir adresse plus haut).* La réception de cet hôtel abrite aussi une sorte d'office de tourisme (centre d'information), proposant une vaste documentation, des cartes de randonnée, des topoguides, une liste d'adresses sur les activités de nature, etc., le tout étant destiné aux randonneurs et aux sportifs, et pas uniquement aux clients de l'hôtel. L'Ogliastra, et en particulier l'arrière-pays d'Ulassai, offrent de nombreuses possibilités. Rien que pour l'escalade, le canyon d'Ulassai attire des amateurs de toute l'Italie. Ce site est très réputé et apprécié. Les plus grands escaladeurs italiens y sont venus, et ont testé avec talent les parois calcaires et abruptes du canyon di Sa Tappara.

# LA CÔTE EST ENTRE ARBATAX (TORTOLI) ET VILLASIMIUS

## Où manger ?

**Ristorante Su Talleri :** *bivio Porto Corallo,* ***Villaputzu.*** *☎ 070-997-574. Tlj sf dim soir. Repas env 33-35 €. CB acceptées.* Un bon restaurant sarde adepte de la *slow food.* Cuisine savoureuse inspirée par la mer et la terre. Goûtez à la *insalata di muggineou* à l'anémone de mer *(fregola con orziadas).*

## À voir. À faire

***Muravera :*** *à 64 km au nord-est de Cagliari.* Cette petite ville (5 100 habitants) de la plaine alluviale est située au débouché du fiume Flumedosa (petite rivière à sec en été) et ses champs d'agrumes. À 3 km à l'ouest de Muravera, le village de San Vito a naguère prospéré grâce aux mines d'argent. Aujourd'hui il doit sa réputation aux *launeddas,* un instrument proche de la flûte dont jouent les bergers sardes.
– Pour ceux qui n'aiment ni les agrumes ni les flûtes, pour les intoxiqués de la plage, on indique quand même quelques bonnes adresses, en compensation.

***Spiaggia di Portu de S'Illixi :*** *depuis Muravera, direction costa Rei, vers le sud. Après env 10 km, arrivé à San Priamo, tourner à gauche et suivre la route SP 20. Après env 1 km, tourner encore à gauche. 2 km plus loin, prendre à droite une route qui conduit à la plage Feraxi. De celle-ci, suivre un chemin non bitumé en direction du capo Ferrato ; après 700 m, laisser la voiture dans une aire de stationnement. Continuer à pied par un sentier qui descend à la plage.* Enfin une belle plage difficile d'accès, solitaire et non aménagée, au pied d'une ceinture de collines rocheuses (basalte volcanique) couvertes de maquis et de pins. Moins belle, mais on la signale quand même, la plage Feraxi, située dans une partie basse du littoral, à 2 km au nord de S'Illixi.

***Spiaggia Colostrai :*** *à une dizaine de km au sud de Muravera. Tourner à gauche avt San Priamo.* Des eaux bleues transparentes en bordure d'une morne plaine surchauffée, la plage Torre Salinas (très longue et même paysage). Des flamants roses y séjournent en hiver quand les plages sont vidées de leurs estivants...

***Spiaggia di Porto Corallo :*** *à 9,5 km à l'est de Muravera, par Villaputzu.* Plus au nord, dans la prolongation de Porto Corallo, la plage de ***Porto Tramatzu*** (début d'urbanisation sur la pointe).

# LE SARRABUS ET LA CÔTE SUD-EST

**Pendant longtemps, le Sarrabus, arrière-pays de Cagliari, vers l'est et le nord-est, a été l'une des régions les plus isolées de la Sardaigne. Aujourd'hui encore, elle reste un des secteurs les moins habités et urbanisés de l'île. Le paysage de l'intérieur consiste en une vaste série de collines, domaine des oliviers, des eucalyptus et des moutons, qui ondulent à l'infini, entre 500 et 800 m de hauteur, pour terminer à la punta Serpeddi (1 067 m). La côte elle aussi est peu urbanisée, et quand c'est le cas les maisons, les immeubles, les hôtels gardent une silhouette humaine et ne défigurent pas le paysage. Les plages les plus belles**

LE SARRABUS ET LA CÔTE SUD-EST

**se suivent le long de la costa Rei, entre Villasimius et le capo Ferrato. Au-delà, du côté de Muravera, c'est plus banal et moins intéressant.**

## VILLASIMIUS

(09049) 3 000 hab.

**Villasimius, Sarrabus, on aime bien ces noms si latins par leurs consonances... Regardez bien la carte routière : il s'agit de la pointe extrême sud-est de l'île, en bas et à droite. À une cinquantaine de kilomètres de Cagliari, accessible par une jolie route qui longe la mer et suit les découpages du littoral, Villasimius est la station balnéaire la plus fréquentée de cette partie de l'île, qui se termine au capo Carbonara. 3 000 habitants en hiver et 10 fois plus en été, tel est l'effet multiplicateur de Villasimius... Non, ce n'est pas bétonné comme dans les Baléares, au contraire. Les hôtels et les résidences secondaires sont bien éparpillés dans le paysage, jamais loin des plages. La ville à taille humaine se dresse sur une petite éminence, et en 5 mn on est au bord de la Méditerranée, dans une zone maritime protégée. Entre la ville et ce cap s'étendent les marécages de Notteri (stagno di Notteri).**

## Adresses utiles

**Ufficio del turismo :** *piazza Giovanni XXIII. ☎ 070-793-02-71. • villasimius.org • À gauche de l'église, en plein centre. En été, tlj 8h-20h ; le reste de l'année, mar-mer 10h-13h, lun et jeu-ven 10h-13h, 15h30-18h30.* Petit bureau qui délivre derrière un guichet toutes les infos utiles : liste complète des hôtels, restaurants, activités balnéaires et nautiques (location de bateaux à moteur ou à voile, planche à voile, plongée sous-marine...), excursions... Voir aussi leur site internet proposant des fiches et des photos de la majorité des hébergements.

@ **Internet Point :** *via Umberto I, 62. Central, à 200 m de la pl. de l'église et de l'office de tourisme. Tlj sf dim 9h30-13h, 17h30-20h30.*

## Où dormir ?

Beaucoup d'hôtels 3 étoiles, quelques 4 et 5-étoiles (très chic, très chers), peu d'hôtels bon marché, pas de pensions économiques, et seulement un *B & B*. À vous de voir si l'endroit vous intéresse. En été, la majorité des touristes restent dans leurs hôtels-clubs où tout est inclus *(tutto incluido)*.

**Villagio Camping Spiaggia del Riso :** *spiaggia del Riso, via degu Aramu, 2. ☎ 070-791-052. • villaggiospiaggiadelriso.it • En été, résa impérative. Compter 20-45 € selon saison pour 2 pers. Bungalows 4 places 400-1 000 €/sem selon saison. Internet.* Au bord de la plage, un grand camping ombragé par des pins, des eucalyptus et des genévrlers. Sanitaires modernes et propres. Loue aussi des chambres à la nuit (ou à la semaine) et une trentaine de bungalows. Restaurant sur place (bonne cuisine locale).

**B & B I Graniti Sardi :** *via Campidano, 1. 📱 339-84-58-802. • info.igranitibb@tiscali.it • bedandbreakfastigraniti.com • Doubles 56-120 € selon saison. CB refusées. Wifi.* Les Bretons apprécieront le nom granitique de cette jolie maison neuve peinte en rose saumon. Que le visiteur se rassure, car l'accueil n'est pas rocailleux, mais au contraire attentionné et aimable. Chambres impeccables, confortables et calmes. Elles donnent sur le jardin où l'on peut se prélasser en été. Bon petit déj.

**Hotel-ristorante Stella d'Oro :** *via Vittorio Emanuele, 25. ☎ 070-791-255. • info@hotelstelladoro.com • hotellastelladoro.com • Doubles 160-220 € en hte saison, petit déj inclus. Repas 20-30 €.* L'extérieur est passe-partout mais l'intérieur chaleureux et bien décoré. Les chambres, disposées autour d'une cour tranquille, sont bien équipées. Son restaurant est réputé pour sa qualité. Cuisine familiale sarde bien mitonnée. L'hôtel a connu son heure de gloire littéraire grâce au roman de l'écrivain allemand Ernst Jünger, *La Tour sarrasine*. Accueil jovial et bienveillant.

**Hotel I Graniti :** *via Marconi, 40. ☎ 070-790-288. • info@hoteligraniti.it • hoteligraniti.it • Fermé en janv. Doubles 65-170 € selon saison.* Un des rares hôtels situés dans le cœur du village, à 100 m de la rue principale, derrière l'église paroissiale. Une bonne adresse pour ceux qui ne sont pas pressés de se jeter dans la mer dès le réveil. Chambres sobres et confortables disposant d'un petit balcon pour certaines.

## Où manger ? Où boire un verre ?

**Ristorante Carbonara :** *via Umberto I, 60. ☎ 070-791-270. Tlj sf mer. Fermé de fin nov à fin janv. Repas 30-45 €. Apéritif maison offert sur présentation de ce guide.* Pas de terrasse pour ce resto de bord de rue mais une salle fort bien tenue et sobre dans sa décoration. Le patron parle le français, ce qui peut faciliter les échanges... On y sert une bonne cuisine sarde, à dominante maritime : les poissons frais (cuisinés au poids donc plus chers) sont à l'honneur, mais on peut aussi déguster les plats traditionnels italiens comme la *pasta*.

**Ristorante La Mora Bianca :** *via Roma, 14. ☎ 070-791-487. À 200 m* *de l'église et de l'office de tourisme, dans une rue calme. Resto tlj sf mar, midi et soir ; pizzeria ts les soirs 19h30-1h. Pizzas 3,50-10 € ; plats 11-16 €.* Une petite cour intérieure ombragée pour savourer des plats sardes de la mer et des pizzas.

***Plaza Café e La Tartana :*** 2 cafés près de la place centrale et de l'église, faciles à trouver, car ils sont au cœur de l'animation du village. Un peu plus loin, sur la piazza A. Gramsci, le ***bar Tomatoma,*** agréable terrasse donnant sur une placette.

## À voir

***Stagno de Notteri :*** *marécages situés à 3 km env au sud de la ville, en direction du capo Carbonara.* Les flamants roses y passent une partie de l'hiver et nous prouvent que l'Afrique n'est pas très loin...

## Les plages à Villasimius et dans les environs

### À Villasimius et dans les proches environs

***Spiaggia di Porto Giunco :*** la grande plage la plus fréquentée de Villasimius, aménagée pour les estivants. Nombreuses activités comme la voile, la planche à voile et la plongée.

***Spiaggia di Simius :*** *depuis Villasimius, suivre la route SP 18 vers le sud-est. À env 1,5 km.* Alignement de parasols protecteurs plantés dans le sable de cette longue plage très touristique et bien aménagée.

***Spiaggia del Riso :*** *de Villasimius, direction le port de plaisance, sur 2,4 km. Parking à côté.* Quelques gros rochers dans des eaux translucides, du sable fin et la présence de maisons et d'un grand camping dans la pinède.

***Spiaggia Campus :*** *à 3,5 km à l'ouest de Villasimius, vers Cagliari, par la route SP 17. Au niveau de l'hôtel* Cormoran, *tourner à gauche. C'est indiqué.* Eaux transparentes comme ailleurs et parasols. Un sentier conduit de cette plage à celle de Cuccureddus. Quel joli nom pour une plage !

***Spiaggia di Solanas :*** *à env 12 km à l'ouest de Villasimius, vers Cagliari, par la route SP 17, au niveau du village de Solanas.* Des collines à moitié arides descendent jusqu'à la mer et encadrent harmonieusement la plage de sable fin (mais pas d'ombrage).

***Spiaggia di Genn'e Mari :*** *à une quinzaine de km à l'ouest de Villasimius, vers Cagliari, par la route SP 17, peu après le village de Solanas. Direction le lieu-dit Torre delle Stelle.* Une route non goudronnée conduit à cette plage qui est bien indiquée. Sable fin.

***Spiaggia di Mari Pintau :*** *à env 18 km à l'ouest de Villasimius, vers Cagliari, par la route SP 17, au niveau du village de Geremeas.* Garez votre voiture et empruntez le sentier qui mène à cette belle plage encadrée par de basses collines sèches. Sable fin.

### Sur la costa Rei

***Spiaggia di cala Pira :*** *à 12 km au nord-est de Villasimius, par la route SP 18 qui longe la costa Rei.* Il y a un grand parking derrière cette plage dominée par la silhouette d'une vieille tour en pierre, juchée sur un promontoire couvert d'arbustes de la Méditerranée.

***Spiaggia di cala Sinzias :*** *à env 14 km au nord-est de Villasimius, par la route SP 18 qui longe la costa Rei. Après l'embranchement de la route pour la plage de cala Pira (2,2 km), tourner à droite pour cala Sinzias.* Plage aménagée, avec des parasols, une buvette, et des activités nautiques. Eau claire et sable fin. Après cette plage, la côte s'abaisse et devient moins découpée et plus banale.

**Spiaggia di San Pietro** *(env 15 km au nord-est de Villasimius),* **spiaggia di cala Monte Turno** *(16 km),* **spiaggia di cala Sant'Elmo** *(17 km), au pied d'un grand lotissement,* **spiaggia Santa Giusta** *(19 km).*

***Costa Rei e spiaggia di costa Rei :*** ce n'est pas notre endroit préféré sur la côte, mais on y trouve une petite ville balnéaire avec des hôtels, des restaurants, des cafés, des commerces...

## Fête

– ***Festa della Madonna del Naufrago*** *(fête de la Madone du Naufrage)* **:** *juil.* Une fête religieuse et maritime au cours de laquelle un cortège de bateaux porte au large une statue de la Madone. En souvenir d'un naufrage historique ou légendaire, celle-ci est immergée à une profondeur de 10 m. Lors de cette fête, des spectacles et un feu d'artifice se déroulent à terre.

# LES GUIDES DU ROUTARD 2012-2013

(dates de parution sur **routard.com**)

## France

### Nationaux

- Les grands chefs du routard
- Nos meilleures chambres d'hôtes en France
- Nos meilleurs campings en France
- Nos meilleurs hôtels et restos en France
- Nos meilleurs produits du terroir en France
- Tourisme responsable

### Villes françaises

- Lyon
- Marseille
- Nantes et ses environs
- Nice

### Paris

- Paris
- Paris à vélo
- Paris balades
- Restos et bistrots de Paris
- Le Routard des amoureux à Paris
- Week-ends autour de Paris

### Régions françaises

- Alsace (Vosges)
- Ardèche, Drôme
- Auvergne
- Berry
- Bordelais, Landes, Lot-et-Garonne
- Bourgogne
- Bretagne Nord
- Bretagne Sud
- La Bretagne et ses peintres
- Champagne-Ardenne
- Châteaux de la Loire
- Corse
- Côte d'Azur
- Dordogne-Périgord
- Franche-Comté
- Guadeloupe, Saint-Martin, Saint-Barth
- **Isère, Hautes-Alpes et stations des Alpes-Maritimes (mai 2012)**
- Languedoc-Roussillon
- Limousin
- Lorraine
- Lot, Aveyron, Tarn
- Martinique
- Nord-Pas-de-Calais
- Normandie
- La Normandie des impressionnistes
- Pays basque (France, Espagne), Béarn
- Pays de la Loire
- Picardie
- Poitou-Charentes
- Provence
- Pyrénées, Gascogne et Pays toulousain
- Réunion
- **Savoie Mont Blanc (nouveauté)**

## Europe

### Pays européens

- Allemagne
- Andalousie
- Angleterre, Pays de Galles
- Autriche
- Baléares
- Belgique
- **Budapest, Hongrie (nouveauté)**
- Catalogne (+ Valence et Andorre)
- Crète
- Croatie
- Danemark, Suède
- Écosse
- Espagne du Nord-Ouest (Galice, Asturies, Cantabrie)
- Finlande
- Grèce continentale
- Îles grecques et Athènes
- Irlande
- Islande
- Italie du Nord
- Italie du Sud
- Lacs italiens
- Madrid, Castille (Aragon et Estrémadure)
- Malte
- Norvège
- Pologne
- Portugal
- **République tchèque, Slovaquie (nouveauté)**
- Roumanie, Bulgarie
- Sardaigne
- Sicile
- Suisse
- Toscane, Ombrie

# LES GUIDES DU ROUTARD 2012-2013 (suite)

(dates de parution sur **routard.com**)

### *Villes européennes*

- Amsterdam et ses environs
- Barcelone
- Berlin
- Bruxelles
- Florence
- Lisbonne
- Londres
- Moscou, Saint-Pétersbourg
- Prague
- Rome
- Venise

## Amériques

- Argentine
- Brésil
- Californie
- Canada Ouest
- Chili et île de Pâques
- Équateur et les îles Galápagos
- États-Unis Nord-Est
- Floride
- Guatemala, Yucatán et Chiapas
- Louisiane et les villes du Sud
- Mexique
- New York
- Parcs nationaux de l'Ouest américain et Las Vegas
- Pérou, Bolivie
- Québec, Ontario et Provinces maritimes

## Asie

- Bali, Lombok
- Birmanie (Myanmar)
- Cambodge, Laos
- Chine
- Inde du Nord
- Inde du Sud
- **Israël, Palestine (mai 2012)**
- Istanbul
- Jordanie, Syrie
- Malaisie, Singapour
- Népal, Tibet
- **Sri Lanka (Ceylan ; mai 2012)**
- Thaïlande
- Tokyo, Kyoto et environs
- Turquie
- Vietnam

## Afrique

- Afrique de l'Ouest
- Afrique du Sud
- Égypte
- Kenya, Tanzanie et Zanzibar
- Maroc
- Marrakech
- Sénégal, Gambie
- Tunisie

## Îles Caraïbes et océan Indien

- Cuba
- Guadeloupe, Saint-Martin, Saint-Barth
- Île Maurice, Rodrigues
- Madagascar
- Martinique
- République dominicaine (Saint-Domingue)
- Réunion

## Guides de conversation

- Allemand
- Anglais
- Arabe du Maghreb
- Arabe du Proche-Orient
- Chinois
- Croate
- Espagnol
- Grec
- Italien
- Japonais
- Portugais
- Russe

## Et aussi...

- G'palémo (conversation par l'image)

## Adresses utiles

1 Office [redacted]

## Où dormir ?

11 Pension [redacted]

## Où manger ?

30 Restaurante [redacted]

44 Restaura [redacted]

## Où boire un verre ?

61 Caruag[redacted]m Bar
[redacted]

## Où sortir?

83 Pingo[redacted]

## À voir

90 Palacio do Monte
[redacted]

# NOS NOUVEAUTÉS

## ISRAËL, PALESTINE (mai 2012)

Enfin un guide *Israël, Palestine* ! Malgré les apparences, les conditions d une paix durable semblent enfin se dessiner dans la région. De chaque côté, on découvre des opposants à la haine et au racisme. Partout, des gens de bonne volonté, plus proches les uns des autres qu'on ne le pense. Ils font entendre leur volonté de paix. D'une façon assourdissante. Voici un guide qui permet de découvrir une région dont les identités sont si fortement imbriquées... outre les lieux branchés, les hébergements pour tous les budgets, les gastronomies (tant de plats typiques et délicieux en commun), les cultures... Et puis aussi, de Tel-Aviv à Ramallah, des endroits inouïs. Une vraie mosaïque passionnante et foisonnante qui compose cette Terre sainte... trois fois sainte.

## SRI LANKA (Ceylan ; mai 2012)

Montagnes verdoyantes, plantations de thé peignées comme un dimanche, cascades impressionnantes et villages de bout du monde. Des pluies chaudes, des lumières fortes, des forêts primaires... En guise de bienvenue, le sourire des enfants et la robe safran des moines qui colorie ce décor. Répondant au vert de la nature, le bleu des lagons, tout simplement. Les Anglais avaient le nez pour découvrir les lieux paradisiaques, ils ont laissé ici l'empreinte de petits cottages où il fait bon séjourner pour vivre en harmonie avec ce décor. Il est temps de redécouvrir ce paradis. Sri Lanka en a terminé avec la guerre civile et le tsunami. Soyez les premiers à en rouvrir les portes.

# routard assurance
## Voyage de moins de 8 semaines en Union Européenne



## BULLETIN D'ADHÉSION

❑ M. ❑ Mme ❑ Mlle

Nom : |__|__|__|__|__|__|__|__|__|__|__|__|__|__|__|__|__|__|__|__|__|__|__|__|__|

Prénom : |__|__|__|__|__|__|__|__|__|__|__|__|__|__|__|__|__|__|__|__|__|__|__|__|

Date de naissance : |__|__| / |__|__| / |__|__|__|__|

Adresse de résidence : |__|__|__|__|__|__|__|__|__|__|__|__|__|__|__|__|__|__|__|__|

|__|__|__|__|__|__|__|__|__|__|__|__|__|__|__|__|__|__|__|__|__|__|__|__|__|__|__|__|

Code Postal : |__|__|__|__|__|

Ville : |__|__|__|__|__|__|__|__|__|__|__|__|__|__|__|__|__|__|__|__|__|__|__|__|__|

Pays : |__|__|__|__|__|__|__|__|__|__|__|__|__|__|__|__|__|__|__|__|__|__|__|__|__|

Nationalité : |__|__|__|__|__|__|__|__|__|__|__|__|__|__|__|__|__|__|__|__|__|__|__|

Tél. : |________________________| Portable : |________________________|

Email : |________________________|@|________________________|

Pays de départ : |__|__|__|__|__|__|__|__|__|__|__|__|__|__|__|__|__|__|__|__|__|__|

Pays de destination principale : |__|__|__|__|__|__|__|__|__|__|__|__|__|__|__|__|__|

Date de départ : |__|__| / |__|__| / |__|__|__|__|

Date du début de l'assurance : |__|__| / |__|__| / |__|__|__|__|

Date de fin de l'assurance : |__|__| / |__|__| / |__|__|__|__| = |__|__| semaines

(Calculer exactement votre tarif en semaine selon la durée de votre voyage : 7 jours du calendrier = 1 semaine)

## COTISATION FORFAITAIRE (Tarifs valable jusqu'au 31/03/2012)

| | | | |
|---|---|---|---|
| | ❑ De 0 à 2 ans inclus | 28 € TTC x \|__\|__\| semaines = | \|__\|__\|__\|__\| € TTC |
| | ❑ De 3 à 50 ans inclus | 19 € TTC x \|__\|__\| semaines = | \|__\|__\|__\|__\| € TTC |
| | ❑ De 51 à 60 ans inclus | 28 € TTC x \|__\|__\| semaines = | \|__\|__\|__\|__\| € TTC |
| | ❑ De 61 à 75 ans inclus (sénior) | 33 € TTC x \|__\|__\| semaines = | \|__\|__\|__\|__\| € TTC |
| ou | ❑ **OPTION Sports et Loisirs**** | 7 € TTC x \|__\|__\| semaines = | \|__\|__\|__\|__\| € TTC |
| | ❑ **OPTION Sports et Loisirs Plus***** | 11 € TTC x \|__\|__\| semaines = | \|__\|__\|__\|__\| € TTC |
| | | **TOTAL À PAYER =** | **\|__\|__\|__\|__\| € TTC** |

## PAIEMENT

❑ Carte Bancaire (Visa / Eurocard / Mastercard / American Express) Expire le |__|__| / |__|__|

N° |__|__|__|__|__|__|__|__|__|__|__|__|__|__|__|__| Cryptogramme |__|__|__|

❑ Chèque (sans frais en France) à l'ordre d'AVI International à envoyer au 106-108, rue la Boétie 75008 Paris

❑ Je reconnais avoir pris connaissance et accepté l'ensemble des dispositions contenues dans les conditions générales Pass'port Sécurité Routard Assurance ou Séniors, disponibles sur le site www.avi-international.com, avec lesquelles ce document forme un tout indivisible.

❑ Je déclare être en bonne santé et savoir que toutes les conséquences de maladies et accidents antérieurs à ma date d'assurance ci-dessus, ne sont pas assurés, ni toutes les suites et conséquences de la contamination par des MST, le virus HIV ou l'hépatite C. Je certifie ne pas prévoir de traitement à l'étranger et ne pas voyager pour des raisons médicales.

❑ Je dispose d'un droit d'accès, de modification, de rectification et de suppression des informations me concernant figurant dans les fichiers d'AVI International dans les conditions prévues par la loi n° 78-17 du 6 janvier 1978 modifiée en contactant AVI International par courrier ou mail. Je reconnais que ces informations sont destinées à l'assureur, à AVI et à leurs partenaires pour les besoins de la gestion du contrat.

Date : |__|__| / |__|__| / |__|__|__|__| SIGNATURE :

* Coût d'un appel local.

** Elle étend vos garanties aux conséquences d'un accident dont vous êtes victime, du fait de l'usage d'un véhicule à moteur à deux roues jusqu'à 125 cm³, de sports dangereux (surf, rafting, escalade, plongée sous-marine jusqu'à 25 m), d'une activité manuelle, stage en entreprise ou en laboratoire (accident du travail).

*** Elle étend vos garanties aux conséquences d'un accident dont vous êtes victime, du fait de l'usage d'un véhicule à moteur à deux roues au-delà de 125 cm³, de sports dangereux (surf, rafting, escalade, plongée sous-marine jusqu'à 45 m, kitesurf, deltaplane, parapente, jetski, motoneige, quad), d'une activité manuelle, stage en entreprise ou en laboratoire (accident du travail).

# INDEX GÉNÉRAL

## A



## B



## C

## D-E-F



## G



## I-J



## L

## M



## N-O

## P



## R



INDEX GÉNÉRAL

# S



# T